普通高等院校"十三五"规划教材

市场营销理论与实务

SHICHANG YINGXIAO

LILUN YU SHIWU

修菊华　理阳阳◎主　编
林国超　王　霞　任继如◎副主编
杨奕源　林翊丰◎参　编

清华大学出版社
北　京

内容简介

本书由 10 章内容构成，主要包括营销基础知识，市场调查与市场预测，市场分析，STP 营销战略，市场战略选择，产品策略，定价策略，渠道策略，促销策略，市场营销组织、执行与控制。

本书注重将营销理论与营销实践紧密结合，突出对基本概念、基本理论的讲解及学生实践和实用技能的培养，充分体现了"管用、够用、适用"的教学指导思想。

本书内容系统、实用性强，不仅可作为高等院校经济、管理类相关专业的教材，也可供企业管理等在职人员作为参考书使用。

本书封面贴有清华大学出版社防伪标签，无标签者不得销售。
版权所有，侵权必究。举报：010-62782989，beiqinquan@tup.tsinghua.edu.cn。

图书在版编目(CIP)数据

市场营销理论与实务 / 修菊华，理阳阳主编. —北京：清华大学出版社，2017（2024.8 重印）
（普通高等院校"十三五"规划教材）
ISBN 978-7-302-47882-9

Ⅰ.①市… Ⅱ.①修… ②理… Ⅲ.①市场营销学-高等学校-教材 Ⅳ.①F713.50

中国版本图书馆 CIP 数据核字(2017)第 184397 号

责任编辑：刘志彬
封面设计：汉风唐韵
责任校对：宋玉莲
责任印制：宋　林

出版发行：清华大学出版社
网　　址：https://www.tup.com.cn, https://www.wqxuetang.com
地　　址：北京清华大学学研大厦 A 座　　　邮　编：100084
社 总 机：010-83470000　　　　　　　　　　邮　购：010-62786544
投稿与读者服务：010-62776969, c-service@tup.tsinghua.edu.cn
质量反馈：010-62772015, zhiliang@tup.tsinghua.edu.cn

印 装 者：三河市龙大印装有限公司
经　　销：全国新华书店
开　　本：185mm×260mm　　印　张：18　　字　数：426 千字
版　　次：2017 年 8 月第 1 版　　　　　　　印　次：2024 年 8 月第 8 次印刷
定　　价：50.00 元

产品编号：075454-02

前　言

　　市场营销学是高校经济类和工商管理类的核心课程之一，也是一门实践性很强的应用学科。通过该课程的学习，不仅能够使学生理解、把握市场营销的基础理论和专业知识，而且还能帮助学生运用营销理论，投入市场的实践活动，去寻找问题、分析问题和解决问题，从而真正了解企业营销活动，掌握营销岗位所需要的基本专业技能。为了更好地实现应用型人才培养的目标，加强学生实践能力的培养，我们编写了此书。

　　本书在编写的过程中力求理论和实践的结合，注重针对性和可操作性。

　　1. 强调营销基本理论。本书对现代市场营销学的基本概念和原理进行了梳理与界定，理论表述简单扼要、深入浅出、通俗易懂。

　　2. 重视案例教学。本书配备了较多的营销案例，在案例内容上除了选用一些国外经典案例外，还特别注意选用一些近几年具有代表性的、较新颖的企业营销案例；在案例形式和编排上非常注重多样性。每章开头的导入案例可以引发学生学习思考的兴趣；每章正文里穿插的案例和知识链接，不仅有助于学生对知识的理解，而且还可以活跃学生的思维；每章结尾的案例分享则可以使学生理论联系实际，增强学生对营销实践的感知能力和操作能力。

　　3. 注重实践能力培养。本书在每章后安排了课后练习供学生巩固所学基本知识和理论；另外有些章节还设计了实践能力培养项目，安排相应内容的实训课业，对实训的目的、实训的内容及实训考核方面都提出了具体要求。

　　本书由福州外语外贸学院修菊华和东莞理工学院城市学院理阳阳任主编，福州外语外贸学院林国超、太原工业学院王霞和任继如任副主编，福州外语外贸学院杨奕源和林翙丰参与编写。本书的编者均具有丰富的市场营销教学经验和一定的实务经验，其中不乏来自我国台湾地区的博士和海外留学人员。本书在编写过程中参考了国内外同行的大量文献资料及同类教材，引用了一些专家和同行的观点，由于篇幅所限，未能一一列出，在此深表感谢和歉意。

　　由于编者水平有限，书中难免有欠妥或疏漏之处，恳请广大读者指正。

编　者
2017 年 5 月

目　录

第一章　营销基础知识　　1
　　学习目标　　1
　　导入案例　　1
　　第一节　市场营销概述　　2
　　第二节　市场营销学的产生和发展　　8
　　第三节　营销观念的演进　　12
　　第四节　市场营销的主要内容及意义　　16
　　本章小结　　19
　　课后练习　　19

第二章　市场调查与市场预测　　24
　　学习目标　　24
　　导入案例　　24
　　第一节　市场营销信息概述　　25
　　第二节　市场调研　　27
　　第三节　市场需求的测定与预测　　41
　　本章小结　　48
　　课后练习　　49

第三章　市场分析　　57
　　学习目标　　57
　　导入案例　　57
　　第一节　市场营销环境　　58
　　第二节　消费者购买行为分析　　74
　　第三节　生产者市场及其购买行为　　79
　　第四节　政府市场　　83
　　本章小结　　85
　　课后练习　　85

第四章　STP 营销战略　　90
　　学习目标　　90
　　导入案例　　90

第一节	市场细分	91
第二节	目标市场选择	100
第三节	市场定位	106
本章小结		113
课后练习		114

第五章　市场战略选择　119

学习目标		119
导入案例		119
第一节	战略与战略结构	120
第二节	战略管理过程	123
第三节	战略的外部分析：产业结构与竞争力	126
第四节	战略的内部分析：资源、能力与活动	132
第五节	业务层战略与竞争优势	137
第六节	设计业务组合	145
第七节	营销过程与管理	149
本章小结		156
课后练习		157

第六章　产品策略　161

学习目标		161
导入案例		161
第一节	产品概述	162
第二节	产品生命周期理论	165
第三节	品牌决策	167
第四节	产品的包装管理	170
第五节	新产品开发策略	171
本章小结		177
课后练习		177

第七章　定价策略　184

学习目标		184
导入案例		184
第一节	定价目标	184
第二节	定价影响因素及程序	186
第三节	定价方法	192
第四节	定价策略	194
本章小结		199
课后练习		199

第八章　渠道策略　　205

- 学习目标 ··· 205
- 导入案例 ··· 205
- 第一节　分销渠道的含义及功能 ········· 206
- 第二节　分销渠道策略 ······················· 209
- 第三节　批发商、零售商和代理商 ······ 215
- 本章小结 ··· 218
- 课后练习 ··· 219

第九章　促销策略　　226

- 学习目标 ··· 226
- 导入案例 ··· 226
- 第一节　促销及促销组合 ··················· 227
- 第二节　人员推销策略 ······················· 234
- 第三节　广告策略 ······························ 239
- 第四节　公共关系 ······························ 244
- 第五节　营业推广 ······························ 252
- 本章小结 ··· 256
- 课后练习 ··· 257

第十章　市场营销组织、执行与控制　　261

- 学习目标 ··· 261
- 导入案例 ··· 261
- 第一节　市场营销组织 ······················· 262
- 第二节　营销执行 ······························ 268
- 第三节　营销控制 ······························ 269
- 本章小结 ··· 272
- 课后练习 ··· 272

参考文献　　279

第一章 营销基础知识

学习目标

1. 理解市场营销学的基本概念及相关的核心概念；
2. 掌握市场营销学的研究对象与方法；
3. 理解市场营销观念的演变过程及各阶段的特点；
4. 了解市场营销学的发展历程。

导入案例

有一天，一位禅师为了启发他的徒弟，给了他一块石头，叫他去菜市场试着卖掉。这块石头很大、很美。

师父说："不要卖掉它，试着多问一些人，看他们愿意出多少钱买。"

徒弟把石头带到菜市场，很多人认为这块石头可以做摆饰，也可以给孩子玩，出价只不过几个小硬币。

师父说："你再拿到黄金市场，问问那儿的人开价多少，不要卖掉它！"

从黄金市场回来，徒弟很高兴地说："这些人太棒了，他们乐意出 1 000 元！"

师父说："现在你去珠宝市场，低于 50 万元不要卖掉！"

徒弟到珠宝商那儿，简直不敢相信，有人出价 5 万元，徒弟不卖。人们继续抬高价格到 10 万元。

徒弟说："这个价格我不打算卖！"

人们接着出 20 万元、30 万元。

徒弟说："这个价格我还是不能卖！我只是来问问价格。"

虽然徒弟觉得不可思议，认为这些人疯了，但是他没有表现出来。最后这块石头以 50 万元成交。

徒弟回来，师父说："现在你明白了吗？这个要看你自己，你是不是有试金石、理解力。如果你不要更高的价钱，你就永远不得到更高的成交价。"

第一节 市场营销概述

一、市场的概念

市场是社会分工和商品经济发展到一定程度的产物。随着社会生产力的发展和社会分工的细分，商品交换日益丰富，交换形式日益复杂化，人们对市场的认识日益深入。

传统的观念认为，市场是商品交换的场所，如商店、集市、商场、批发站、交易所等，这是最一般、最容易被人们理解的市场概念，所有商品都可以从市场流进流出，实现商品由卖方到买方的转换。

但是，随着商品经济的飞速发展，商品交换过程和机制日益复杂起来，狭隘的传统市场概念已远远不能概括全部商品经济的交换过程，也反映不了商品和服务交换过程中所有的供给和需求关系，因此，市场已不再局限于原有空间范围，而演变为一种范围更广、含义更深的市场概念。

广义的市场是由那些具有特定需要或欲望，愿意并能够通过交换来满足这种需要或欲望的全部顾客所构成的。这种市场范围，既可以指一定的区域，如国际市场、国内市场、城市市场、农村市场；也可以指一定的商品，如食品市场、家电市场、劳动力市场等；甚至还可指某一类经营方式，如超级市场、百货市场、专业市场、集贸市场等。

从广义的市场概念来看，市场的大小并不取决于商品交换场所的大小，而是取决于那些表示有某种需要，并拥有使别人感兴趣的资源，而愿意以这种资源来换取其需要东西的主体数量。具体来说，市场由购买者、购买力和购买欲望三要素组成。只有当三要素同时具备时，企业才拥有市场，即

$$市场 = 购买者 + 购买力 + 购买欲望$$

从经营者的角度来看，人们常常把卖方称为行业，而将买方称为市场，它们的关系如图1-1所示。

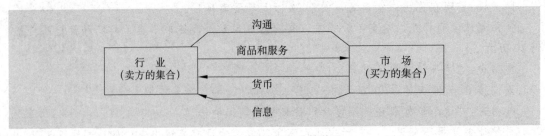

图1-1 市场与行业的关系

二、市场营销的概念

早在1972年，菲利普·科特勒(Philip Kotler)就将营销定义为"组织对其所有的公众

(publics)之间的关系,并不只包含顾客"。菲利普·科特勒指出,市场营销是与市场有关的人类活动。市场营销意味着和市场打交道,为了满足人类的需要和欲望,去实现潜在的交换。

西方市场营销学者从不同角度及发展的观点对市场营销下了不同的定义。有些学者从宏观角度对市场营销下定义。

麦卡锡把市场营销定义为"一种社会经济活动过程,其目的在于满足社会或人类需要,实现社会目标"。麦卡锡于1960年也对微观市场营销下了定义:市场营销"是企业经营活动的职责,它将产品及劳务从生产者直接引向消费者或使用者,以便满足顾客需求及实现公司利润"。这些定义指出了满足顾客需求及实现企业赢利是公司的经营目标,但这两种定义都说明,市场营销活动是在产品生产活动结束时开始的,中间经过一系列经营销售活动,当商品转到用户手中时就结束了,因而把企业营销活动仅局限于流通领域的狭窄范围,而不是企业整个经营销售的过程,即包括市场营销调研、产品开发、定价、分销广告、宣传报道、销售促进、人员推销、售后服务等。

英国营销学会则认为,"一个企业如果要生存、发展和盈利,就必须有意识地根据用户和消费者的需要来安排生产"。日本企业界人士认为,"在满足消费者利益的基础上,研究如何适应市场需求而提供商品和服务的整个企业活动就是营销"。

美国市场营销协会(AMA)于1960年对市场营销下的定义是:市场营销是"引导产品或劳务从生产者流向消费者的企业营销活动"。该协会于1985年对市场营销下了更完整和全面的定义:市场营销"是对思想、产品及劳务进行设计、定价、促销及分销的计划和实施的过程,从而产生满足个人和组织目标的交换"。这一定义比前面的诸多定义更为全面和完善,主要表现是:第一,产品概念扩大了,不仅包括产品或劳务,还包括思想;第二,市场营销概念扩大了,市场营销活动不仅包括营利性的经营活动,还包括非营利组织的活动;第三,强调了交换过程;第四,突出了市场营销计划的制定与实施。2005年,美国市场营销协会对市场营销的概念进行了进一步的完善:"市场营销是组织的一种功能和一系列创造、交流并将价值观传递给顾客的过程和被用于管理顾客关系以让组织及其股东获利。"

本书采用的是世界营销权威菲利普·科特勒所提出的定义:"市场营销是个人或群体通过创造,提供并同他人交换有价值的产品,以满足各自的需要和欲望的一种社会活动和管理过程。"

根据这一定义,可以将市场营销概念归纳为以下要点:

(1)市场营销的终极目标是满足需求和欲望。

(2)市场营销的核心是交换。而交换过程是一个主动、积极寻找机会、满足双方需求和欲望的社会和管理过程。

(3)交换过程能否顺利进行,取决于营销者创造的产品和价值满足顾客需要的程度和交换过程管理的水平。

三、市场营销的相关核心概念

要对市场营销进行深入细致的研究,首先应该掌握它的一些基本的核心概念。在这个核心概念中包含了需要、欲望和需求,商品与服务,价值与满意,交换与交易,关系与网络,营销与营销者等一系列概念。

▶ 1. 需要、欲望和需求

(1) 需要(need)。构成市场营销基础的最基本的概念就是人类需要。它是指人们生理上、精神上或社会活动中所产生的一种无明确指向性的满足欲,是一种没有得到某些满足的感受状态。人们在生活中需要空气、安全、感情以及其他一些东西,这些需要都不是社会和企业所能创造的,而是人类自身本能的基本组成部分。

(2) 欲望(want)。欲望是指人们想得到这些基本需要的具体满足物或方式的愿望。一个人需要食品,想要得到一个面包;需要被人尊重,想要得到一辆豪华小汽车。

(3) 需求(demand)。需求是指人们有能力购买并且愿意购买某种商品或服务的欲望。人们的欲望几乎没有止境,但资源却有限。因此,人们想用有限的金钱选择那些价值和满意程度最大的商品或服务,当有购买力作后盾时,欲望就变成了需求。

企业并不创造需要,需要存在于营销活动出现之前,企业以及社会上的其他因素只是影响了人们的欲望,它们向消费者建议一个什么样的商品可以满足消费者哪些方面的要求,如一套豪华住宅可以满足消费者对居住与社会地位的需要。优秀的企业总是力图通过使商品富有吸引力、适应消费者的支付能力和容易得到来影响需求。

知识链接

需求的类型

负需求——消费者想要回避甚至愿意花钱回避的需求,例如保险行业刚刚在中国开始发展时的死亡险;客户不愿意接受这一险种,对前来推介的人冷眼相看,甚至产生冲突。

无需求——分为三种情况形成:一是无价值的产品,如垃圾、空气;二是市场饱和;三是新产品出现,客户不愿接受旧产品,如数码相机出现客户不再接受胶卷、手机出现客户不再接受BP机。

潜在需求——客户有需要并且有购买力,但由于时机不成熟暂不购买的需求为潜在需求。例如,年轻人不一定在过节送礼的时候买脑白金,但是他是有需求的并且有能力购买,只是等待时机。

下降需求——客户对某一产品或者服务产生疲倦,例如餐馆的菜式和服务一直不变,客户开始厌倦,寻找新的菜式和服务,就导致了对原来餐馆的下降需求。

不规则需求——由于时间的变动所导致的市场对某一产品或者服务的需求波动。例如,娱乐、旅游、羽绒服等,时间不同,需求不一样。

充分需求——又称饱和需求,是一种理想状态的市场供应与需求。例如,加多宝生产的凉茶没有库存,而消费者又随时在需求时可以买到,这就是充分需求,但一般不存在。

过度需求——消费者对某种产品的需求超出了市场的供应。例如,曾经的苹果手机和大众高尔夫车,客户有需求,产能供应不上,甚至出现加价行为。

有害需求——就是对客户或者社会造成不利影响的产品,如香烟、毒品等。

▶ 2. 商品与服务

任何需要的满足都必须依靠适当的产品,好的产品将会在满足需要的程度上有很大提高,从而也就能在市场上具有较强的竞争力,实现交换的可能性也应该更大。从广义上来说,任何能满足人们某种需要或欲望而进行交换的东西都是商品(goods)。

然而商品不仅是指那些看得见摸得着的物质产品，也包括那些同样能使人们的需要得到满足的服务甚至是创意。例如人们会花几千元去购买一架大屏幕的彩电来满足休闲娱乐的需要，也可以花费同样的钱去进行一次长途旅游，以同样达到休闲娱乐之目的。而在当今的社会中，一个有价值的"主意"，也可能使创意者获得相当大的回报。所以如果仅仅把对产品的认识局限于物质产品，那就是经营者可悲的"营销近视症"。为顺利地实现市场交换，企业经营者不仅要十分重视在市场需要引导下的产品设计与开发，还应当从更广泛的意义上去认识商品的含义。

服务（service）则是一种无形产品，它是将人力和机械的使用应用于人与物的结果，如保健医生的健康指导、儿童钢琴知识教育、汽车驾驶技能的培训等。

当购买者购买商品时，实际上是购买该商品所提供的利益和满意程度。例如，在具有相同的报时功能的手表中，有的消费者偏爱价格高昂的劳力士手表，原因在于它除了基本的报时功能外，还是消费者成功身份的象征。这种由产品和特定图像、符号组合起来表达的承诺，能够帮助消费者对有形产品和无形产品做出购买判断。在很多情况下，符号和无形的产品让消费者感到更有形、更真实。由于人们不是为了商品的实体而买商品，商品的实体是利益的外壳，因此，企业的任务是推销商品实体中所包含的内核——利益或服务，而不能仅限于描述商品的形貌，否则，目光就太短浅了。

▶ 3. 价值与满意

人们是否购买产品并不仅仅取决于产品的效用，同时也取决于人们获得这种效用的代价。人们在获得使其需要得以满足的产品效用的同时，必须支付相应的费用，这是市场交换的基本规律，也是必要的限制条件。

市场交换能否顺利实现，往往取决于人们对效用和代价的比较，即价值（value）。如果人们认为产品的效用大于其支付的代价，再贵的商品也愿意购买；相反，如果人们认为代价大于效用，再便宜的东西也不会要，这就是人们在交换活动中的价值观。市场经济的客观规律告诉我们，人们只会去购买有价值的东西，并根据效用和代价的比较来认识价值的实现程度。

所谓的满意（satisfaction）可解释为顾客通过对某商品可感知的效果与他的价值期望相比较后所形成的愉悦或失望的感觉状态。如果效果超过期望，顾客就会高度满意；如果效果与期望相等，顾客也会满意；但如果效果低于期望，顾客就会不满意。而只有在交易中感到满意的顾客才可能成为企业的忠实顾客。

所以企业不仅要为顾客提供产品，更必须使顾客感到在交换中价值的实现程度比较高，这样才可能促使市场交易顺利实现，才可能建立企业的稳定市场。

【案例】

在南方的一个小镇上，有一位年轻的米店商人，名叫华明。他是该镇上十位米商之一，他总是待在店内等候顾客，所以生意并不太好。

一天，华明认识到他应该更多地为镇上的居民着想，了解他们的需求和期望，而不是简单地为那些到店里来的顾客提供大米。他认为应该为居民提供更多的价值，而不能仅仅只是提供和其他米商一模一样的服务。他决定对顾客的饮食习惯以及购买周期建立档案，并且开始为顾客送货。

首先，华明绕着该城镇到处走，并且敲开每一位顾客的家门，询问家里有多少口人、每天需要煮多少碗米、家里的米罐有多大等。之后，他决定为每个家庭提供免费的送货服务，并且在固定时间自动为每个家庭的米罐补满。

例如，某四口之家，平均每人每天大概需要2碗米，因此这个家庭每天需要8碗米。从他的记录里，华明可以知道该家庭的米罐能装60碗米或者说接近一袋米。

通过这些记录以及提供的全新服务，华明首先成功地与老年顾客沟通，进而与更多的其他居民建立起更广泛、更深入的关系。他的业务也逐渐扩大，并且需要雇用更多的员工，一个人负责接待到商场柜台来买米的顾客，两个人负责送货。华明通过花时间拜访居民，处理好与供应商及其所熟识的居民之间的关系，生意日益兴隆。

▶ 4. 交换与交易

需要和欲望只是市场营销活动的序幕，只有通过交换，营销活动才会真正发生。交换（exchange）是提供某种东西作为回报而与他人换取所需东西的行为。人们实际上可以通过四种方式获得他所需要的东西：一是自行生产，获得自己的劳动所得；二是强行索取，不需要向对方支付任何代价；三是向人乞讨，同样无须作出任何让渡；四是进行交换，以一定的利益让渡从对方获得相应价值的产品或满足。

市场营销活动仅仅是围绕第四种方式进行的。从实现的必要条件来看，交换必须满足以下几条：

（1）交换必须在至少两人之间进行；
（2）双方都拥有可用于交换的东西；
（3）双方都认为对方的东西对自己是有价值的；
（4）双方都有可能相互沟通并把自己的东西递交给对方；
（5）双方都有决定进行交换和拒绝交换的自由。

需要的产生才使交换成为有价值的活动，产品的产生才使交换成为可能，而价值的认同才能使交换最终实现。所以市场营销概念的构成要素最终都是为"交换"服务的，因"交换"而有意义的。所以说交换是市场营销概念中的核心要素。如何通过克服市场交换障碍顺利实现市场交换，进而达到实现企业和社会经济效益之目的，是市场营销学研究的核心内容。

交换不仅是一种现象，更是一种过程，只有当交换双方克服了各种交换障碍，达成了交换协议时，才能称其为形成了"交易"。交易是达成意向的交换，交易的最终实现需要双方对意向和承诺的完全履行过程。所以如果仅就某一次交换活动而言，市场营销就是为了实现同等价值交换对象之间的交易，这是营销的直接的最终目的。

▶ 5. 关系与网络

在现代市场营销活动中，企业为了稳定自己的销售业绩和市场份额，就要将自己和顾客群体之间的交易关系长期保持下去，并得到不断的发展。而要做到这一点，企业市场营销的目标就不能仅仅停留在一次交易的实现上，而应当通过营销的努力来发展同自己的供应商、经销商和顾客之间的关系，使交易关系能长期稳定地保持下去。从20世纪80年代开始，对顾客关系的重视终于使"关系营销"作为一种新的概念和理论充实到了市场营销学的理论体系中来。"关系营销"和"交易营销"的主要区别在于其把研究重点由单纯研究交易活动的实现转为研究交易关系的保持和稳定，以及顾客关系的维护和管理。

市场网络由生产者、中间商以及消费者之间的关系所形成,包括直接推动或阻碍交易的实现,以及经营活动有关的各种群体(包括供应商、经销商和顾客)。在现代市场营销活动中,企业市场网络的规模和稳定性成为形成企业市场竞争力的重要方面,从而也就成为企业营销的重要目标。

▶ 6. 营销与营销者

从一般的意义上认识,市场交易是买卖双方处于平等条件下的交换活动。而市场营销学是站在企业的角度研究如何同其顾客实现有效交换的学科,所以说市场营销是一种积极的市场交易行为,在交易中主动积极的一方为营销者,而相对被动的一方则为营销者的目标市场,市场营销者采取积极有效的策略与手段来促进市场交易的实现。营销活动的有效性既取决于营销人员的素质,也取决于营销的组织与管理。

四、市场营销的功能

市场营销的根本任务,就是通过努力解决生产与消费的各种分离、差异和矛盾,使生产者各种不同的供给与消费者或用户方面各种不同的需要与欲望相适应,实现生产与消费的统一。因而,市场营销在求得社会生产与社会需要之间的平衡方面发挥着重要作用。所以,市场营销有以下四方面功能。

▶ 1. 便利功能

便利功能是指便利交换和物流的功能,包括资金融通、风险承担、信息沟通、产品标准化和分级等。借助资金融通和商业信用,可以控制或改变产品的流向和流量,在一定条件下,能够给买卖双方带来交易上的方便和利益。风险承担是指在产品交易和储运中,要承担某些财务损失,如产品积压而不得不削价出售,以及产品损坏、短少、腐烂而造成的经济损失。市场信息的收集、加工和传递,对于生产者、中间商、消费者或用户来说都很重要,没有信息的沟通,其他功能都难以实现。产品的标准化和分等分级,可以大大简化和加快交换过程,方便产品储存、运输和顾客购买。

▶ 2. 市场需求探测功能

企业面临的是动态市场,市场环境在一刻不停地变化,消费者的需求在不断变化。例如,服装年年推出流行色,随时可能流行新款式。在令人眼花缭乱的变化中,要准确识别并根据趋势成功地预测消费者需求是一件很难的事。对企业来说,不能随时把握消费者的需求,就意味着不能获取它、满足它,更谈不上企业目标的实现。有效的市场营销活动可以成为市场需求探测器,使企业清楚地了解消费者需求的方向、结构及其分布,从而为企业寻找到生存、发展的良机。

▶ 3. 产品开发推进器

企业要不断地改进原有产品、生产新产品和进行产品更新换代,目的是满足消费者需求。不了解消费者需求,作为新产品开发承担者的科研、技术部门就会变成瞎子、聋子,迷失方向、失去动力。有效的市场营销,通过市场需求信息的反馈,为产品改进、开发和换代指明了方向,并督促、推动了产品开发系统的快速运转。

▶ 4. 维护客户的凝聚器

市场营销不仅把握并满足了消费者的需要,而且通过售前、售中和售后服务,以及不断横向扩展服务范围,对顾客形成吸引力,使顾客自发、自愿地向企业靠拢,保持和增加对企业或品牌的忠诚度，扩大产品的潜在市场。这种维持和增加消费者忠诚度的任务，在供需矛盾突出的买方市场上非常艰巨和重要，只能依靠市场营销这个凝聚器来完成。此外，市场营销的信息沟通功能把市场需求具体地反馈给生产者，有助于生产出适销对路的产品，从而对产品形态效用的创造发挥重要作用。

【案例】

萨伊法则

百货公司经理在检查销货员的业绩，问：你今天有几个顾客？

答：1个！

问：只有一个吗？卖了多少钱的货物？

答：20万美金！

经理大为惊奇地问过程。

销货员说：我先卖给他一枚鱼钩，接着卖给他钓竿和鱼线。再问他打算去哪里钓鱼，他说到南方海岸去。我说该有一艘小船才方便，于是他买了那艘小汽艇。我又说他的汽车也许拖不动汽艇，于是我带他去汽车部，卖给他一辆大车。

经理喜出望外地说：那人来买一枚鱼钩，你竟能向他推销那么多东西？

销货员说：不！其实是他老婆有偏头痛，他来为她买一瓶阿司匹林的。我听他那么说，便告诉他：这个周末你可以自由自在的了，你为什么不去钓鱼呢？

（萨伊法则又称市场法则，即市场上的一种供给会引起消费者对它的需求。）

第二节 市场营销学的产生和发展

市场营销学是在经济学、行为科学等学科基础上发展起来的，正如营销大师菲利普·科特勒在1987年美国市场营销协会（AMA）成立50周年纪念大会上所言：营销学之父为经济学，其母为行为学，哲学和数学为其祖父、祖母。

一、市场营销学的萌芽

尽管商品交换古已有之，但真正意义上的市场营销活动却是商品经济发展到一定程度的产物。彼得·德鲁克认为，市场营销活动最早起源于17世纪中叶的日本。他指出，市场营销活动是由日本三井家族的一位成员首先应用的。作为商人，他于1850年在东京定居下来，开办了世界上第一家具有现代意义的百货商店，并为该店提出了一系列经营原则，主要内容包括：公司充当顾客的采购员；为顾客设计和生产适合需要的产品；把花色品种规格齐全、丰富多彩的商品供应给顾客；保证顾客满意，否则原款奉还。100多年后，当今世界上最大的百货公司——西尔斯·罗巴克（Sears Roebuck）才提出了类似的原则。

彼得·德鲁克还指出，直到19世纪中叶，市场营销才在美国国际收割机公司（International Harvester Company）产生。第一个把市场营销当作企业独特的中心职能，并把满足顾客需求作为管理的特殊任务的是麦克密克（Cyrus H. McCormick）。在历史书籍中只提到他是收割机的发明者,然而他还创造了现代市场营销的基本工具,如市场调查与市场分析、市场定位观念、定价政策、向顾客提供各种零部件和各种服务、实行分期付款等。

随着资本主义经济的发展,到了 20 世纪初,各主要资本主义国家经过了工业革命,生产迅速发展,生产能力的增长速度超过了市场增长速度。在这种情况下,少数有远见的企业开始设立市场营销研究部门,重视在企业的经营管理过程研究如何推销商品和刺激需求,探索推销方法与广告方法。1911 年,柯蒂斯出版公司(Curtis Publishing Company)率先设置了市场营销研究部门(当时称作"商品研究"的部门)。

二、市场营销学的创立与发展

市场营销进入美国的学术界,成为一个专门的理论领域的研究则始于 20 世纪初期。从总体上来看,市场营销学理论的发展经历了以下三个阶段。

▶ 1. 初创阶段(1900—1920 年)

早在 19 世纪末期,美国一些学者就陆续发表了一些有关推销、广告、定价、产品设计、品牌业务、包装、实体分配等方面的学说。但是,直到 20 世纪初期,美国的一些学者才试图将上述有关方面综合起来,建成一门专门的学科。

尽管当时还没有使用"市场营销"这个名称,但它已经作为一门新学科的雏形出现在大学课堂上。1904 年,克鲁希(W. E. Kreus)在宾州大学讲授了名为"产品市场营销"(The Marketing of Products)的课程;1910 年,巴特勒(K. S. Butler)在威斯康星大学讲授了名为"市场营销方法"(Marketing Method)的课程;1912 年,赫杰特齐(J. E. Hegertg)出版了第一本名为市场营销学(Marketing)的教科书,全面论述了有关推销、分销、广告等方面的问题,它标志着市场营销学作为一门独立学科的产生。

但是,应该看到,这一时期的市场营销学研究内容仅限于商品销售和广告业务方面的问题,实际影响不大,尚未引起社会的广泛关注,市场营销的完整体系远未形成。

▶ 2. 功能研究阶段(1921—1945 年)

从 20 世纪 20 年代到第二次世界大战结束的这段时期,随着科学技术的进步,美国等西方国家的社会政治经济情况不断发展变化,特别是 1929—1933 年资本主义国家爆发了严重生产过剩的经济大危机,震撼了各主要资本主义国家。由于生产严重过剩,商品销售困难,工商企业纷纷倒闭。这时企业的首要问题不是怎样扩大生产和降低成本,而是如何把产品卖出去。为了争夺市场,解决产品销售问题。企业开始实施市场销售活动,使市场营销学的研究也大规模开展起来,市场营销学逐渐成为指导市场营销实践活动的一门实用性学科。

在这一时期,美国的高等院校和工商企业建立各种市场营销的研究机构,有力地推动了市场营销学的研究和普及。例如,1926 年,美国在全美广告协会的基础上成立了全美市场营销学和广告学教师协会;1937 年,全美各种市场研究机构联合组成了全美市场营销学会(America Marketing Association,AMA),不仅有工商企业人士和经济学家、管理学家参加,而且吸收了市场行情、广告、销售、信托等方面的专家入会。目前,该学会的成员遍及世界各地,实际上已成为国际性的组织,该学会的现任主席为美国西北大学教授菲利普·科特勒。

这一时期的研究以营销功能研究为最突出的特点,主要包括交换功能、实体分配和辅助功能,这些功能构成了当时市场营销体系的主体。然而,从总体上来看,这一阶段的研究还是将市场营销等同于销售或推销,研究范围仅局限于流通领域。

▶ 3. 发展与传播阶段(1945—1980 年)

第二次世界大战以后,特别是 20 世纪 50 年代以来,随着国际政治环境的相对稳定以及第三次科技革命的展开,资本主义国家的社会生产力得到了较快的发展,产品产量剧增,花色品种日新月异,社会消费能力也有了较大增长,人们的消费需求和消费欲望不断加深,市场竞争日益激烈,政府对经济的干预明显增强,营销环境复杂多变。在这种情况下,企业要想求得生存与发展,就必须从总体上进行规划,不能在产品生产出来后,而是要在产品生产之前就考虑市场问题,要按照市场需求安排生产,组织营销活动;企业不能仅考虑当前的盈利,还要考虑到未来的长远发展;企业的市场营销不应局限于产品推销问题,而应该包括企业与市场以及整个营销环境保持衔接关系的整体性经营活动。

在这种情况下,市场营销的理论研究从对产品生产出来以后的流通过程的研究,发展到从生产前的市场调研和产品创意开始,到销售后的顾客服务和信息反馈为止的营销过程的研究;从对营销实施的研究,发展到对市场营销问题的分析、计划、实施、控制等营销管理过程的研究。市场营销学逐步从经济学中独立出来,吸收了行为科学、心理学、社会学、管理学等学科的若干理论,形成了自身的完整理论体系。

与此同时,市场营销学也开始广为传播。一方面,在应用领域上,市场营销学理论不仅广泛应用于以营利为目标的企业运作上,而且还逐渐应用到行政机构以及其他非营利组织,涉及社会经济生活的各个方面,如军队、法院、宗教团体、慈善机构和学校都公开或非公开地引进了营销观念和方法。另一方面,在应用区域上,市场营销学不断从起源国——美国向其他国家传播。20 世纪 50 年代以来,美国的市场营销学先后传入了日本、西欧、我国的台湾地区以及东欧和苏联等国家和地区,20 世纪 70 年代末开始传入我国内地。一般说来,商品经济越发达的地方,市场营销学也越盛行。

▶ 4. 拓展与创新阶段(1980 年以后)

随着经济全球化趋势的加强,参与国际竞争的国家和企业急剧增加,市场竞争的范围不断扩大,程度不断加剧。在 20 世纪 80 年代中期,科特勒进一步发展了市场营销理论,提出了大市场营销(magemarketing)的概念,突破了传统营销理论中阐明的企业可控制的市场营销组合因素与外界不可控的环境因素之间简单相适应的观点,把企业市场营销组合所包括的 4P 策略扩大到 6P 策略,即产品、价格、渠道、促销、政治权力和公共关系六大策略。这一思想对跨国企业开展国际营销活动具有重要的指导意义。

20 世纪 90 年代以来,市场营销理论的研究不断向新的领域拓展,出现了定制营销、营销网络、纯粹营销、政治营销、绿色营销、营销决策支持系统、整合营销等新的理论领域,并打破了美国营销管理学派一统天下的局面,对传统营销理论提出了质疑,形成了不同的营销学派。

三、市场营销学在中国的发展

1979—2003 年,中国市场营销匆匆走完了西方国家用了上百年时间才走过的路。从

1979年《天津日报》在全国率先恢复报纸广告，可口可乐进入中国大陆市场，推出"可口可乐添欢乐"的广告，到1999年世界500强汇聚上海，共同探讨"中国，未来50年"，如果用翻天覆地来形容中国市场营销的变革毫不为过。而中国营销学的"研究、应用和发展"大体上可划分为以下四个阶段。

▶ 1. 启蒙阶段(1979—1982年)

这一阶段的主要工作是聘请国外营销专家来华讲学，引进市场营销学的书报、杂志，在高等院校中开设市场营销学课程，并组织有关教师编写市场营销学教材。这是营销中国化非常重要的基础性工作，但由于当时社会条件的限制，参与研究者少，研究比较受局限，对西方营销理论的认识也相对肤浅。同时，随着经济体制改革的启动，部分产品停止统购包销，有的行业逐渐放开，允许个体经营，尤其是四个经济特区的建立，中国有了商品经济的"试验田"，市场上有了竞争。不少企业开始了初级阶段的营销尝试，提出了"顾客就是上帝"的口号，总结出了经营取胜之道，如优质取胜、创新取胜、服务取胜、快速取胜等。

▶ 2. 传播阶段(1983—1994年)

经过启蒙阶段的引进与吸收以后，全国各地从事市场营销学研究、教学工作的人员更进一步意识到该学科对我国工商企业的重要性，为此大力推动市场营销学在我国的发展。

1983年6月，江苏省在南京市成立了中国第一个市场营销组织——江苏省市场调查、市场预测和经营决策研究会；1984年1月，全国高等综合性大学、财贸院校的"市场学教学研究会"成立；1991年3月，中国市场学会(China Marketing Association，CMA)在北京成立。这些学会的成立为市场营销学的学习、研究与应用揭开了新的篇章，大大促进了市场营销理论在全国范围内的传播，营销学开始得到高校教学的重视，有关营销学的著作、教材和论文在数量和质量上都有很大的提高。

在企业应用方面，由于我国在商品流通领域取消了统购包销的政策，将商品经营、采购的自主权交给了企业，这样，企业不仅要注重商品的生产，还必须注重商品的销售渠道和销售策略，企业对掌握和应用市场营销知识的愿望越来越迫切。不少企业积极参加市场营销学会的活动，主动邀请市场营销专家为企业出谋划策，解决企业营销中存在的问题，并取得了显著的效果。可以说，在这一阶段，市场营销理论和方法的研究和应用，就广度和深度而言，都走过了西方国家数十年走过的路程。

▶ 3. 深入拓展阶段(1995年以后)

经过十多年的研究和应用，我国已培养了大批市场营销人才，教育层次不断提高。2003年我国高校已开始招收市场营销管理专业的博士研究生，培养我国市场营销的最高层次人才。

在理论研究上，我国学者开始关注市场营销学发展的国际动向，与世界同步研究市场营销学发展中的一些新的前沿性问题，出版了一大批市场营销学方面的学术专著。

在实际运用上，我国高层领导日益关注市场营销。1996年，全国人大八届四次会议通过的《中华人民共和国国民经济和社会发展"九五"计划和2010年远景目标纲要》的文件中，首次以"市场营销"取代以往常用的"经营""销售"等术语，明确指出国有企业要按照市场需求组织生产，"搞好市场营销，提高经济效益"；文件还指出，要积极发展"代理制、连锁经营等新的营销方式"，"建立科研、开发、生产、营销紧密结合的机制",这是市场营销首次见诸中央文件。1997年,国家经贸委发布了《关于加强国有企业市场营销工作的意见》,可以说是国家经济管理部门日益重视市场营销工作的一个标志。

与此同时,我国总体市场特征为供过于求,国外资本又大举进攻中国市场,彻底改变了中国市场竞争的格局,中国企业不得不重新审视以往的营销战略和营销策略,开始进入理性化营销阶段。如以海尔为代表的家电产品,继价格竞争、服务竞争之后,转向了科学开发为重点的营销战略。

可以说,我国市场营销学的研究与应用正全面地向纵深发展。

21世纪的市场营销学以网络营销为主轴,如阿里巴巴的淘宝、天猫网络营销系统。营销环境和消费者行为的变化是网络营销发展的动力,20世纪工业时代创造的营销4P要素将与互联网技术重新整合。网络营销的最大特点在于以消费者为导向,消费者的个性特点使得企业重新思考其营销战略。网络环境使得双向互动成为现实,使得企业营销决策有的放矢,从根本上提高了消费者满意度。网络社会的竞争优势将来自于吸引、保持顾客的能力和显著减少交易成本。网络营销将在三方面对营销理论体系产生重大的突破:一是强调消费者已逐渐取得交易主动权;二是消费者需求差异日趋扩大;三是营销策略重在吸引消费者,培养消费者对公司及公司产品的忠诚。

工业革命以来,每一次重大的技术革命都会给人类带来巨大的冲击。无疑,传统的营销理论也将发生重大变革。市场细分的标准将更加细化;市场调查方法将更加创新,呈现多元化;营销策略的研究更加注重互动的、整合的网络营销。买方市场的完全转移和因特网使制造商的产品定位、厂商自身的定位更加细分,商品的文化特征、民族特征、艺术特征会得到充分的体现。商品将不再仅是大众的商品,而开始真正表达极小群体的生活方式。顾客成为一切的开始,为顾客找产品取代了为产品找顾客,重要的不再是将尽量多的产品卖给尽量多的顾客,而是培养一个已有顾客更多地或只是某一公司产品的顾客。"一对一营销""直复式营销"将成为全面满足消费者个性要求的营销方式。网络调研由于获取信息的及时性、共享性和低成本的优势而将逐渐取代传统调研方法,这种基于顾客和潜在顾客的市场调研结果更为客观、真实,反映了消费心态的变化和市场发展趋势。

第三节 营销观念的演进

市场营销在19世纪末20世纪初期产生于美国,历经社会经济及市场经济的发展,随着与企业管理、经济学、行为科学、人类学、数学等学科相结合的应用,营销观念也在日趋成熟。在中国,受经济改革政策的推动,营销观念的发展也日趋稳固。

营销观念是说明企业组织应如何满足顾客需求的基本哲学。一般将营销观念分成五个导向:生产观念、产品观念、销售观念、市场营销观念及社会营销观念。

一、生产观念

生产观念也称为生产中心论,它是一种最古老的经营思想,认为消费者或用户喜欢购买便利与价格低廉的产品。因此,企业应组织自身所有资源,集中一切力量提高生产效率和分销效率,扩大生产,降低成本,以拓展市场。显然,生产观念是一种重生产、轻市场营销的企业经营思想。

生产观念产生于20世纪20年代以前,这一时期,各主要资本主义国家经过工业革命,生产力迅速提高,城市经济迅猛发展,商品需求量亦迅速增多,但是许多商品的供应还不能充分满足需要,出现了需求大于供给的卖方市场。

20世纪初,亨利·福特(Henery Ford)在开发汽车市场时所创立的"扩大生产、降低价格"的经营思想,就是一种生产观念。福特汽车公司从1914年开始生产T型汽车,福特将其全部精力与才华都用于改进大规模汽车生产线,使T型车的产量达到非常理想的规模,大幅度地降低了成本,使更多的美国人买得起T型汽车。他不注重汽车的外观,曾开玩笑地说,福特公司可供应消费者任何颜色的汽车,只要他要的是黑色汽车。这种只求产品价廉而不讲究花色式样的经营方式无疑是生产观念的典型表现。

中国改革开放前,由于产品供不应求,生产观念在企业中盛行,主要表现是生产部门埋头生产,不问市场,商业企业将主要力量集中在抓货源上,工业部门生产什么,商品部门就收购什么,根本不问及消费者的需要。

生产观念是一种"以产定销"的经营指导思想,它在两种情况下仍显得有效:一是市场商品需求超过供给,卖方竞争较弱,买方争购,选择余地不大;二是产品成本和售价太高,只有提高效率,降低成本,从而降低售价,才能扩大销路。

正因为如此,时至今日,一些现代公司也时而奉行这种观念,如美国得克萨斯州仪器公司(Texas Instruments)一个时期以来为扩大市场,就一直尽其全力扩大产量、改进技术以降低成本,然后利用它的低成本优势来降低售价,扩大市场规模。该公司以这种经营思想赢得了美国便携式计算器市场的主要份额。今天的许多日本企业也是把这种市场取向作为重要的策略。

但是,在这种经营思想指导下运作的企业也面临一大风险,即过分狭隘地注重自己的生产经营,忽视顾客真正所需要的东西,会使公司面临困境。例如,得克萨斯州仪器公司在电子表市场也采用这一战略时,便遭到了失败。尽管公司的电子表定价很低,但对顾客并没有多少吸引力。在其不顾一切降低价格的冲动中,该公司忽视了顾客想要的其他一些东西,即不仅仅要价廉,而且还要物美。

二、产品观念

产品观念认为,消费者喜欢质量、性能或创新特色最佳的产品,只要产品好,不怕没有人要。这一时期,社会生活水平已有了较大幅度的提高,消费者已不再仅仅满足于产品的基本功能,而是开始追求产品在功能、质量和特点等方面的差异性。因此,如何比其他竞争对手在上述方面为消费者提供更优质的产品就成了企业的当务之急。在产品供给不太紧张或稍微宽裕的情况下,这种观念常常成为一些企业经营的指导思想。在20世纪30年代以前,不少西方企业广泛奉行这一观念。

传统上我国有不少企业奉行产品理念，"酒香不怕巷子深""一招鲜，吃遍天"等都是产品观念的反映。目前，我国还有很多企业不同程度地奉行产品观念，它们把提高产品功能与质量作为企业首要任务，提出了"企业竞争就是质量竞争""质量是企业的生命线"等口号，这无疑有助于推动我国企业产品的升级换代，缩短与国外同类产品的差距，一些企业也由此取得了较好的经济效益。

然而，这种观念也容易导致公司在设计产品时过分相信自己的工程师知道怎样设计和改进产品，他们很少深入市场研究，不了解顾客的需求意愿，不考察竞争者的产品情况。他们假设购买者会喜欢精心制作的产品，能够鉴别产品的质量和功能，并且愿意付出更多的钱来购买质量上乘的产品。正如科特勒所言：某些企业的管理者深深迷恋上了自己的产品，以至于没有意识到其在市场上可能并不那么迎合时尚，甚至市场正朝着不同的方向发展。企业抱怨自己的服装、洗衣机或其他高级家用电器本来是质量最好的，但奇怪的是，市场为何并不欣赏。某一办公室文件柜制造商总是认为他的产品一定好销，因为它们是世界上最好的。他说："这文件柜从四层楼扔下去仍能完好无损。"不过令人遗憾的是，没有人会在购买文件柜后，先把文件柜从四楼上扔下去再开始使用。而为了保证这种过分的产品坚固性，必然会增加产品的成本，消费者也不愿意为这些额外又无多大意义的品质付更多的钱。

这种产品观念还会引起美国营销学专家西奥多·李维特（Theodore Leavitt）教授所讲的"营销近视症"（market myopia）现象。即不适当地把注意力放在产品上，而不放在需要上。铁路管理部门认为用户需要的是火车本身，而不是为了解决交通运输，于是忽略了飞机、公共汽车、货车和小汽车日益增长的竞争；计算尺制造商认为工程师需要的是计算尺本身而不是计算能力，以至忽略了袖珍计算器的挑战。

三、推销观念

推销观念是一种以推销为中心内容的经营指导思想。它强调企业要将主要精力用于抓推销工作，企业只要努力推销，消费者或用户就会更多地购买。这一观念认为，消费者通常表现出一种购买惰性或者抵触心理，故需用好话去劝说他们多买一些，企业可以利用一系列有效的推销和促销工具去刺激他们大量购买。在这种观念指导下，企业十分注重运用推销术和广告术，大量雇用推销人员，向现实和潜在买主大肆兜售产品，以期压倒竞争者，提高市场占有率，取得更多的利润。

推销观念产生于从卖方市场向买方市场转变的时期。1920—1945年，西方社会从生产不足开始进入了生产过剩，企业之间的竞争日益激烈。特别是1929年所爆发的严重经济危机，大量商品卖不出去，许多工商企业和银行倒闭，大量工人失业，市场萧条。残酷的事实使许多企业家认为即使物美价廉的产品，也未必能卖出去，必须重视和加强商品销售工作。

自从产品供过于求、卖方市场转变为买方市场以后，推销观念就被企业普遍采用，尤其是生产能力过剩和产品大量积压时期，企业常常本能地采纳这种理念。前些年，在我国几乎被奉为成功之路的"全员推销"典型地代表了这种理念。

应当说，推销观念有其合理性的地方，一般而言，消费者购买是有惰性的，尤其是在产品丰富和销售网点健全的情况下，人们已不再需要像战时状态那样储存大量产品，也没有必要担心商品涨价。买商品只求"够用就行"已成为主导性的消费观念,另外,在买方市场条件下,过多的产品追逐过少的消费者也是事实。因此,加强推销工作以扩大本企业的产品信息,劝说消费者选择购买本企业产品,都是非常必要的。

然而,推销观念注重的仍然是企业的产品和利润,不注重市场需求的研究和满足,不注重消费者利益和社会利益。强行推销不仅会引起消费者的反感,而且还可能使消费者在不自愿的情况下购买不需要的商品,严重损害消费者的利益,这样,反过来又给企业带来不良的后果。正如科特勒教授所指出的,感到不满意的顾客不会再次购买该产品,更糟糕的情况是,感到满意的普通顾客仅会告诉其他三个人有关其美好的购物经历,而感到不满意的普通顾客会将其糟糕的经历告诉其他十个人。

四、市场营销观念

市场营销观念也称为需求中心论。这一观念认为,为了满足消费者需求,必须以有效率、有效能的管理,了解消费者的需求,利用营销工具,传达并与消费者沟通。这种营销观念的具体表现是顾客需要什么就卖什么,而不是企业自己能制造什么就卖什么。

20 世纪 50 年代以后,资本主义发达国家的市场已经变成名副其实的供过于求,卖主间竞争激烈,买主处于主导地位的买方市场。同时,科学技术发展,社会生产力得到了迅速的提高,人们的收入水平和物质文化生活水平也在不断提高,消费者的需求向多样化发展并且变化频繁。在这种背景下,企业意识到传统的经营观念已不能有效地指导新的形势下的企业营销管理工作,于是市场营销观念形成了。

在这种观念的指导下,"顾客至上""顾客是上帝""顾客永远是正确的""爱你的顾客而非产品""顾客才是企业的真正主人"等成为企业家的口号和座右铭。营销观念的形成,不仅从形式上,更从本质上改变了企业营销活动的指导原则,使企业经营指导思想从以产定销转变为以销定产,第一次摆正了企业与顾客的位置,所以是市场观念的一次重大革命,其意义可与工业革命相提并论。图 1-3 表示了推销观念与营销观念的本质区别。

图 1-2 推销观念与营销观念的区别

市场营销观念的意义具体可以体现为:第一,企业的市场营销工作由以生产者为中心转向了以目标市场的顾客需要为中心,促进了"顾客至上"思想的实现;第二,改变了企业的组织结构,提高了市场营销部门在企业中的地位,建立以市场营销为中心的新的管理体制;第三,改变了企业的经营程序和方法,企业的市场营销转化为整体性的营销活动过程,营销管理工作占据了重要的地位;第四,销售工作由过去的高压或"硬卖"转变为诱导式的"软卖"，通过满足顾客的需求来获取利润。

由于市场营销观念符合"生产是为了消费"的基本原理，既能较好地满足市场需要，同时也提高了企业的环境适应能力和生存发展能力，因而自从被提出后便引起了广泛的注意，为众多企业所追捧，并成为当代市场营销学研究的主体。

五、社会营销观念

社会营销观念认为企业在提供商品或劳务满足顾客的时候，要同时顾及消费者及社会群体的福利，这是一种社会与消费者的觉醒的产物。例如，"绿色"观念的兴起是攸关社会群体福利的社会营销，有人称为绿色营销，包括重视环保、防治水污染、空气污染、噪声污染，资源回收再利用，提倡公益活动等。

社会营销观念产生于20世纪70年代。因为20世纪60年代以后，市场营销理念在美国等西方国家受到质疑。

首先，不少企业为了最大程度地获取利润，迎合消费者，采用各种方式扩大生产和经营，而不顾对消费者以及社会整体利益的损害。只顾生产而忽视环境保护，促使环境恶化、资源短缺等问题变得相当突出。如清洁剂工业满足了人们洗涤衣服的需要，但同时严重污染了江河，大量杀伤鱼类，危及生态平衡。

其次，某些标榜自己奉行市场营销理念的企业以次充好，大搞虚假广告，牟取暴利，损害了消费者的权益。

最后，某些企业只注重消费者眼前的需要，而不考虑长远需要。如化妆品，虽然短期内能美容，但有害元素含量过高；汉堡包、炸鸡等快餐食品虽然快捷、方便、可口，但由于脂肪与食糖含量过高而不利于顾客的长期健康。

这些质疑导致了人们从不同角度对市场营销理念进行补充，如理智消费者的营销观念、生态营销观念、人道营销观念等均属于社会营销观念之列。

社会营销观念要求企业在确定营销决策时要权衡三方面的利益，即企业利润、消费者需要的满足和社会利益。具体来说，社会营销观念希望摆正企业、顾客和社会三者之间的利益关系，使企业既发挥特长，在满足消费者需求的基础上获取经济效益，又能符合社会利益，从而使企业具有强大的生命力。许多公司通过采用和实践社会营销观念，已获得了引人注目的销售业绩，如美国的安利、强生等大公司就是其中的例子。

应当说，社会营销观念只是市场营销的进一步扩展，在本质上并没有多大的突破。但是，许多企业主动采纳它，主要原因是把它看作为改善企业名声、提升品牌知名度、增加顾客忠诚度、提高企业产品销售额以及增加新闻报道的一个机会。它们认为，随着环境与资源保护、健康意识的深入人心，顾客将逐渐地寻找在提供理性和情感利益上具有良好形象的企业。

第四节 市场营销的主要内容及意义

市场营销的主要内容包括目标市场的选定与营销4P策略的制定两大项。目标市场的选定步骤为市场细分、市场选择及市场定位；营销 4P 策略包括商品策略、定价策略、渠道策略及促销策略。各步骤与策略的变量间接呈现双向的互动关系，如图 1-3 所示。

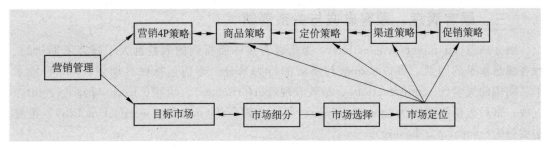

图 1-3　市场营销的主要内容

一、目标市场：市场细分、市场选择及市场定位

企业针对本身和产品的特性，选定自己所需要经营的市场，即为目标市场（target market）。选定目标市场的第一步骤为市场细分（market segment），是按照消费者欲望与需求，把因规模过大导致企业难以服务的总体市场，划分成若干具有共同特征的子市场，处于同一细分市场的消费群被称为目标消费群，相对于大众市场而言，这些目标子市场的消费群就是分众了。

细分因素种类包括：地理细分，即按地理特征细分市场，包括地形、气候、交通、城乡、行政区等因素；人口细分，即按人口特征细分市场，包括年龄、性别、家庭人口、收入、教育程度、社会阶层、宗教信仰或种族等因素；心理细分，即根据个性或生活方式等变量对客户细分；行为细分，即根据对消费者行为的评估进行细分。

市场细分后的第二步骤即选择目标市场（market option），考虑的项目有：①市场规模与潜力是否满足企业的需求；②运用 Michael E. Porter 的五力分析工具，衡量各区隔市场的吸引力；③衡量企业本身的能力是否足够投入这个市场；④选定企业所要经营的目标市场。

选定目标市场后，企业或产品希望取得在这个目标市场顾客心目中的地位如何就是市场定位（market positioning），即企业希望目标市场中的潜在顾客如何看待企业与产品，是高质量或是高价位、中价位、低价位，或是市场的领导者，或是信誉可靠的产品等。这个定位，是企业的责任。为了能实现企业所期望的市场定位，企业运用的营销 4P 策略也随之改变。

二、营销 4P 策略：商品策略、定价策略、渠道策略、促销策略

目标市场的定位，影响营销 4P 策略的规划。营销 4P 策略包括商品（product）策略、定价（price）策略、渠道（place）策略、促销（promotion）策略。商品策略是指产品的开发、品牌的经营、产品的生命周期等。价格策略是指价格的制定，用不同的定价方式，以适应不同的产品或产业。渠道策略包括实体配送、物流、仓储、经销、零售等。促销策略涵盖对消费的促销、对业务人员的促销、对经销商的促销，其工具的选择有折价券、试吃、试用、优待及各种折扣等。

近代的营销趋势为整合营销，认为营销是一个和消费者沟通的过程，各种行销的工具使用，应该能为企业谋求最大效益，所以应讲求整体效益，而非单独使用。故广告、促销活动、产品设计与开发、配送物流，都要从企业整体的角度来评估，讲求企业绩效。

三、顾客满意、顾客忠诚与关系营销

顾客满意(customer satisfaction)，是指顾客实际所得到的效益远大于顾客所期望的。顾客满意水平的因素，可以从事前与事后的行为来分。事前包括顾客期望(expect)的水平、期望的失验(disconfirmation)、绩效表现(performance)、情感(affect)与公平(equity)五项；事后包括抱怨行为(complaining)、负面口碑行为(negative word of mouth)、重复购买行为(repeat purchasing)。

在餐厅吃一顿价格便宜的丰盛大餐，买单时销售顾问的贴心服务，手机功能的完善、高性价比等，都可以让顾客满意，顾客满意后，可能会多吃几次，多用一些，多看一些，多买一些，甚至重复购买，多次重复购买，就可形成购买忠诚。忠诚度一旦形成后，便有助于企业长期经营。这种长期经营的概念，重视顾客，了解顾客需求，寻求顾客长期关系的维持，进而衍生互联网的虚拟关系社群，这也是关系行销受到重视的原因。

四、市场营销的意义

(1) 解决生产与消费的矛盾，满足生活消费和生产的需要。在商品经济条件下，社会生产和消费之间存在着空间和时间上的分离，产品、价格、买卖双方信息不对称等多方面的矛盾。市场营销的任务，就是使生产和消费的不同需要和欲望相适应，实现生产与消费的统一。

(2) 实现商品的价值和增值。市场营销通过产品创新、分销、促销、定价、服务实现相互满意的交换关系，使商品的价值和附加值得到社会的承认。

(3) 避免社会资源和企业资源的浪费。市场营销从顾客需求的角度出发，根据需求条件安排生产，最大限度地避免出现产品无法销售的情况，从而减少社会资源和企业资源的浪费。

(4) 满足顾客需求，提高人们的生活水平和生存质量。市场营销活动的目标是通过各种手段最大限度地满足顾客需求，最终提高社会总体生活水平和人们的生存质量。

知识链接

营销管理专有名词

你在宴会上看到一个漂亮女孩儿，你走过去并且对她说："我对女孩儿很温柔哦！"这叫直销。

你跟一群朋友参加宴会，看到一个漂亮女孩儿。你的朋友走过去，指着你，并且跟她说："他对女孩儿很温柔哦！"这叫广告。

你朋友在宴会上看到一个漂亮女孩儿，走过去要了她的电话号码，第二天你将朋友给你的电话号码打过去跟那个女孩儿说："我对女孩儿很温柔哦！"这叫电话营销。

你在宴会上看到一个漂亮女孩儿，你站起来，整理仪容，走到她的身边并且跟她小饮，畅谈心事，你帮她开门并帮她拿皮包，在她上车后，再跟她说："跟你提一下，我对女孩儿很温柔哦！"这叫公关。

你在宴会上看到一个漂亮女孩儿，她走过来，并跟你说：我听说你对女孩儿很温柔哦！这叫品牌魅力。

What's Marketing? 如果你给你朋友一些小钱，叫他去和那个女孩儿说"那个男的对女孩儿很温柔哦！"这叫做 media buy（媒体购买）。

如果你走过去和那个女孩儿说："我不但对女孩儿很温柔，我还会给你'特别服务'哦！"这叫做 sales promotion（产品促销）。

如果有另一个女孩儿走过去和那个女孩儿说："他对女孩儿很温柔哦！"这叫做 word of mouth（口碑营销）。

如果有一个女孩儿一直缠着你不放，人家问她为什么，她说："因为他对女孩儿很温柔！"这叫做 brand loyalty（品牌忠诚）。

本章小结

市场是社会分工和商品经济发展到一定阶段的产物，狭义的市场指的是商品交换的场所，广义的市场则是由那些具有特定需要或欲望，并且愿意并能够通过交换来满足这种需要或欲望的全部顾客所构成的，这种市场范围，既可以指一定的区域，也可以指一定的商品，甚至还可指某一类经营方式等。

市场营销是个人和群体通过创造产品和价值，并同他人进行交换以获得所需所欲的一种社会管理过程。为了加深对市场营销概念的理解，应该掌握它的一些基本的核心概念，具体包括需要、欲望和需求，商品与服务，价值与满足，交换与交易，关系与网络，营销与营销者。

市场营销观念是企业开展市场营销工作的指导思想或者说企业的经营思想，它集中反映了企业以什么态度和思想方法去看待和处理组织、顾客和社会三者之间的利益关系，市场营销工作的指导思想正确与否对企业经营的成效兴衰具有决定性的意义。

企业市场营销的指导思想是在一定的社会经济环境下形成的，并随着这种环境的变化而变化。一个世纪以来，西方企业的市场营销观念经历了一个漫长的演变过程，可分为生产观念、产品观念、推销观念、市场营销观念和社会营销观念五种。

课后练习

一、选择题

1. 按企业价值链价值活动的工艺顺序，最后产生企业利润的活动为（   ）。
   A. 营销与服务　　　B. 人力资源管理　　C. 生产管理　　　D. 财务管理
2. 人们生理上、精神上或社会活动中所产生的一种无明确指向性的满足欲，是指（   ）。
   A. 需要　　　　　　B. 欲望　　　　　　C. 需求　　　　　D. 效用

3. 绿色营销属于( )。
   A. 社会营销观念　　　B. 生产观念　　　C. 产品观念　　　D. 市场营销观念
4. 以制造厂商为主导属于( )。
   A. 社会营销观念　　　B. 生产观念　　　C. 产品观念　　　D. 市场营销观念
5. 选定目标市场的第一个步骤为( )。
   A. 市场细分　　　　　B. 选择市场　　　C. 市场定位　　　D. 营销4P策略
6. 在选择目标市场的考虑因素中的"市场吸引力",可以采用的分析工具为( )。
   A. 五力分析　　　　　B. SWOT　　　　C. BCG　　　　　D. 生命周期
7. 试吃、试用属于营销4P策略中的( )。
   A. 商品策略　　　　　B. 定价策略　　　C. 渠道策略　　　D. 促销策略
8. 品牌的经营属于营销4P策略中的( )。
   A. 商品策略　　　　　B. 定价策略　　　C. 渠道策略　　　D. 促销策略
9. 物流是属于营销4P策略中的( )。
   A. 商品策略　　　　　B. 定价策略　　　C. 渠道策略　　　D. 促销策略
10. 多次重复购买属于( )。
    A. 营销4P策略　　　　B. 顾客满意　　　C. 顾客忠诚　　　D. 关系营销

二、思考题

1. 营销观念的演进可分成哪些导向?
2. 选定目标市场包括哪三个步骤?
3. 营销4P策略包括哪些内容?
4. 顾客满意、顾客忠诚与关系营销之间有什么关系?
5. 阐述自己对市场营销学的看法,思考自己将如何学习市场营销学这门课程。

案例分享

会员经济:让顾客买不停的本事
——好市多、亚马逊、Adobe的逆势成长秘诀

摘　要: 当新猎物越来越贵时,打猎物、拉大客户的思维已经不划算了!亚马逊、好市多、星巴克和Adobe,都在学习改当农夫,经营会员经济,逆势成长。

关键词: 会员经济　会员制度　忠诚度　深耕老客户

一、背景描述

萝比·凯尔曼·巴克斯特(Robbie Kellman Baxter)在《引爆会员经济》一书指出,会员经济(membership economy)是个人和组织或企业之间,建立一种可持续且可信任的正式关系,这种关系是相互的,企业将给会员提供更好的福利,而会员会有更高的忠诚度,甚至提供建议,协助企业改善产品,进而带来正向循环。会员经济还可以分成四大类型:传统会员经济型企业,如信用卡;会员忠诚方案,如航空公司的里程计划;线上社群,如微信、QQ;数位订阅,如KKBOX。

美国企业最新一季财报正陆续公布,两个逆势成长的案例特别亮眼。第一个案例是实体卖场好市多(Costco)。电子商务正在席卷全世界,这让全球最大零售商沃尔玛(Wal-

Mart)交出了35年来最难看的营收表现,但好市多竟逆势成长。第二个案例是后制软件龙头奥多比(Adobe)。当同样卖软件的IBM营收已连续18季衰退时,奥多比第三季的营收和股价却创了30年来的新高。

好市多、奥多比,还有今年一直在热门话题上的亚马逊跟网飞(Netflix),甚至是星巴克,这群赢家背后都有一个共同的但从未被大肆讨论的秘密:会员经济。

敏感的商业界人士已意识到这个商业模式的影响力。2016年,中国两大网络零售巨头阿里巴巴和京东,开始讨论如何复制亚马逊的Prime会员模式。在台湾,从全家到义美、全联,从卖书到卖麦片的,也正钻研如何升级会员模式。事实上,当你打开统一超市的饮料冰柜,比较用icash买什么饮料最优惠时,你也正迎向这个商业浪潮。别小看它,它将改变未来我们在职场的定位。

趋势为何此时爆发?因为找新客户变难了,不如经营旧客户,会员经济并非全新的模式。过去我们所参加的航空里程会员或美国运通信用卡等,都是会员的一种,只是从来没有一日会员经济像此时一样变得这么重要。

原因一:新用户取得成本比旧用户贵25倍!促成大家开始关注会员经济的原因之一是现在找到新用户的难度很高!今日的消费者越来越有主见,不会被品牌轻易操控,据研究机构Fiksu统计,在行动网络时代,每个忠诚用户获取成本在一年内涨一倍。对企业而言,与其砸大钱捕新鱼,倒不如深入经营既有鱼池,提高每只鱼的营收贡献,会更有投报率。

亚马逊的案例已证明此策略可行。据调研机构CIRP统计,亚马逊Prime会员每年平均在亚马逊消费1 200美元,非Prime会员仅消费500美元,Prime会员的含金量是一般会员的2.4倍。而当你走入台湾内湖好市多店时就会发现,不分平日假日,柜台与停车场永远爆满。据统计,好市多会员的消费金额是同业的整整3倍。

原因二:行动数据让个人行为更易被掌握。另一个促成会员经济蓬勃的原因在于,行动装置科技如手机的发展。它让企业更容易追踪我们的行为模式,从中挑选最忠诚的会员。星巴克的成功证实了此逻辑。以前星巴克的会员只能累积点数兑换免费咖啡,但在2011年推出导入电子钱包和会员身份的APP后,开始分析顾客的消费行为。店员知道顾客喜欢什么。需要不同的反馈让人感觉宾至如归,让会员消费的次数增大3倍,而且会员呈现每年18%的增长。

二、活动内容

本案例可在课堂上,采用头脑风暴法,让学生分组选定讨论议题,提供5~10分钟讨论时间,接着按下列议题逐一讨论。教师利用板书,将学生意见简单归纳列出,并于每一个议题讨论后总结,由指定学生记录汇总后,寄送每位学生阅读。参考议题如下:

(1) 以Adobe为例,在过滤出忠实顾客的过程中,难免要得罪多数甚至九成用户。由学生提出有效过滤出忠实顾客的方法与措施,以及降低得罪顾客率的方案。

(2) 博客来勇敢地给顾客提供"大小眼"服务,也就是在服务的过程中,产生差异性服务。如何规划对于忠实顾客与一般顾客的服务等级?如何产生落差?如何让一般顾客不会产生愤怒且能让忠实顾客有好感?

(3) 星巴克强调归属感永远比折扣更有价值。规划如何让会员产生归属感?真的比折扣更有价值?有哪些具体策略和措施可以选择?

(4) Happy Go认为想做大生意,别什么都自己来,也就是以让利为诱因,妥善地找伴。但如何利用渠道找寻合作伙伴？在成本与利润的考虑下，如何让利？同业竞争者也能成为合作伙伴的考虑对象吗？

（5）爱减肥粉丝团，养一个铁粉敢死队，而且能听他们的话，用他们的商品，包括新商品。如何才能培养出一个铁粉敢死队？可行的具体策略与措施有哪些？在考虑成本付出的情况下是否可行？

三、活动效果展示

（1）Adobe股价在2016年相对于2013年上涨了两倍，股价创30年新高。

（2）博客来之钻石会员平均贡献金额是其他会员的2.5倍，2016年稳坐台湾网购书店第一名。

（3）星巴克在台湾的消费频次是全球顾客的2倍，全球活跃会员1 230万人，年增18%。

（4）Happy Go的快乐购发卡量破1 400万张，消费总金额约为2 000亿～3 000亿台币，每个月活跃会员近八成。

（5）爱瘦身粉丝团拥有7 000位追随者使用新产品，让每一款新产品都爆卖。

（6）好市多2016年营收逆势增加，比同业高近2倍，会员续卡率达9成。

四、案例分析

会员经济是针对有效留住旧顾客产生的效益，其产生的原因有数据作为依据，例如新用户取得成本比旧用户贵25倍的验证结论。而上述企业的实践也再次验证此理论，值得从事营销的企划人员与企业CEO的高度重视。

五、经验分享

营销管理之促销策略有很多种，并非每一种都要落实，一个企业只要将某一个促销策略有效落实，就会对营销业绩有一定程度的贡献。会员制度只是促销策略的一种，经过几十年的实践与修正，渐渐形成一个共识，验证深耕旧顾客所投入的成本与取得的效益高于开发新客户。此结论并非否定开发新顾客的策略，而是认为企业在新旧客户开发策略的选择上，深耕旧客户优于开发新客户。

另外，每一家企业所面临的营销情境都有所差异，例如导入期的企业与成熟期的企业，所面对的情境就有很大的差异，前者建议着力于新客户的开发，后者则应依据2/8理论，将多数的企业资源投入于旧客户的巩固。

会员制度策略的规划，也需要依据不同的产业差异与企业的特性，量身打造出适合于企业的措施，例如好市多、Happy Go及博客来三者虽然都是因会员制而获利，但其执行的内容与价值还是有所差异，而这种差异产生的原因很多，例如文化、区域、商品等差异。企业可运用SWOT工具，找出企业优劣事项，规划出适合本身的会员制度，方能产出更高的效益。

六、问题延伸思考

其实会员经济并不是大学问，但为何受到重视？因为现在的企业组织都偏大型，缺乏人际接触，企业跟顾客之间的关系渐渐地只剩下销售关系，缺乏人性化。现在科技与情境的改变，让营销观念的钟摆又从品牌过渡到以消费者为中心的一端，未来的竞争不再是谁有规模经济，谁的品牌大，而是谁最能深耕人心，肯为争取忠诚的消费者采取大胆放手一搏的策略。

会员经济需要多项措施与技术的配合，例如信息技术、商品、渠道、促销策略等，除了导入期企业外，一般产业多数会依据顾客关系管理理念，建立顾客资料库，以作为会员制度的基础。但是执行结果的绩效有一定的差异，如果企业对于结果的满意度偏高，针对一些小细节加以修正即可。反之，如果对于现行的企业会员制度的执行绩效满意度偏低，就需要大幅度的变革，而且本案例给定一个信息，就是在会员制度的设计上，需要聚焦在一个价值上，方能产生预期的效果。

科研理论来自于实务，从事营销的专业人员，在各项营销企划案的规划中，引用科研的理论验证结果，可以减少企业在资源的投入与时间上的浪费。例如案例中的全家便利商店在台湾拥有190万的会员，却属于僵尸性质，对于业绩并无实质上的帮助。故在改革过程中，应将原有会员全部砍光，放弃用网络会员制，改用APP技术，积累会员，并且掌握顾客消费模式。直到2016年10月，全家累计达110万名会员，平均客单价200元台币，是一般客单价的3倍。

但案例中也提醒企业：当心，会员来了，容易栽入四个陷阱中。包括：①免费是好战术？错！服务太完善或是太阳春，钱都进不来。②设关卡挽留变心的会员？错！放手时，还要用一流服务送顾客走。③"超级用户"利大于弊？错！太专业的建议，反而让新会员难以上手。④会员经济是大企业的专利？错！只要够独特，小企业也能产生大企业的价值。

资料来源：李欣宜，吴中杰. 会员经济让顾客买不停的本事[J]. 商业周刊，2016(1512).

第二章 市场调查与市场预测

学习目标

1. 理解市场营销信息系统的构成；
2. 理解市场调研的含义、特点、类型及程序；
3. 掌握市场调研的方法；
4. 懂得如何估算企业当前的市场需求；
5. 掌握市场需求预测的基本方法。

导入案例

福特汽车公司开办了一个市场调研所，对自己的车型设计进行检测。该所邀请客户在预定的路线上驾驶新汽车的原型，同时，派一位经过训练的调查人员坐在驾驶人员的旁边，记录驾驶人员对汽车的全部反应。驾驶结束以后，给每一位参与者一份长达六页的调查问卷，询问参与者对汽车每一部分优缺点的评价。通过参与者提供的信息，福特汽车公司了解了消费者对新车型的反应，然后进行适当的改进，使之更受目标消费者的欢迎。例如，改进1996Probe的车尾灯以增强安全性的方案就是通过市场调研所获得的。

市场调研有助于企业把握市场趋势，及时调整经营策略。

著名营销大师科特勒说过："营销环境一直不断地创造新机会和涌现威胁……持续地监视和适应环境对企业的命运至关重要……许多公司并没有把环境变化作为机会……或由于长期忽视宏观的变化而遭受挫折。"

为了在瞬息万变的市场上求生存、求发展，寻找新的市场机会，避开风险，企业必须具有较强的应变能力，能够及时做出正确的决策。然而，正确的决策来自全面、可靠的市场营销信息。企业必须重视对市场营销信息的收集、处理及分析，为企业决策提供依据。

第一节 市场营销信息概述

一、市场营销信息

▶ 1. 市场营销信息的含义及特征

市场营销信息是一种特定信息,是企业所处的宏观环境和微观环境的各种要素的特征及发展变化的客观反映,也是反映市场各种要素的实际状况、特性及相关资料、数据、情报等的统称。市场营销信息具有时效性、分散性、大量性、可压缩性、可存储性、系统性。其中最为突出的特征是时效性,一条适时的市场营销信息可以价值千金,错过时机则一文不值。

▶ 2. 市场营销信息的作用

(1) 市场营销信息是市场经济的产物。在市场经济条件下,一个企业若想把自己的产品在市场上成功地销售出去,首先必须了解顾客的需求情况(即获得各种市场营销信息),并且要根据需求情况来组织生产和开展各项经营活动,这样才能获得经营的成功。由此可见,市场营销信息是市场经济的产物。

在市场经济条件下,一个企业的正常营销活动过程如图 2-1 所示。

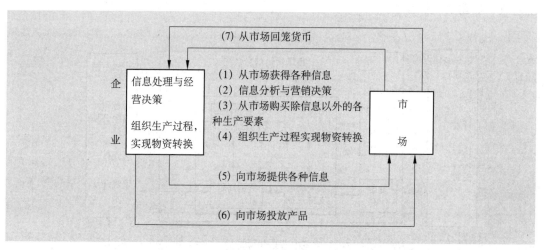

图 2-1 在市场经济条件下企业的营销活动过程

从图 2-1 可以看到,在市场经济条件下,一个企业的全部营销活动可以概括为这样七个环节:第一,从市场获得各种信息,为企业的经营决策提供科学依据;第二,分析市场营销信息,做出各种营销决策(包括战略决策和各种营销策略);第三,从市场购买除信息以外的各种生产要素(包括设备、原材料和劳动力等);第四,组织生产过程,实现物资转换;第五,向市场提供各种信息(包括各种销售促进活动);第六,向市场投放产品(即选择各种销售渠道),把产品运送到最终客户手中;第七,从市场回笼货币,为下一个生产过程提供资金。如此周而复始。这个过程可以概括为实物运动(实物流)和信息运动(信息流)的统一,并且是从信息流开始,由信息流引导实物流。

当企业营销活动从一个地区的营销发展到全国的营销乃至国际的营销,从满足顾客的需要发展到满足顾客的欲望,企业之间从价格竞争发展到非价格竞争时,市场营销信息就显得更为重要。

(2) 市场营销信息是企业的重要资源。市场营销信息是企业的一种重要资源,与人、财、物等企业资源一样可以转化为财富。离开了市场营销信息,企业就会失去许多重要的市场机会,或者无法做出各种正确的营销决策,从而使企业的生产和营销产生盲目性,乃至给企业和国家造成极大的损失。日本有许多企业家认为,进入20世纪80年代以来,信息比技术更重要。因为没有信息,即使开发出技术性能很好的新产品,也不会取得成功。可见,企业应从资源的高度来认识市场营销信息的重要性,并且,要付出一定的代价(包括建立机构、培训人员、添置设备等)来建立自己的市场营销信息系统。

二、市场营销信息系统

▶ 1. 市场营销信息系统的基本概念

市场营销信息系统是一个由人员、机器设备和计算机程序所组成的相互作用的复合系统,它连续有序地收集、挑选、分析、评估和分配恰当的、及时的和准确的市场营销信息,为企业营销管理人员制定、改进、执行和控制营销计划提供依据。

▶ 2. 市场营销信息系统的构成

市场营销信息系统由内部报告系统、营销情报系统、营销调研系统和营销决策支持系统组成,如图2-2所示。

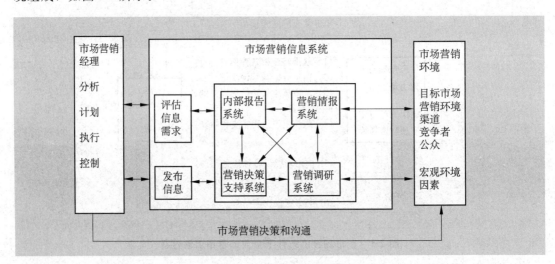

图 2-2 市场营销信息系统

(1) 内部报告系统。内部报告系统亦称内部会计系统,它是企业营销管理者经常要使用的最基本的信息系统。内部报告系统的主要功能是向营销管理人员及时提供有关订货数量、销售额、产品成本、存货水平、现金余额、应收账款、应付账款等各种反映企业经营状况的信息。通过对这些信息的分析,营销管理人员能够发现市场机会,找出管理中存在的问题,同时可以比较实际状况与预期水准之间的差异。其中"订货—发货—开出收款账单"这一循环是内部报告系统的核心,销售报告是营销管理人员最迫切需要的信息。

(2)营销情报系统。营销情报系统是指市场营销管理人员用以获得日常的有关企业外部营销环境发展趋势等有关信息的一整套程序和来源。它的任务是利用各种方法收集、侦察和提供企业营销环境最新发展的信息。营销情报系统与内部报告系统的主要区别在于后者为营销管理人员提供事件发生以后的结果数据,而前者为营销管理人员提供正在发生和变化中的数据。

(3)营销调研系统。上述两个子系统的功能都是收集、传递和报告有关日常的和经常性的情报信息,但是企业有时候还需要经常对营销活动中出现的某些特定的问题进行研究。比如企业希望测定某一产品广告的效果。市场营销调研系统的任务就是系统地、客观地识别、收集、分析和传递有关市场营销活动等各方面的信息,提出与企业所面临的特定的营销问题的研究报告,以帮助营销管理者制定有效的营销决策。营销调研系统不同于营销信息系统,它主要侧重于企业营销活动中某些特定问题的解决。

(4)营销决策支持系统。营销决策支持系统也称营销管理科学系统,它通过对复杂现象进行统计分析、建立数学模型,帮助营销管理人员分析复杂的市场营销问题,作出最佳的市场营销决策。营销决策支持系统由两部分组成:一是统计库;二是模型库。其中统计库的功能是采用各种统计分析技术从大量数据中提取有意义的信息。模型库包含了由管理科学家建立的解决各种营销决策问题的数学模型,如新产品销售预测模型、广告预算模型、厂址选择模型、竞争策略模型、产品定价模型及最佳营销组合模型等。

第二节 市场调研

一、市场调研的含义及特点

▶ 1. 市场调研的含义

市场调研(market research)是市场营销调研的简称。美国市场营销协会(AMA)对市场调研所下的定义为:市场调研(也称市场调查)是一种通过信息将消费者、顾客和公众与营销者连接起来的职能。这些信息用于识别和确定营销机会及问题,产生、提炼和评估营销活动,监督营销绩效,改进人们对营销过程的理解。市场调研规定解决这些问题所需的信息,设计收集信息的方法,管理并实施信息收集过程,分析结果,最后要沟通所得的结论及其意义。简单地说:"市场调研是指对与营销决策相关的数据(商品交换过程中发生的信息)进行计划、收集和分析并把结果向管理者沟通的过程。"

目前,学术界较为普遍接受的定义是:市场调研是指运用科学的方法,有目的地、系统地收集、记录、整理有关市场营销信息和资料,分析市场情况,了解市场现状及发展趋势,为市场预测和营销决策提供客观的、正确的资料。

在商品经济社会的初期,商品生产规模小,产量和品种有限,市场交易范围狭小,供求变化较稳定,竞争不是很激烈,商品生产经营者较易掌握市场变化。因此,市场调研仅处在原始的、自发的、低级的状态。而在现代相对发达的市场经济条件下,商品生产的规模日益扩大,生产量巨大,品种、规格、花色繁多;消费需求不但量大,而且层次多、复杂多变,供求关系变化迅速,市场规模突破了地区甚至国家的界限,竞争日益激烈。面对如此状况,企业只有通过市场调研充分掌握市场信息,才能做出正确的经营决策,从而在市场上立于不败之地。

市场调研解决的主要问题是:现有顾客由哪些人或组织构成?潜在顾客由哪些人或组织构成?这些顾客需要购买哪些产品或服务?为什么购买?何时何地以及如何购买?

▶ 2. 市场调研的特点

以服务于企业预测和决策的需要为目的、系统收集和分析信息的现代市场调研是一项专业性很强的工作,从本质上看是一种市场行为的科学研究工作。现代市场调研有以下几个基本特点:

(1)目的性。市场调研是有关部门和企业针对市场进行的科研活动,它有明确的目的性。这一目的性不仅是设计市场调研方案的前提,也是衡量市场调研是否有价值的基础。现代市场调研以提供有关部门和企业进行市场预测和决策的信息为目的,这种明确的目的性表现在收集、整理和分析市场信息等各个阶段都具有严密计划的特征。

(2)系统性。现代市场调研过程是一项系统工程,它有规范的运作程序。市场调研人员应全面系统地收集有关市场信息的活动,要求做到对影响市场运行的各种经济、社会、政治、文化等因素进行理论与实践分析相结合、分门别类研究与综合分析相结合、定性分析与定量分析相结合、现状分析与趋势分析相结合的系统性综合研究。如果单纯就事论事,不考虑周围环境等相关因素的影响,就难以有效把握市场发展及变化的本质,得到准确的调研结果。

(3)真实性。现代市场调研的真实性,具体表现为两方面的要求:第一,调查资料数据必须真实地来源于客观实际,而非主观臆造。任何有意提供虚假信息的行为,从性质上说不属于市场调查行为。例如,有的国家在医疗卫生保健的调查中,有意把霍乱、禽流感等传染性疾病的发病率报得很低,生怕报高了会有损于本国的形象,吓跑了外国旅客。第二,调查结果应该具有时效性,即调研所得结论能够反映市场运行的现实状况,否则,不仅会增加费用开支,而且会使有关部门和企业的决策滞后,导致决策失败。市场调研的时效性应表现为及时捕捉和抓住市场上任何有用的信息资料,及时分析,及时反馈,为有关部门和企业的活动提供决策建议或依据。总之,现代市场调研的真实性要求从业人员提高职业道德和专业素质,充分利用现代科技手段和方法收集和分析市场信息,做到准确、高效地反映现代市场运行的状况。

二、市场调研的类型及内容

▶ 1. 市场调研的类型

根据市场调研目的和深度的不同,市场调研一般分为探索性调研、描述性调研、因果关系调研和预测性调研四种类型。

(1)探索性市场调研,也称非正式市场调研,其目的主要是对市场进行初步探索,为后三种正式市场调研的开展做好准备。它还常常用于在制定市场调研方案之前了解市场的基本情况,对市场调研方案进行可行性研究,以及用于市场调研中搜集资料工具的试用。总之,探索性市场调研的目的是初步了解市场基本情况,或是证实市场调研方案和工具的可行性，其特点是回答市场现状是什么，一般是在较小的范围内应用较简化的方法进行。

（2）描述性市场调研，是指对所研究的市场现象的客观实际情况，收集、整理、分析其资料，反映现象的表现。这种调研的目的就是客观地反映市场的表现，其深度是正式调查中比较简单的一种，但它却是认识市场的起点，也是进一步深入细致地分析研究市场的必经之路。在市场调研实践中，大量的市场调研都属于这一类，它所获得的资料必须真实、详尽、系统，同时这些资料也是了解和分析研究市场的基础。

（3）因果关系市场调研，它是为了研究市场现象与影响因素之间客观存在的联系而进行的市场调研，通常是在描述性市场调研的基础上，对影响市场现象的各种影响因素收集资料，研究现象间的相互联系的趋势和程度，进而研究这种联系的规律性。在市场调研中，凡是要回答"为什么"的时候，都属于因果性市场调研。例如，某公司尽管调低了产品的销售价格，但产品销售量仍然下降，公司不能确定究竟是广告支出减少所致，还是大量竞争对手加入市场，或者是公司的产品质量满足不了顾客要求导致的。要解决这一问题，就需要进行因果性市场调研。

（4）预测性市场调研，它是对市场未来情况所作的调查研究。它的特征是，在科学理论的指导下，通过运用科学方法对过去、当前市场信息进行综合分析研究，预测未来市场的走势。预测性市场调研是企业制定市场营销决策和方案的重要依据和基础，它对企业制订有效的营销计划，避免较大的风险和损失，有着特殊的意义。

上述四类市场调研是相互联系的。尽管在特定时期，为解决某个特定问题，会强调或突出某一种市场调研类型，但是从市场调研的基本目的看，回答市场现状"是什么""为什么"和"将来是什么"的问题，是现代市场调研的基本职能和任务。

▶ 2. 市场调研的内容

（1）宏观市场调研。从现代市场基本要素构成分析上看，宏观市场调研是从整个经济社会的角度，对于社会总需求与总供给的现状及其平衡关系的调研。具体内容主要包括以下几点：

① 社会购买力及其影响因素调查。社会购买力是指在一定时期内，全社会在市场上用于购买商品或服务的货币支付能力。社会购买力包括三个部分：居民购买力、社会集团购买力和生产资料购买力。其中，居民购买力尤其是居民用于购买生活消费品的货币支付能力（即居民消费购买力）是调查的重点。居民购买力的计算公式如下：

居民购买力＝居民货币收入总额－居民非商品性支出±居民储蓄存款增减额±居民手中现金增减额

② 社会购买力投向及其影响因素调查。主要内容是调查社会商品零售额情况，并分析其构成。这类调查还可以采用统计调查的方式，从买方角度分析购买力投向的变动。影响社会购买力投向的因素主要包括消费品购买力水平及变动速度、消费构成变化、商品价格变动、消费心理变化和社会集团购买力控制程度变动等。

③ 消费者人口状况调查。这种调查的主要内容有人口总量、人口地理分布状况、家庭总数和家庭平均人数、民族构成、年龄构成、性别构成、职业构成、教育程度等。这种调查有着长期的历史传统，在20世纪50年代中期形成的"市场细分"概念，是目前仍很流行的消费者调查参考框架之一。

以上三项可以看作对构成市场要素之一的消费系统总体状况及变动因素的调查。

④ 市场商品供给来源及影响因素调查。对于商品供给来源的调查内容包括国内工农业生产部门的总供给量、进口商品量、国家储备拨付量、物资回收量和期初结余量等。

⑤ 市场商品供应能力调查。商品供应能力调查是对工商企业的商品生产能力和商品流转能力的调查，主要包括企业现有商品生产能力和结构、企业经营设施、企业设备的状况、企业科技成果转化速度、企业资金总量、企业盈利和效益情况、企业技术水平和职工素质、企业交通运输能力、企业生产力布局等。

(2) 微观(企业)市场调研。微观市场调研则是从微观经济实体(企业)的角度出发对市场要素进行调查分析，它是现代市场调研的主体内容。由于影响市场变化的因素很多，企业市场调研的内容也十分广泛，一般来说，涉及企业市场营销活动的方方面面，但主要内容如下：

① 市场需求的调研。从市场营销的理念来说，顾客的需求和欲望是企业营销活动的中心和出发点，因此，对市场需求的调研，应成为市场调研的主要内容之一。市场需求情况的调研包括：现有顾客需求情况的调研(包括需求什么、需求多少、需求时间等)；现有顾客对本企业产品(包括服务)满意程度的调研；现有顾客对本企业产品信赖程度的调研；对影响需求的各种因素变化情况的调研；对顾客的购买动机和购买行为的调研；对潜在顾客需求情况的调研(包括需求什么、需求多少和需求时间等)。

【案例】

当美国绝大多数医院积极削减经营成本的时候，位于洛杉矶的世纪城市医院却开办了豪华世纪病房来提供高档次的私人膳宿服务。这个举动是建立在广泛市场调研基础上的，调研的方法包括分析公开出版的数据资料和举行大规模的调查活动。调研结果表明，50%的高收入的当地居民习惯于享受好的膳宿条件，而且非常看重隐私和个人空间，因此，世纪城市医院的这项决策使它获得了一个高收益的市场份额。

② 产品的调研。产品是企业赖以生存的物质基础。一个企业要想在竞争中求得生存和发展，就必须始终如一地生产出顾客需要的产品来。产品调研的内容包括产品设计的调研(包括功能设计、用途设计、使用方便和操作安全的设计、产品的品牌和商标设计及产品的外观和包装设计等)，产品系列和产品组合的调研，产品生命周期的调研，对老产品改进的调研，对新产品开发的调研，对于如何做好销售技术服务的调研等。

③ 价格的调研。价格对产品的销售和企业的获利情况有着重要的影响，积极开展产品价格的调研，对于企业制定正确的价格策略有着重要的作用。价格调研的内容包括市场供求情况及其变化趋势的调研、影响价格变化各种因素的调研、产品需求价格弹性的调研、替代产品价格的调研、新产品定价策略的调研、目标市场对本企业品牌价格水平的反应等。

④ 促销的调研。促销调研的主要内容是企业的各种促销手段、促销政策的可行性，其中企业较为重视的有广告和人员推销的调研，如广告的调研(广告媒体、广告效果、广告时间、广告预算等的调研)、人员推销的调研(销售力量大小、销售人员素质、销售人员分派是否合理、销售人员报酬、有效的人员促销策略的调研)、各种营业推广的调研、公共关系与企业形象的调研。

⑤ 销售渠道的调研。销售渠道的选择是否合理，产品的储存和运输安排是否恰当，对于提高销售效率、缩短交货期和降低销售费用有着重要的作用。因此，销售渠道的调研

也是市场调研的一项重要内容。销售渠道调研的内容包括各类中间商(包括批发商、零售商、代理商、经销商)应如何选择的调研,仓库地址应如何选择的调研,各种运输工具应如何安排的调研,既满足交货期的需要又降低销售费用的调研等。

⑥ 竞争的调研。竞争的存在,对于企业的市场营销有着重要的影响。因此,企业在制定各种市场营销策略之前,必须认真调研市场竞争的动向。竞争的调研包括竞争对手的数量(包括国内外)及其分布、市场营销能力,竞争产品的特性、市场占有率、覆盖率,竞争对手的优势与劣势、长处与短处,竞争对手的市场营销组合策略,竞争对手的实力、市场营销战略及其实际效果,竞争发展的趋势等。

以上各项内容,是从市场调研的一般情况来讲的,各个企业市场环境不同,所遇到的问题不同,因而所要调研的问题也就不同,因此企业应根据自己的具体情况来确定调研内容。

【案例】

日本卡西欧公司自成立起便一直以产品创新、以优取胜而闻名世界,其新、优主要得力于市场调研。卡西欧公司的市场调研主要是销售调查卡,该调查卡只有明信片一般大小,但考虑周密,设计细致,调查栏目中各类内容应有尽有。第一栏是对购买者的调查,其中包括性别、年龄、职业,分类十分细致。第二栏是对使用者的调查,即使用者是购买者本人、家庭成员,还是其他人。每一类人员中,又分不同年龄、性别。第三栏是购买方法的调查,即个人购买、团体购买,还是赠送。第四栏是调查如何知道该产品的,是看见商店橱窗布置、报纸杂志广告、电视台广告,还是朋友告知、看见他人使用等。第五栏是调查为什么选中了该产品,所拟答案有操作方便、音色优美、功能齐全、价格便宜、商店的介绍、朋友的推荐、孩子的要求等。第六栏是调查使用后的感受,是非常满意、一般满意、普通,还是不满意。另外几栏还分别对机器的性能、购买者所拥有的乐器、学习乐器的方法和时间、所喜爱的音乐、希望有哪些功能等方面作了详尽的设计。这些调查为企业提高产品质量、改进经营策略、开拓新的市场提供了可靠依据。

资料来源:覃常员,彭娟. 市场调查与预测. 大连:大连理工大学出版社,2013.

三、市场调研的原则及步骤

▶ **1. 市场调研的一般原则**

(1) 真实性和准确性原则。这是市场调研最基本也是最重要的原则。
(2) 全面性和系统性原则。这既是正确认识市场的条件,又是进行市场预测的需要。
(3) 经济性原则。即在市场调研中,要以尽可能少的费用取得相对满意的市场调查资料。
(4) 时效性原则。这是各种调研都应遵循的原则,也是市场调研的作用所决定的。

▶ **2. 市场调研的步骤**

科学的市场调研必须按照一定的步骤进行,保证市场调研的顺利进行和达到预期的目的。市场调研大致分为以下四个阶段。

(1) 市场调研的准备阶段。市场调研的准备阶段是市场调研的决策、设计、筹划阶段,也是整个调研的起点。这个阶段的具体工作有三项,即确定调研任务,设计调研方案,组建调研队伍。合理确定调研任务是搞好市场调研的首要前提;科学设计调研方案是保证市场调研取得成功的关键；认真组建调研队伍是顺利完成调研任务的基本保证。

① 确定市场调研的任务。包括选择调研课题，进行初步探索等具体工作。调研课题是市场调研所要说明的市场问题，选择调研课题是确定调研任务的首要工作，在实际工作中，选择课题既要从管理的需要出发，也要考虑实际取得资料的可能性；同时还应具有科学性和创造性，在科学理论的指导下，按照新颖、独特和先进的要求来选择调研课题。

在选择调研课题后，设计调研方案前，必须围绕选定的课题进行一些探索性调研，目的是为正确解决调研课题探寻可供选择的方向和道路，为设计调研方案提供可靠的客观依据。

② 设计调研方案。市场调研方案是整个市场调研工作的行动纲领，起到保证市场调研工作顺利进行的重要作用。设计市场调研方案就是对市场调研所做的计划。市场调研的总体方案一般必须包括以下主要内容：第一步，明确市场调研目的。即说明为什么要做此项调研，通过市场调研要解决哪些问题、达到什么目标。市场调研目的要明确提出，绝不能含糊、笼统。第二步，设计市场调研的项目和工具。这是市场调研方案的核心部分，也是设计调研方案时必须要考虑的。调研项目是调研过程中用来反映市场现象的类别、状态、规模、水平、速度等特征的名称；市场调研工具是指调研指标的物质载体；设计出的调研项目最后都必须通过调研工具表现出来。第三步，规定市场调研的空间和时间。调研空间是指市场调研在何地进行，有多大范围。调研空间的选择有利于达到调研目的，有利于搜集资料工作的进行，有利于节省人、财、物。第四步，规定市场调研对象和调研单位。市场调研对象是指市场调研的总体，市场调研对象的确定决定着市场调研范围的大小，它由调研目的、调研空间、调研方式、调研单位等共同决定。调研单位是指组成总体的个体，每一个调研单位都是调研项目的承担者。确定调研对象和调研单位必须对总体单位数量、调研单位的选择方法和数量做出具体的设计和安排。第五步，确定市场调研的方法。包括选择适当的组织调研的方式和搜集资料的方法。调研方法的选择要根据市场调研的目的、内容，也要根据一定时间、地点、条件下市场的客观实际状况来进行。调研者必须选择最适合、最有效的方法，做到既节省调研费用又能满足调研目的。第六步，落实调研人员、经费和工作安排。这是市场调研顺利进行的基础和条件，也是设计调研方案时不可忽视的内容。

③ 组建市场调研队伍。组建一支良好的调研队伍，不仅要正确选择调研人员，而且要对调研人员进行必要的培训。对调研人员的培训内容，有思想教育、知识准备、方法训练等。思想教育是先导，知识准备是基础，方法练习是重点。培训的方法有集中讲授、阅读和讨论、示范和模拟、现场实习等。

在调研人员的使用上，要注意扬人之长、避人之短；要合理搭配、优化组合；要明确职责和权力、落实任务；要分层管理、逐步安排；要严格要求、深入检查。

(2) 市场调研搜集资料阶段。搜集资料阶段的主要任务是采取各种调研方法，按调研方案的要求，搜集市场资料。搜集资料阶段是市场调研者与被调研者进行接触的阶段，为了能够较好地控制和掌握工作进程，顺利完成调研任务，调研者必须做好有关各方面的协调工作。要依靠被调研单位或地区的有关部门和各级组织，争取获得其支持和帮助；要密切结合被调研者的特点，争取他们的理解和合作。

在市场调研搜集资料阶段，要使每个调研人员按照统一要求，顺利完成搜集资料的任务。在整个市场调研工作中，调研搜集资料阶段是唯一的现场实施阶段，是取得市场第一手资料的关键阶段，因此要求组织者集中精力做好内外部协调工作，力求以最少的人力、最短的时间、最好的质量完成搜集资料的任务。

市场调研搜集的资料必须做到真实准确、全面系统，否则准备阶段的工作和研究阶段的工作都失去了意义。

（3）市场调研研究阶段。这一阶段的主要任务是对市场搜集资料阶段取得的资料进行鉴别与整理，并对整理后的市场资料进行统计分析和开展理论研究。

鉴别资料就是对取得的市场资料进行全面的审核，目的是消除资料中虚假的、错误的、短缺的信息等现象，保证原始资料的真实性、准确性和全面性。

整理资料是对鉴别后的市场资料进行初步加工，使调研得到的反映市场现象个体特征的资料系统化、条理化，以简明的方式反映市场现象总体的特征。对资料的整理主要是应用分组分类方法，对调研资料按研究问题的需要和市场现象的本质特征进行不同的分类。

对资料进行统计分析，就是运用统计学的有关原理和方法，研究市场现象总体的数量特征和数量关系。通过统计分析可以揭示市场现象的发展规模、水平，总体的结构和比例，市场现象的发展趋势等。经统计整理和分析得到的市场现象数量是对市场现象准确而系统的反映，也是对市场现象进行定量分析和定量预测的宝贵资料，同时也为进一步开展对市场问题的定性研究提供了准确系统的数据资料。对生产现象开展定性研究，是运用逻辑分析方法，运用与市场调研课题有关的工作科学理论，对经过鉴别和整理的市场资料，对统计分析后的市场现象数据进行思维加工：揭示市场现象的本质和规律性，说明现象之间的关系，预计市场现象的发展趋势，对市场现象做出理论说明，并在此基础上进一步对实际工作提出具体建议。

市场调研的研究阶段是出成果的阶段，是深化和提高的阶段，是从感性认识向理性认识飞跃的阶段。此阶段，调研队伍中的研究人员工作特别复杂繁重，市场调研成果水平的高低，从根本上取决于调研阶段的资料是否准确、真实、全面、系统，在很大程度上则取决于研究阶段工作的水平、质量和科学性。

（4）市场调研总结阶段。总结阶段是市场调研的最后阶段，主要任务是撰写市场调研报告、总结调研工作、评估调研结果。调研报告是市场调研研究成果的集中体现，是对市场调研工作最集中的总结，而撰写调研报告是市场调研的重要环节，必须使调研报告在理论研究或实际工作中发挥重要作用，此外还应对调研工作的经验教训加以总结。

调研报告将提交企业决策者，作为企业制定市场营销策略的依据。市场调研报告要按规范的格式撰写，一个完整的市场调研报告格式由题目、目录、概要、正文、结论和建议、附件等组成。

在市场调研的实际工作中，市场调研的各阶段是相互联系的、有机结合的完整过程。

【案例】

《新闻报》的读者满意度调查

为分析了解《新闻报》读者受众现状，提高办报质量，扩大发行量，《新闻报》委托中国社会调研方法研究会上海神州市场调研公司进行市场调研。为此《新闻报》制定了研究计划书。

1. 研究目的

此次调研必须达到如下几个研究目的：

（1）调查单位订阅户的所属行业、区域、分布、单位性质、订阅途径及订阅方式选择，单位负责人对《新闻报》的总体评价、忠诚度、二次传阅率，以及继续订阅的意向和建议。

（2）调查个人订阅户的读者性别、年龄、文化、职业、收入、生活方式、消费习惯、价值观念、心理素质等特征。分析《新闻报》读者群的相关因素，确定《新闻报》读者定位。

（3）调查研究《新闻报》受众的读报习惯和特点，探讨分析受众对《新闻报》在上海各报中的选择排行，对《新闻报》各版面及专栏副刊的喜好程度，对《新闻报》如何形成自己的办报特色，形成优势广告以及不断扩大发行量的建议和要求。

2. 问卷设计

此次调研的调查问卷分为个人问卷和单位问卷两种，以便分别对《新闻报》的读者个人和订阅《新闻报》的单位负责人进行调查。

（1）个人问卷的内容。

① 阅读习惯，包括订阅年限、了解途径、阅读地点、阅读时间、几人阅读、阅读顺序等。

② 评价意见，包括对《新闻报》的新闻版面、专刊和副刊的喜好程度，对《新闻报》的总体评价、订阅因素、续订意向、断订原因、价格承受力、建议意见等。

③ 生活方式，包括被访者的生活消费观念、余钱使用倾向、业余时间安排、出外地点目的、家庭生活设计、个人生活状况、高档用品拥有情况等。

④ 个人资料，包括性别、年龄、婚姻、收入、教育、职业等。

（2）单位问卷的内容。

① 单位资料，包括所属行业、单位性质、单位规模、负责部门、订报份数。

② 媒体接触，包括订报种类、订报经费、各种信息主要从哪份报纸获得、急需信息与资料、没有订阅《新闻报》的原因、今后订阅的打算等。

③ 评价意见，包括被访单位订阅《新闻报》的情况，如何年起订、订阅途径、订阅因素、二次传阅率、主要阅读者，对《新闻报》的总体评价、内容评价、广告评价，对编排发行等的工作建议。

资料来源：市场调查流程与设计. 道客巴巴网.

四、市场调研的方法

按市场调研的信息来源可将调研资料分为一手资料和二手资料两类。其中一手资料又称为原始资料，指调查人员通过现场实地调查所搜集的资料，其特点是针对性强、适用性好，但成本较高；二手资料又称为间接资料，即他人为某种目的已经加工整理好的资料，其特点是获取成本低、时间短、适用性较差。因此，可将市场调研方法分成一手资料调查法（实地调查法）和二手资料调查法（文案调查法）。

▶ 1. 实地调查法

实地调查的方法有多种，归纳起来，可分为以下三类：

(1) 访问法。访问法是指通过询问的方式向被调查者了解市场资料的一种方法。访问既可在备有正式问卷的情况下，也可在没有问卷的情况下进行。

① 面谈调查。面谈调查是调查人员直接访问被调查对象，向被调查对象询问有关的问题，以获取信息资料。通常，调查人员根据事先拟好的问卷或调查提纲上问题的顺序，依次进行提问；有时，亦可采用自由交谈的方式进行。使用面谈法进行调研，可以一个人面谈，也可以几个人集体面谈，分别称为个人访问和集体访问。

采用这种方法，调查人员能直接与被调查对象见面，听取其意见，观察其反应，因此，这种方法的灵活性较大，没有什么固定的格式，可以一般地谈，也可深入详细地谈，所涉及的问题范围可以很广，也可以较窄。同时，这种方式的问卷或调查表回收率较高且质量易于控制，但缺点是调查成本比较高，调查结果受调查人员业务水平和被调查者回答问题真实与否的影响很大。

② 邮寄调查。邮寄调查是将事先设计好的问卷或调查表，通过邮件的形式寄给被调查对象，由他们填好以后按规定的时间邮寄回来。使用邮寄调查法的最大优点是选择调查范围不受任何限制，即可以在很广的范围内选取样本；被调查者有比较充裕的时间来考虑答复的问题，使问题回答得更为准确；不受调查人员在现场的影响，得到的信息资料较为客观、真实。其缺点是邮件回收率很低，各地区寄回来的比例也不一样。因此，影响调查的代表性。也就是说，我们无法判断寄回来信件的人与不寄回来信件的人态度到底有什么区别。如果简单地用邮寄回来信件人的意见，代表全体被调查者的意见，那就会冒很大风险。

③ 电话调查。电话调查是由调查人员根据抽样的要求以及预先拟定的内容，通过电话访问的形式向被调查对象访问而获取信息资料的方法。电话调查的优点在于：可以在短时期内调查较多的对象，成本也比较低，并能以统一的格式进行访问，所得信息资料便于统计处理。其缺点是：调查范围受到限制，目前我国有些地区电话的普及率不高；不易得到被调查者的合作，不能访问较复杂的问题，调查难以深入。

④ 留置调查。留置调查就是由调查人员将事先设计好的问卷或调查表当面交给被调查对象，并说明回答问题的要求，留给被调查对象自行填写，然后由调查人员在规定的时间收回。这种调查方式，其优缺点介于面谈法和邮寄访问法之间。其优点是，调查问卷回收率高，被调查者可以当面了解填写问卷的要求，避免由于误解调查内容而产生误差。同时，采用留置调查法，被调查者的意见可以不受调查人员意见的影响，填写问卷的时间较充裕，便于思考回忆。其主要缺点是，调查地域范围有限，调查费用较高，也不利于对调查人员的活动进行有效的监督。

(2) 观察法。

① 观察法的类型。观察法是指通过跟踪、记录被调查对象的行为特征来取得第一手资料的调查方法。在观察过程中，可以通过耳听、眼看或借助于摄影设备和仪器等手段来获得某些主要信息。其优点是：可以比较客观地收集资料，直接记录调查事实和被调查者在现场的行为，调查结果更接近实际。其缺点是：观察不到内在因素，调查时间长。观察法通常有以下几种具体的形式：

a. 实验观察和非实验观察。从调查人员是否对观察实行控制来划分，观察可分为实验观察和非实验观察。实验观察是在人为设计的环境中进行的观察。例如，如果要了解商场售货员对挑剔顾客的态度反映情况，调查人员可以以顾客的身份去购物，并有意识地做一些事或说一些话以刺激售货员，观察售货员将会做出什么样的反应，从而了解情况。非实验观察是在自然状况下进行观察，所有参与的人和物都不受控制，跟往常一样。例如，调查人员在自然状况下观察商场售货员接待顾客、提供服务的过程。

  b. 结构观察和无结构观察。根据调查人员观察方式的不同，观察可分为结构观察和无结构观察。结构观察是在事先根据调查的目的，对观察的内容、步骤做出规定，以此来实施观察。无结构观察通常只规定调查的目的和任务，调查人员可以按照调查目的和任务的要求确定观察的内容。采用结构观察方法，事先列出观察的内容，调查结果容易统计分析，但由于调查人员的意见有时会不知不觉地参与进去，从而不可避免地对调查结果产生影响。无结构观察常用于调查人员对调查对象缺乏足够了解的情况，实施观察时较为灵活，可作为进行更深一步调查的基础。

  c. 直接观察和间接观察。从调查人员对所调查情景的介入程度划分，观察可分为直接观察和间接观察。直接观察是调查人员直接加入调查的情景之中进行观察。采用直接观察，调查人员可以根据调查目的和要求，对需要了解的现象进行直接观察，观察结果准确性较高。间接观察是调查人员不直接介入所调查的情况，通过观察与调查对象直接关联的事物来推断调查对象的情况。如通过观察对象的广告形式、内容、重复频率等来了解调查对象的竞争策略和产品优势。

【案例】

  观察调查法在日本深受重视，例如东芝公司在推广家电产品给日本国内的消费者时，就曾经使用观察法来观察市场变化。东芝新产品的设计者在观察中发现，越来越多的日本家庭主妇进入就业大军，洗衣机不得不在早上或晚上工作，这样噪声就成了一个问题。为此东芝设计出一种低噪声的洗衣机投放到市场。在开发这种低噪声产品时，他们还在观察中发现，当时的衣服已经不像以前那么脏了，许多日本人洗衣的观念也改变了。以前是衣服脏了才洗，而后来是衣服穿过了就要洗，以获得新鲜的感觉。由于洗得勤，衣服有时难以晾干。在观察中认识到妇女生活风格的这种转变，东芝便推出烘干机，后来又发现大多数消费者的生活空间有限，继而发明了洗衣烘干二合一的洗衣机，结果产品销量大增。这就是一个典型的直接观察法的应用。

  资料来源：调查方法. 道客巴巴网.

  d. 公开观察和非公开观察。从调查人员在观察过程中是否公开身份划分，观察可分为公开观察和非公开观察。公开观察在被调查者知道调查人员身份的情况下进行，目标要求明确，可以有针对性地为调查人员提供所需的资料。但采用公开观察，被观察者意识到自己受人观察，可能表现得不自然，或者有意识地改变自己的惯常态度和做法，这种不真实的表现往往导致观察结果失真。为了减少公开观察的偏差，调查人员可以进行非公开观察，即调查人员在观察过程中不暴露自己的身份，使被观察者在不受干扰的情况下真实地表现自己，这样观察的结果会更加真实可靠。

  e. 人工观察和仪器观察。根据观察中记录的主体划分，观察可分为人工观察与仪器观察。人工观察是由调查人员直接在观察现场记录有关内容，由调查人员根据实际情况对观察到的现象做出合理的推断。但是，人工观察容易受调查人员自身人为因素的影响,如主观偏差、情绪反应等都会影响到调查的结果。仪器观察是随科学技术的进步,一些先进的设备、手段,如录音、摄像等进入调查领域而出现的一种新的观察方法。如通过在商场的不同部位安装摄像系统,可以较好地记录售货人员和顾客的行为表现,借助仪器设备进行现场观察记录效率较高,也比较客观。但仪器观察所记录的内容还需要调查人员作进一步的分析,这就要求调查人员应具有丰富的分析经验和较高的专业技术水平。

② 观察法的应用。在实践中,观察法运用得比较广泛,经常用来判断以下情况:

a. 商品购买者特征的研究。主要了解各种商品的购买者的年龄、性别、外在形象、人数等。这种研究可以为市场细分、广告目标的确定提供依据。

b. 家庭商品储存调查。通过观察消费者家庭中储存的商品品牌、数量等情况,可以了解消费者对不同品牌商品的喜好程度。

c. 商店的人流量调查。可以了解不同时间、位置的人流分布情况,为企业调整劳动组织、合理安排营业时间、开展有针对性的服务提供依据。

d. 营业现场布局调查。通过观察营业现场商品陈列、货位分布、橱窗布置、现场广告、顾客留言等内容,可以了解判断企业的管理水平,及时提出相应的修改意见。

e. 营业人员服务水平调查。通过观察售货员接待顾客的服务方式、接待频率、成交率等,可以掌握吸引顾客的最佳服务方式。

除此之外,还可以运用观察法观察了解城市的人口流量、车辆流量,为预测地区市场发展提供依据。同时,还可以运用观察法监督、检查市场活动。

知识链接

在西方国家中,顾客观察法已成为企业提供的一种特殊服务,而且收费很高。美国《读者文摘》曾经报道,专门从事观察业务的商业密探在美国大行其道。帕科·安德希尔(Paco Underhill)成立了一家名为伊维德罗森希尔(Environsell)的公司,20年来一直追踪观察购物者。其客户包括麦当劳、星巴克、雅诗兰黛和百视达。他们研究不同的零售点,并且利用独特的方法记录下购物者的行为。他们还应用剪报板、跟踪单、视像设备及敏锐的眼睛来描述购物者行为的每个细微差别。

他们的调查结果给很多商店提出了许多实际的改进措施。例如,他们用一卷胶片拍摄了一家主要是青少年光顾的音像商店,发现这家商店把磁带放在孩子们拿不着的很高的货架上。安德希尔指出应把商品放低18英寸,结果销售量大大增加。

又如一家叫伍尔沃思的公司发现商店的后半部分的销售额远远低于其他部分,安德希尔通过观察和拍摄现场解开了这个谜。在销售高峰期,现金出纳机前顾客排着长长的队伍,一直延伸到商店的另一端,这实际上妨碍了顾客从商店的前面走到后面,后来商店专门安排了结账区,结果商店后半部分的销售额增加得很快。

他们还出过很多的点子。例如建议商店增加椅子,放一台电视机,让丈夫观看电视,耐心地等待妻子逛商店(仟仟百货)。又如建议减少顾客排长队的厌烦。

(3) 实验法。实验法是指在市场调查中,通过实验对比来取得市场情况第一手资料的调查方法。它是由市场调查人员在给定的条件下,对市场经济活动的某些内容及其变化加以实际验证,以此衡量其影响效果的方法。

实验法是从自然科学中的实验求证理论移植到市场调查中来的，但是对市场上的各种发展因素进行实验，不可能像自然科学中的实验一样准确。这是因为市场上的实验对象要受到多种不可控因素的影响。例如在实验期间，新的替代产品上市、竞争对手营销策略的改变、消费者的迁移等任何因素的变化，都会不同程度地反映到市场上来，从而影响到实验的效果。尽管如此，通过实验法取得的市场情况第一手资料，对预测未来市场的发展还是有很大帮助的。例如，为了提高商品包装的经济效果，可以运用实验法，在选择的特定地区和时间内进行小规模试验性改革，试探性地了解市场反应，然后根据实验的初步结果，再考虑是否需要大规模推广，或者决定推广的规模。这样做有利于提高工作的预见性，减少盲目性。同时，通过实验对比，还可以比较清楚地了解事物发展的因果联系，这是访问法和观察法不易做到的。因此，在条件允许时，采用实验法进行市场调查还是大有益处的。

采用实验法进行市场调查，可以有控制地分析、观察某些市场现象的因果关系及其相互影响的程度。另外，通过实验取得的数据比较客观，具有一定可信度。但是，实践中影响经济现象的因素很多，可能由于不可控制的实验因素，在一定程度上影响实验效果。而且由于实验法只适用于对当前市场现象的影响分析，对历史情况和未来变化则影响较小，这就使实验法的应用受到一定的局限。尽管如此，在实践中实验调查法的应用范围还是比较广泛的。一般来讲，改变商品品质、交换商品包装、调整商品价格、推出新产品、变动广告形式内容、变动商品陈列等，都可以采用实验法调查测试其效果。

▶ 2. 文案调查法

文案调查即收集别人已经加工整理好的资料，主要包括以下内容：

（1）企业内部资料。包括内部各有关部门的记录、统计表、报告、财务决算、用户来函等；

（2）政府机关、金融机构公布的统计资料；

（3）公开出版的期刊、文献杂志、书籍、研究报告等；

（4）市场研究机构、咨询机构、广告公司所公布的资料；

（5）行业协会公布的行业资料及竞争企业的产品目录、样本、产品说明书及公开的宣传资料；

（6）政府公开发布的有关政策、法规、条例规定以及规划、计划等；

（7）推销员提供的情报资料；

（8）供应商、分销商以及企业情报网提供的信息情报；

（9）展览会、展销会公开发送的资料。

五、调研资料的处理与分析

通过调研活动收集到的原始资料，只有经过进一步的处理和分析，才能从中获得有益的信息，从而最终为调研者的决策提供有力的依据。对资料进行处理分析的主要步骤有资料处理、资料的简单分析和资料的统计分析。

▶ 1. 调研资料的处理

调研资料的处理是将原始的调查资料转换为可供人们进行分析的资料的过程。大量的原始资料来源于被调查者,这些资料中会出现这样或那样的错误和疏漏,所以必须对原始调研资料进行验收检查和编辑,以便统计分析。一般来说,将调研资料的处理过程分为资料的验收、资料的编辑、资料的编码、资料的转换四个基本步骤。

(1) 资料的验收。资料的验收是对资料进行总体的检查,发现资料中是否有重大问题,以决定是否采纳此份资料的过程。如检查被调查者是否属于规定的抽样范围,所收集的资料是否真实、可信。

(2) 资料的编辑。经过资料的验收,确定资料没有重大缺陷、在总体上真实可信以后,还需对资料进行编辑,细致地检查资料中是否出现具体的错误或疏漏。如检查被调查者是否存在错误的回答、疏漏的回答、回答不充分的现象,若有,则需要进行相应的技术处理,以保证资料的正确性和完整性。

(3) 资料的编码。资料的编码就是使用一个规定的数字或字符代表一个种类。对资料进行编码是为了便于进行统计分析,方便计算机存储和分析。

例如,一项关于消费者对某种商品评价的调查,可要求被调查者回答消费者的性别和消费者的职业是什么;在资料的编码过程中可以用数字1代表男性、2代表女性,根据分析的需要将消费者的职业可分为工人、农民、军人、机关干部、学生、公司职员、教师和其他八大类,并分别用数字1~8代表。

通过上述简单的举例,可以看到编码工作的基础是对资料中涉及的各个问题的回答进行概括归纳,形成恰当合理的分类。

(4) 资料的转换。资料的转换是将经过编码的资料输入并存储在计算机中,建立起相应的数据库文件,以便利用计算机来处理数据。当前,企业在处理市场调研所收集来的数据时,都广泛采用计算机,因为它可大幅度地提高资料分析处理的质量和效率,并且通过运用统计分析软件,能使调查人员不必掌握复杂的计算机知识就可以进行资料的分析工作。

▶ 2. 调研资料的统计分析

(1) 定性分析法。定性分析法是对不能量化的市场现象进行系统化理性认识的分析,其依据是科学的哲学观点、逻辑判断及推理,其结论是对市场本质、趋势及规律方面的认识。

① 归纳分析法。它是对收集到的资料进行归纳,概括出一些理论观点。归纳法分为完全归纳法和不完全归纳法;后者又分为简单枚举法和科学归纳法。

a. 完全归纳法。它是根据某类市场中每一个对象都具有或不具有某种属性,从而概括出该类市场的全部对象都具有或不具有这种属性的归纳方法。

b. 简单枚举法。它是根据某类市场中部分对象具有或不具有某种属性,从而概括出该类市场的全部对象都具有或不具有这种属性的归纳方法。这种方法是建立在直接经验基础上的一种归纳法,结论具有一定的可靠性,并且简便易行。

c. 科学归纳法。它是根据某类市场中部分对象与某种属性之间的必然联系,推论出该类市场的所有对象都具有某种属性的归纳方法。与简单枚举法相比,科学归纳法更复杂、更科学,其认识作用也更大。

例如,某个汽车市场的调查表明,所调查的200个汽车用户中有120个用户声称将来更换汽车时,很可能或绝对会购买东风汽车。根据这一发现得出这样的结论:大部分汽车用户(60%)在更换汽车时会购买东风汽车。

② 演绎分析法。市场调研中的演绎分析,就是把调研资料的整体分解为各个部分、方面、因素,形成分类资料,并通过对这些分类资料的研究分别把握其本质和特征,然后将这些分类研究所得的认识联结起来,形成对调研资料的整体认识。

③ 比较分析法。比较分析法是把两个或两类市场的调查资料相对比,从而确定它们之间的相同点和不同点的逻辑方法。不能孤立地认识一个市场,只有与其他市场联系起来加以考察,通过比较分析,才能在众多的属性中找出其本质属性和非本质属性。比较分析法是调研中经常运用的一种方法。

④ 结构分析法。结构分析法是指根据调查资料,分析某个市场现象的结构及其组成部分的属性,进而认识这一市场现象的本质。结构与属性是各类现象的普遍特征,因而结构分析法也是定性分析中常用的方法之一。

(2) 定量分析法。定量分析是指从市场的数量特征方面入手,运用一定的数据处理技术进行数量分析,从而挖掘出数量中所包含的市场本身的特性及规律性的分析方法。常用的分析法有相关分析法、判别分析法、因子分析法、聚类分析法、回归分析法等,此处仅简单介绍前四种方法。

① 相关分析法。相关分析法是通过计算变量之间的相关系数,分析现象之间的相关关系和相关程度,并用适当的数学表达式表示的统计分析方法。在相关分析法中,还要分析相关关系中哪些是主要因素,哪些是次要因素,这些因素间的关系如何。

当一种市场现象的数量随另一种市场现象的数量的变动而变动,并且它们之间有确定的关系时,这两个变量之间是函数关系,如 $Y=3X+2$。当这两个变量的关系不能完全确定,但可能在一定程度上相关时,称它们之间存在相关关系。如商品的销售额与商品价格的关系,影响商品销售额的除了商品价格这个因素以外,还有商品的质量、包装、销售地点、收入水平等其他因素。

② 判别分析法。判别分析法是判别样本所属类型的一种多变量统计分析方法。通常是在已知被研究对象已经被分为若干组的情况下,确定新的被研究对象属于已知类型的哪一类。如判别某个顾客是可能购买者还是非可能购买者,是某产品的可能使用者还是可能非使用者。

③ 因子分析法。因子分析法是将大量的变量和样本进行归类,并寻找变量之间的数据结构,构造少量的因子去解释大量的统计变量。通过研究众多变量之间的内部依赖关系,探求观测数据中的基本结构,且用少数一个"类别"变量来表示基本的数据结构。分析影响变量或支配变量的共同因子有几个、各因素的本质如何,由表及里地探索市场之间的本质联系。在市场研究中,因子分析法常用来分析消费者对各种消费品的态度,研究消费者选择消费品的因素,从而为制定营销策略和拟订广告宣传主题提供参考依据。

④ 聚类分析法。聚类分析法是根据研究对象的特征而对研究对象进行分类的一种多元分析技术,把性质相近的个体归为一类,使得同一类中的个体都具有高度的同质性,不同类之间的个体具有高度的异质性。在市场研究中涉及市场细分问题时,常使用聚类分析法。

第三节 市场需求的测定与预测

一、市场需求的测定

▶ 1. 市场需求的含义

市场需求是指某一产品在某一地区和某一时期内,在一定的营销环境和营销方案的作用下,愿意购买该产品的顾客群体的总数。

▶ 2. 市场需求测量的内容

市场需求测量,是依据有关市场的信息、资料进行分析而做出对市场发展趋势的判断。市场需求测量的内容广泛,可以划分为产品层次、空间层次和时间层次三种类型,其中产品层次必须落实到空间层次上,而产品层次和空间层次都要受到时间层次的制约。

▶ 3. 市场需求测量中的各种量

(1) 市场需求量。市场需求量是指某一产品在某一地区和某一时期内,在一定的营销环境和营销方案的作用下,愿意购买该产品的顾客群体的总数。这个定义包括了以下八个因素:

① 产品。因为产品范围是广泛的,即使是同一类产品的实际需求往往也存在多种差异,在企业进行需求测量时,要明确规定产品的范围。

② 总量。它通常表示需求的规模,可用实物数量、金额数量或相对数量来衡量。如全国手机的市场需求可被描述为 7 000 万台或 1 500 亿元,广州地区的手机市场需求占全国总需求的 10%。

③ 消费者群体。在对市场需求测量时,不仅要着眼于总市场的需求,还要分别对各细分市场的需求加以确定。

④ 地理区域。在一个地域较广的国家里,不同地域间存在差异。

⑤ 时间周期。由于企业的营销计划一般有长期、中期、短期之分,与之相对应有不同时期的需求测量。

⑥ 营销环境。在进行市场需求测量时,应注意对各类因素的相关分析。

⑦ 购买。只有购买需求才能转变成真正的市场需求。

⑧ 企业的营销活动。通常,企业的营销决策对市场需求有直接的影响。

(2) 市场需求潜量。市场需求潜量是指在一定时期、一定市场区域内、特定的营销环境以及企业促销力度的条件下,某一产品可能的最高市场需求量。这个概念特别强调特定的营销环境,主要是因为在不同的营销环境下,市场需求潜量有着明显的差异。例如,繁荣期的汽车市场潜量明显高于衰退期。

(3) 企业需求量。企业需求量是指企业在市场需求总量中所占的份额,可用公式表示为:

$$Q_i = S_i \cdot Q$$

式中：Q_i——第i个企业需求量；S_i——第i个企业的市场占有率；Q——市场需求总量。

公式中企业的市场占有率指的是企业需求在市场需求总量中所占的比重。从公式可以看到，企业需求量的大小不仅取决于企业产品的市场占有率，而且还取决于该产品的市场需求总量。

（4）企业需求潜量。企业需求潜量是指某企业经过促销努力，在市场开发达到最高程度的情况下，出现的最高水平的市场需求量。在特殊情况下，企业需求潜量可能与市场潜量等同，但在绝大多数情况下，企业需求潜量低于市场需求潜量。

二、影响市场需求的因素

商品的市场需求会随着消费者自身因素及其所处的外界环境的变化而变化。影响顾客群体购买的因素有很多，主要有外界环境、消费习惯、促销刺激、顾客群体的构成。

▶ 1. 外界环境

市场需求受到众多环境因素的影响，例如，新产品的更新换代造成旧产品的市场需求锐减，科技的进步促进了某些高新技术产品的市场需求的飙升。

▶ 2. 消费习惯

消费习惯决定着顾客群体或每一顾客对某种商品的消费方式和消费数量。例如，高收入阶层喜好用昂贵的住宅和汽车来体现其身份，导致随着我国经济的快速发展，不断扩大的高收入阶层对这些昂贵的住宅和汽车的需求大大增长。

▶ 3. 促销刺激

企业的市场促销行为影响它们的产品市场需求。例如，产品的价格上涨或下跌、购物的优惠措施、新产品的免费试用等，都可能改变人们的购物兴趣和欲望。

市场需求和企业的市场营销力度具有一定的对应关系，如图2-3所示。市场需求曲线是从最低需求逐步上升的，能够达到的最大需求水平成为需求潜量。最低需求是指企业没有任何促销行为时，受到消费者本身消费习惯、生活需要等因素的影响，市场上出现的对某种产品的需求，也称为基本需求或市场最小量。

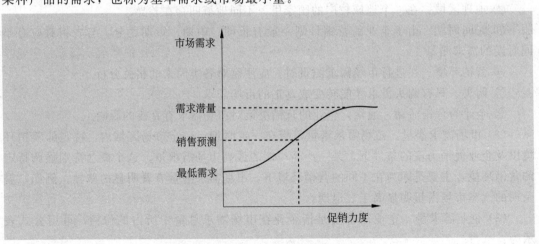

图2-3 市场需求和市场营销力度的关系

随着促销费用的增加，促销活动对顾客购买欲望产生越来越大的影响，市场需求因此不断上升。

一般而言，促销活动对市场需求的刺激作用，受到购物心理和消费习惯等因素的影响，是一个逐步减弱的过程。在促销费用相对较少、促销力度较弱的阶段，随着促销力度的提高，市场需求以较高的速度增长，并且有不断加快的趋势；当促销力度加大到相对较高的水平后，市场需求随促销费用增加而增长的速度逐步下降，市场需求曲线变得接近于一条水平线。在此之后，企业继续增加促销费用，其效果则趋向于零，即加大促销力度不再可能显著地带来市场需求的增加，这时所达到的市场需求水平也是顾客消费的饱和水平，已经达到市场需求的最大界限，称为需求潜量。所以，企业要适当利用促销手段，掌握好促销的力度，才能为企业带来最大的经济效益。

▶ 4. 顾客群体的构成

顾客群体的构成包括群体的人口数量以及各收入层次的构成等因素，这些因素也会影响市场需求。对于日常生活必需品，如食品、饮料、服装等，人口数量越多，其市场需求量就越大。而对于价格较高的商品，如 DVD、等离子电视、数码相机等，其市场需求量不但取决于人口数量，还取决于人们的收入水平，只有高收入水平的人口数量多，其市场需求才会比较高。

三、当前市场需求的估算

▶ 1. 总市场潜量的估算

市场潜量问题是市场预测的一项重要内容。总市场潜量是在一定时期内，在一定的行业营销水平和特定的营销环境下，一个行业所有企业所能获得的最大销售量（数量或金额）。可以用以下公式估算：

$$Q = N \cdot C \cdot P$$

式中：Q——市场需求量，通常以顾客购买的商品价值量表示；N——购买者人数；C——人均年购买量；P——商品平均价格。

例如，如果明年全国有 250 万户家庭准备购买汽车，平均每户买 1 辆，每辆汽车的平均价格为 10 万元，那么明年家用汽车的总市场潜量就是：

$$Q = 2\,500\,000 \times 1 \times 100\,000 = 2\,500(亿元)$$

▶ 2. 区域市场需求的估算

企业除了要计算总的市场潜量以外，还要估算出区域市场需求，从而选择欲进入的最佳区域，并在这些区域内最佳地分配其市场营销费用。目前区域市场需求估算主要有两种方法：市场累加法和购买力指数法。产业用品生产企业一般使用市场累加法，而消费品生产企业较多采用购买力指数法。

（1）市场累加法。市场累加法是指先确认某产品在每一个市场的可能购买者，之后将每一个市场的估计购买潜量进行汇总合计。当企业掌握所有潜在买主的名单以及每个人可能购买产品的估计量时，可直接采用市场累加法。

（2）购买力指数法。购买力指数法是指借助与区域购买力有关的各种指数（如区域购买力占全国总购买力的百分比、该区域个人可支配收入占全国可支配收入的百分比、该区域零售额占全国零售额的百分比，以及居住在该区域的人口占全国人口的百分比等）来估计其市场潜量的方法。例如，美国的《销售与营销管理》杂志曾每年都公布美国各地区、各州和各大城市的购买力指数，并提出其计算公式如下：

$$B_i = 0.5Y_i + 0.3R_i + 0.2P_i$$

式中：B_i——第 i 地区购买力占全国购买力的百分率；Y_i——第 i 地区个人可支配收入占全国可支配收入的百分率；R_i——第 i 地区零售额占全国零售总额的百分率；P_i——第 i 地区人口占全国人口的百分率。

例如，纽约市的个人可支配收入占全国可支配收入的 2%，零售销售额占全国零售额的 2.5%，人口占全国人口的 0.6%，则纽约市的购买力指数为：

$$B_i = 0.5 \times 2\% + 0.3 \times 2.5\% + 0.2 \times 0.6\% = 1.87\%$$

这就是说，某种假设产品的 1.87% 可期望发生在纽约市。

▶ 3. 企业销售额的估算

销售增长率一般指企业当年销售额与上年相比增长的幅度。销售增长率为正数且比较大，说明企业的用户购买量在增加，反映了企业竞争能力的提高；反之表明企业竞争力在衰退。企业的销售增长率往往只有与行业发展速度和国民经济的发展速度相比较和分析才有意义。如果企业的销售额当年比去年有所增长，但增长的幅度小于行业或国民经济的发展速度，则表明经济背景是有利的，市场总容量在不断扩大，但扩大的部分被企业占领的比重则相对减少，大部分新市场被其他企业占领了，因此，本企业的竞争力相对下降。

▶ 4. 市场占有率的估算

市场占有率是指市场总容量中企业所占的份额，或在已被满足的市场需求中有多大比例是由本企业占有的。预计本企业产品在未来时期可以达到的市场占有率大小，可为企业确定产品的生产经营规模和制定具体的市场销售计划提供依据。

$$R_i = (Q_i / Q) \times 100\%$$

式中：R_i——市场占有率；Q_i——本企业产品市场销售量；Q——同类产品的市场总销量。

市场占有率的高低可以反映本企业竞争能力的强弱。企业占有的市场份额越大，说明购买本企业产品的消费者数量越多；消费者之所以购买本企业产品而不是其他企业的产品，说明本企业产品的竞争力比较强。同样，市场占有率的变化可以反映企业竞争能力的变动。如果企业的市场占有率本身虽然很低，但与去年相比有了很大提高，这说明企业竞争能力在逐步增强。

四、市场需求预测的方法

▶ 1. 定性预测方法

定性预测方法是预测人员根据掌握的调查资料和自身的经验、判断能力对预测对象未来的发展变化情况进行预测和推测。

(1) 集合意见法。集合意见法是将有关生产、销售、咨询等单位和个人集中在一起共同讨论市场的发展变化，进行综合判断提出预测方案的一种方法。

例如，某零售企业为确定明年化妆品的销售预测值，要求商品零售部门、公共宣传部门、商店管理部门及财会控制部门作出年度销售预测，各部门的预测数额如表 2-1 所示。

表 2-1　某企业各部门的销售预测数据表　　　　　　　　　　单位：万元

预测部门	三点估计项目	销售量最高值	销售量最可能值	销售量最低值	期望值合计
商品零售	销售量	1 200	850	600	
	概率	0.25	0.50	0.25	
	预测期望值	300	425	150	875
公共宣传	销售量	1 300	900	700	
	概率	0.30	0.50	0.20	
	预测期望值	390	450	140	980
商店管理	销售量	1 100	750	500	
	概率	0.20	0.60	0.20	
	预测期望值	220	450	100	770
财会控制	销售量	1 200	800	600	
	概率	0.30	0.50	0.20	
	预测期望值	360	400	120	880

根据表 2-1 的数据，假定商品零售部门的重要性较大，权数定为 2，其他部门的权数均为 1，采用加权平均法计算的预测值为：

$$\frac{875\times 2+980\times 1+770\times 1+880\times 1}{2+1+1+1}=876(万元)$$

（2）专家意见法。即企业利用经销商、分销商、供应商以及其他一些专家的意见进行预测。利用专家意见有多种方式，例如组织一个专家小组进行某项预测，这些专家提出各自的估计，然后交换意见，最后经过综合，提出小组的预测。

目前，应用较普遍的是德尔菲法，它是由美国兰德公司率先提出并推广使用的一种方法。它有以下三个明显的特点：一是匿名，不公开预测专家的姓名与职务；二是采用函询的方式，专家们不必集中到一起讨论，通过函件往来发表自己的意见和了解别人的意见；三是反馈，将各位专家的意见加以集中整理后，反馈给各位专家，让专家们参照别人的意见不断修正自己的判断，经过数次反馈后，再次收集专家们的意见，进行统计分析，计算综合预测值，一般以平均数或中位数来表示专家们意见的倾向性。

（3）市场试销法。市场试销法是指通过向某一特定的地区或对象，采用试销手段向该实验市场投放新产品或改进的老产品，在新的分销途径中取得销售情况的资料，用其进行销售的预测。其预测模型为：

$$Y_t = Q \cdot N \cdot D\%$$

式中：Y_t——下期的预测销售量；Q——每单位用户平均消费量；N——总用户数；$D\%$——重复购买的比重。

在购买者对购买并没有认真细致的计划，或其意向变化不定，或专家的意见不十分可靠的情况下，需要利用市场试销法。

▶ **2. 定量预测方法**

定量预测法，也称数学分析法，是在占有各项有关资料的基础上，根据预测的目标、要求，选择合适的数学模型进行预测，然后，根据企业内部和外部的变化情况加以分析，以取得所需要的预测值的方法。

(1) 时间序列分析法。时间序列分析法是将过去的历史资料和数据，按时间顺序排列起来的一组数字序列。这种方法有一个基本的假设，即事物过去和现在的发展变化趋向会继续延续到未来，它撇开对事物发展变化的因果关系的具体分析，直接从时间序列的统计数据中找出反映事物发展的演变模式，并据此推预测目标的未来发展趋势，得到定量数据。经常使用的时间序列分析法有简单平均法、加权平均法、指数平均法和季节指数法等。

① 简单平均法。简单平均法是用前 t 期的时间序列数据的平均值作为第 $t+1$ 期的预测值。在时间序列数据没有明显的增长趋势或周期变动规律的场合，采用简单平均法是合适的。其基本的预测方法是：

假设某种经济变量的一组时间序列观察值为 X_1，X_2，X_3，…，X_t。

其预测方程为：

$$Y_{t+1} = \sum_{i=1}^{t} X_i / t$$

式中：Y_{t+1}——该经济变量的第 $t+1$ 期预测值。

例如，A电视机生产企业在过去6年的销售额如表2-2所示，试预测该企业下一年度的销售额。

表2-2　A电视机生产企业的历史销售额　　　　　　　　　　　　　　单位：万元

年　　度	1	2	3	4	5	6
销售额	21.0	19.5	20.0	19.7	20.1	20.3

$Y_{t+1}=(21.0+19.5+20.0+19.7+20.1+20.3)/6=20.1$（万元）

② 移动平均法。移动平均法就是以第 t 期的步长为 N 的移动平均值 M_t 作为第 $t+1$ 期的预测值。相对于简单平均法来说，移动平均法采用的时间序列数据可以少一些，或者说，移动平均法只是重视近期观察数据反映的市场需求变动趋势，忽视较早时间序列反映的变动趋势。

设给定时间序列观察值为 X_1，X_2，X_3，…，X_t。

设步长为 N，则第 t 期的移动平均值为：

$$M_t = \frac{X_t + X_{t-1} + \cdots\cdots + X_{t-n+1}}{N}$$

预测方程为：

$$Y_{t+1} = M_t$$

例如，某生产企业2008—2016年的年销售额如表2-3所示，试预测2017年的销售额。

表2-3　某生产企业的年销售额数据　　　　　　　　　　　　　　单位：万元

年　　份	2008	2009	2010	2011	2012	2013	2014	2015	2016
实际销售额	25.6	22.8	22.9	24.7	25.0	23.9	24.3	25.1	24.5
预测值（$N=3$）				23.8	23.5	24.2	24.5	24.4	24.4
预测值（$N=4$）						24.2	23.9	24.2	24.6

预测步骤如下：

第一步，选择跨越期 n。n 的大小直接关系到对原时间序列资料的修匀程度。如果 n

(跨越期)越大，则修匀程度越好，即曲线越平滑；n 越小，则反应越灵敏。另外，要想选择到较理想的 n 值，就要通过不同的 n 值进行比较，选用平均绝对误差或均方差较小的 n 值进行预测。还需注意一点，如果时间序列资料按年编制，n 的值可适当选小一点；如果按季、月等编制，n 的跨度可选大一点。

第二步，计算移动平均值。当 $n=3$ 时，

$$m_3^{(1)} = \frac{25.6+22.8+22.9}{3} = 23.8$$

$$m_4^{(1)} = \frac{22.8+22.9+24.7}{3} = 23.5$$

$$m_5^{(1)} = \frac{22.9+24.7+25.0}{3} = 24.2$$

$$m_6^{(1)} = \frac{24.7+25.0+23.9}{3} = 24.5$$

$$m_7^{(1)} = \frac{25.0++23.9+24.3}{3} = 24.4$$

$$m_8^{(1)} = \frac{23.9+24.3+25.1}{3} = 24.4$$

同理，当 $n=5$ 时，

$$m_5^{(1)} = \frac{25.6+22.8+22.9+24.7+25.0}{5} = 24.2$$

$$m_6^{(1)} = \frac{22.8+22.9+24.7+25.0+23.9}{5} = 23.9$$

$$m_7^{(1)} = \frac{22.9+24.7+25.0+23.9+24.3}{5} = 24.2$$

$$m_8^{(1)} = \frac{24.7+25.0+23.9+24.3+25.1}{5} = 24.6$$

将上述计表结果填入表 2-3 第 3、第 4 行中。可知 2017 年的销售额为：

当 $n=3$ 时，

$$m_9^{(1)} = \frac{24.3+25.1+24.5}{3} = 24.6$$

当 $n=5$ 时，

$$m_9^{(1)} = \frac{25.0+23.9+24.3+25.1+24.5}{5} = 24.6$$

(2) 统计需求分析法。时间序列分析法把过去和未来的销售都看成是一个时间函数，并与任何的实际需求因素无关。但是，任何产品的销售都受到许多因素的影响。统计需求分析法是为揭示影响销售的最重要的实际因素和研究它们相互影响而设计的一套统计方法。最常见的分析因素有价格、收入、人口和推销。

统计需求分析在于把销售作为因变量 Q 和试图把销售作为一些需求自变量 X_1，X_2，X_3，$\cdots$，X_N 的函数来说明。

$$Q = f(X_1, X_2, X_3, \cdots, X_N)$$

应用多元回归分析方法，可以用不同的方程方式统计出合适的数据，以寻找出最佳的预测因素和最合适的方程式。

例如，某日用电器公司为预测某地区的销售量，通过市场调查和分析判断，该地区日用电器需求量与该地区居民年人均收入和新增就业人数有着密切联系，它们之间的关系可用如下方程表示：

$$Q=53.886+4.822X_1+1.013X_2$$

式中：Q——日用电器的年销售额（亿元）；X_1——居民年人均收入（千元）；X_2——新增就业人数（十万人）。

设该地区今年的居民年人均收入为 15 000 元，新增就业人数为 40 万人，代入上式可预测出该地区日用电器的需求量为：

$$Q=53.886+4.822\times15+1.013\times4=130.268（亿元）$$

经调查表明，该地区今年的日用电器的实际需求量为 126.5 亿元，预测结果与它相差不大，说明这个方程是很有效的。企业只要预测该地区明年的居民年人均收入与新增就业人数，就可以运用上述方程式预测明年的需求量。

但是，企业在应用这种方法时，应注意可能会削弱统计需求方程有效性或用途的五个问题：观察值太少；自变量之间的相关关系太多；违背正态分布的假设；自变量与因变量之间的关系不清；未考虑到新的变量的出现。

本章小结

为了在竞争激烈的市场环境中求得生存与发展，企业必须重视对市场营销信息的搜集、处理及分析，建立起有效的市场营销信息系统，才能具备较强的应变能力，能够及时做出正确的决策。市场营销信息系统由内部报告系统、营销情报系统、营销调研系统和营销决策支持系统组成。

现代市场调研具有目的性、系统性、真实性的特点。市场营销调研所要完成的任务可以是描述市场现状、解释市场现象或者预测市场的未来。市场调研内容包括宏观市场调研与微观市场调研，但微观市场调研是现代市场调研的主体内容。

一般来说，市场调研活动包括准备、搜集资料、调查研究、总结四个阶段。

市场调研方法有间接资料调研方法和直接资料调研方法。间接资料调研方法是通过内部资料和外部资料收集来了解有关市场信息，这种方法相对简单。直接资料是指通过实地调研收集资料。实地调研的方法有多种，归纳起来主要有三种：访问法、观察法、实验法。

企业对市场需求进行测定时，主要测量市场需求量、市场需求潜量、企业需求量、企业需求潜量四个方面。

产品的市场需求会随着消费者自身因素及其所处的外界环境的变化而变化。影响顾客群体购买的因素有很多，主要的因素有外界环境、消费习惯、促销刺激、顾客群体的构成等。

企业进行市场需求预测时，可以采用定性预测方法或定量预测方法，也可以将两种方法综合起来使用。

课后练习

一、选择题

1. 市场调研的一般过程中首要的工作是(　　)。
   A. 确定调研对象
   B. 选择与设计调查方法
   C. 确定调研问题和目标陈述
   D. 收集数据

2. 下列调查中,属于消费者市场调查的是(　　)。
   A. 对某种拖拉机市场的调查　　　　B. 对化肥市场的调查
   C. 对钢材市场的调查　　　　　　　D. 对服装市场的调查

3. 以下市场调查步骤的顺序哪一个是正确的(　　)。
   A. 制定调查计划—确定调查目标—收集资料—分析资料—撰写调查报告—跟踪反馈
   B. 确定调查目标—收集资料—分析资料—制订调查计划—撰写调查报告—跟踪反馈
   C. 确定调查目标—制订调查计划—收集资料—分析资料—撰写调查报告—跟踪反馈
   D. 制订调查计划—收集资料—确定调查目标—分析资料—跟踪反馈—撰写调查报告

4. 抽样调查的目的是(　　)。
   A. 了解总体的全面情况
   B. 掌握总体的基本情况
   C. 由样本指标推断总体指标
   D. 由个别推断总体

5. 封闭式问题的缺点是(　　)。
   A. 答案分散　　　　　　　　　　　B. 资料难以整理
   C. 被调查者不能准确地表达意见　　D. 不利于被调查者理解

6. 下列资料中,不是二手资料的是(　　)。
   A. 地方政府统计年鉴　　　　　　　B. 报纸杂志
   C. 客户投诉电话录音　　　　　　　D. 图书资料

7. 深入访谈最适合研究的问题是(　　)。
   A. 较为大众化的问题
   B. 较为隐秘的问题
   C. 不同人之间观点差异较大的问题
   D. 非专题性的或非技术性的问题

8. "你最近使用什么品牌的牙膏?"如果按 5W 准则来推敲,这一问题在下列(　　)方面不清楚。
   A. who(谁)　　　　　　　　　　　B. where(何处)
   C. when(何时)　　　　　　　　　　D. what(什么事)

9. (　　)用来显示各部分在总体中所占的比重,以及各部分之间的比较。
   A. 折线图　　　　　　　　　　　　B. 柱状图
   C. 散点图　　　　　　　　　　　　D. 圆饼图

10. 以下关于市场调查员的说法中错误的是(　　)。
A. 要有良好的职业道德水平　　　B. 可以不经过培训直接上岗
C. 要有良好的沟通交流能力　　　D. 要有信心和耐心

二、思考题

1. 完整的市场信息系统由哪些部分构成？
2. 根据市场调查目的和深度的不同，市场调查有哪些不同的类型？
3. 试述一手资料和二手资料的收集方式，并说明各自的优缺点。
4. 简述市场调查的步骤。
5. 简述市场需求估算的方法。

案例分享

农夫山泉市场调查

摘要： 本案例描述了农夫山泉品牌竞争力调研的背景、农夫山泉的品牌发展特点、农夫山泉的特色广告，通过问卷调查的方法，分析农夫山泉与竞争者的竞争情况，以及消费者选择矿泉水的喜好等。通过此案例能够直观地展示市场调查的过程设计和市场调查成果的呈现。

关键词： 农夫山泉　市场调查　品牌竞争力

一、背景描述

农夫山泉股份有限公司成立于1996年，是中国饮料工业"十强"企业之一。2002年农夫山泉天然水的总产量达61万吨，居全国饮料企业产量第四位。农夫山泉的产值不断递增，每年上一个台阶。中华商业信息中心市场监测报告显示，1999—2004年在全国瓶装饮用水十大品牌中，农夫山泉市场综合占有率连续六年位列第一名。

农夫山泉于1998年开始将瓶装饮用水推向市场。当时的市场格局是娃哈哈和乐百氏已经占据绝对的市场主导地位，成为消费者的首选品牌，而且当时娃哈哈和乐百氏的广告表现也十分出色。它们在广告上的出色表现加大了农夫山泉的推广难度。尽管如此，农夫山泉在当年就坐上了包装饮用水行业第三的位置。

一种日常生活消费品，任何品牌的优异业绩都离不开广告的强力支持。农夫山泉就是一个典型例子。农夫山泉每一个广告都对应着一个深思熟虑的大策略。下面，我们将重新审视农夫山泉的系列广告，一起探寻它成长壮大的历程。

二、活动内容

1998年年初，推出运动型包装的农夫山泉，改用所谓"运动盖"直接拉起的开瓶法，瓶标采用了显眼的红色。与其他饮品相比，红色商标的农夫山泉一摆上货架就吸引了消费者的目光。瓶身上印有一张千岛湖风景照片，明确地提醒消费者农夫山泉取自千岛湖这一国家一级水源保护区，这水源是独一无二的，产品品质的差异性也显现出来，随着"农夫山泉有点甜"这句广告语迅速的传播，农夫山泉的"红色风暴"也开始席卷全国。

当年，农夫山泉的市场占有率迅速上升为全国第三。2000年3月，由国家国内贸易局商业信息中心(现更名为"中华商业信息中心")发布的1999年度全国食品、日用品市场监测报告显示：1999年瓶装饮用水市场占有率排名，农夫山泉为第一，份额为16.39%。2001年3月公布的"2000年度瓶装饮用水市场分析"公布，农夫山泉市场占有率为19.63%，继续排名第一。

2001年农夫山泉的广告为："再小的力量也是一种支持。从现在起，买一瓶农夫山泉，你就为申奥捐出一分钱。"随着刘璇、孔令辉那极具亲和力的笑脸的频繁出现，这则广告将农夫山泉与北京申奥联系了起来。2001年3月20日，农夫山泉开始进行大规模的降价行动，普通550毫升瓶装水从原本1.5元的价格猛降至1元，降幅达到30%。在"支持北京申奥，农夫山泉一元一瓶"的广告声中，农夫山泉涌入了北京、上海、南京、杭州等几大城市街头巷尾的商场、超市乃至小卖店。

2002年农夫山泉启动"阳光工程"——"每买一瓶农夫山泉，你就为孩子们的渴望捐出了一分钱"——为农村的孩子捐款购买体育器材。

2003年农夫山泉又推出新广告——"你的一分钱我们是这样花的"——告知消费者农夫山泉无数个一分钱具体的使用途径，进一步使整个运作更加完整。

2004年，在为当年的雅典奥运会中国体育代表团加油的同时，由孩子点出2008年北京奥运，不禁让人遥想未来。一时间，"大脚篇"的"I Can!（俺能跑）"广为流传。

通过连续不断的与中国体育"为伍"，农夫山泉的品牌形象逐渐丰满起来，天然优质的产品形象和热心公益事业的品牌形象已经深入人心，品牌形象的成功树立保证了农夫山泉能以更稳健的步伐前进。

有调查表明，在"为申奥捐出一分钱"的活动之前，农夫山泉的销量并不比乐百氏、娃哈哈高，但开展活动后，农夫山泉的销售量急剧上升，2001年1—5月的销售量比2000年同期翻了一番，已完成2000年全年销量的90%，效果十分突出。一份来自国内贸易局商业信息中心对全国38个城市近2 000家超市、商场的权威监测报表显示，农夫山泉天然水在瓶装饮用水城市市场占有率已跃居第一位。

2010年1—7月，农夫山泉的活动主题则是"饮水思源"活动，那时的瓶装水上都印有"饮水思源"的标志。

2015年，农夫山泉的广告语为："我们不生产水，我们只是大自然的搬运工。""搬运工"很好地定义了自己的位置。水的质量决定了生命的质量，水才是这则广告的主角。

本次广告与之前农夫山泉一直在传播的"水源地建厂，水源地灌装"完美地结合，并进行了新的阐释——农夫山泉是健康的天然水，不是生产加工出来的，不是后期添加人工矿物质生产出来的。差异化策略让农夫山泉和竞争对手拉开了距离。

农夫山泉的广告运作无疑是非常成功的。"农夫山泉有点甜"可谓是经典，"一分钱阳光工程"和奥运广告深入人心，迅速提升了农夫山泉的品牌形象。无论从广告本身来看还是销售情况来看，农夫山泉都取得了巨大的成功。

三、活动效果展示

以下是农夫山泉的问卷调查及调查结论。

1. 你喜欢喝的饮料是哪些？（可多选）

　　A. 红/绿茶等传统茶类　B. 果汁　　　　C. 咖啡　　　　D. 可乐等碳酸饮料
　　E. 含乳饮品　　　　　F. 凉茶　　　　G. 奶制品　　　H. 矿泉水
　　I. 其他

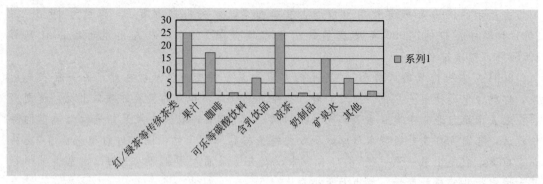

2. 你在购买矿泉水时主要会考虑哪些因素？（可多选）
A. 口味　　　　　　B. 品牌　　　　　　C. 价格　　　　　　D. 广告影响
E. 便于携带　　　　F. 其他

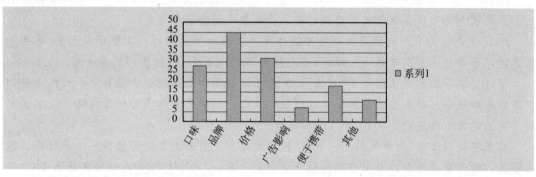

3. 你每周喝饮料的频率是多少？
A. 0~2次　　　　　B. 3~5次　　　　　C. 5~7次　　　　　D. 7次以上

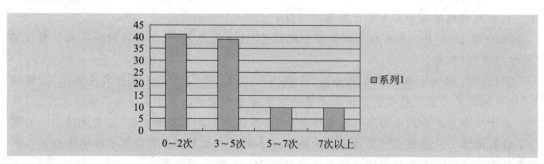

4. 你是否购买过农夫山泉矿泉水？
A. 是　　　　　　　B. 否

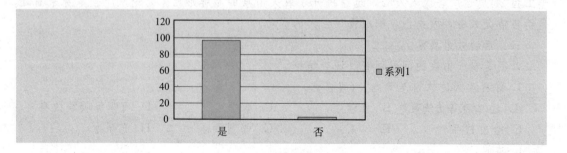

5. 你听说过农夫山泉矿泉水的广告语吗?
A. 是　　　　　　B. 否

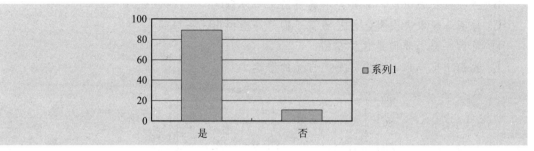

6. 你是通过什么渠道了解农夫山泉矿泉水的?
A. 广告　　　　　B. 他人介绍　　　　C. 超市卖场　　　　D. 其他

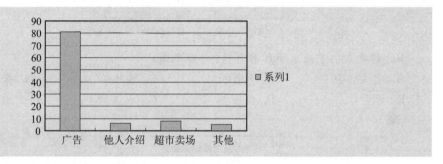

7. 你对农夫山泉广告语的评价如何?
A. 好　　　　　　B. 一般　　　　　　C. 不好　　　　　　D. 没在意

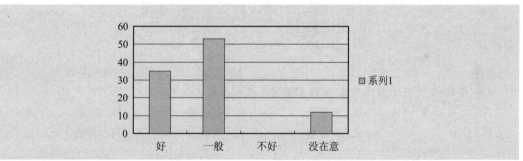

8. 你看过农夫山泉广告吗?
A. 是　　　　　　B. 否　　　　　　　C. 没在意

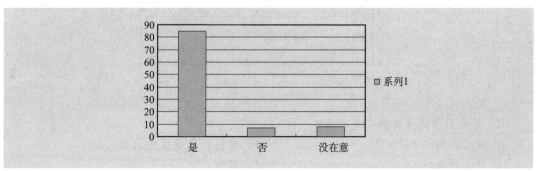

9. 你熟悉的农夫山泉广告有哪些？（可多选）
   A. 农夫山泉有点甜
   B. 买一瓶农夫山泉，你就为申奥捐出了一分钱
   C. 每买一瓶农夫山泉，你就为孩子们的渴望捐出了一分钱
   D. 你的一分钱我们是这样花的
   E. 我们不生产水，我们只是大自然的搬运工

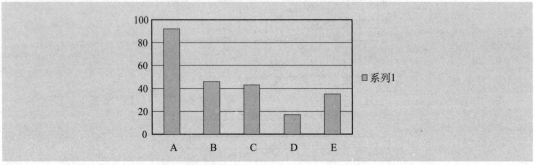

10. 你熟知的矿泉水品牌有哪些？（可多选）
    A. 农夫山泉　　　　B. 乐百氏　　　　C. 娃哈哈　　　　D. 雀巢
    E. 怡宝　　　　　　F. 康师傅　　　　G. 水森活　　　　H. 其他

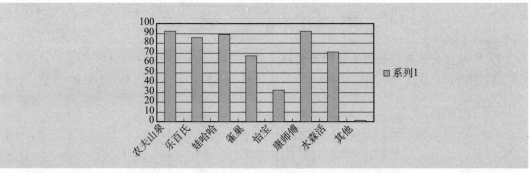

11. 你比较倾向于买哪个品牌的矿泉水？（可多选）
    A. 农夫山泉　　　　B. 乐百氏　　　　C. 娃哈哈　　　　D. 雀巢
    E. 怡宝　　　　　　F. 康师傅　　　　G. 水森活　　　　H. 其他

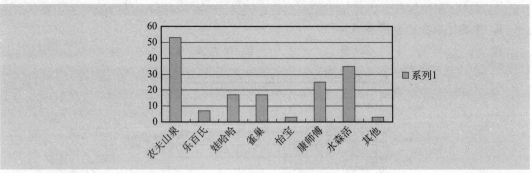

12. 最吸引你的消费概念是什么？
    A. 纯天然的　　　　　　　　　　　　B. 有符合你需求的功效
    C. 口味独特的　　　　　　　　　　　D. 其他

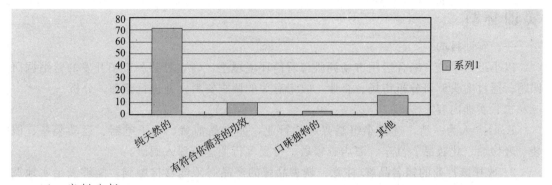

四、案例分析

从以上调查问卷及结果可以得出以下五个关键结论:

(1) 根据调查,红/绿茶等传统饮料、含乳饮品最受消费者欢迎,其次是果汁,而矿泉水位列第五。由此可见,矿泉水要想在市场上站住脚并非易事。不仅要和茶类传统饮料争夺市场,还要想办法击败其他矿泉水竞争品牌。就像农夫山泉在初入市场时遇到了娃哈哈和乐百氏,最终还是通过卓越的广告运作打赢了这场仗。

(2) 根据图表分析,消费者在购买矿泉水时,考虑的第一要素是品牌,其次分别是价格和口味以及便于携带。由此可见,矿泉水品牌一定要打响自己的品牌,使消费者在购买矿泉水时能够第一个想到其品牌,广告宣传收到了这个效果,那么广告就是成功的。农夫山泉通过一系列广告树立了自己在矿泉水市场的地位,其广告策略和品牌策略都十分成功。

(3) 在调查中发现消费者大多通过广告了解农夫山泉品牌,而很少通过超市卖场和他人介绍获得产品信息。这一点再次印证了电视广告的强大宣传效果。

(4) 调查了消费者是否看过农夫山泉的广告时发现,85%以上的消费者都看过。这点充分说明了农夫山泉广告的覆盖面之大,受众的接受效果也很好,广告的影响力还是相当大的。在竞争如此激烈的矿泉水市场,农夫山泉的广告能收到这么好的效果,其广告运作策略可见一斑。

(5) 调查表明,矿泉水品牌中,康师傅和农夫山泉最受欢迎,娃哈哈和乐百氏紧跟其后,接下来依次是水森活、雀巢和怡宝等。农夫山泉经过多年的广告运作和优良品质取得了消费者的信赖,成为矿泉水市场中的佼佼者。现在的农夫山泉依然在努力,过去的辉煌很耀眼,但如何将辉煌延续下去是农夫山泉面临的现实问题。

五、经验分享

农夫山泉作为市场晚入者,能够在激烈的饮用水市场取得成功,就在于其能够通过准确的市场定位,采用正确的差异化的营销战略,如产品差异化、品牌定位差异化、广告运作差异化和营销策略差异化等,并不断随饮用水市场发展动态及消费者需求变化调整公司产品系列。通过差异化经营,农夫山泉已稳居国内饮用水行业三甲之列,农夫山泉品牌已驰名全国。该公司的成功告诉我们,无论商品市场竞争是多么激烈,企业只要采取准确的市场策略和正确的广告运作,就一定能够在市场上屹立不倒。

六、案例延伸思考

市场调查内容包括品牌调查、消费者调查、广告调查、竞争者调查、产品调查等。如何设计一份问卷能够综合以上的内容,获得对企业最有效的市场调查信息,为决策者提供正确的建议是值得认真思考的。

资料来源:农夫山泉市场调查. 百度文库, https://wenku.baidu.com/view/8e16ab25a98271fe910ef96f.html.

实训环节

一、实训目的

以小组为单位，综合运用市场调研与营销环境理论，确立对某一市场开发的营销调研课题。通过案头调研分析市场、企业，收集有关的调查资料，并进行整理、分析。

二、实训内容

1. 4～6人为一组，选择小组感兴趣的行业，如食品消费、电子电器、运动装备、服装、奢侈品、化妆品、汽车、酒店、家居、母婴等行业进行深入调研。

2. 选择该行业的知名品牌（注意：调查品牌的产品必须能够接触到，能够满足实地调查需要），对其宏观环境（包括政治、法律、经济、社会文化、科技等）、微观环境（包括企业自身的相关影响因素，如品牌、产品、价格、渠道、促销、市场供求、竞争情况等）进行调研。

3. 收集相关二手资料，发现存在的问题及背景，制作PPT进行展示。

备注：调研必须包括权威行业数据（如年鉴、报告、期刊、图表），对宏观环境和微观环境调研时必须紧紧围绕相关行业和相关企业品牌。

三、实训考核

1. 完成小组环境调研报告，并制作成PPT，内容包含企业宏观环境调研（政治法律环境调研、经济环境调研、社会文化环境调研、社会文化环境调研、科技环境调研和行业形势调研）和微观环境调研（品牌、产品、价格、渠道、促销、市场供求、竞争情况等）。

2. 按要求撰写实验报告。

第三章 市场分析

学习目标

1. 掌握宏观环境因素和微观环境因素的内容及其对企业生产经营活动的作用和影响，学会通过分析企业自身的优势与不足来寻求市场环境中适合企业生存与发展的机会；
2. 掌握消费者行为的一般模式，了解影响消费者行为的主要因素；理解消费者购买决策过程；
3. 掌握组织市场购买行为的特点，了解产业市场购买的决策者，掌握产业市场购买决策的过程；
4. 掌握政府市场的购买方式。

导入案例

麦当劳的本土化与被本土化

虽然，从菜单、服务到管理都源自美国，但北京的麦当劳努力吸收了中国的文化特色。为了把自己打造成为本土的企业，所有的北京麦当劳都积极地参与到社区的事务中去，并与社区内外的学校建立特殊的联系。

而本土化的最后一项策略，是把儿童作为主要的消费者群体。在计划生育政策的影响下，孩子成为家庭的核心，并获得了6个成年人——父母、祖父母和外祖父母的宠爱。作为"小皇帝"或"小公主"的孩子需求时常会得到家长的应允。麦当劳也深知"儿童是我们的未来"，最核心的策略是生日聚会。这种聚会在一个叫"儿童天堂"的区域内举行，可以接纳5个以上的顾客，孩子们能享受一个精心设计的、带有免费表演的庆典。庆典开始，餐厅会让"麦当劳叔叔"通过扩音器用中英文双语播报小朋友的名字和年龄，并致以祝贺；然后，播放双语的生日歌；接着，"麦当劳阿姨"带着孩子们玩游戏，"麦当劳叔叔"则分发小礼物。在庆祝过程中，"麦当劳阿姨"会亲自送来食物和饮料，让孩子们觉得受到了重视。

当代中国"小皇帝"现象的表现之一，是父母们望子成龙，乐于花大量金钱在子女的教育上。我们时常能看到这样的现象，工薪阶层的父母每周陪着子女去上钢琴课或电脑课，而其实他们自己对这些东西知之甚少。在课上，他们比孩子们学得还要起劲，因为他们希望能获得辅导孩子的知识。麦当劳的管理层看到了父母对孩子的高度期待，决定在餐厅推行学习性活动。他们提供纸、笔让孩子们画画；在中小学举办作文比赛；一些餐厅还为孩子提供文艺表演的场地，并组织父母观看。

需要指出的是，孩子们如此喜欢麦当劳，部分地、间接地和美式文化及现代化有关。有一大批成年人是被他们的孩子或孙子带进麦当劳的，此后，即使他们不喜欢这类食物，或经济上难以负担，他们仍会应孩子的要求去麦当劳。一位时常和女儿一起去麦当劳的母亲给出了另一个答案："我想让女儿能多学习美国文化，她现在正在上英文打字培训班。"显然，对于这位母亲来说，吃汉堡、薯条和学英文打字和电脑技巧一样，是让女儿接触美式文化的一种方式。换言之，她希望女儿不仅学习现代社会需要的技巧，同时也要懂得享用现代食物，这样，长大后才能成为懂得享受现代化生活的成功人士。

资料来源：詹姆斯·华生，金拱向东．麦当劳在东亚(从麦当劳在5个东亚城市扮演的角色考察全球化过程)[M]．杭州：浙江大学出版社，2010．

第一节 市场营销环境

企业的营销行为既要受企业自身条件的制约，也要受外部条件的制约，关注并研究企业内外营销环境的变化，把握环境变化的趋势，识别环境变动造成的机会和威胁，根据环境的特点与发展态势，制定并不断调整营销策略是营销工作的重要内容之一。

一、市场营销环境概述

▶ 1. 营销环境的含义

营销环境是指在企业营销活动之外，能够影响营销部门建立并保持与目标顾客之间良好关系的能力及各种因素和力量。

企业总是生存在一定的环境之中，企业营销活动离不开自身的条件，也离不开周围的环境。企业可以控制内部条件，但外部因素却是企业难以控制的。企业营销活动不仅要主动地去适应环境，而且也可以通过把握和预测环境，在某种程度上去影响环境，使环境有利于企业的发展。可见，重视研究营销环境及其变化，是企业营销的基本工作。

▶ 2. 营销环境的分类

按企业界线(系统边界)来划分，企业营销环境可以分为微观环境和宏观环境，如图3-1所示。

(1) 宏观营销环境。宏观营销环境，又称间接营销环境，是指对企业营销活动造成市场机会和环境威胁的因素，这些因素包括政治法律因素、经济因素、社会文化因素、科学技术因素、自然因素、人口因素。分析宏观营销环境的目的在于更好地认识环境，通过企业营销活动来适应社会环境及变化，达到企业的营销目标。

(2) 微观营销环境。微观营销环境，又称直接营销环境，是指直接影响与制约企业营销活动的因素，即与企业紧密相连，直接影响企业营销能力的各种参与者，如企业本身、

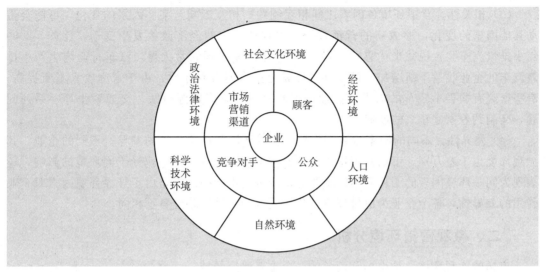

图 3-1　企业营销环境

供应商、顾客、竞争者以及社会公众等。微观环境多半与企业具有或多或少的经济联系，有时又称作业环境。

宏观环境一般以微观环境为媒介影响和制约企业的营销活动，在特定场合，也可直接影响企业的营销活动。宏观环境因素与微观环境因素共同构成多因素、多层次、多变的企业市场营销环境的综合体。

▶ 3. 营销环境的特征

市场营销环境是企业生存和发展的条件。市场营销环境的变化，既可以给企业带来市场机会，也可以给企业造成严重威胁。由于生产力水平的不断提高和科学技术的进步，当代企业的外部环境变化远远超过了企业内部因素变化的速度，企业的生存和发展越来越取决于其适应外界环境变化的能力。企业要在复杂多变的环境下驾驭市场，就必须认真研究市场环境的特征。

市场营销环境是一个多因素、多层次而且不断变化的综合体，对市场环境的研究是一项复杂的工作。要搞好市场研究，首先必须了解它的特点。一般来说，企业市场环境有以下特点：

（1）客观性。客观性指的是环境作为营销部门外在的不以营销者意志为转移的因素，对企业营销活动的影响具有强制性和不可控制性的特点。一般来说，营销部门无法摆脱和控制营销环境，特别是宏观环境，企业难以按自身的要求和意愿随意改变营销环境。

企业研究环境，目的就是为了适应不同的环境，从而求得生存和发展。对于所有影响企业营销活动的环境因素，企业不但要主动地去适应，还要不断地创造和开拓出对自己有利的环境来。

（2）动态性。由于区域以及产业的不同，企业面临的是迥然不同的环境。有的企业处在一个变化甚少的环境中，有的企业处在一个持续变化但变化本身比较平稳的环境中，有的企业则处在一个急剧变化的环境中。环境变化给企业带来威胁，也带来机会。对企业而言，环境变化本身无所谓好坏，给企业带来影响的往往不是环境变化本身而是企业应对变化的方式。企业必须积极调整以适应环境的变化，否则会非常被动。

(3) 相关性。营销环境各因素之间相互制约，相互影响。某一因素的变化，可能会带动其他因素的变化，形成新的营销环境。宏观环境中的经济政策发生变动，比如，2009 年小排量汽车购置税减半优惠，使得 2009 年小轿车市场异常火爆，汽车行业内生产小排量汽车的企业收益不断增加。各个环境因素之间有时存在矛盾，由于家庭收入不断提高，有些家庭有购买小轿车的需求，但油价不断攀升、车库资源短缺、交通紧张等一系列问题，又制约着家庭轿车的发展。

(4) 差异性。不同的国家与地区之间，宏观环境存在着广泛的差异。不同的企业，其微观环境也千差万别。市场营销环境的差异性不仅表现在不同企业受不同环境的影响，还表现为同一环境因素的变化对不同企业的影响也是不同的。正是由于外界环境因素对企业作用的差异性，各个企业为应付环境变化而采取的营销策略也各不相同。

二、微观营销环境分析

市场的微观环境，是市场营销学的一个重要研究领域。

市场营销环境通常分为可控和不可控因素。不可控因素指政治、法律、人口、经济、科学技术、社会文化等宏观因素；可控因素指的是影响企业营销的全部内部因素，其主要内容是产品、定价、渠道、促销。其实，介于这二者之间还有一个微观环境的问题。

微观环境包括供应商、企业内部环境、营销中间商（企业的市场营销渠道企业）、顾客、竞争者和社会公众等因素。

虽然微观环境与宏观环境都是影响企业的外部因素的集合，但两者是有区别的：第一，微观环境对企业市场营销活动的影响比宏观环境更为直接；第二，微观环境中的一些因素在企业的努力下可以不同程度地得到控制。把市场营销环境分为宏观环境与微观环境，有利于区别和掌握两类不同环境对市场营销活动的作用。

▶ 1. 供应商

供应商是指为企业生产提供所需原材料、辅助材料、设备、能源、劳务、资金等资源的供货单位。这些资源的变化直接影响到企业产品的产量、质量以及利润，从而影响企业营销计划和营销目标的完成。供应商分析的内容主要包括以下几个方面：

(1) 供货的及时性和稳定性。原材料、零部件、能源及机器设备等货源的保证供应，是企业营销活动顺利进行的前提。如汽车制造公司不仅需要发动机、变速箱、底盘等零部件来进行装配，还需要设备、能源作为生产手段与要素，任何一个环节在供应上出现了问题，都会导致企业的生产活动无法正常开展。为此，企业为了在时间上和连续性上保证得到货源的供应，就必须和供应商保持良好的关系，及时了解和掌握供应商的情况，分析其状况和变化。

(2) 供货的价格变化。供应的货物价格变化会直接影响企业产品的生产成本。如果供应商提高原材料价格，必然导致生产企业产品成本上升，生产企业如提高产品价格，可能会影响产品销售。如果价格不变，则企业的利润又会减少。因此，企业应密切关注和分析供应商货物价格变化趋势，以便积极应对。

(3) 供货的质量保证。供应商能否供应质量可靠的生产资料将直接影响到企业产品的质量，从而进一步影响到产品的销售量、企业利润及信誉。例如劣质液晶屏不能生产出图像清晰、亮丽的电视机，劣质水泥同样不能建成坚实的高楼大厦。因此，企业应了解供应商的产品，分析其产品的质量标准，从而保证自己产品的质量。

▶ 2. 企业内部环境

企业的经营观念、企业管理体制与方法、企业的目标宗旨、企业精神与文化等因素都会影响企业的营销活动。但分析市场环境，应重点考虑营销部门与企业其他各个部门间的协调及相互关系问题。

企业开展营销活动，必须设立一定形式的营销部门，而营销部门不是孤立存在的，它还面对着各种不同的职能部门以及高层管理部门。营销部门与其他职能部门间既有相当程度的合作，在争取资源方面又存在着矛盾。因此，营销部门与其他职能部门的相互关系是否协调，对营销决策的制定与实施影响极大。

可以说，所有的部门共同构成实现企业营销职能的企业内部微观环境，而这些企业与营销部门在实际工作中产生的或大或小的矛盾与冲突，需要企业内部各部门在决策层的统一领导与指挥下进行必要的协调，才能使各职能部门相互配合，使企业的营销活动高效进行。

▶ 3. 营销中间商（市场营销渠道企业）

营销中间商是指为企业营销活动提供各种服务的企业或部门。营销中间商对企业营销产生直接的、重大的影响，只有通过有关营销中间商所提供的服务，企业才能把产品顺利地送达目标消费者手中。营销中间商分析的主要内容有以下几个方面：

（1）中间商。中间商是把产品从生产领域转向消费领域的环节或渠道，主要包括批发商和零售商两大类。中间商对企业营销具有极其重要的影响，它能帮助企业寻找目标顾客，为产品打开销路，同时为顾客创造效用。为此，企业应根据自身情况选择适合自己的中间商，不仅要与中间商建立良好的合作关系，还必须了解和分析中间商的经营活动。

（2）营销服务机构。营销服务机构是指协助厂商推出并促销其产品到目标市场的机构，如营销研究公司、广告公司、市场调研公司等，这些机构对企业的营销活动会产生直接的影响。企业可自设营销服务机构，也可以委托外部营销服务机构代理有关业务。

（3）金融机构。金融机构是指为企业营销活动进行资金融通的机构，如银行、信托公司、保险公司等。金融机构的主要功能是为企业营销活动提供融资及保险服务。在现代经济社会中，企业都要通过金融机构开展经营活动。金融机构业务活动的变化会影响企业的营销活动，例如银行贷款利率上升，会使企业成本增加；信贷资金来源受到限制，会使企业经营陷入困境。为此，企业应分析这些机构并与这些机构保持良好的关系，以保证融资及信贷业务的稳定和渠道的畅通。

（4）实体分销商（或称物流公司）。实体分销商指商品的储运管理商，将商品从原点向使用点转移，如运输公司、仓储业企业等。其基本功能是调解生产与消费的矛盾，解决产销时空背离的矛盾，提供商品时间效用和空间效用，以适时、适地、适量地帮助企业完成商品由生产者到消费者的流转过程。

▶ 4. 顾客

顾客是指使用或接受企业最终产品或服务的消费者或用户，是企业营销活动的最终目标市场，也是营销活动的出发点和归宿。顾客是市场的主体，任何企业的产品和服务，只有得到了顾客的认可,才能赢得市场。现代营销强调把满足顾客需求作为企业营销管理的核心。

为便于深入研究各类市场的特点,国内顾客市场按购买动机可分为四种类型,即消费者市场、生产者市场、中间商市场和政府市场。消费者市场是指为满足个人或家庭消费需求购买产品或服务的个人和家庭;生产者市场是指为生产其他产品或服务,以赚取利润而购买产品或服务的组织;中间商市场是指购买产品或服务以转售,从中赢利的组织;政府市场是指购买产品或服务,以提供公共服务或把这些产品及服务转让给其他需要的人的政府机构。

各类市场都有其独特的顾客,他们不同的需求,要求企业以不同的方式提供相应的产品和服务,从而影响企业营销决策的制定和服务能力的形成。为此,企业要注重对顾客进行研究,分析顾客的需求规模、需求结构、需求心理及购买特点,这是企业营销活动的起点和前提。

▶ 5. 竞争者

在商品经济条件下,任何企业在目标市场进行营销活动时,不可避免地会遇到竞争对手的挑战。即使在某个市场上没有直接竞争对手,也会有潜在竞争对手的存在。竞争对手的营销策略及营销活动的变化,如产品价格、广告宣传、促销手段的变化,以及产品的开发、销售服务的加强等都会直接影响企业的营销状况。因此,企业在制定营销策略前必须先弄清竞争对手,特别是同行业竞争对手的生产经营状况,做到知己知彼,有效地开展营销活动。

竞争者分析的内容主要包括行业内竞争企业的数量、竞争企业的规模和能力、竞争企业对竞争产品的依赖程度、竞争企业所采取的营销策略、竞争企业的供应渠道及销售渠道等。

从营销学角度分析,企业在市场上主要面临以下四类竞争者:

(1) 愿望竞争者(desired competitors),指提供不同产品以满足消费者不同需求的竞争者。

(2) 属类竞争者(一般竞争者)(generic competitors),指提供不同产品以满足消费者同一种需求的竞争者。

(3) 产品形式竞争者(product competitors),指提供能满足消费者同一需要的产品的各种形式的竞争,如同类产品在质量、规格、性能、款式及价格上的不同而产生的竞争。

(4) 品牌竞争者(brand competitors),指满足同一需要的同种产品形式不同品牌间的竞争。

其中,第(3)、第(4)两种竞争者是同行业竞争者。在同行业竞争中,企业应当关注卖方密度、产品差异、进入难度等问题。卖方密度指的是同一行业或同类产品生产经营者的数目,它直接影响企业市场份额的大小及竞争的激烈程度;产品差异指不同企业生产同类产品的差异程度,这种差异使产品各具特色而互相区别;进入难度则指企业希望进入某行业时的困难程度,不同行业所要求的技术资金及规模都有差异,直接影响该行业企业的进入。

另外,除了本行业现有的竞争者外,市场上还存在着代用品生产者、潜在加入者、原材料供应者及购买者等多种竞争力量。例如,原材料供应者可以通过抬高价格或降低产品及劳务质量，对企业形成威胁；潜在的加入者随时准备进入现有的竞争行列，从企业手中夺走一部分顾客或市场；购买者作为一个集团与企业讨价还价，从而加剧了生产者之间的竞争。

因此，企业应当加强对竞争者的研究，寻求增强本企业产品吸引力的方法，才能在竞争中立于不败之地。

▶ 6. 社会公众

社会公众是指对企业营销活动有实际或潜在利害关系的团体或个人，如金融公众、政府公众、媒介公众、社区公众、社团公众、一般公众及企业内部公众等。企业面对广大公众的态度，会帮助或妨碍企业营销活动的正常开展。因此，企业应采取积极措施，树立良好的企业形象，力求保持和主要公众之间的良好关系。

(1) 金融公众(融资公众)(financial publics)，指所有影响企业融资能力的组织及机构，如银行、投资公司、保险公司等。

(2) 政府公众(government publics)，指与企业业务经营活动有关的各类政府机构，如行业主管、财政、工商管理、税务、物价、商品检验等部门。

(3) 媒介公众(media publics)，指网络、报纸、杂志、电视、广播等大众传播媒体。

(4) 社区公众(地方利益公众)(local publics)，指企业所在地附近的居民及社区组织。

(5) 社团公众(市民行动公众)(citizen action publics)，包括所有保护消费者权益的组织、环保组织及其他群众团体。

(6) 一般公众(general publics)，指上述公众之外的社会公众。此类公众虽然不会有组织地对企业采取行动，但企业形象会影响他们对企业产品的购买选用。

(7) 内部公众(internal publics)，指企业内部的全体员工。员工的责任感及满意度必然会传播并影响外部公众，从而对企业的整体形象产生直接影响。

企业的营销活动不仅要针对目标市场的顾客，还应当考虑到有关各类公众，采取适当的措施，与周围的各类公众保持良好关系，争取社会公众对企业的信赖和支持。

三、宏观营销环境

宏观营销环境是对企业营销活动造成市场机会和环境威胁的主要力量。分析宏观营销环境的目的在于更好地认识环境，通过企业营销活动来适应环境及其变化，实现企业营销目标。宏观营销环境因素包括政治法律环境、经济环境、社会文化环境、科技环境、人口环境及自然环境。

▶ 1. 政治法律环境

政治法律环境是影响企业营销的重要宏观环境因素，包括政治环境和法律环境。政治环境引导企业营销活动的方向，法律环境则为企业规定了经营活动的行为准则。政治与法律相互联系，共同对企业的市场营销活动产生影响和发挥作用。

(1) 政治环境。政治环境是指企业市场营销活动的外部政治形势。一个国家的政局稳定与否，会给企业营销活动带来重大的影响。政局稳定、人民安居乐业，就给企业营销营造了良好的环境。相反，政局不稳、社会矛盾尖锐、秩序混乱，就会影响经济发展和市场的稳定。企业在市场营销活动中，特别是在对外贸易活动中，一定要考虑东道国政局变动和社会稳定情况可能造成的影响。

政治环境对企业营销活动的影响主要表现为国家政府所制定的方针政策,如人口政策、能源政策、物价政策、财政政策、货币政策等,都会对企业营销活动产生影响。例如,国家通过降低利率来刺激消费的增长;通过降低对低排量轿车征收的购置税来鼓励低排量轿车的发展;通过征收个人收入所得税调节消费者收入的差异,从而影响人们的购买;通过增加产品税,对香烟、酒等商品的增税来抑制人们的消费需求。

在国际贸易中,不同的国家也会制定一些政策来干预外国企业在本国的营销活动,这些措施主要有进口关税限制、税收政策、价格管制、外汇管制、国有化政策等。

(2)法律环境。法律环境是指国家或地方政府所颁布的各项法规、法令和条例等,它是企业营销活动的准则,企业只有依法进行各种营销活动,才能受到国家法律的有效保护。我国与企业关系密切的法律法规有《中华人民共和国产品质量法》《中华人民共和国企业法》《中华人民共和国合同法》《中华人民共和国商标法》《中华人民共和国专利法》《中华人民共和国广告法》《中华人民共和国食品卫生法》《中华人民共和国环境保护法》《中华人民共和国反不正当竞争法》《中华人民共和国消费者权益保护法》及《中华人民共和国进出口商品检验条例》等。企业营销管理者只有熟悉相关法律条文,才能保证企业经营的合法性,才能运用法律武器来保护企业的合法权益。

另外,对从事国际营销活动的企业来说,不仅要遵守本国的法律制度,还要了解和遵守国外的法律制度及有关的国际法规、惯例和准则。只有了解并掌握了这些国家的有关贸易政策,才能制定有效的营销对策,在国际营销中争取主动。

▶ 2. 经济环境

经济环境是影响企业营销活动的主要环境因素,它包括收入、消费支出、产业结构、经济增长率、货币供应量、银行利率、政府支出等因素,其中收入、消费支出因素对企业营销活动影响较大。

(1)消费者收入。收入是构成市场的重要因素,因为市场规模的大小,归根结底取决于消费者的购买力,而消费者的购买力取决于他们的收入。营销管理者研究消费者收入,通常可以从以下五个方面进行。

① 国民生产总值。国民生产总值(GDP)是衡量一个国家经济实力与购买力的重要指标。国民生产总值增长越快,对商品的需求和购买力就越大;反之,就越小。

② 人均收入。人均收入是用国内收入总量除以总人口。这个指标大体反映了一个国家人民生活水平的高低,也在一定程度上决定了商品需求的构成。一般来说,人均收入高,对商品的需求和购买力就大;反之,就小。

③ 个人可支配收入。个人可支配收入是指在个人收入中扣除消费者个人缴纳的各种税款和交给政府的非商业性开支后剩余的部分,可用于消费或储蓄的那部分个人收入,它构成实际购买力。个人可支配收入是影响消费者购买生活必需品的决定性因素。

④ 个人可任意支配收入。个人可任意支配收入是指在个人可支配收入中减去消费者用于购买生活必需品的费用支出(如房租、贷款、食物、水电、交通、通信等各项开支)后剩余的部分。这部分收入是消费需求变化中最活跃的因素,也是企业开展营销活动时所要考虑的主要对象。这部分收入一般用于购买高档耐用消费品及娱乐、教育、旅游等产品。

⑤ 家庭收入。家庭收入的高低会影响很多产品的市场需求。一般来讲，家庭收入高，对消费品需求大，购买力也大；反之，需求小，购买力也小。另外，要注意分析消费者实际收入的变化。在通货膨胀条件下，货币收入和实际收入会不一致，货币收入增加，实际收入可能下降。

（2）消费者支出模式和消费结构的变化。随着消费者收入的变化，消费者支出模式也会发生相应的变化，致使一个国家或地区的消费结构发生变化。

19世纪德国统计学家恩格尔根据统计资料得出消费结构变化之间的规律。恩格尔所揭示的这种消费结构的变化通常用恩格尔系数来表示，即：

$$恩格尔系数 = 食品支出金额 / 家庭消费支出总金额$$

恩格尔系数越小，食品支出所占比重越小，表明生活富裕，生活质量高；恩格尔系数越大，食品支出所占比重越高，表明生活贫困，生活质量低。

恩格尔系数是衡量一个国家、地区、城市、家庭生活水平高低的重要参数。根据联合国粮农组织提出的标准，恩格尔系数在59%以上为贫困，50%~59%为温饱，40%~50%为小康，30%~40%为富裕，低于30%为最富裕。企业从恩格尔系数可以了解目前市场的消费水平，也可以推知今后消费变化的趋势及对企业营销活动的影响。

（3）消费者储蓄。消费者的储蓄行为直接制约着市场消费量的大小。当收入一定时，如果储蓄增加，现实购买量就减少；反之，如果储蓄减少，现实购买量就增加。

居民储蓄倾向受到利率、物价等因素的影响。人们储蓄的目的是不同的，有的是为了养老，有的是为未来的购买而积累，当然储蓄的最终目的主要也是为了消费。企业应关注居民储蓄的增减变化，了解居民储蓄的不同动机，制定相应的营销策略，获取更多的商机。

（4）消费者信贷。消费者信贷，也称信用消费，指消费者凭信用先取得商品的使用权，然后按期归还贷款，完成商品购买的一种方式，比如银行按揭购房或银行按揭购车。

信用消费允许人们购买超过自己现实购买力的商品，创造了更多的消费需求。随着我国商品经济的日益发展，人们的消费观念大为改变，信贷消费方式在我国也逐步开展起来。值得注意的是，过度消费信贷也会带来风险，美国的次贷风波就是信贷危机导致的。

▶ 3. 社会文化环境

社会文化环境是指一个国家或地区长期形成的价值观、宗教信仰、风俗习惯、道德规范等的总和。企业总是处于一定的社会文化环境中，企业营销活动必然受到所在社会文化环境的影响和制约。为此，企业营销管理者应了解和分析社会文化环境，针对不同的文化环境制定不同的营销策略，开展不同的营销活动。营销的社会文化环境分析包括以下几个方面：

（1）教育状况。消费者教育水平的高低，影响着消费者对商品功能、款式、包装和服务的要求。通常文化教育水平高的国家或地区的消费者要求商品包装典雅华贵，对附加功能也有一定的要求。因此企业开展的市场开发、产品定价和促销等活动都要考虑到消费者所受教育程度的高低，采取不同的营销策略。

（2）宗教信仰。宗教是构成社会文化的重要因素，也是影响人们消费行为的重要因素之一。不同的宗教在思想观念、生活方式、宗教活动、禁忌等方面有其特殊的传统，某些宗教组织甚至在教徒购买决策中有决定性的影响,这将直接影响宗教人群的消费习惯和消费需求。企业在营销活动中要注意不同的宗教信仰,尊重宗教信仰,避免由于矛盾和冲突给企业营销活动带来的损失。

(3)价值观念。价值观念是指人们对社会生活中各种事物的态度和看法。不同文化背景下,人们的价值观念往往有着很大的差异,消费者对商品的色彩、标识、式样以及促销方式都有自己褒贬不一的意见和态度。比如,崇尚节俭是我国传统民风,人们一向以节俭为荣,以挥霍奢华为耻。这种朴素的民风和节俭心理,表现在消费行为上是就是精打细算,在购买商品时谨慎花钱,注重质量,讲究经久耐用。即使是收入水平较高的家庭,也会将其收入的相当部分用于储蓄,以备不时之需。这也是近年来我国银行储蓄存款余额不断上升,除去人们的预期心理及制度性因素外的一个重要原因。因此,企业营销必须根据消费者不同的价值观念来设计产品,提供服务。

(4)消费习俗。消费习俗是指人们在长期经济与社会活动中形成的一种消费方式与习惯。不同的国家、民族有着不同的社会习俗和道德观念,从而影响人们的消费方式和购买偏好,进而影响企业的经营方式。如西方国家以超前性、享受性消费为主流,而我国人民长期以来形成积蓄习惯,注重商品的实用性。另外,每个国家或地区都有自己的禁忌,营销管理者应做到入国问禁、入乡随俗。例如,美国人讲究准时;墨西哥人视黄花为死亡,红花为晦气,白花可以驱邪;匈牙利人忌讳数字"13";日本人忌讳数字"14",忌荷花、梅花的图案,也忌用绿色。因此,企业营销者应考虑不同国家不同民族人们的传统习俗与禁忌,做出有针对性的营销决策。

【案例】

通用汽车曾经想让其高档品牌凯迪拉克打开日本市场,不过具有强烈美国特征、象征美国精神和文化的凯迪拉克并未赢得日本人的喜欢,在日本经营惨淡。后来,通用汽车的营销人员研究发现,日本人的用车习惯与其他国家有很大差异。比如,他们喜欢豪华车的后座椅靠背倾斜度大一些,深一些,因为日本人坐车时更喜欢半坐半躺姿势;他们还希望豪华车的座椅用高级的天鹅绒包裹,而非豪华的真皮。在日本人眼中,真正的豪华车不是凌志、奔驰,而是丰田的世纪、日产的总统,这些品牌在日本国内已享有几十年的盛誉,早已形成了很强的东方文化特征——稳重、内敛,与欧美的豪华车风格相去甚远。

▶ 4. 科技环境

科技环境是社会生产力中最活跃的因素,它影响着人类社会的历史进程和社会生活的方方面面,对企业营销活动的影响也比较明显。现代科学技术突飞猛进,科技发展对企业营销活动的影响表现在以下几个方面。

(1)科技发展促进社会经济结构的调整。有人说,技术是一种"创造性的毁灭力量"。因为每一种新技术的出现、推广都会给某些企业带来新的市场机会,导致新行业的出现。同时,也会给某些行业、企业造成威胁,使这些行业、企业受到冲击甚至被淘汰。例如,塑料业的发展在一定程度上对钢铁业造成了威胁,许多塑料制品成为钢铁产品的代用品;激光唱盘技术的出现,夺走了磁带的市场。

(2)新技术影响零售商业结构和消费习惯。新技术会影响零售商业结构和消费者的消费习惯。随着多媒体和网络技术的发展,网上购物等新兴购买方式发展迅猛。人们可以在家中通过网络订购车票、宾馆房间、鲜花、订餐等。企业也可以利用网络进行广告宣传、网络调研和网络营销。

（3）科技发展影响企业营销组合策略的创新。科技发展使新产品不断涌现，产品生命周期明显缩短，要求企业必须关注新产品的开发，加速产品的更新换代。科技的发展和运用降低了产品成本，使产品价格下降，并能快速掌握价格信息，要求企业及时做好价格调整工作。科技发展促进流通方式的现代化，要求企业采用顾客自我服务和各种直销方式。科技发展使广告媒体多样化、信息传播快速化、市场范围更加广阔，促销方式更加灵活。为此，要求企业不断结合科技新发展，创新营销组合策略，适应市场营销的新变化。

（4）科技发展促进企业营销管理的现代化。科技发展为企业营销管理现代化提供了必要的技术与装备，如电脑网络、网络办公、传真机、射频扫描设备、光纤通信等设备的广泛运用，对改善企业营销管理，实现企业现代化发挥了重要的作用。同时，科技发展对企业营销管理人员也提出了更高的要求，促使其更新观念，掌握现代化管理理论和方法，不断提高营销管理水平。

▶ 5. 人口环境

人口是构成市场的首要因素。市场是由有购买欲望同时又有购买能力的人构成的，人口的多少直接影响市场的潜在容量。从影响消费需求的角度来看，人口分析的内容主要包括人口数量与增长速度、人口结构、地理分布等。

（1）人口数量与增长速度。我国总人口已达到13亿，并且每年以约17‰的速度增长，人口众多和人口总数的进一步增长，使国内市场的规模和潜力受到全世界瞩目。只要企业能够重视市场研究，抓住市场机会，就可以在国内市场大有所为。

（2）人口结构。人口结构往往决定市场产品结构、消费结构和产品需求类型，人口结构主要包括年龄结构、性别结构、受教育程度和家庭特点，它们是决定最终购买行为的重要因素。

不同年龄的消费者对商品的需求不同。我国人口年龄结构的显著特点是：人口结构老龄化，"银发市场"成规模；儿童及少年人口比重下降，消费档次不断提高；青年消费市场巨大。

人口结构还表现为性别结构和家庭结构，男女性别差异在购买动机和购买行为上有所不同，家庭结构特点对某些以家庭为购买和消费单位的产品有直接影响。

（3）人口的地理分布及地区间流动。我国人口的地理分布极其不平衡，不同地区间的人口密度和经济实力都各有特色。企业可以根据专业属性、自身实力等因素综合权衡，选择自己的营销重点地区。

世界上人口迁移呈现出两大趋势：在国家之间、发展中国家的人口（特别是高级人才）向发达国家迁移；在一个国家和地区内部，同时存在人口从农村流向城市和从城市流向郊区、乡村的现象，这也给人员流入较多地区带来了较多的市场和营销机会。

▶ 6. 自然环境

自然环境是指自然界提供给人类的各种形式的资源，如阳光、空气、水、森林、土地等。随着人类社会的进步和科学技术的发展，工业化进程加速，一方面创造了丰富的物质财富，满足了人们日益增长的需求；另一方面，也造成资源短缺、环境污染等问题。从20

世纪 60 年代起，世界各国开始关注经济发展对自然环境的影响，成立了许多环境保护组织，促使国家政府加强环境保护的立法。这些问题都对企业营销提出了挑战，对营销管理者来说，应该关注自然环境变化的趋势，并从中分析企业营销的机会和威胁，制定相应的对策。

自然资源可分为两类，一类为可再生资源，如森林、农作物等，可以被再次生产出来，但必须防止过度采伐森林和侵占耕地。另一类资源是不可再生资源，如石油、煤炭、银、锡、铀等，这种资源储藏量有限，由于人类的大量开采，有的矿产已处于枯竭的边缘。自然资源短缺，使企业原材料价格上涨、生产成本上升，迫使企业研究更合理地利用资源的方法，开发新的资源和代用品，这些又为企业提供了新的资源和营销机会。

从目前来看，自然环境有以下四个方面的发展趋势：

（1）原料短缺或即将短缺。各种资源，特别是不可再生类资源已经出现供不应求的现象（如石油、矿藏等），对许多企业形成了较大威胁，但给致力于开发和勘探新资源、研究新材料及如何节约资源的企业又带来了巨大的市场机会。

（2）能源短缺导致的成本增加。能源短缺给汽车及其他相关行业的发展造成了巨大的困难，但无疑为开发研究如何利用风能、太阳能、原子能等新能源及研究如何节能的企业提供了有利的营销机会。

（3）污染日益严重。空气、水、土壤污染及植物中有害物质的增加，随处可见的塑料等包装废物以及污染日益恶化的趋势，使那些制造了污染的行业、企业成为众矢之的，面临着环境威胁；而那些致力于控制污染，研究开发无污染的产品及其包装物的企业，能够最大限度地降低环境污染的行业及企业，则有着大好的市场机会。

（4）政府对自然资源加大管理及干预力度。自然资源短缺和环境污染加重的问题，使各国政府加强了对环境保护的干预。各国政府从长远利益及整体利益出发，颁布了一系列有关环保的政策法规。政府对自然资源干预加强，往往与企业的经营效益相矛盾。例如，为了控制污染，政府要求企业购置昂贵的控制污染的设备，这势必会影响企业的经营效益，但企业必须以大局为重，要对社会负责，对子孙后代负责，加强环保意识，在营销过程中自觉遵守环保法令，担负起环境保护的社会责任。企业可以通过产业结构调整与合理布局，发展高新技术，实行清洁生产，协调环境与发展的关系，注重发展绿色产业、绿色营销。

【案例】

麦当劳的绿色营销

麦当劳通过使用可回收利用材料制成的包装物，使其产生的污染物每年减少60%。

所有麦当劳快餐店中使用的餐巾及杯子、盘子的衬垫均是纸制品，甚至包括其总部使用的所有文具也是纸制品。

据报道，通过与制造商合作研究，使其饮料管减少塑料用量，减轻了20%的重量，仅此一项，麦当劳每年便少制造几百万磅的塑料废弃物。

目前，除了在其产品上运用绿色营销外，麦当劳还开始利用可回收利用的材料改造和新建它的餐厅，并敦促它的供应商们使用可回收利用的成品及材料。

成功地运用绿色营销，使麦当劳公司关心人类共同环境的形象不仅得到了消费者的认同，也使其获得了额外的销售量。

资料来源：肖建中. 麦当劳大学：标准化执行的66个细节[M]. 北京：经济科学出版社，2004.

四、环境威胁与市场机会

▶ 1. 营销环境总体分析

一个企业要进入某一行业或领域,不仅面临很多发展机会,而且也面临着阻力或威胁。因此,企业在进入某一行业或领域之前,需要对其所面临的市场机会和环境威胁进行总体分析。

(1) 市场机会的概念。市场机会是指市场上存在的尚未满足或尚未完全满足的需求,或者说是外界环境变化对企业产生的有利影响,它能够给企业带来发展的机会或使企业优势得到充分发挥。简单来说,机会就是指对企业富有吸引力、企业拥有竞争优势的领域。比如推行"低碳经济"政策,对新能源企业就是一种市场机会。

(2) 环境威胁。环境威胁是指外界环境变化对企业产生的不利影响,它给企业带来挑战,如果企业不采取措施,其市场地位将会受到冲击和动摇。环境威胁可能来自多方面,比如国际经济方面,2007年爆发的美国次贷危机,给世界经济和贸易带来了巨大的负面影响,不少企业因此倒闭。

(3) 机会/威胁矩阵。分析机会与威胁,可以采用"机会/威胁矩阵图"对营销环境进行总体分析,如图3-2所示。

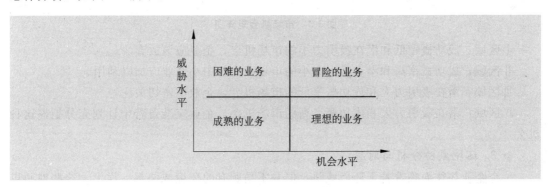

图3-2 机会/威胁矩阵图

以横坐标表示机会水平高低,以纵坐标表示威胁水平高低,则会出现以下四种类型的业务:

① 理想的业务,即高机会和低威胁业务。对于理想业务,企业应看到机会难得,甚至转瞬即逝,因此,企业必须抓住机会,迅速行动。

② 冒险的业务,即高机会和高威胁业务。对于冒险业务,企业既不能盲目冒进,也不能迟疑不决,而应全面分析自身优势和劣势,扬长避短,创造条件争取实现突破性发展。

③ 成熟的业务,即低机会和低威胁业务。对于成熟业务,企业或选择不进入,或选择作为常规业务用于维持企业的正常运转,并为开展理想业务和冒险业务准备条件。

④ 困难的业务,即低机会和高威胁业务。对于困难业务,企业不要进入;已经进入的企业,或选择努力改变环境,走出困境或减轻威胁,或选择立即转移,摆脱当前困境。

▶ 2. 市场机会分析与对策

企业寻找和发现了市场机会以后,还必须对各种市场机会进行分析和评价,以判断其能否成为企业发展的"公司机会"。所谓公司机会，也就是符合企业的经营目标和经营能力，有利于发挥企业优势的市场机会。

外界环境变化可能同时给企业带来若干个发展机会，但并非所有市场机会都对企业具有同样的吸引力。因此，企业应对各种市场机会进行分析和评价，并判断哪些市场机会对企业具有较大吸引力，哪些市场机会企业暂时不应考虑。

每个市场机会都可以按照潜在吸引力大小和成功概率高低进行分类。以横坐标表示成功概率高低，以纵坐标表示潜在吸引力大小，市场机会可以分为四种类型，如图3-3所示。

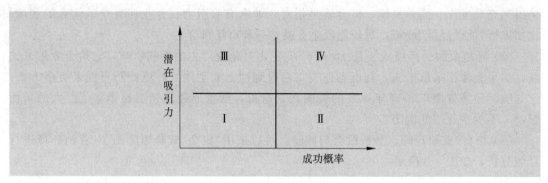

图3-3　市场机会矩阵图

Ⅰ区域：成功概率低和潜在吸引力小的市场机会，企业应该放弃。
Ⅱ区域：成功概率高和潜在吸引力小的市场机会，中小企业应加以利用。
Ⅲ区域：潜在吸引力大和成功概率低的市场机会，企业应密切关注。
Ⅳ区域：潜在吸引力大和成功概率高的市场机会，企业应准备若干计划充分把握这种机会。

▶ 3．环境威胁分析与对策

一个企业往往面临着若干环境威胁，但并不是所有的环境威胁都一样大，这些威胁可以按照潜在严重性和出现的可能性加以分类。以横坐标表示环境威胁出现的可能性，以纵坐标表示环境威胁的潜在严重性，环境威胁也可以分为四种类型，如图3-4所示。

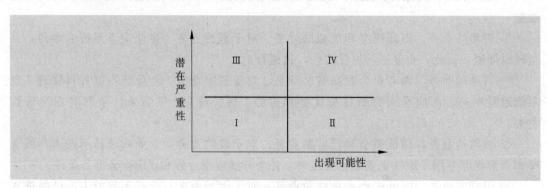

图3-4　环境威胁矩阵图

Ⅰ区域：潜在严重性和出现可能性都较小的环境威胁，企业可以不予理会。
Ⅱ区域：潜在严重性小和出现可能性大的环境威胁，企业应制订出应对计划。

Ⅲ区域：潜在严重性大和出现可能性小的环境威胁，企业不能掉以轻心，以免此种威胁变为现实。

Ⅳ区域：潜在严重性和出现可能性都较大的威胁，企业应准备多个应变计划，并且计划应阐明在威胁出现之前或者当威胁出现时企业应采取的对策。

企业面对环境威胁通常可以采取以下对策：

① 反抗。反抗是指企业采取措施限制或扭转不利因素的发展。例如，烟草公司可以要求在公共场所设立"吸烟区"以把吸烟者和不吸烟者隔开。

② 减轻。减轻是指企业通过调整市场营销组合来改善适应环境的能力，减轻环境威胁。例如，烟草公司可以调整自己的分销渠道策略，增加对发展中国家的出口，也可以开发无害香烟等。

③ 转移。转移是指企业把业务转移到其他盈利较多的行业上去。如烟草公司可以适当减少香烟业务，增加食品和饮料业务等，实行多元化经营。

五、企业优势与企业劣势

当两个企业处在同一市场或者说它们都有能力向同一顾客群体提供产品和服务时，如果其中一个企业有更高的盈利率或盈利潜力，那么，我们就认为这个企业比另外一个企业更具有竞争优势。所谓竞争优势，是指一个企业超越其竞争对手的能力，这种能力有助于实现企业的主要目标——盈利。

竞争优势可以指消费者眼中一个企业或它的产品有别于其竞争对手的任何优越的东西，它可以是产品线的宽度，产品的大小、质量、可靠性、适用性、风格和形象，以及服务的及时、态度的热情等。虽然竞争优势实际上指的是一个企业比其竞争对手有较强的综合优势，但是明确企业究竟在哪一个方面具有优势更有意义，因为只有这样，才可以扬长避短，或者以实击虚。

由于企业是一个整体，并且竞争优势来源具有广泛性，所以在开展优劣势分析时必须在整个价值链的每个环节上，将企业与竞争对手进行详细的对比。如产品是否新颖、制造工艺是否复杂、销售渠道是否畅通，以及价格是否具有竞争性等。如果一个企业在某一方面或几个方面的优势正是该行业应具备的关键成功要素，那么，该企业的综合竞争优势就强。

企业在维持竞争优势的过程中，必须深入分析自身的资源和能力，采取适当的措施。一般来说，企业经过一段时期的努力，建立起某种竞争优势，然后就处于维持这种竞争优势的势态，竞争对手开始逐渐做出反应；而后，如果竞争对手直接进攻企业的优势所在，或采取其他更为有力的策略，就会使这种优势受到削弱。

影响企业竞争优势的持续时间主要有三个关键因素：一是建立这种优势需要多长时间；二是能够获得的优势有多大；三是竞争对手做出有力反应需要多长时间。如果企业分析清楚了这三个因素，就能明确如何建立和维持竞争优势了。

六、SWOT 分析模型

▶ 1. SWOT 分析的含义

SWOT 分析法又称为态势分析法，它是由旧金山大学海因茨·韦里克教授于 20 世纪

80年代初提出来的。SWOT的四个英文字母分别代表优势(strength)、劣势(weakness)、机会(opportunity)、威胁(threat)。

所谓SWOT分析,就是将与研究对象密切相关的各种主要内部优势、劣势和外部的机会和威胁等,通过调查列举出来,并依照矩阵形式排列,然后用系统分析的思想,把各种因素相互匹配加以分析,从中得出相应的结论。SWOT分析法常常被用于制定集团发展战略和分析竞争对手情况。在战略分析中,它是最常用的方法之一。

从整体上看,SWOT可以分为两部分:第一部分为S、W,主要用来分析内部条件;第二部分为O、T,主要用来分析外部条件。利用这种方法可以从中找出对自己有利的、值得发扬的因素,以及对自己不利的、要避开的东西,发现存在的问题,找出解决的办法,并明确以后的发展方向,为领导者和管理者做决策和规划提供依据。

▶ 2. SWOT分析的步骤

SWOT分析法常常被用于制定集团发展战略和分析竞争对手的情况。在战略分析中,它是最常用的方法之一。进行SWOT分析主要有以下几个步骤:

(1) 分析环境因素。运用各种调查研究方法,分析出企业所处的各种环境因素,即外部环境因素和内部环境因素。外部环境因素包括机会因素和威胁因素,它们是外部环境对公司的发展有直接影响的有利和不利因素,属于客观因素;内部环境因素包括优势因素和弱势因素,它们是公司在发展中自身存在的积极和消极因素,属主动因素。

优势,是公司内部因素,具体包括有利的竞争态势、充足的财政来源,以及良好的企业形象、技术力量、规模经济、产品质量、市场份额、成本优势、广告攻势等。

劣势,也是公司内部因素,具体包括设备老化、管理混乱、缺少关键技术、研究开发落后、资金短缺、经营不善、产品积压、竞争力差等。

机会,是公司外部因素,具体包括新产品、新市场、新需求、外国市场壁垒解除、竞争对手失误等。

威胁,也是公司外部因素,具体包括新的竞争对手、替代产品增多、市场紧缩、行业政策变化、经济衰退、客户偏好改变、突发事件等。

(2) 构造SWOT矩阵。将调查得出的各种因素根据轻重缓急或影响程度等排序方式,构造SWOT矩阵,如图3-5所示。

在此过程中,将那些对公司发展有直接的、重要的、大量的、迫切的、久远的影响因素优先排列出来,而将那些间接的、次要的、少许的、不急的、短暂的影响因素排列在后面。

(3) 制订行动计划。在完成环境因素分析和SWOT矩阵的构造后,便可以制订出相应的行动计划。制订计划的基本思路是:发挥优势因素,克服弱势因素,利用机会因素,化解威胁因素;考虑过去,立足当前,着眼未来。运用系统分析的综合分析方法,将排列与考虑的各种环境因素相互匹配起来加以组合,得出一系列公司未来发展的可选择对策。

【案例】

沃尔玛(Wal-Mart)SWOT分析

1. 优势 strength

沃尔玛是著名的零售品牌,它以物美价廉、货物多和一站式购物而闻名。

沃尔玛的销售额在近几年有明显增长,并且在全球的范围内进行扩张(如它收购了英国的零售商ASDA)。

	潜在外部威胁（T）	潜在外部机会（O）
外部环境	市场增长缓慢 竞争压力增大 不利的政府政策 新的竞争进入行业 替代产品销售额正在逐步上升 用户讨价还价能力增强 用户需要与爱好正在转变 通货膨胀及其他	纵向一体化市场增长迅速 可以增加互补产品 能争取到新的用户群 有进入新市场或市场面的可能 有能力进入更好的企业集团 在同行业竞争业绩优良 拓展产品线满足用户需要及其他
	潜在内部优势（S）	潜在内部劣势（W）
内部条件	产权技术 成本优势 竞争优势 特殊能力 产品创新 具有规模经济 良好的财务资源 高素质的管理人才 公认的行业领先者 买主的良好印象 适应力强的经营战略 其他	竞争劣势 设备老化 战略方向不同 竞争地位恶化 产品线范围太窄 技术开发滞后 营销水平低于同行业其他企业 管理不善 战略实施的历史记录不佳 不明原因导致的利润下降 资金拮据 相对于竞争对手的高成本及其他

图 3-5 SWOT 矩阵

沃尔玛的一个核心竞争力是由先进的信息技术所支持的国际化物流系统。例如，在该系统支持下，每一件商品在全国范围内的每一间卖场的运输、销售、储存等物流信息都可以清晰地看到。信息技术同时也加强了沃尔玛高效的采购过程。

沃尔玛的一个焦点战略是人力资源的开发和管理。优秀的人才是沃尔玛在商业上成功的关键因素，为此沃尔玛投入时间和金钱对优秀员工进行培训并建立忠诚度。

2. 劣势 weakness

沃尔玛建立了世界上最大的食品零售帝国。尽管它在信息技术上拥有优势，但因为其巨大的业务拓展，可能导致对某些领域的控制力不够强。

因为沃尔玛的商品涵盖了服装、食品等多个部门，它可能在适应性上比起更加专注于某一领域的竞争对手存在劣势。

该公司是全球化的，但是目前只开拓了少数几个国家的市场。

3. 机会 opportunity

采取收购、合并或者战略联盟的方式与其他国际零售商合作，专注于欧洲或者大中华区等特定市场。

沃尔玛的卖场当前只开设在少数几个国家内。因此，拓展市场可以带来大量的机会。

沃尔玛可以通过新的商场地点和商场形式来获得市场开发的机会。更接近消费者的商场和建立在购物中心内部的商店，以及线上销售可以使过去仅仅是大型超市的经营方式变得多样化。

沃尔玛的机会存在于对现有大型超市战略的坚持。

4. 威胁 threat

沃尔玛在零售业的领头羊地位使其成为所有竞争对手的赶超目标。

沃尔玛的全球化战略使其可能在其业务国家遇到政治上的问题。

多种消费品的成本趋向下降,原因是制造成本的降低。造成制造成本降低的主要原因是生产外包转向了世界上的低成本地区。这导致了价格竞争,并在一些领域内造成了通货紧缩。恶性价格竞争是一个威胁。

资料来源:中国注册会计师协会.公司战略与风险管理[M].北京:经济科学出版社,2013.

第二节 消费者购买行为分析

一、消费者市场的概念

消费者市场又称最终消费者市场、消费品市场或生活资料市场,是指为满足生活消费需要而购买货物和劳务的所有个人和家庭。一切企业,无论是否直接为消费者服务,都必须研究消费者市场,因为只有消费者市场才是最终市场;其他市场,如生产者市场、中间商市场等,虽然购买数量很大,但仍然要以最终消费者的需要和偏好为转移。因此,消费者市场是一切市场的基础,是最终起决定作用的市场,很多人把消费者市场理解为市场是不够全面的。

二、消费者市场的特征

与生产者市场相比,消费者市场具有以下特征。

▶ 1. 多样性和层次性

消费品生产是人类社会存在与发展的基础,人类社会不断存在和发展的需求,决定了消费者市场交易产品的多样化和层次性。从种类看,个人和家庭的需要包括衣食住行和文化娱乐、休闲社交等众多方面,同时,消费者市场人数众多,每个消费者由于年龄、文化、修养、欣赏习惯、收入水平等方面的差异,其需要、欲望、兴趣爱好和习惯都必然呈现多样性,他们对不同商品或同类商品的品种、规格、质量、式样、服务和价格等方面也必然存在多种多样的需求。

人们对消费品的需求还具有层次性,这主要是由收入和文化的差异决定的。一般认为,人们的消费需求从低到高包括生理性消费需求、享受性消费需求和发展性消费需求。

▶ 2. 可诱导性

消费者市场的购买者大都缺乏专门的商品知识与市场知识,对大多数消费品的品牌、性能、规格、质量、式样、使用、保养与维修缺乏专门研究,消费者购买行为属非专业性购买。他们在购买时往往主要凭个人的感情与印象,产品的选择受广告、宣传的影响较大。由于消费者购买行为具有可诱导性,因此生产和经营部门应注意做好商品的宣传广告,引导消费,一方面当好消费者的参谋,另一方面也能有效地引导消费者的购买行为。

▶ 3. 分散性

从消费者市场交易的规模和方式看,消费品市场购买者众多,市场分散,成交次数频繁,但交易数量小,因此绝大部分商品都是通过中间商销售产品,以方便消费者购买。

▶ 4. 关联性和替代性

消费者的需要是多种多样的,各种消费需要之间往往具有一定的关联性,如消费者购买剃须刀架,就必须有剃须刀片与之配套。某知名企业根据消费者的这一特点开展了送刀架来促销刀片的活动,虽然送刀架不能给企业带来利润,但随后刀片的畅销证明了厂家促销策略的正确性。

消费需要还具有可替代性,这种可替代性就是某种(或某类)商品销售量增长,同时伴随着另一种(或一类)商品销售量的减少,如消费者对肉、鱼、禽、蛋等动物类食品的需求量增加,对粮食、植物油的需求就会相对减少。商家通过掌握这一规律,可以为自己的企业找到新的盈利点,如不可再生能源的短缺和提价,就为可再生能源生产企业创造发展的绝好机遇。

三、影响消费者行为的主要因素

影响消费者行为的因素主要有文化、社会、个人与心理。这些因素不仅在某种程度上决定消费者的决策行为,而且它们对外部环境与营销刺激的影响起着放大或抑制的作用。

▶ 1. 文化因素

(1) 文化。文化有广义与狭义之分。广义的文化是指人类创造的一切物质财富和精神财富的总和;狭义文化是指人类精神活动所创造的成果,如哲学、宗教、科学、艺术、道德等。在消费者行为研究中,由于研究者主要关心文化对消费者行为的影响,所以我们将文化定义为一定社会经过学习获得的、用以指导消费者行为的信念、价值观和习惯的总和。文化具有习得性、动态性、群体性、社会性和无形性的特点。

不同国家、地区或不同群体之间,语言上的差异是比较容易察觉的。但是易于被人们所忽视的往往是那些影响非语言沟通的文化因素,包括时间、空间、礼仪、象征、契约和友谊等。这些因素上的差异往往也是难以察觉、理解和处理的。对一定社会各种文化因素的了解将有助于营销者提高消费者对其产品的接受程度。

(2) 亚文化。亚文化是一个不同于文化类型的概念。所谓亚文化,是指某一文化群体所属次级群体的成员共有的独特信念、价值观和生活习惯。每一亚文化都会坚持其所在的更大社会群体中主要的文化信念、价值观和行为模式。同时,每一文化都包含着能为其成员提供更为具体的认同感和社会化的较小的亚文化。目前,国内外营销学者普遍接受的是按民族、宗教、种族、地理划分亚文化的分类方法。

不同的亚文化会形成不同的消费亚文化。消费亚文化是一个独特的社会群体,这个群体以产品、品牌或消费方式为基础,形成独特的模式。这些亚文化具有一些共有的内容,如一种确定的社会等级结构,一套共有的信仰或价值观,独特的用语、仪式和有象征意义的表达方式等。消费亚文化对营销者比较重要,因为有时一种产品就是构成亚文化的基础,是亚文化成员身份的象征,如高级轿车,同时符合某种亚文化的产品会受到其他社会成员的喜爱。

▶ 2. 社会因素

(1) 社会阶层。社会阶层(social class)是由具有相同或类似社会地位的社会成员组成的相对持久的群体。

不同社会阶层消费者的行为在很多方面存在差异,如支出模式上的差异、休闲活动上的差异、信息接收和处理上的差异、购物方式上的差异等。需要注意的是，不同社会阶层的消费者由于职业、收入、教育等方面存在明显差异，因此即使购买同一产品，其趣味、偏好和动机也会不同。比如同样是买牛仔裤，劳动阶层的消费者可能看中的是它的耐用性和经济性，而上层社会的消费者可能注重的是它的流行程度和自我表现力。事实上，对于市场上的现有产品和品牌，消费者会自觉或不自觉地将它们归入适合或不适合某一阶层的人消费。例如，在中国汽车市场，消费者认为宝马和奔驰更适合上层社会的人消费，而捷达则更适合中下层社会的人消费。这些都表明了产品定位的重要性。

另外，处于某一社会阶层的消费者会试图模仿或追求更高层次的生活方式。因此，以中层消费者为目标市场的品牌，根据中上层生活方式定位可能更为合适。

(2) 相关群体。相关群体是指对个人的态度、偏好和行为有直接或间接影响的人群。相关群体有三种形式：一是主要团体，包括家庭成员、亲朋好友和同窗同事，对消费者的购买行为产生直接和主要的影响；二是次要团体，即消费者所参加的工会、职业协会等社会团体和业余组织，对消费者购买行为产生间接的影响；三是期望群体，消费者虽不属于这一群体，但这一群体成员的态度、行为对消费者有着很大影响，例如影星、歌星、球星，尤其近年来，由于受到传媒几乎无处不在的影响，利用名人推介某种品牌的商品，从而形成某种消费时尚已变得司空见惯，年轻人由于生活经验不丰富和容易冲动，特别容易受到明星群体的影响。

(3) 家庭。一个人在其一生中一般要经历两个家庭，第一个是父母的家庭，即从出生到父母养育长大成人的家庭；第二个家庭是指一个人婚后所组成的家庭。当消费者做出购买决策时，必然要受到这两个家庭的影响。对消费者购买行为的影响，在不同类型的家庭中是有区别的，有人曾把家庭分为四种类型，即丈夫决定型、妻子决定型、共同决定型、各自做主型。另外，在不同商品的购买中，家庭成员的影响亦有区别。

▶ 3. 个人因素

(1) 年龄和家庭生命周期。一个人的欲望和能力，会随年龄而有所不同。以购买汽车为例，一个参加工作不久的年轻人和一个人到中年的成功人士的选择就会有很大的不同，这也给不同层次的汽车企业带来了不同的机遇。家庭生命周期反映的是一个家庭的发展、变化的全过程，按家长的年龄、婚姻和子女状况等分为若干阶段。不同阶段的购买力、兴趣和偏好，有时会发生较大的变化。

(2) 生活方式、个性。生活方式是个体在成长过程中，在与社会因素相互作用下表现出来的活动、兴趣和态度模式。生活方式包括个人和家庭两个方面，两者相互影响。

生活方式与个性既有联系又有区别。一方面，生活方式在很大程度上受个性的影响。一个具有保守、拘谨性格的消费者，其生活方式不大可能太多地包容诸如攀岩、跳伞、蹦极之类的活动。另一方面，生活方式关心的是人们如何生活，如何花费，如何消磨时间等外在行为，而个性则侧重从内部来描述个体，它更多地反映个体思维、情感和知觉特征。可以说，两者是从不同的层面来刻画个体。区分个性和生活方式在营销上具有重要的意义。一些研究人员认为，在市场细分过程中过早地以个性区分市场，会使目标市场过于狭窄。因此，他们建议，营销者应先根据生活方式细分市场，然后再分析每一细分市场内消费者在个性上的差异。如此，可使营销者识别出具有相似生活方式的大量消费者。

(3) 经济条件、性别及职业。消费者的经济状况包括消费者可支配的收入、储蓄与个人资产、举债能力及对消费的态度，消费者的经济状况决定着能否发生购买行为以及发生何种规模的购买行为，决定着购买商品的种类和档次。大多数人通常会"量入而出"，依据收入多少、负担大小等做出消费选择。同时，消费者不仅男女有别，职业也会影响其购买选择。

▶ 4. 心理因素

(1) 感觉和知觉。感觉和知觉均属于感性认识，是指消费者的感官直接接触刺激物与情境所获得的直观、形象的反应。当商品的形状、大小、颜色、声响、气味等，刺激了人们的视、听、触、嗅、味等感觉器官时，就可以在大脑中进行初步的分析综合，进而使人们形成对刺激物或情境的整体反应。不过在面对各种各样的刺激时，不同的人却可能产生不同的反应或感觉。出现这种现象的主要原因是感觉过程的特殊性。心理学家认为，感觉过程是一个有选择性的心理过程，主要包括以下三个方面：

① 选择性注意(selective attention)，是指在外界诸多刺激中仅仅注意到某些刺激或刺激的某些方面，而忽略了其他刺激。人们在日常生活中面对许多刺激物，不可能对什么刺激物都加以注意，绝大多数都被筛选掉了。大量研究表明，有三种情况较能引起人们的注意：一是与目前需要有关的；二是预期将出现的；三是变化幅度大于一般的、较为特殊的刺激物，如降价50%比降价5%的广告，会引起人们更大的注意。

② 选择性扭曲(selective distortion)，是指人们有选择地将某些信息加以扭曲，使之符合自己的意向。例如，某一商品在消费者心目中已树起信誉，形成品牌偏好，即使一段时间该品牌的质量下降了，消费者也不愿意相信；而另一新的品牌即使实际质量已优于前者，消费者也不会轻易认可，总以为原先的那个品牌的商品更好些。

③ 选择性记忆(selective memory)，是指受众对信息的记忆也是有所选择的，这是受众心理过程的最末环节。事实上，留在人们记忆中的信息量一般会少于它们所接收和理解的信息量，他们有时甚至还竭力使自己忘记某些信息。

(2) 学习。学习是指由于经验引起的个人行为的改变，即消费者在购买和使用商品的实践中，逐步获得和积累经验，并根据经验调整自己购买行为的过程。学习是通过驱策力、刺激物、提示物、反应与强化的相互影响和相互作用而进行的。

驱策力是诱发人们行动的内在刺激力量。例如，某消费者重视身份地位，尊重需要就是一种驱策力。这种驱策力被引向某种刺激物——高级名牌西服时，驱策力就变为动机。在动机支配下，消费者需要作出购买名牌西服的反应。但购买行为发生往往取决于周围提示物的刺激，如看了有关电视广告、商品陈列，他就会完成购买。如果穿着很满意的话，他对这一商品的反应就会加强，以后如果再遇到相同诱因时，就会产生相同的反应，即采取购买行为。如反应被反复强化，久而久之，就成为购买习惯了，这就是消费者的学习过程。

企业营销要注重消费者购买行为中学习这一因素的作用，通过各种途径给消费者提供信息，如重复广告，目的是达到加强诱因，激发驱策力，将人们的驱策力激发到马上行动的地步。同时，企业商品和提供服务要始终保持优质，消费者才有可能通过学习建立起对企业品牌的偏爱，形成其购买本企业商品的习惯。

(3) 信念和态度。通过实践和学习，人们获得了自己的信念和态度，它们又转过来影响人们的购买行为。信念是指一个人对某些事物所持有的描述性想法，如相信某品牌冰箱有较强的制冷与省电的功能；态度是指一个人对某些事物或观念长期持有的好与不好的认识上的评价、情感上的感受和行动倾向。消费者一旦形成了对某种产品或品牌良好的态度,以后就很有可能做出重复购买的决策;反之,则不会购买。

企业营销人员应该注重对消费者态度的研究。研究消费者态度的目的在于企业充分利用营销策略,让消费者了解企业的商品,帮助消费者建立对本企业的正确信念,培养对企业商品和服务的情感,让本企业产品和服务尽可能符合消费者的意向,使消费者的态度向着企业的方面转变。

▶ 5. 情境因素

情境因素既包括环境中独立于中心刺激物的那些成分,又包括暂时的个人特征如个体当时的身体状况等。一个十分忙碌的人较一个空闲的人可能更少注意到呈现在其面前的刺激物。处于不安或不愉快情境中的消费者,可能注意不到很多展露在他面前的信息,因为他可能只想尽快地从目前的情境中逃脱。

四、消费者购买决策过程

消费者决策过程是介于营销战略和营销结果之间的中间变量。也就是说,营销战略所产生的营销结果是由战略与消费者决策过程的相互影响所决定的。只有消费者感到产品能满足某种需要,并觉得物有所值才会去购买,企业才能达到营销目的。图 3-6 所示为消费者决策过程的一般模型。

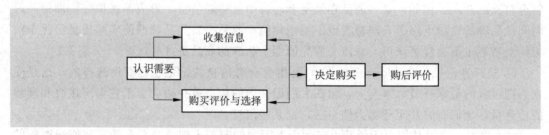

图 3-6 消费者购买决策过程的一般模型

▶ 1. 认识需要

认识需要是消费者购买决策的第一步,它是指消费者意识到理想状态与实际状态之间存在差距,从而需要进一步采取行动的过程。比如说,意识到饿了,同时发现附近能够买到充饥的食品,于是就会产生购买食品的行为;或是看到漂亮的明星、模特等,引起爱美、艳羡等心理活动,就会购买化妆品或漂亮的衣服等。

营销管理者通常关注四个与认识需要有关的问题:一是需要明白消费者面临的问题是什么;二是需要知道如何运用营销组合解决这些问题;三是需要激发消费者的问题认知;四是在有些情况下需要压制消费者的问题认知。例如,一则香烟广告画面上是一对快乐的夫妇,标题是"享受人生"。很显然,这个标题正试图减少由广告下方的强制性警示"吸烟有害健康"而带来的需要认知。

▶ 2. 收集信息

认识需要之后,消费者可能进行广泛的内部与外部信息收集或仅仅是内部信息收集。

当面临某个问题时,大多数消费者会回忆起少数几个可以接受的备选品牌。这些可接受的品牌,是在随后的内、外部信息收集过程中消费者进一步收集信息的出发点。因此,营销者非常关注他们的品牌是否落入大多数目标消费者考虑的范围。

除了从自己的记忆中获得信息，消费者还可以从四种主要的渠道获得外部信息：一是个人来源，如家庭和亲友；二是公众来源，如消费者协会、政府机构；三是商业来源，如销售人员、广告；四是经验来源，如产品的直接观测与试用。这个阶段也正是企业传播信息的大好时机，要选好传播的渠道、时机和方式才能事半功倍。

▶ 3．购买评价与选择

消费者意识到问题之后，就开始寻求不同的解决方案。在收集与此有关的信息的过程中，他们评价各备选对象，并选择最可能解决问题的方案产品。

消费者对收集到的信息中的各种产品的评价主要从以下几个方面进行：分析产品属性、建立属性等级、确定品牌信念、形成"理想产品"；做出最后评价。当然这个过程大多是在消费者大脑中无意识进行的，所以有些消费者自己不一定能把过程表述得特别清楚，但企业在营销活动中要考虑到消费者选择商品的基本思路，有的放矢地开展各项工作。

▶ 4．决定购买

消费者对商品信息进行比较和评选后，已形成购买意愿，正常情况下，消费者就会购买自己选择的理想品牌，同时消费者的购买决策还包括购买时间、地点、数量、支付方式等方面的决策。然而从购买意图到决定购买之间，还要受到以下两个因素的影响：

（1）他人的态度。反对态度越强烈，或持反对态度者与购买者关系越密切，修改购买意图的可能性就越大。

（2）意外的情况。如果发生了意外的情况，如失业、意外急需、涨价等，消费者则很可能改变购买意图。

▶ 5．购后评价

购后评价包括购后的满意程度和购后的活动。

消费者购后的满意程度取决于消费者对产品的预期性能与产品使用中的实际性能之间的对比。购买后的满意程度决定了消费者的购后活动，决定了消费者是否重复购买该产品，以及消费者对该品牌的态度，并且还会影响到其他消费者，形成连锁反应。

第三节 生产者市场及其购买行为

企业在加工产品和提供服务中，首先需要大量的采购，比如汽车制造厂就需要采购生产设备、汽车零配件、钢材、玻璃、轮胎等。由于生产者市场上的采购是企业经营活动的重要组成部分，因此企业对采购活动有许多要求，如供货时间、价格、质量等，企业在采购的决策过程中，其决策程序远比消费者市场更为复杂和正规。

一、生产者市场的特点

生产者市场与消费者市场相比较，具有以下不同的特征。

（1）从产品角度看，生产者市场的产品和服务均是用于制造其他产品或提供服务，非最终消费产品，而且这些产品技术性强，有不少产品价格昂贵。

（2）从市场需求的角度看，生产者市场的需求有两个鲜明的特征：一是需求的派生性，即生产资料的需求源于消费资料的需求，消费资料的需求情况决定生产资料的需求状况，例如，房地产业之所以成为很多国家的支柱产业，是因为消费者对住房的需求导致建筑商购买钢材、水泥、砖等生产资料，进而推动国民经济各行业的发展。二是需求的弹性小，即在一定的时期内，需求的品种和数量不会因价格的变动而发生很大变化，生产者市场需求主要受生产发展的制约，如在一定时期内，即使皮革的价格下降，制鞋商在皮鞋需求与生产方式不变的情况下也不会去购买更多的皮革。相反，如皮革价格上涨，制鞋商对皮革的需求也不会减少。

（3）从购买的角度看，生产者市场有几个突出的特征：一是由于产品技术性强，购买者必须具备相关的商品知识和市场知识，即所谓的内行购买，无论是采购员，还是销售员，都必须是在产品专业技术知识和采购、推销方面训练有素的专业人员，特别是企业采购主要设备的工作较复杂，参与决策的人比消费者多，决策过程也更为规范，通常由若干技术专家和最高管理层组成采购委员会领导采购工作；二是直接采购，考虑到品种、成本质量等因素，生产资料的采购一般很少经过中间商（标准品除外），而是直接从生产厂商那里购买产品；三是购买批量大、购买者少、购买行为受生产周期及购买者少的制约，购买次数不会太多，但每次购买数量大，有时一个企业一次购买的金额可达到数千万元甚至超过亿元，而且生产者市场上的绝大部分产品都是由少数几个买主购买。

二、生产者购买的类型

生产资料购买不是只做单一的购买决策，而是要做一系列的购买决策。生产资料购买者所做购买决策的数量及决策结构的复杂性，取决于生产者购买行为的复杂性。生产者市场购买行为可分为直接重购、修正重购、新购三类。

▶ 1. 直接重购

直接重购是一种在供应者、购买对象、购买方式都不变的情况下购买以前曾经购买过的产品类型，它属于最简单的购买类型，不需要经过复杂的购买程序。直接重购的产品主要是原材料、零配件等。面对这种采购类型，原有的供应者不必重复推销，而应努力使产品的质量和服务保持一定的水平，减少购买时间，争取稳定的关系。

▶ 2. 修正重购

修正重购指购买者想改变产品的规格、价格、交货条件等，这需要调整或修订采购方案，包括增加或调整决策人数，购买者向原供应商提出新的供货条件，同时向新供应商提出购买意向，这既给原供应商增加了压力，又给新的供应商提供了机遇。原供应商应从客户需求出发，按新的供货条件重新进行产品组合，采取最有效的措施，维护原有地位；新的供应商要抓住机遇，积极开拓，争取更多的业务。

▶ 3. 新购

新购指生产者首次购买某种产品或服务。由于是第一次购买，买方对新购产品心中无数，所以这是最复杂的购买类型。新购产品大多数是不经常购买的产品项目或服务，如大型的先进机器设备、新的厂房或办公大楼、新的办公自动化设备或计算机信息系统等。

新购是供应商企业营销人员的机会，他们要采取措施，影响决策的中心人物；要通过实事求是的广告宣传，使购买者了解本产品，为了达到成交目标，企业应组建一支优秀的营销队伍，赢得采购者信任。

三、生产者市场的购买决策者

由于很多生产资料产品技术性强、价格昂贵，所以参与购买决策的人员也比较多，客观上形成一个正式或非正式的购买决策中心，集体做出决策，并分担决策的风险，在采购决策过程中，根据扮演角色的不同，购买决策中心的成员包括使用者、影响者、决策者、采购者和控制者。

▶ 1. 使用者

使用者即组织中实际使用产品或服务的人员。例如，运输车队要购买载重汽车，其使用者是汽车司机；钢铁厂要购买冶炼钢铁的机器设备，其使用者是炼钢工人。他们往往是某一生产资料购买的提议者，并在产品品种规格的确定上有较大的影响力。

▶ 2. 影响者

影响者即直接或间接对采购决策有影响的人员，他们参加拟订采购计划，常协助企业确定产品规格、技术要求等因素。企业内部的工程技术人员是最主要的影响者。

▶ 3. 决策者

决策者即企业中有权决定买与不买及购买产品的品牌、规格、数量与选择供应商的人员。在通常的采购中，采购者就是决策者；而在复杂的采购中，决定者通常是公司的主管。

▶ 4. 采购者

采购者指企业中被正式授权具体执行采购任务的人员，他们要熟悉采购业务中的程序、洽谈及合同条款等内容，在较为复杂的采购工作中，采购人员还包括参加谈判的公司高层管理人员。

▶ 5. 控制者

控制者即能阻止卖方推销人员与企业采购中心成员接触，或能控制市场信息流向使用者或决策者的人员。例如，企业的购买代理商与技术人员可以拒绝或终止某些供应商和产品的信息，秘书、接待员也可拒绝或终止有关供应信息，甚至电话总机的接线员与门卫也可以阻止推销人员与使用者或决策者接触。

营销人员在接触生产者客户之前，必须先搜集情报并加以判断。例如，谁是主要的参与决策者？其影响决策的程度如何？他们以何种方式影响决策过程？决策参与者采用的评价标准是什么？明确了以上问题，营销人员才能有针对性地开展销售说服工作。

四、生产者市场的购买决策过程

生产者市场的购买决策过程一般包括八个阶段，如表 3-1 所示，具体过程依不同的购买类型而定。

表 3-1 生产者市场购买决策过程的八个阶段

购买阶段 \ 购买类型	直接重购	修正重购	新 购
1. 认识需要	不必	需要	需要
2. 确定需要	不必	可能需要	需要
3. 说明需要	需要	需要	需要
4. 物色供应商	不必	可能需要	需要

续表

购买阶段 \ 购买类型	直接重购	修正重购	新　购
5. 征求建议	不必	可能需要	需要
6. 选择供应商	不必	可能需要	需要
7. 正式订货	不必	可能需要	需要
8. 绩效评估	需要	需要	需要

▶ 1. 认识需要

当组织中有人认识到某个问题或某种需要可以通过某一产品或服务解决时，便开始了采购过程。认识需要是由内在或外在的刺激因素所引起的。内在因素包括下列一些最常见的情况：组织决定推出某种新产品或新服务，因而需要新设备和各种原材料；各种设备需要更换零部件；采购的产品或服务不尽如人意，转而寻找另一家供应商。另外，采购人员通过参观展销会，浏览广告，或接到某一能提供价廉物美产品或服务的销售代表的电话，便产生了一些新的购买想法。供应商的营销人员可以通过直接发信、电信营销、访问有希望的购买者等手段来激发组织对问题的认识。

▶ 2. 确定需要

确定需要指确定组织所需项目的总特征和数量。对于标准项目来说，这是简单的。而复杂项目必须由采购者会同其他部门人员（使用者、技术人员、高层管理人员等），共同决定所需项目的可靠性、耐用性、价格等总体特征。供应商的营销人员应向买方介绍产品特性，协助买方确定需要。

▶ 3. 说明需要

说明需要指采购组织应用产品价值分析法，制定详细的项目技术规格说明书。一般来说，组织委托产品价值分析工程组投入这个项目。产品价值分析（product value analysis, PVA）是一种降低成本的方法，通过价值分析，对各部件加以研究，以便确定能否对它进行重新设计或实行标准化，并运用更便宜的生产方法来生产产品。产品价值分析小组将对某一产品的高成本部件加以核查，找出那些比产品本身寿命还要长的超标准设计的产品部件。该小组确定最佳产品的特征，并有根据地加以说明。文字简练的说明书将作为采购人员的采购依据。同样，供应商也可将价值分析作为一种工具，用来赢得新客户。

▶ 4. 物色供应商

特色供应商是指采购人员根据产品技术说明书的要求寻找最佳供应商，即要求报价单、对照标准、试验研究、试用、参观供应商的经营场所和咨询场所、咨询、能力和流动性评估，列出合适的供应商。购买者可以通过检查交易目录，联系其他组织以寻求建议，观看交易广告，参加贸易展览会，以及利用互联网等方法，收集供应商的信息。

▶ 5. 征求建议

征求建议是指邀请合格的供应商提交供应建议书。对复杂或花费大的项目，购买者会请每一潜在供应商提供详细的书面建议书。经过分析淘汰，请余下的供应商提供正式的供应说明书。因此，供应商的营销人员必须精于调查研究，用文字表达和口头陈述来提出建议；其建议必须是营销文件，而非仅仅是技术文件；在建议书中应强调本企业的相对竞争优势，以便在竞争中脱颖而出。

▶ 6. 选择供应商

选择供应商是指采购中心将有意愿的供应商的某些属性定为评估指标，并规定它们的相关重要性，而后针对这些属性对供应商加以评分，找出最具吸引力的供应商。一般来说，采购组织会同时保持几条供货渠道，以免受制于人，并促使供应商展开竞争。供应商的营销人员必须努力了解购买者的评估体系中的各种评估指标及其权重。同时，采购组织在作出决定前，还可能与优先考虑的供应商进行谈判，以争取更好的交易条件和价格。供应商的营销人员应制定策略以应对买方压价和提出过高要求。

▶ 7. 正式订货

在供应商选定后，采购方开始讨论最后的订单，内容包括产品技术说明书、需求量、预期交货时间、退货政策、担保单等。许多组织采购越来越多地转向毛毯合同，而非定期购买订单。所谓毛毯合同(blanket contract)是指采购方与供应商建立一种长期关系，在这种关系下，供应商答应在特定的时间内根据需要按照协议的价格向采购方继续供应产品或服务。由于存货是由卖方保存，因此毛毯合同又称为无存货采购计划(stockless purchase plans)。当需要供应品时，买方的计算机就会自动传一份订单给供应商。供应商愿意接受这种形式的订货方式，因为这种方式可以与采购方保持长期紧密的关系，其他的竞争者涉足其间是十分困难的。

▶ 8. 绩效评估

在完成上述工作后，采购者要对各个供应商的绩效进行评价，以决定是维持、修正或终止与其的供货关系。购买方可以接触最终用户并询问其评估意见；或用几种标准对供应商进行加权评估；或把绩效差的成本汇总，以修正包括价格在内的采购成本。这种绩效评估将会导致采购者继续、修正或停止向该供应商采购。

第四节 政府市场

政府市场，是指由政府各级机关、各类社会团体及各种非营利性机构所组成的市场，其购买目的是保证这些非营利机构的正常运转。

近年来，为了加强对政府采购的管理，提高财政性资金的使用效率，促进公开交易，我国的国家机关、事业单位和其他社会组织使用财政性资金采购物资和服务的行为开始受到法律的约束和规范。2002年6月29日通过的《中华人民共和国政府采购法》，更是对政府集中采购目录和采购限额标准进行了权限制定。研究政府采购行为，对于满足政府市场需求、扩大企业销售收入具有重要意义。

一、政府采购过程的参与者

政府市场购买的参与者不同于消费者市场与生产者市场购买的参与者。消费者市场购买的参与者是属于生活消费主体的个人与家庭；生产者市场购买的参与者是属于生产消费主体的企业组织与个人；政府市场购买的参与者是属于执行政府职能的政府采购组织。政府采购组织一般分为行政部门的购买组织、军事部门的购买组织两大类。

▶ 1. 行政部门的购买组织

我国行政部门的购买组织有国务院各部、委、局，省、直辖市、自治区所属各厅、局，市、县所属的各科、局等。这些机构的采购经费主要由财政部门拨款，各级政府机构的相关部门具体经办。

▶ 2. 军事部门的购买组织

军事部门采购的军需品包括军事装备、武器和一般军需品(生活消费品)。各国军队都有国防部和国防后勤部(局)，国防部主要采购军事装备，国防后勤部(局)主要采购一般军需品。在我国，国防部负责重要军事装备的采购和分配，解放军总后勤部负责采购和分配一般军需品。此外，各大军区、各兵种也设立后勤部(局)负责采购军需品。

二、影响政府采购者的因素

政府采购者也要受环境、组织、人际和个人等因素的影响。政府采购的独特之处包括以下几点。

▶ 1. 受到公众的严密注视

以美国为例，政府采购的一个监视者是国会，某些国会议员就是由于揭发了政府的奢侈和浪费而飞黄腾达的；另一个监视者是预算局，它对政府支出进行核查，并寻求改善支出效率。尽管中国和美国的社会经济制度不同，但政府采购受到社会公众监督是相同的。

我国政府采购的主要监督者包括：国家权力机关，如人民代表大会；资金管理职能机构；社会中介组织，如政府采购的招投标机构、会计师事务所、律师事务所、审计师事务所、公证和仲裁机构、计量和质量验证机构、资产评估机构等组织。报纸、杂志、广播、电视等传播媒体也密切关注政府经费的使用情况，对于不合理的采购，或采购中的腐败行为予以披露，起到了有效的舆论监督的作用。

▶ 2. 受到国际国内政治经济形势的影响

政治形势的影响如某些国家为了维护社会稳定，对付外敌入侵或对外发动战争时，军备开支和对军需品购买的数量就增多，而在和平时期，用于军备开支较小，军需品的采购量较小。经济形势发生变动时，政府用于调控经济的支出也会有所不同。我国出现粮食大丰收与"卖粮难"现象时，政府按照最低保护价收购粮食，增加了政府采购支出。美国前总统罗斯福在经济衰退时期实行"新政"，扩大国家投资，加强基础设施建设，刺激了经济增长。

▶ 3. 受到国家经济发展战略调整及自然灾害的影响

在国家面临经济发展战略调整的关键时刻，政府往往需要增加或减少财政支出，相应地会增加或减少政府采购数量，从而实现政府宏观调控经济的特定目标。当国家遭受各类自然灾害时，必然会增加政府用于救灾的财政支出，相应地增加政府的民用采购数量，这些都需要有关供应商及时了解信息，有针对性地开展有效的营销工作。

三、政府采购的主要方式

根据政府采购相关法律的规定，政府采购应充分引入和培育竞争机制，严格遵循公开、公平、公正的原则，实行公开招标，对暂不具备公开招标条件的单位，可采用邀请招标、竞争性谈判、单一来源采购、询价的方式。其中，最重要的方式就是公开招标。

公开招标是指以招标公告的方式邀请不特定的供应商(统称投标人)投标的采购方式(采购限额 10 万元以上的单项或批量采购项目)。采购法规定至少要有 3 家以上(含 3 家)符合投标资格的供应商参加投标,公开招标采购过程中政府采购办事处邀请合格的供应商对政府描述的商品品目进行投标。一般来说,获得合同的是出价最低的供应商,供应商必须考虑能否满足产品的各种规格及接受的条件。就日用品和标准品来说,如燃料、学校日常用品,各种规格并不是障碍,但是,对非标准品来说,这也许是个障碍。政府采购办事处通常被要求以胜出者得到一切为基础,把订货合同给予报价最低的投标人。在有些情况下,政府采购办事处会因为供应商的产品优越或完成合同的信誉而给予一些折扣,这也要求供应商应通过优良的管理和运营为政府部门提供有信誉的产品和超值的服务等。

本章小结

企业营销活动既受自身条件的制约,也受外部条件的制约。识别环境变动带来的机会和威胁,根据环境的特点与发展态势,制定并不断调整营销策略是营销工作的重要内容之一。

根据营销环境中各种社会力量对企业市场营销的影响,市场营销环境包括微观环境和宏观环境,其中微观环境要素主要包括供应商、企业、竞争者、市场、渠道、公众等;宏观环境要素主要包括人口、经济、自然、技术、社会文化、政治法律等。一个企业要进入某一行业或领域,不仅会面临很多发展机会,而且也会遇到一些阻力或威胁。因此,企业在进入某一行业或领域之前,一定要对其所面临的市场机会和环境威胁进行总体分析,包括机会威胁分析和优势劣势分析。

消费者市场具有多样性和层次性、可诱导性、分散性、关联性和替代性特征。消费者购买决策过程包括确认需要、收集信息、评估备选商品、做出购买决策、购后反应。

生产者市场购买行为可分为直接重购、修正重购、新购,生产者市场的购买决策者有使用者、影响者、决策者、采购者、控制者。

政府市场中采购者也要受环境、组织、人际和个人等因素的影响,根据采购法的规定,政府采购一般应实行公开招标。

课后练习

一、选择题

1. 旅游业、体育运动消费业、图书出版业及文化娱乐业为争夺消费者而互相竞争,他们属于(   )。

    A. 愿望竞争者   B. 属类竞争者   C. 产品形式竞争者 D. 品牌竞争者

    E. 行业竞争者

2. 营销渠道企业是相互合作、协助企业完成商品和服务的全部市场营销活动的市场营销渠道中的所有机构,包括(　　)。
   A. 中间商　　　　　　B. 实体分销商　　　C. 营销服务机构　　D. 证券交易机构
   E. 金融中介机构
3. 影响消费行为最广泛、最深远的因素是(　　)。
   A. 文化因素　　　　　　　　　　　B. 社会因素
   C. 个人因素　　　　　　　　　　　D. 心理因素
4. 体育明星、歌星等一般属于(　　)。
   A. 主要团体　　　　　　　　　　　B. 次要团体
   C. 成员群体　　　　　　　　　　　D. 期望群体
5. 消费者从包装物上获取信息,这种信息来源属于(　　)。
   A. 个人来源　　　　　　　　　　　B. 商业来源
   C. 公共来源　　　　　　　　　　　D. 经验来源
6. 马斯洛认为人类最低层次的需要是(　　)。
   A. 生理需要　　　　　　　　　　　B. 安全需要
   C. 自尊需要　　　　　　　　　　　D. 社会需要
7. (　　)就是企业的目标市场,是企业服务的对象,也是营销活动的出发点和归宿。
   A. 产品　　　　　　　　　　　　　B. 顾客
   C. 利润　　　　　　　　　　　　　D. 市场细分
8. 恩格尔定律表明,随着消费者收入的提高,恩格尔系数将(　　)。
   A. 越来越小　　　　　　　　　　　B. 保持不变
   C. 越来越大　　　　　　　　　　　D. 趋近于零
9. (　　)主要指一个国家或地区的民族特征、价值观念、生活方式、风俗习惯、宗教信仰、伦理道德、教育水平、语言文字等的总和。
   A. 社会文化　　　　　　　　　　　B. 政治法律
   C. 科学技术　　　　　　　　　　　D. 自然资源
10. 威胁水平高而机会水平低的业务是(　　)。
    A. 理想的业务　　　　　　　　　　B. 冒险的业务
    C. 成熟的业务　　　　　　　　　　D. 困难的业务

二、思考题

1. 有人说,"市场营销机会有时恰恰是营销陷阱",而"环境威胁有时却可以采取有力措施加以规避",请你在实际营销活动中选取1~2个例子加以说明。
2. 环保问题已逐渐成为举世瞩目的焦点问题,自然环境对企业的影响不容忽视,请结合实际,对目前自然环境发展趋势下企业的市场机会进行分析。
3. 在未来五年内,你预期你的生活方式会有什么改变吗?是什么原因引起这些变化的?由于这些变化,你将购买什么样的新产品?
4. 选择一种商品,分析其在某一区域市场的潜力,向全班同学报告自己的发现。
5. 什么是SWOT分析?如何应用SWOT分析工具对企业进行环境分析?

案例分享

默多克集团之中国攻略

摘要: 本案例以默多克新闻集团为背景,阐述了该集团在拓展中国市场过程中,针对中国市场的政治环境,坚持互信互利的原则,寻找与中国政府的共同点,力求在长期的合作中建立良好的信任关系,有效地打开并深入中国市场,使其在中国的业务增长稳定。

关键词: 营销环境 营销策略 默多克新闻集团

一、背景描述

世界500强之一的媒体帝国——默多克新闻集团由传媒大亨鲁伯特·默多克(Rupert Murdoch)担任董事长兼首席执行官,控股电视、电影、书籍、杂志、网络以及报纸等多种行业,共拥有175种报纸、5家杂志和23家电台,电视网横跨南北美洲、大洋洲、欧洲和亚洲,是当今世界上规模最大、国际化程度最高的综合性传媒公司之一,净资产超过470亿美元。在西方国家,默多克新闻集团的触角几乎已经触及每一个普通人的生活:美国市场上,福克斯娱乐集团的主营业务是影视节目的生产和发行,其子公司二十一世纪电影公司是好莱坞的电影重镇,另一子公司福克斯电视网则是美国的四大电视网之一;英国市场上,默多克新闻集团于1991年购买了英国天空广播公司进入卫星电视领域。1993年7月,默多克新闻集团购买了亚洲的STAR TV,2001年成立了Sky Global,综合了新闻集团主要的国际卫星电视及相关资产,包括英国的天空广播公司、亚洲的星空卫视和一些拉美的卫星电视资产。

其实,从20世纪80年代中期开始,默多克已开始把他的触角伸向中国。默多克第一次访问中国时自称是以旅游者的身份,但事实上他的首次访华便促成了新闻集团与中国的第一次合作,新闻集团旗下的21世纪福克斯公司向中国中央电视台提供了包括《音乐之声》《巴顿将军》等在内的50多部影片。现在,21世纪福克斯公司摄制的《泰坦尼克号》《星球大战》等影片早已为中国观众所熟悉。

近几年来,默多克新闻集团在中国的发展步伐明显加快。1999年3月,默多克新闻集团北京代表处成立。同年12月,默多克新闻集团亚洲全资子公司星空传媒在上海设立了代表处。尽管在20世纪80年代中期默多克新闻集团已开始了与中国的正面接触,但真正拓展中国业务还是从90年代才开始的。如今,总部设在香港,辐射整个亚洲地区的综合传媒机构——星空传媒集团为默多克新闻集团全资拥有的子公司,它通过卫星以8种语言向53个国家和地区提供多种平台内容和多元服务。在这几个频道中,与华人合作推出的凤凰卫视成为亚洲最成功的电视台之一。2001年12月,默多克新闻集团的全资子公司星空传媒旗下的星空卫视获准在中国广东落地,这也是中国首次将有线网落地权授予一个全新的境外频道。目前,中国观众可以直接或间接地收看到星空传媒9个频道的节目,其中包括很多人已经熟知的凤凰卫视中文频道、Channel[V]音乐频道和国家地理频道等。

一般来讲,投资媒体是长线投资,需要大量的投入,通常要有5~10年才能看到效果。在印度,默多克新闻集团做了8年时间,现在开始有了较好的商业回报:如今在印度最受欢迎的50个节目中,星空传媒的节目就占了其中的46个。有资料显示,除中国内地市场之外,星空传媒在亚洲其他市场已实现了全线盈利。星空传媒集团董事长兼首席执行官杰智·默多克也说:"新闻集团的任何投资都是追求商业回报的,但在目前的中国,包括星空传媒在内的传媒集团眼光必须放长远一些。"但实际上,星空传媒在中国的业务也正在稳定增长。

默多克新闻集团在中国的营销很注重环境,其中最重要的一点就是针对中国市场的政治环境,坚持互信互利的原则,寻找与中国政府的共同点,力求在长期的合作中建立良好的信任关系。"与中国政府合作,关键是要互信和互利",或者说默多克新闻集团的成功秘诀就是"寻找双方的共同点,在长期的合作中建立良好的信任关系。"默多克新闻集团一位人士说。事实证明,这种方式是有效的。星空传媒及其所属频道与中国30多个省市的有线台合作编播音乐、体育和人文地理节目,其中《神奇的地球》《全球华语音乐榜中榜》等节目为广大观众所熟知。可以说,星空传媒已经被公认为深入中国市场最有效、与中国政府关系最好的国际传媒巨头。

如今,针对技术环境的快速变化,新闻集团密切关注大陆"数字化"动向,关注中国数字电视的推广,以寻找更大的商机。随着国内居民生活水平的不断提高,数字收费电视在我国将有很广阔的发展前途。同时,中国发展数字电视的时间表已经相当明确:2005年全国四分之一的电视台将发射和传输数字电视信号;2008年北京奥运会上向全世界传输数字高清晰度电视节目;2010年主要大城市全面实现数字广播电视,东部相对发达地区普及数字电视;2015年停止播出模拟广播电视。对星空传媒来说,这将是难得的发展机遇。在这方面,默多克新闻集团也可谓是行家里手,其经营的天空电视台是全世界最成功的收费电视台,而旗下的NDS有限公司则是世界领先的数字压缩和加密技术、互动电视技术、电视有条件接收系统的供应商。据报道,2002年NDS公司已经与四川省广播电视网络公司合作,推出中国首例大范围用户的数字互动电视服务。除了技术上的优势,向来崇尚内容的默多克新闻集团在内容提供上也已经有了良好的积累,星空传媒集团拥有全球最大的当代华语电影片库,收集逾千部汉语(包括粤语)影片,并已同多家优秀的汉语制片商以及众多好莱坞大制片集团商签约长期订购影片,享有独家首轮播放权。

我们知道,传媒行业壁垒是个难题,但是随着中国市场化程度的不断提高,市场机遇还是很大的。

根据国家计委、国家经贸委、外经贸部在2002年3月11日重新发布的《外商投资产业指导目录》,其中规定部分上市公司的国有股、法人股限制或不能向外商转让。其中明确禁止外商投资文化艺术及广播电影电视业。不过,据业内人士介绍,国家政策对外资进入中国传媒业的处理还是很灵活的。中宣部、广电部和新闻出版总署早在2001年8月就出台了有关中国传媒融资的17号文件,其中规定:发行、印刷、电影集团经批准,是可以吸收外资的。除了国家政策的限制,外资进入中国传媒业还存在一些无形的产业壁垒,比如地方保护主义观念以及地区性的垄断。

2004年11月,文化部出台关于鼓励、支持和引导非公有制经济发展文化产业的意见。意见指出,演出业、影视业、音像业、文化娱乐业、文化旅游业、网络文化业、图书报刊业、文物和艺术品业以及艺术培训业等行业,在已逐步放宽准入的基础上,将进一步降低门槛,鼓励支持非公有制经济以独资、合资、合作、联营、参股、特许经营等多种方式进入。意见强调,文化部门将积极配合立法机关和有关部门,制定鼓励、支持和引导非公有制经济发展文化产业的各项政策和法规。对过去颁布实行的不利于非公有制经济发展文化产业的政策和法规要进行认真清理,为非公有制经济发展文化产业创造良好的外部环境。

据悉，非公有制经济已经成为文化产业的重要力量。有数据显示，在文化部门管理的文化产业中，非公有制经济所创造的文化产业增加值已经占到全部文化产业增加值的一半以上，就业人数占到2/3。鼓励与支持非公有制经济参与文化产业，将有助于形成以国有文化企业为主导、多种所有制经济共同参与、投资主体多元化、融资渠道社会化、投资方式多样化、项目建设市场化的文化产业新格局。

"主动、正面地与中国政策对接；以国际化的视野做地地道道的本土化节目。"这是默多克针对巨大的中国市场以及严格的管制制定的中国攻略，成功与否还需要未来时间的检验。

二、活动内容

1. 探讨默多克新闻集团进入中国市场时"寻找与中国政府的共同点，在长期的合作中建立良好的信任关系"这一成功秘诀的看法。

2. 结合本案例，你认为外国企业进入中国哪些产业或市场时更应关注政治、政策环境的分析？为什么？

三、活动效果展示

1. 举例说明注重市场营销环境的重要性。

2. 中国政治、政策环境对哪些行业的发展影响较大？举例说明。

四、案例分析

默多克新闻集团注重中国市场环境，结合中国新闻市场的特点，寻找与中国政府的共同点，在长期的合作中建立良好的信任关系，使其众多节目为广大观众所熟知。默多克新闻集团已经被公认为深入中国市场最有效、与中国政府关系最好的国际传媒巨头。

五、经验分享

注重市场营销环境的重要性，结合具体的市场环境，采用适合的营销策略。

六、问题延伸思考

营销学中"主动、正面地与中国政策对接；以国际化的视野做地地道道的本土化节目"这一默多克集团中国攻略的理论依据是什么？

资料来源：上海财经大学国际工商管理学院，http://course.shufe.edu.cn/course/marketing/allanli/moduoke.htm.

第四章 STP营销战略

学习目标

1. 掌握市场细分的原理、方法，知道如何对实际市场进行细分；
2. 领会市场细分、目标市场对企业营销活动的意义；
3. 明确有哪些目标市场战略可供采用，以及如何从实际情况出发选择相应的目标市场战略；
4. 明确市场定位的概念，了解市场定位的步骤与方式，掌握市场定位战略的具体思路。

导入案例

宝洁公司洗衣粉差别化的九种途径

宝洁公司设计了9种品牌的洗衣粉，这些洗衣粉在相同的超市里相互竞争。为什么宝洁公司要在同一品种上推出好几个品牌，而不集中资源推出单一领先品牌呢？其理由是：不同的顾客希望从产品中获得不同的利益组合。以洗衣粉为例，有些人认为洗涤和漂洗能力最重要；有些人认为使织物柔软最重要；还有人希望洗衣粉具有气味芬芳，碱性温和的特征。

宝洁公司至少发现了洗衣粉的9个细分市场。为了满足不同细分市场的特定需要，公司就设计了9种不同的品牌。这9种品牌分别针对如下9个细分市场：

1. 汰渍。洗涤力强、去污彻底。它能满足洗衣量大的工作要求，是一种用途齐全的家用洗衣粉。"汰渍一用，污垢全无。"

2. 奇尔。具有"杰出的洗涤能力与护色能力，能使家庭服装显得更干净、更明亮、更鲜艳"。

3. 奥克多。含有漂白剂，它可使白色衣服更洁白，花色衣服更鲜艳，所以"无需漂白剂，只需奥克多"。

4. 格尼。最初是宝洁公司的加酶洗衣粉，后重新定位为"令衣物干净、清新，如同太阳一样让人振奋的洗衣粉"。

5. 波德。其中加入了织物柔软剂，它能清洁衣服、柔软织物，并能控制静电。波德洗涤液还可增加织物柔软剂的新鲜香味。

6. 象牙雪。纯度达到99.44%，碱性温和，适合洗涤婴儿尿布和衣服。

7. 卓夫特。也用于洗涤婴儿尿布和衣服，它含有天然清洁剂硼石，令人相信它的清洁能力。

8. 达诗。是宝洁公司的价值产品，能有效去污且价格低。

9. 时代。是天生的去污剂，能清除难洗的污垢，在整个洗涤过程中效果良好。

资料来源：https://wenku.baidu.com/view/dcc2913e5727a5e9856a6195.html。

企业面对着成千上万的消费者，他们的消费心理、购买习惯、收入水平和所处的地理环境和文化环境等都存在着很大的差别。对于这样复杂多变的大市场，任何一个企业，不管它的规模多大、资金实力多雄厚，都不可能满足整个市场上全部顾客的所有需求。在这种情况下，企业只能根据自身的优势，从事某方面的生产营销活动，选择力所能及的、适合自己经营的目标市场，开展目标市场营销。

目标市场营销战略（STP营销战略）是影响产品营销方向性、全局性的关键因素。STP营销战略影响到产品及产品组合策划、价格制定、渠道的选择以及促销方案。产品设计得再好，定价也符合市场要求，渠道选择也合适，促销方案做得也很完美，但如果STP营销战略分析这一步没有做好，市场没有很好地细分，目标选错了方向，定位比较模糊或者定位根本就是错误的，那么，后续工作做得再好也是徒劳无功。

完成STP营销战略分析，企业必须按照顺序依次完成以下三个步骤：

第一步是进行市场细分（segmentation）。可将这个步骤比喻为"切蛋糕"，即按照某种依据将一块大蛋糕切成若干块小蛋糕。有些有水果，有些没水果，有些多点cream，有些cream比较少。这就完成了蛋糕（市场）细分。

第二步是选择目标市场（targeting）。可将这个步骤比喻为"选蛋糕"，即按照实际情况选择那些小块蛋糕中的一块或者几块。例如，你按照你的爱好来选择蛋糕块，你喜欢吃水果，所以选择了水果比较多的那块。在营销中，就是说你选择了一个觉得适合企业、可盈利的一块target market。

第三步是市场定位（positioning）。可将这个步骤比喻为"吃蛋糕"，即用一些方法和策略确保吃到所选的那块或者那几块蛋糕。例如，你喜欢吃水果蛋糕，所以告诉你身边的人有水果的蛋糕是多么好吃，以证明你的选择是最好的。在营销中就是利用广告等多种手段来使你的企业的产品和形象能够吸引消费者。

第一节　市场细分

市场细分是对现代营销认识的深化。企业一切活动要以市场为中心，但各种原因导致消费者和用户的需求总是不一致。市场细分承认这种差异的客观性、合理性，通过区分需求的差异，更深刻地认识具体的市场，并为企业选择目标市场、进行定位提供依据。

一、市场细分的概念

市场细分的概念是美国市场学家温德尔·史密斯（Wendell R. Smith）于20世纪50年代中期提出来的。他认为顾客总是有差异，有不同的需要、欲望，寻求不同的利益。企业应该对市场进行细分，而不是仅仅停留在产品差异上。

市场细分是指营销者通过市场调研，依据消费者的需要和欲望、购买行为和购买习惯等方面的差异，把某一产品的市场整体划分为若干消费者群的市场分类过程。每一个消费者群就是一个细分市场，每一个细分市场都是具有类似需求倾向的消费者构成的群体。

市场细分是以消费者需求的某些特征或变量为依据，将整体市场区分为具有不同需求的消费者群体的过程。经过市场细分，同类产品市场上，就某一细分市场而言，消费者需求具有较多的共同性，而不同细分市场之间的需求具有较大的差异。

二、市场细分的标准

▶ 1. 消费品市场的细分标准

消费品市场的细分标准可以概括为地理因素、人口统计因素、心理因素和行为因素四个方面，每个方面又包括一系列的细分变量，如表4-1所示。

表4-1 消费品市场细分标准及变量一览表

细分标准	细分变量
地理因素	地理位置、城镇大小、地形、地貌、气候、交通状况、人口密集度等
人口统计因素	年龄、性别、职业、收入、民族、宗教、教育、家庭人口、家庭生命周期等
心理因素	生活方式、性格、购买动机、态度等
行为因素	购买时间、购买数量、购买频率、购买习惯（品牌忠诚度），以及对服务、价格、渠道、广告的敏感程度等

（1）按地理因素细分。按地理因素细分，就是根据顾客所在的地理区域、自然环境等变量来进行市场细分。因为处在不同地理环境下的消费者，对于同一类产品往往会有不同的需要与偏好。例如，对自行车的选购，城市居民喜欢式样新颖的轻便车，而农村居民注重坚固耐用的加重车等。因此，对消费品市场进行地理细分是非常必要的。

①地理位置。可以按照行政区划来进行细分，如在我国，可以划分为东北、华北、西北、西南、华东和华南几个地区；也可以按照地理区域来进行细分，如省、自治区、市、县等，或内地、沿海、城市、农村等。在不同地区，消费者的需求显然存在较大的差异。如HP公司在国际上分出亚洲、北美、欧洲等区域，在亚洲又分为东南亚、东亚等，在中国又分出北方区、华东区、西南区、华中区等区域市场，在这些区域内设置管理机构。

②城镇大小。按规模城镇可划分为大城市、中等城市、小城市和乡镇。处在不同规模城镇的消费者，在消费结构方面存在较大的差异。

③地形和气候。按地形可划分为平原、丘陵、山区、沙漠地带等；按气候可分为热带、亚热带、温带、寒带等。防暑降温、御寒保暖之类的消费品就可按不同的气候带来划

分。如在我国北方，冬天气候寒冷干燥，加湿器很有市场；但在江南，由于空气湿度大，基本上不存在对加湿器的需求。

地理变量易于识别，是细分市场应予以考虑的重要因素，但处于同一地理位置的消费者需求仍会有很大差异。例如，在我国的一些大城市，如北京、上海，流动人口逾百万，这些流动人口本身就构成一个很大的市场，很显然，这一市场有许多不同于常住人口市场的需求特点。所以，简单地以某一地理特征区分市场，不一定能真实地反映消费者的需求共性与差异，企业在选择目标市场时，还需结合其他细分变量予以综合考虑。

（2）按人口统计因素细分。按人口统计因素细分，就是按照年龄、性别、家庭人口、家庭类型、家庭生命周期、收入、职业、受教育程度、宗教、种族和国籍等人员变量，将市场划分为不同的群体。

消费者需求、偏好与人口统计变量有着很密切的关系。例如，只有收入水平很高的消费者才可能成为高档服装、名贵化妆品、高级珠宝等的经常买主。人口统计变量比较容易衡量，有关数据相对容易获取，由此构成了企业经常以它作为市场细分依据的重要原因。

① 年龄。不同年龄段的消费者，由于生理、性格、爱好、经济状况不同，对消费品的需求往往存在很大的差异。因此，可按年龄将市场划分为许多各具特色的消费者群，如儿童市场、青年市场、中年市场、老年市场等。从事服装、食品、保健品、药品、健身器材、书刊等商品生产经营业务的企业，经常采用年龄变数来细分市场。

② 性别。按性别可将市场划分为男性市场和女性市场。不少商品在用途上有明显的性别特征，如男装和女装、男表与女表。在购买行为、购买动机等方面，男女之间也有很大的差异，如女性是服装、化妆品、节省劳动力的家庭用具、小包装食品等市场的主要购买者，男性则是香烟、饮料、体育用品等市场的主要购买者。美容美发、化妆品、珠宝首饰、服装等许多行业，长期以来按性别来细分市场。

③ 收入。收入的变化将直接影响消费者的需求欲望和支出模式。根据平均收入水平的高低，可将消费者划分为高收入、次高收入、中等收入、次低收入、低收入五个群体。收入高的消费者就比收入低的消费者购买更高价的产品，如钢琴、汽车、空调、豪华家具、珠宝首饰等；收入高的消费者一般喜欢到大百货公司或品牌专卖店购物，收入低的消费者则通常在住地附近的商店、仓储超市购物。因此，汽车、旅游、房地产等行业一般按收入变数细分市场。

④ 民族。世界上大部分国家都拥有多种民族，我国更是一个多民族的大家庭。这些民族都各有自己的传统习俗、生活方式，从而呈现出各种不同的商品需求。只有按民族这一细分变数将市场进一步细分，才能满足各族人民的不同需求，并进一步扩大企业的产品市场。

⑤ 职业。不同职业的消费者，由于知识水平、工作条件和生活方式等不同，其消费需求存在很大的差异，如教师比较注重书籍、报刊方面的需求，文艺工作者则比较注重美容、服装等方面的需求。

⑥ 教育状况。受教育程度不同的消费者，在志趣、生活方式、文化素养、价值观念等方面都会有所不同，因而会影响他们的购买种类、购买行为、购买习惯。

⑦ 家庭人口。据此可分为单身家庭（1人）、单亲家庭（2人）、小家庭（2～3人）、大家庭（4～6人或6人以上）。家庭人口数量不同，在住宅大小、家具、家用电器乃至日常消费品的包装大小等方面都会出现需求差异。

⑧ 家庭生命周期。一个家庭，按年龄、婚姻和子女状况，可划分为七个阶段。在不同阶段，家庭购买力、家庭人员对商品的兴趣与偏好会有较大差别。

单身阶段：年轻，单身，几乎没有经济负担，新消费观念的带头人，娱乐导向型购买。

新婚阶段：年轻夫妻，无子女，经济条件比较好。购买力强，对耐用品、大件商品的欲望、要求强烈。

满巢阶段：年轻夫妻，有6岁以下子女，家庭用品购买的高峰期。不满足现有的经济状况，注意储蓄，购买较多的儿童用品。

满巢阶段：年轻夫妻，有6岁以上未成年子女，经济状况较好。购买趋向理智型，受广告及其他市场营销刺激的影响相对减少，注重档次较高的商品及子女的教育投资。

满巢阶段：年长的夫妇与尚未独立的成年子女同住。经济状况仍然较好，妻子或子女皆有工作。注重储蓄，购买冷静、理智。

空巢阶段：年长夫妇，子女离家自立。前期收入较高，购买力达到高峰期，较多购买老年人用品，如医疗保健品、娱乐及服务性消费支出增加；后期退休收入减少。

孤独阶段：单身老人独居，收入锐减。特别注重情感、关注等需要及安全保障。

除了上述方面，经常用于市场细分的人口变数还有家庭规模、国籍、种族、宗教等。实际上，大多数公司通常是采用两个或两个以上人口统计变数来细分市场。

(3) 按心理因素细分。按心理因素细分，就是将消费者按其生活方式、性格、购买动机、态度等变数细分成不同的群体。

① 生活方式。越来越多的企业，如服装、化妆品、家具、娱乐等行业，重视按人们的生活方式来细分市场。生活方式是人们工作、消费、娱乐的特定习惯和模式，不同的生活方式会产生不同的需求偏好，如传统型、新潮型、节俭型、奢侈型等。这种细分方法能显示出不同群体对同种商品在心理需求方面的差异性，如美国有的服装公司就把妇女划分为朴素型妇女、时髦型妇女、男子气质型妇女三种类型，分别为她们设计不同款式、颜色和质地的服装。

② 性格。消费者的性格对产品的喜爱有很大的关系。性格可以用外向与内向、乐观与悲观、自信、顺从、保守、激进、热情、老成等词句来描述。性格外向、容易感情冲动的消费者往往好表现自己，因而他们喜欢购买能表现自己个性的产品；性格内向的消费者则喜欢大众化，往往购买比较平常的产品；富于创造性和冒险心理的消费者，则对新奇、刺激性强的商品特别感兴趣。在西方国家，对诸如化妆品、香烟、啤酒、保险之类的产品，有些企业以个性特征为基础进行市场细分并取得了成功。

③ 购买动机。消费者对所购产品追求的利益主要有求实、求廉、求新、求美、求名、求安等，这些都可作为细分的变数。例如，有人购买服装是为了遮体保暖，有人是为了追求美，有人则是为了体现自身的经济实力等。

(4) 按行为因素细分。按行为因素细分，就是按照消费者购买或使用某种商品的时间、购买数量、购买频率、对品牌的忠诚度等变数来细分市场。

① 购买时间。许多产品的消费具有时间性，烟花爆竹的消费主要在春节期间，月饼的消费主要在中秋节以前，旅游点在旅游旺季生意最兴隆。因此，企业可以根据消费者产生需要、购买或使用产品的时间进行市场细分，如航空公司、旅行社在寒暑假期间大做广告，实

行优惠票价,以吸引师生乘坐飞机外出旅游;商家在酷热的夏季大做空调广告,以有效增加销量;双休日商店的营业额大增,而在元旦、春节期间,销售额则更大。因此,企业可根据购买时间进行细分,在适当的时候加大促销力度,采取优惠价格,以促进产品的销售。

② 购买数量。据此可分为大量用户、中量用户和少量用户。大量用户人数不一定多,但消费量大,许多企业以此为目标,反其道而行之也可取得成功。如文化用品的大量使用者是知识分子和学生,化妆品的大量使用者是青年女性等。

③ 购买频率。据此可分为经常购买、一般购买、不常购买(潜在购买者)。如对于铅笔小学生经常购买,高年级学生按正常方式购买,工人、农民则不常买。

④ 购买习惯(对品牌的忠诚度)。据此可将消费者划分为坚定品牌忠诚者、多品牌忠诚者、转移的忠诚者、无品牌忠诚者等。例如,有的消费者忠诚于某些产品,如柯达胶卷、海尔电器、中华牙膏等;有的消费者忠诚于某些服务,如东方航空公司、某酒店或饭店等,或忠诚于某一个机构、某一项事业等。为此,企业必须辨别自己的忠诚顾客及特征,以便更好地满足顾客的需求,必要时给忠诚顾客以某种形式的回报或鼓励,如给予一定的折扣。

⑤ 追求利益。消费者购买某种产品总是为了解决某类问题,满足某种需要。然而,产品提供的利益往往并不是单一的,而是多方面的。消费者对这些利益的追求往往有所侧重,如购买手表,有的追求经济实惠、价格低廉,有的追求耐用可靠和使用维修方便,还有的偏向于显示社会地位等。

知识链接

什么是市场细分的最好途径?

营销人员的目标是将一个市场的成员按照某种共同的特性划分成不同的群体。市场细分的方法经历过几个阶段。最初,因为数据是现成的,调研人员采用了基于人口统计学信息的市场细分方法。他们认为不同的人员,由于其年龄、职位、收入和教育不同,消费模式也会有所不同。后来,调研人员增加了消费者的居住地、房屋拥有类型和家庭人口数等因素,形成了基于地理人口统计学信息的市场细分方法。

后来,人们又发现基于人口统计学的方法做出的同一个市场细分下,还是存在着不同的消费模式。于是调研人员根据消费者的购买意愿、动机和态度,采用了基于行为科学的方法来进行分类。这种方法的一个形式是基于惠益的市场细分方法,划分的依据是消费者从产品中寻求的主要惠益。另一种形式是基于心理描述图的市场细分方法,划分依据是消费者生活方式的特征。

有一种更新的成果是基于忠诚度的市场细分,把注意力更多地放在那些能够更长时间和使企业获得更大利润的客户身上。

总之,市场细分分析是一种对消费者思维的研究。对于营销人员来说,谁能够首先发现新的划分客户的依据,谁就能获得丰厚的回报。

▶ 2. 生产资料市场的细分标准

上述消费品市场的细分标准有很多都适用于生产资料市场的细分,如地理环境、气候条件、交通运输、追求利益、使用者、对品牌的忠诚度等。但由于生产资料市场有它自身的特点,企业还应采用其他一些标准和变数来进行细分,最常用的有最终用户要求、用户规模、用户地理位置、工业者购买方式等。

（1）按用户的要求或产品的最终用途细分。产品用户的要求是生产资料市场细分常用的标准。不同的用户对同一产品有不同的需求，如晶体管厂可根据晶体管的用户不同将市场细分为军工市场、工业市场和商业市场。军工市场特别注重产品质量；工业用户要求有高质量的产品和服务；商业市场主要用于转卖，除要求保证质量外，还要求价格合理和交货及时。飞机制造公司对所需轮胎要求的安全性比一般汽车生产厂商要高许多；同是钢材，有的用于生产机器，有的用于造船，有的用于建筑等。因此，企业应针对不同用户的需求，提供不同的产品，设计不同的市场营销组合策略，以满足用户的不同要求。

（2）按用户经营规模细分。用户经营规模也是细分生产资料市场的重要标准。用户经营规模决定其购买能力的大小。按用户经营规模划分，可分为大用户、中用户、小用户。以钢材市场为例，建筑公司、造船公司、汽车制造公司对钢材需求量很大，动辄数万吨，而一些小的机械加工企业，一年的购买量也不过几吨或几十吨。大用户户数虽少，但其生产规模、购买数量大，注重质量、交货时间等；小客户数量多，分散面广，购买数量有限，注重信贷条件等。许多时候，和一个大客户的交易量相当于与许多小客户的交易量之和，失去一个大客户，往往会给企业造成重大损失。因此，企业应按照用户经营规模建立相应联系机制和确定恰当的接待制度。例如，对于大客户，宜直接联系，直接供应，在价格、信用等方面给予更多优惠；而对众多的小客户，则宜使产品进入商业渠道，由批发商或零售商去组织供应。

（3）按用户的地理位置细分。每个国家或地区大都在一定程度上受自然资源、气候条件和历史传统等因素影响，形成若干工业区，例如江浙两省的丝绸工业区、以山西为中心的煤炭工业区、东南沿海的加工工业区等。这就决定了生产资料市场往往比消费品市场在区域上更为集中，地理位置因此成为细分生产资料市场的重要标准。企业按用户的地理位置细分市场，选择客户较为集中的地区作为目标，有利于节省推销人员往返于不同客户之间的时间，而且可以合理规划运输路线，节约运输费用，也能更加充分地利用销售力量，降低推销成本。

（4）按工业者购买方式细分。根据工业者购买方式来细分市场。工业者购买的主要方式如前所述包括直接重购、修正重购及新任务购买。不同购买方式的采购程度、决策过程等不相同，因而可将整体市场细分为不同的小市场群。

三、市场细分注意事项

以上从消费品市场和生产资料市场两方面介绍了具体的细分标准和变数。为了有效地进行市场细分，有以下几个问题应引起注意：

（1）动态性。细分的标准和变数不是固定不变的，如收入水平、城市大小、交通条件、年龄等，都会随着时间的推移而变化。因此，应树立动态观念，适时进行调整。

（2）适用性。市场细分的因素有很多，各企业的实际情况又各异，不同的企业在细分市场时采用的细分变数和标准不一定相同，究竟选择哪种变数，应视具体情况加以确定，切忌生搬硬套和盲目模仿。如牙膏可按购买动机细分市场。

（3）组合性。要注意细分变数的综合运用。在实际营销活动中，一个理想的目标市场是有层次或交错地运用上述各种因素的组合来确定的。如化妆品的经营者将18～45岁的城市中青年妇女确定为目标市场，就运用了四个变量：年龄、地理区域、性别、收入（职业妇女）。

四、市场细分的步骤

（1）依据需求选定产品市场范围。企业应明确自己在某行业中的产品市场范围，并以此作为制定市场开拓战略的依据。

（2）列举潜在顾客的需求。可从地理、人口、心理等方面列出影响产品市场需求和顾客购买行为的各项变数。

（3）分析潜在顾客的不同需求，初步划分市场。企业应对不同的潜在顾客进行抽样调查，并对所列出的需求变数进行评价，了解顾客的共同需求。

（4）筛选。根据有效市场细分的条件，对所有细分市场进行分析研究，剔除不合要求、无用的细分市场。

（5）为细分市场定名。为便于操作，可结合各细分市场上顾客的特点，用形象化、直观化的方法为细分市场定名，如某旅游市场分为商人型、舒适型、好奇型、冒险型、享受型、经常外出型等。

（6）复核。进一步对细分后选择的市场进行调查研究，充分认识各细分市场的特点、规模、潜在需求。

（7）决定细分市场规模，选定目标市场。企业在各子市场中选择与本企业经营优势和特色相一致的子市场作为目标市场。没有这一步，就没有达到细分市场的目的。

经过以上七个步骤，企业便完成了市场细分的工作，便可以根据自身的实际情况确定目标市场并采取相应的目标市场策略。

【案例】

一家航空公司对从未乘坐过飞机的人很感兴趣（细分标准是顾客的体验）。而从未乘坐过飞机的人又可以细分为害怕坐飞机的人、对乘坐飞机无所谓的人以及对乘坐飞机持肯定态度的人（细分标准是态度）。在持肯定态度的人中，又包括高收入有能力乘坐飞机的人（细分标准是收入）。于是这家航空公司就把力量集中在开拓那些对乘坐飞机持肯定态度，只是还没有乘坐过飞机的高收入群体。

五、市场细分的方法

企业应根据市场细分的标准和客观依据采取正确的市场细分的方法。市场细分方法一般有以下四种。

▶ **1. 单一因素细分法**

单一因素细分法是对某些通用性比较强、挑选性不太强的产品，按一个购买者需求影响最大的因素进行市场细分的方法。如服装企业按性别可将市场细分为男装和女装市场，按年龄可分为童装、少年装、青年装、中年装、中老年装、老年装市场，或按气候的不同分为春装、夏装、秋装、冬装市场。

▶ **2. 主导因素排列法**

主导因素排列法是从消费者特征中寻找和确定某一主导因素，然后与其他因素有机结合，来细分市场。如按性别细分化妆品市场，按年龄细分服装市场等。这种方法简便易行，但难以反映复杂多变的顾客需求。

3. 综合因素细分法

这种方法是选用影响消费者需求的两个或两个以上的因素，同时从多个角度对市场进行综合性细分。例如，根据生活方式、收入水平、年龄三个因素可将妇女服装市场划分为不同的细分市场。

4. 系列因素细分法

系列因素细分法是运用两个或两个以上的因素，由粗到细逐次进行系列划分的市场细分方法。通俗来讲，就是经过市场细分后再进行下一步市场细分，以此类推，下一阶段的细分是在上一阶段选定的目标市场基础上进行的细分。

六、市场细分的作用

市场细分不是根据产品品种、产品系列来进行的，而是从消费者（指最终消费者和工业生产者）的角度进行划分的，是根据市场细分的理论基础，即消费者的需求、动机、购买行为的多元性和差异性来划分的。市场细分对企业的生产、营销起着极其重要的作用。

1. 有利于选择目标市场和制定市场营销策略

市场细分后的子市场比较具体，比较容易了解消费者的需求，企业可以根据自己的经营思想、方针及生产技术和营销力量，确定自己的服务对象，即目标市场。针对着较小的目标市场，便于制定特殊的营销策略。同时，在细分市场上，信息容易了解和反馈，一旦消费者的需求发生变化，企业可迅速改变营销策略，制定相应的对策，以适应市场需求的变化，提高企业的应变能力和竞争力。

联想的产品细分策略，正是基于产品的明确区分。联想打破了传统的"一揽子"促销方案，围绕"锋行""天骄""家悦"三个品牌面向的不同用户群需求，推出不同的细分促销方案。选择"天骄"的用户，可优惠购买让数据随身移动的魔盘、可精彩打印数码照片的3110打印机、SOHO好伴侣的M700多功能机，以及让人尽享数码音乐的MP3；选择"锋行"的用户，可以优惠购买"数据特区"双启动魔盘、性格鲜明的打印机以及"新歌任我选"MP3播放器；钟情于"家悦"的用户，则可以优惠购买"电子小书包"魔盘、完成学习打印的打印机、名师导学的网校卡，以及成就电脑高手的XP电脑教程。

2. 有利于发掘市场机会，开拓新市场

通过市场细分，企业可以对每一个细分市场的购买潜力、满足程度、竞争情况等进行分析对比，探索出有利于本企业的市场机会，使企业及时作出投产、移地销售决策或根据本企业的生产技术条件编制新产品开拓计划，进行必要的产品技术储备，掌握产品更新换代的主动权，开拓新市场，以更好地适应市场的需要。

3. 有利于集中人力、物力投入目标市场

任何一个企业的资源、人力、物力、资金都是有限的。通过细分市场，选择适合自己的目标市场，企业可以集中人、财、物及资源，去争取局部市场上的优势，然后再占领自己的目标市场。

4. 有利于企业提高经济效益

前面三个方面的作用都能使企业提高经济效益。除此之外，企业通过市场细分后，可以面对自己的目标市场，生产出适销对路的产品，既能满足市场需要，又可增加企业的收

入；产品适销对路可以加速商品流转，加大生产批量，降低企业的生产销售成本，提高生产工人的劳动熟练程度，提高产品质量，全面提高企业的经济效益。

七、有效市场细分的条件

企业进行市场细分的目的是通过对顾客需求差异予以定位，来取得较大的经济效益。众所周知，产品的差异化必然导致生产成本和推销费用的相应增长，所以，企业必须在市场细分所得收益与市场细分所增成本之间做出权衡。因此，有效的细分市场必须具备以下特征。

▶ 1. 可衡量性

可衡量性指各个细分市场的购买力和规模能被衡量的程度。如果细分变数很难衡量的话，就无法界定市场。一般来说，一些带有客观性的变数，如年龄、性别、收入、地理位置、民族等，都易于确定，并且有关的信息和统计数据，也比较容易获得；而一些带有主观性的变数，如心理和性格方面的变数，就比较难以确定。

▶ 2. 可赢利性

可赢利性指企业新选定的细分市场容量足以使企业获利，使企业值得为它设计一套营销规划方案，以便顺利地实现其营销目标，并且有可拓展的潜力，以保证按计划能获得理想的经济效益和社会服务效益。如一个普通大学的餐馆，如果专门开设一个西餐馆满足少数师生酷爱西餐的要求，可能由于这个细分市场太小而得不偿失；但如果开设一个回族饭菜供应部，虽然其市场仍然很窄，但从细微处体现了民族政策，有较大的社会效益，值得去做。

▶ 3. 可进入性

可进入性指所选定的细分市场必须与企业自身状况相匹配，企业有优势占领这一市场。可进入性具体表现在信息进入、产品进入和竞争进入。考虑市场的可进入性，实际上是研究其营销活动的可行性。一是企业能够通过一定的广告媒体把产品的信息传递到该市场众多的消费者中去；二是产品能通过一定的销售渠道抵达该市场。

▶ 4. 差异性

差异性指细分市场在观念上能被区别并对不同的营销组合因素和方案有不同的反应。

▶ 5. 相对稳定性

相对稳定性指细分后的市场有相对应的时间稳定。细分后的市场能否在一定时间内保持相对稳定，直接关系到企业生产营销的稳定性。特别是大中型企业以及投资周期长、转产慢的企业，更容易造成经营困难，严重影响企业的经营效益。

此外，市场细分的基础是顾客需求的差异性，所以凡是使顾客需求产生差异的因素都可以作为市场细分的标准。由于各类市场的特点不同，因此市场细分的条件也有所不同。

知识链接

如何利用互联网帮助企业进行市场细分？

互联网的确能够帮助企业进行市场细分。那些针对特定市场细分的网站尤其令人印象深刻，像针对新生儿母子的、老年人的、西班牙裔的等，预计未来还会有上百个服务于特定群体的网站，为客户提供信息、购物和互动机会。

今天，网络销售商开始建立一种数据仓库，把客户的名字、前景以及其他很多信息输入其中，营销人员在数据仓库中进行数据挖掘以发现新的市场细分和利基。之后他们将特定的市场供给品提供给潜在客户，这是经典的市场细分。

第二节 目标市场选择

并非所有的子市场对本企业都有吸引力，任何企业都没有足够的人力资源和资金满足整个市场或追求过大的目标，只有扬长避短，找到有利于发挥本企业现有的人、财、物优势的目标市场，才不至于在庞大的市场上瞎撞乱碰。选择目标市场，明确应为哪一类用户服务，满足他们的哪一种需求，是企业在营销活动中的一项重要策略。

著名的市场营销学者麦卡锡提出了应当把消费者看作一个特定的群体，称为目标市场。市场细分有利于明确目标市场；市场营销策略的应用有利于满足目标市场的需要。即目标市场就是通过市场细分后，企业准备以相应的产品和服务满足其需要的一个或几个子市场。

一、目标市场与进入

▶ 1. 目标市场的概念

目标市场就是企业期望并有能力占领和开拓，能为企业带来最佳营销机会与最大经济效益的具有大体相近需求，企业决定以相应商品和服务去满足其需求、为其服务的消费者群体。

▶ 2. 市场覆盖模式

企业需要决定，如何进入以及进入多少个细分市场。一般来说，有以下五种基本的市场覆盖模式。

（1）市场集中化。即企业选择一个细分市场，集中力量为之服务。较小的企业一般这样专门填补市场的某一部分。集中营销使企业深刻了解该细分市场的需求特点，采用针对的产品、价格、渠道和促销策略，从而获得强有力的市场地位和良好的声誉，但同时隐含较大的经营风险。

（2）产品专门化。即企业集中生产一种产品，并向所有顾客销售这种产品。例如服装厂商向青年、中年和老年消费者销售高档服装，企业为不同的顾客提供不同种类的高档服装产品和服务，而不生产消费者需要的其他档次的服装。这样，企业在高档服装产品方面树立很高的声誉，但一旦出现其他品牌的替代品或消费者流行的偏好转移，企业将面临巨大的威胁。

（3）市场专门化。即企业专门服务于某一特定顾客群，尽力满足他们的各种需求。例如企业专门为老年消费者提供各种档次的服装。企业专门为这个顾客群服务，能建立良好的声誉。但一旦这个顾客群的需求潜量和特点发生突然变化，企业就要承担较大的风险。

（4）选择专门化。企业选择几个细分市场，每一个对企业的目标和资源利用都有一定的吸引力。但各细分市场彼此之间很少或根本没有任何联系。这种策略能分散企业经营的风险，即使其中某个细分市场失去了吸引力，企业还能在其他细分市场盈利。

（5）完全市场覆盖。企业力图用各种产品满足各种顾客群体的需求，即以所有的细分市场作为目标市场。例如服装厂商为不同年龄层次的顾客提供各种档次的服装。一般只有实力强大的大企业才能采用这种策略。例如 IBM 公司在计算机市场、可口可乐公司在饮料市场开发众多的产品，满足各种消费需求。

二、目标市场识别与评估

▶ 1. 目标市场识别

由于每个生产企业受资金、设备、技术等方面的限制，不可能满足全部顾客的不同需求。所以，企业首先要进行市场的细分，在细分的基础上，根据自身的优势条件，从事某方面的生产与营销活动，经营适合自身发展的、力所能及的目标市场。企业在市场中寻找和选择与自身实力相匹配的市场作为经营的主要市场，这个市场就称为目标市场。目标市场是企业长期经营并持之以恒发展的市场，一旦确定了目标市场，尽管可能目标顾客的需求千变万化，但是目标市场轻易不会改变，因此目标市场的确定是企业业务战略的一部分，是企业的长期发展方向。

目标市场识别有以下方法可以借鉴：

（1）了解竞争对手的目标市场。竞争对手的目标市场可以通过他们的营销计划和促销活动、宣传手册等来了解。访问竞争对手的营销人员也可以知道竞争对手的市场在哪里，这些市场也许你也想和他们竞争，要么就避开这些市场。

（2）阅读行业期刊。了解竞争对手的营销努力程度和营销计划活动。在他们向同行炫耀的过程中，这些不明智的竞争对手会经常（并且是无意地）向外界和你泄露他们的新营销战略。

（3）检查销售记录。销售记录呈现出某些规律。某些购买者是不是可以按照某个或者某些共同特征逻辑来归类，从而形成一个可以接触的目标市场呢？例如，在美国沃尔玛的一个超级市场的货架上，尿布和啤酒赫然地摆在一起出售，一个是日用品，一个是食品，两个风马牛不相及的物品摆在一起的结果是尿布和啤酒的销量双双激增。沃尔玛超市为什么要将这两个商品摆在一起？摆在一起的结果为什么会是销量激增？原来，沃尔玛超市对一年多的原始销售交易数据进行详细分析时，发现在美国有孩子的家庭中，太太经常嘱咐他们的丈夫下班以后要为孩子买尿布，而丈夫们在买完尿布以后又顺手带回了自己爱喝的啤酒，因此啤酒和尿布一起购买的机会是最多的。通过检查和分析销售记录，更清晰地明确了啤酒和尿布的目标市场。接到订货时向顾客问更多关于他们的情况，比如，记下他们的年龄、性别、电话号码、感兴趣的领域等。很多生产厂商要求购买者填写并寄回保修卡，实际上是能够揭示消费者生活方式、购买习惯和收入的微型市场调查。在你发送产品和提供服务时也可以采用这种可以邮回的调查表，研究你从购买者那里收集来的信息。这些数据显示存在着一个你应当集中促销努力的市场。

（4）向全体的推销人员询问你应该在营销计划中强调哪些市场。如果推销人员在一个你没有做多少宣传的市场取得了销售成功，那么你可能应该考虑在这个市场进行更积极的促销宣传，支持他们的努力。

(5) 研究你的顾客名单。哪些顾客是最好的顾客——购买的总额最多、最容易联系到、与之打交道时最愉快的顾客？你也许会发现所有这些"最好"的顾客都可以归入一个或者多个可以清楚界定的市场，而在这些市场你尚未进行积极的促销努力。

▶ **2. 目标市场评估**

市场细分以后，营销策划员要对各个子市场进行预测与评估，从而为企业提供选择目标市场的可行方案。比如，开拓与占领这个目标市场需要多少费用、可能销售多少产品、将要获得多少利润、市场占有率可能达到多少、投资收益率如何、几种盈利率（销售额盈利率、资金盈利率、成本盈利率、工资盈利率等）的比较预计如何等。只有对占领某个细分市场可能带来的经济效益作出了正确的预测，才能评价是否值得去开拓，才能决策采取什么策略和方法去占领。尤其是决定采取差异性营销策略或集中性营销策略的企业，更要仔细估价比较一下重点开拓哪个细分市场更为有利。

企业评估目标市场的目的就是为了选择决策企业究竟要进入哪个或哪几个细分市场。通常情况下，目标市场必须具备以下基本条件：

（1）有足够的吸引力。理想的目标市场，应该有较大的经济效益或盈利机会。如果该细分市场难以进入，或者企业无法占有预定的市场份额，就会缺少内在的吸引力。一般来说，一个市场的顾客越多、购买力越强，市场的吸引力就越大，但是市场吸引力越大，可能竞争就越激烈，那些资源条件有限的中小企业在竞争中往往处于不利位置。因此，企业必须根据自身情况作出判断，进入那些与自身实力相匹配的市场以大显身手。

（2）有一定的规律和发展前景。理想的目标市场，首先应该与企业实力相匹配。较小的目标市场，不利于较大的企业发挥生产潜力；过大的目标市场，对于实力较弱的企业来说，则难以有效控制和占领，并且所选目标市场还要有充分发展的潜力。

（3）该市场中的竞争者相对较少。选择的目标市场现有的和潜在的竞争者越少越好，竞争相对较小，有利于企业短期内快速发展，积累资金。

（4）符合企业的目标和能力。理想的目标市场，还必须结合企业的目标与能力来考虑。某些细分市场也许有较大的吸引力，但不符合企业的长远目标，因而只有放弃。同时，企业还必须考虑自身是否拥有该市场所需的技术和资源。无论什么样的细分市场，企业要在其中取得成功，都必须有某些条件。如果企业在该市场中的某个方面缺乏必要的能力，那就只有放弃这个市场。有了必要做能力，企业还要发挥其优势，以战胜竞争对手。如果无法在该市场创造某种形式的相对优势地位，就不应该贸然进入。

知识链接

企业怎样才能不断找到市场的利基？

利基存在于所有市场。营销人员需要研究市场上不同消费者对于产品属性、价格、渠道、送货时间等方面的各种要求。由此，购买者将被分成不同的群体，每一个群体会对某一方面的产品/服务/关系有特定的要求，每一个群体都可以成为一个利基，企业可以根据其特殊性提供服务。

比方说，一家建筑公司可以设计任何类型的大厦，或者专门设计某种特定类型的大厦，像疗养院、医院、监狱或大学生宿舍。即使选择疗养院时，公司还可以进一步选择高造价疗养院而不是低造价疗养院，更进一步地，它还可以只针对佛罗里达州开展业务，这样，这家公司确定如下的市场利基：为佛罗里达州设计高造价养老院，假定营销调研显示这个利基充分大和具有增长潜力。

三、目标市场战略及其选择

▶ 1. 目标市场战略

评估不同的细分市场后，企业就要决定选择哪些和选择多少细分市场，即确定目标市场。目标市场是企业决定进入、具有共同需要或特征的购买者集合。

目标市场战略主要有以下三类：

（1）无差异性市场战略。企业不考虑市场的差异性，而考虑其基本共同需求，在所有的市场上只提供一种产品，采用一套营销方案，如图4-1所示。这时企业通常采用大规模分销渠道和大众化广告。美国可口可乐公司从1886年问世以来，一直采用无差别性市场战略，生产一种口味、一种配方、一种包装的产品满足世界上156个国家和地区的需要，称作"世界性的清凉饮料"，资产达74亿美元。由于百事可乐等饮料的竞争，1985年4月，可口可乐公司宣布要改变配方的决定，不料在美国市场掀起轩然大波，许多电话打到公司，对公司改变可口可乐的配方表示不满和反对，公司不得不继续大批量生产传统配方的可口可乐。可见，采用无差别性市场战略，产品在内在质量和外在形体上必须有独特风格，才能得到多数消费者的认可，从而保持相对的稳定性。

这种战略的优点是产品单一，容易保证质量，能大批量生产，降低生产和销售成本。但如果同类企业也采用这种策略，必然要形成激烈竞争。闻名世界的肯德基炸鸡，在全世界有800多个分公司，都是同样的烹饪方法、同样的制作程序、同样的质量指标、同样的服务水平，采取无差别策略，生产很红火。1992年，肯德基在上海开业不久，上海荣华鸡快餐店开业，且把分店开到肯德基对面，形成"斗鸡"场面。因荣华鸡快餐把原来洋人用面包作主食改为蛋炒饭为主食，西式沙拉土豆改成酸辣菜、西葫芦条，更取悦于中国消费者。所以，面对竞争强手时，无差别性市场战略也有其局限性。

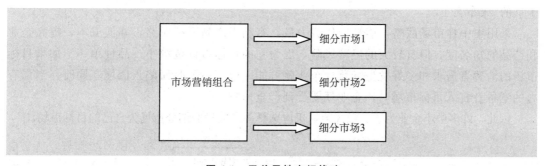

图 4-1 无差异性市场战略

（2）差异性市场战略。企业选择几个细分市场，根据每个细分市场的不同特征来制定独立的营销方案，设计不同的产品，如图4-2所示。企业通过针对各细分市场的营销来获得整体的理想销售业绩。如美国有的服装企业，按生活方式把妇女分成三种类型：时髦型、男子气型、朴素型。时髦型妇女喜欢把自己打扮得华贵艳丽，引人注目；男子气型妇女喜欢打扮得超凡脱俗、卓尔不群；朴素型妇女购买服装讲求经济实惠、价格适中。公司根据不同类型妇女的不同偏好，有针对性地设计出不同风格的服装，使产品对各类消费者更具有吸引力。

又如某自行车企业,根据地理位置、年龄、性别细分为几个子市场:农村市场,因常运输货物,要求牢固耐用,载重量大;城市男青年,要求快速、样式好;城市女青年,要求轻便、漂亮、闸灵。针对每个子市场的特点,制定不同的市场营销组合策略。

差异性市场战略的优点是能较好地促进销售,通过提供小批量、多品种的产品,更好地迎合消费者的不同需求。其缺点是由于产品差异化、促销方式差异化,增加了管理难度,提高了设计、生产、物流和经营方面的成本。目前只有力量雄厚的大公司采用这种策略。如青岛双星集团公司,生产多品种、多款式、多型号的鞋,满足国内外市场的多种需求。

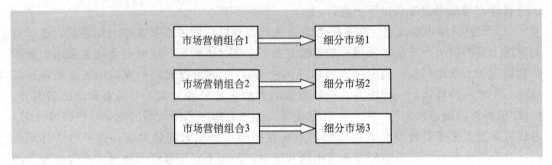

图 4-2 差异性市场战略

(3)集中性市场战略。企业集中资源选择一个或少数几个细分市场,针对该细分市场设计一套营销组合策略进行营销活动,在个别少数市场上发挥优势,提高市场占有率,如图 4-3 所示。采用这种战略的企业对目标市场有较深的了解,这是大部分中小型企业应当采用的战略。日本尼西奇起初是一个生产雨衣、尿布、游泳帽、卫生带等多种橡胶制品的小厂,由于订货不足,面临破产。总经理多川博在一个偶然的机会,从一份人口普查表中发现,日本每年约出生 250 万个婴儿,如果每个婴儿用两片尿布,一年需要 500 万片。于是,他们决定放弃尿布以外的产品,实行尿布专业化生产。一炮打响后,又不断研制新材料,开发新品种,不仅垄断了日本尿布市场,还远销世界 70 多个国家和地区,成为闻名于世的"尿布大王"。

采用集中性市场战略,能集中优势力量,有利于产品适销对路,降低成本,提高企业和产品的知名度,但有较大的经营风险,因为它的目标市场范围小、品种单一。如果目标市场的消费者需求和爱好发生变化,企业就可能因应变不及时而陷入困境。同时,当强有力的竞争者打入目标市场时,企业就要受到严重影响。

因此,许多中小企业为了分散风险,仍应选择一定数量的细分市场为自己的目标市场。

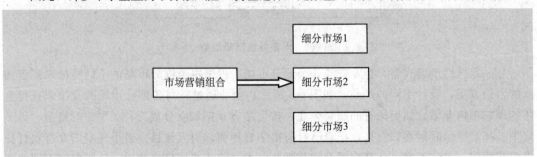

图 4-3 集中性市场战略

▶ 2. 选择目标市场战略

三种目标市场战略各有利弊。选择目标市场战略时，企业必须考虑面临的各种因素和条件，如企业规模和原料的供应、产品类似性、市场类似性、产品生命周期、竞争的目标市场等。

选择适合本企业的目标市场战略是一个复杂多变的工作。企业内部条件和外部环境在不断发展变化，经营者要不断通过市场调查和预测，掌握和分析市场变化趋势与竞争对手的条件，扬长避短，发挥优势，把握时机，采取灵活的适应市场态势的策略，去争取较大的利益。

（1）企业的资源和实力。人、财、物及信息等资源不足、实力有限，一般不宜把整体市场作为目标市场，如中小企业多采用集中性市场战略；实力雄厚的大企业，差异性市场战略与无差异市场战略均可根据需要选用。

（2）产品的同质性。产品的同质性表明了产品在性能、特点等方面的差异性的大小，是企业选择目标市场时不可不考虑的因素之一。一般对于同质性高的产品，如食盐、大米、钢铁等，宜进行无差异市场营销；设计变化较多的产品，如服装、食品、汽车等，消费者认为其各个方面的差别较大，在购买时需要挑选比较，宜考虑差异性市场营销战略或集中性市场营销战略。

（3）产品生命周期。产品因所处的生命周期的阶段不同而表现出的不同特点亦不容忽视。产品处于导入期和成长初期，消费者刚刚接触新产品，对它的了解还停留在较粗浅的层次，竞争尚不激烈，企业这时的营销重点是挖掘市场对产品的基本需求，往往采用无差异市场营销战略；等产品进入成长后期和成熟期时，消费者已经熟悉产品的特性，需求向深层次发展，表现出多样性和不同的个性来，竞争空前地激烈，企业应适时地转变为差异性市场营销战略或集中性市场营销战略。

（4）市场的同质性。如果各个细分市场的消费者对某种产品的需求和偏好基本一致，对市场营销刺激的反应也相似，则说明这一产品的市场是同质或相似的，针对这一产品的目标市场最好采用无差异市场战略。如我国的电力，无论是北方市场或南方市场、城市市场或农村市场、沿海地区市场或是内陆地区市场，其需求是一致的，都需要220V、50Hz的照明电，电力应采用无差异市场战略。如果各个细分市场的消费者对同种产品需求的差异性大，则这种产品的市场同质性低，应采用差异性市场战略。如洗衣机市场，城市消费者与农村消费者的需求不同，南方消费者与北方消费者的需求不同，高收入层与低收入层的需求也会不同。

（5）竞争状况。首先应考虑竞争对手的数量。如果竞争对手的数目多，应采用差异性市场战略，发挥自己的优势，提高竞争力；如果竞争对手少，则采用无差异性市场战略，去占领整体市场，增加产品的销售量。其次应考虑竞争对手采取的策略。如果竞争对手已积极进行市场细分，并已选用差异性市场战略，企业应采用更有效的市场细分，并采用差异性市场战略或密集性市场战略，寻找新的市场机会。如果竞争对手采用无差异性市场策略，企业可用差异性市场策略或集中性市场战略与之抗衡，如果竞争对手较弱，企业也可以实行无差异性市场战略。

企业的目标市场战略应慎重选择，一旦确定，应该有相对的稳定性，不能朝令夕改。但灵活性也不容忽视，没有永恒正确的策略，一定要密切注意市场需求的变化和竞争动态。

第三节 市场定位

企业进行市场细分，确定目标市场之后，紧接着应考虑目标市场各个方位的竞争情况。因为在企业准备进入的目标市场中往往存在一些捷足先登的竞争者，有些竞争者在市场中已占有一席之地，并树立了独特的形象。新进入的企业如何使自己的产品与现存的竞争者产品在市场形象上相区别，这就是市场定位的问题。

一、市场定位的概念及作用

曾经有一张获奖的照片：整张照片上布满了挤得密密的牛，这上百只牛形体极其相似，唯有一只异常引人注目，在其他的牛都低头觅食的时候，它却抬头回眸，瞪着大眼好奇地望着摄像机的镜头，神情可爱。每个看到这张照片的人无不一下被那头牛吸引住目光，并对其留下深刻的印象，而对其他牛则难以留下记忆。这说明一个道理：有差异的、与众不同的事物才容易吸引人的注意力。

▶ 1. 市场定位的概念

市场定位(market positioning)是 20 世纪 70 年代由美国学者阿尔·赖斯提出的一个重要营销学概念。所谓市场定位就是企业根据目标市场上同类产品的竞争状况，针对顾客对该类产品某些特征或属性的重视程度，为本企业产品塑造强有力的、与众不同的鲜明个性，并将其形象生动地传递给顾客，求得顾客认同。市场定位的实质是使本企业与其他企业严格区分开来，使顾客明显感觉和认识到这种差别，从而在顾客心目中占有特殊的位置。

传统的观念认为，市场定位就是在每一个细分市场上生产不同的产品，实行产品差异化。事实上，市场定位与产品差异化尽管关系密切，但有着本质的区别。市场定位是通过为自己的产品创立鲜明的个性，从而塑造出独特的市场形象来实现的。一项产品是多个因素的综合反映，包括性能、构造、成分、包装、形状、质量等，市场定位就是要强化或放大某些产品因素，从而形成与众不同的独特形象。产品差异化乃是实现市场定位的手段，但并不是市场定位的全部内容。市场定位不仅强调产品差异，而且要通过产品差异建立独特的市场形象，赢得顾客的认同。

需要指出的是，市场定位中所指的产品差异化与传统的产品差异化概念有本质区别，它不是从生产者角度出发单纯追求产品变异，而是在对市场分析和细分的基础上，寻求建立某种产品特色，因而它是现代市场营销观念的体现。

▶ 2. 市场定位的作用

(1) 定位能创造差异，有利于塑造企业特有的形象。通过定位向消费者传达定位的信息，使差异性清楚地展现于消费者面前，从而引起消费者的注意，并使其产生联想。若定位与消费者的需求吻合，那么品牌就可以留驻在消费者心中。如在品牌众多的洗发水市场上，海飞丝洗发水定位为去头屑的洗发水，这在当时是独树一帜，因而海飞丝一推出就立即引起消费者的注意，并认定它不是普通的洗发水，而是具有去头屑功能的洗发水，当消费者需要解决头屑烦恼时，便自然第一个想到它。

【案例】

力士是国际上风行的老品牌。它 70 多年来在世界 79 个国家用统一策略进行广告宣传，并始终维护其定位的一致性、持续性，因而确定了它国际知名品牌的形象。力士香皂的定位不是清洁、杀菌，而是美容。相较清洁和杀菌，美容是更高层次的需求和心理满足，这一定位巧妙地抓住了人们的爱美之心。如何表现这一定位，与消费者进行沟通？力士打的是明星牌。通过国际影星推荐，力士很快获得全球的认知。同时，用影星来说"美容"，把握了人们偶像崇拜以及希望像心中偶像那样被人喜爱的微妙心理。

（2）适应细分市场消费者或顾客的特定要求，以更好地满足消费者的需求。每一产品不可能满足所有消费者的要求，每一个企业只有以市场上的部分特定顾客为其服务对象，才能发挥其优势，提供更有效的服务。因而明智的企业会根据消费者需求的差别将市场细分化，并从中选出有一定规模和发展前景并符合企业目标和能力的细分市场作为目标市场。但只是确定了目标消费者是远远不够的，因为这时企业还是处于"一厢情愿"的阶段，令目标消费者也同样以你的产品作为他们的购买目标才更为关键。为此企业需要将产品定位在目标市场消费者所偏爱的位置上，并通过一系列的营销活动向目标消费者传达这一定位信息，让消费者注意到这一品牌并感觉到它就是他们所需的，才能真正占据消费者的心，使你所选定的目标市场真正成为你的市场。如果说市场细分和目标市场抉择是寻找"靶子"，那么市场定位就是将"箭"射向靶子。

（3）定位能形成竞争优势。在当今信息爆炸的社会，消费者大都被过量的产品或服务的信息所困惑，他们不可能在购买产品前都对其进行重新评价。为了简化购买决策，消费者往往会对产品进行归类，即将某个企业和产品与竞争对手和竞争产品相比较后得出结论，并使企业和产品在他们心目中"定个位置"。定位一旦得到消费者的认可，便使企业形成巨大的竞争优势，且这一优势往往非产品质量和价格所带来的优势可比。如"可口可乐才是真正的可乐"这一广告在消费者心目中确立了"可口可乐是唯一真正的可乐"这一独特的地位，其他可乐在消费者心目中只是可口可乐的模仿品而已，尽管在品质或价格等方面几乎不存在差异。

【案例】

香港银行如何利用定位谋取市场

香港金融业非常发达，占其产业的 1/4。在这一弹丸之地，各类银行多达几千家，竞争异常激烈。如何在这个狭小的市场找到自身的生存空间？香港各家银行的做法是：利用定位策略，突出各自优势。

汇丰——定位于分行最多、全港最大的银行。这是以自我为中心实力展示式的诉求。20 世纪 90 年代以来，为拉近与顾客之间的距离，汇丰改变了定位策略。新的定位立足于"患难与共，伴同成长"，旨在与顾客建立同舟共济、共谋发展的亲密朋友关系。

恒生——定位于充满人情味的、服务态度最佳的银行。通过走情感路线赢得顾客的心。突出服务这一卖点，也使它有别于其他银行。

渣打——定位于历史悠久、安全可靠的英资银行。这一定位树立了渣打银行可信赖的"老大哥"形象，传达了让顾客放心的信息。

中国银行——定位于强大后盾的中资银行。直接针对有民族情结、信赖中资的目标顾客群，同时暗示它能提供更多更新的服务。

廖创兴——定位于助你创业兴家的银行。以中小工商业者为目标对象，为他们排忧解难，赢得事业的成功。香港中小工商业者有很大的潜在市场。廖创兴敏锐地洞察到这一点，并摸准他们的心理：想出人头地，大展宏图。据此，廖创兴将自身定位在专为这一目标顾客群服务，给予他们在其他大银行和专业银行所不能得到的支持和帮助，从而牢牢占有了这一市场。

资料来源：百度文库，http://www.docin.com/p-807973786.html。

二、市场定位策略

▶ 1. 产品定位策略

市场营销中的产品是一个包含三个层次的整体产品，产品定位的目的是让有形、无形的产品在顾客心目中留下深刻的印象，因此产品定位必须从产品三个层次的各种特征，如功能、价格、技术、质量、安装、应用、维护、包装、销售渠道、售后服务等方面入手，使这之中的一个或几个能与其他同类产品区分开来，且区别越大越好，特色越明显越好，看上去就好像是市场上"唯一"的。归纳起来，产品定位策略有下面几种：

（1）根据属性定位。产品与属性、特色或顾客利益相联系。如酒可按照酒精浓度的高低定位，"XO"定位为男士之酒，广东的"客家娘酒"定位为女人酿的酒。又如汽车市场上，德国的大众汽车具有"货币的价值"的美誉，日本的丰田汽车侧重于"经济可靠"，瑞典的沃尔沃汽车则具有"耐用"的特点。

产品的外形（形状、颜色、大小等）是产品给顾客的第一印象。独特的外形往往能吸引顾客第一眼的注意。如果在顾客对某些产品的形式已成为习惯、想当然的时候，在外形上加以改造，往往有令人惊喜的效果。所谓"狗咬人不是新闻，人咬狗才是新闻"。在灰黑的电器中突然出现一台红色的电冰箱，会格外引人注目。

（2）根据价格与质量定位。价格是产品最明显也最能反映其质量、档次特征的信息。如一家大酒楼，推出上万元一桌的"黄金宴"，通过这种看似噱头的高价，除了造成了新闻的轰动效应外，还给顾客留下了深刻的印象，使顾客把这家酒楼与豪华高贵联系起来，酒楼在顾客心目中形成了独特的地位。于是，社会的有钱人士都以进去消费一番为荣。

① 高质高价定位。高价格是一种高贵质量的象征。只要企业或产品属于"高质"的类别，且其高质量、高水平服务、高档次能使顾客实实在在地感受到，就可以用这种定位方法。如劳斯莱斯汽车就属于该种定位。

② 高质低价定位。一些企业将高质低价作为一种竞争手段，目的在于渗透市场，提高市场占有率。如广东格兰仕集团就是采用这种定位，通过重视优于价格水平的产品质量的宣传，向顾客传递"物超所值"的信息，使格兰仕微波炉迅速占领我国微波炉市场并一直保持超过65%的极高的市场占有率。

（3）根据产品的功能和利益定位。功能性定位是根据产品所提供的利益和解决问题的方法定位，它是由产品本身的属性和功能决定的。如洗发水中，"飘柔"的利益承诺是"柔顺头发"，"海飞丝"的利益承诺是"去除头屑"，"潘婷"的利益承诺是"营养头发"。宝洁公司利用这三个相互独立的品牌占据了洗发水三个覆盖面较大的细分市场。宝洁公司的"舒肤佳"健康沐浴露，突出的功能是去除和抑制可能引起皮肤感染和汗臭的细菌，含有"迪保肤"抑菌成分，有助于皮肤健康，体现人们在生活水平提高后对健康的重视。

(4) 根据使用者定位。企业常常试图将其产品指向某一类特定的使用者，以便根据这些顾客的看法塑造恰当的形象。例如美国米勒啤酒公司曾将其原来唯一的品牌"高生"啤酒定位于"啤酒中的香槟"，吸引了许多不常饮用啤酒的高收入妇女。后来发现，占30%的狂饮者大约消费了啤酒销量的80%。于是，该公司在广告中展示石油工人钻井成功后狂欢的镜头，还有年轻人在沙滩上冲刺后开怀畅饮的镜头，塑造了一个"精力充沛的形象"。公司在广告中提出"有空就喝米勒"，从而成功占领啤酒狂饮者市场达10年之久。

▶ 2. 品牌定位策略

品牌是商业化的现实生活中最常见的东西。如今人们要用什么东西都得买，买的时候就认牌子，因为同类的产品太多了。据说在国际上，有一半的产品是靠牌子成交的。如瑞士的手表、法国的化妆品、日本的电子产品和小汽车、德国的照相机、美国的可口可乐及中国的丝绸等，这些产品几乎不需要任何介绍，成交率非常高。

(1) 档次定位。即依据品牌在消费者心目中的价值高低区分出不同的档次。如酒店、宾馆按星级划分为1~5个等级，是档次定位的一个例子。广州五星级白天鹅宾馆凭借其高档的品牌形象，不仅涵盖了幽雅的环境、优质的服务、完善的设施，还包括进出其中的都是商界名流及有一定社会地位的人士。定位于中低档次的品牌，则针对其他的细分市场，如满足追求实惠和廉价的低收入者。

因为档次定位反映品牌的价值，不同品质、价位的产品不适宜使用同一品牌。如果企业要推出不同价位、品质的系列产品，应采取品牌多元化策略，以免使整体品牌形象受低质产品影响而遭到破坏。如台湾顶新集团在中档方便面市场成功推出"康师傅"。在进攻低档方便面市场时，不是简单地沿用影响力已经很大的"康师傅"品牌，而是推出新的品牌"福满多"。

(2) 类别定位。即依据产品的类别建立起品牌联想。类别定位力图在顾客心目中造成该品牌等同于某类产品的印象，已成为某类产品的代名词或领导品牌，在消费者有了某类特定需求时就会联想到该品牌。在饮料市场，"可口可乐"和"百事可乐"是市场的领导品牌，市场占有率极高，在消费者心目中的地位不可动摇。"七喜"汽水"非可乐"定位就是借助类别定位的一个经典例子。"非可乐"的定位使"七喜"处于与"可口"和"百事"对立的类别，成为可乐饮料之外的另一种选择，不仅避免了与两巨头的正面竞争，还巧妙地与两品牌挂钩，使自身处于和它们并列的地位。成功的类别定位使"七喜"在龙争虎斗的饮料市场中占据第三的位置。

(3) 比附定位。比附定位就是通过攀附名牌、比拟名牌来给自己的品牌定位，目的是借名牌之光来提升自己品牌的价值和知名度。

① 甘居"第二"。即明确承认同类产品中另有最负盛名的品牌，自己只不过是第二而已。这种策略会使人产生一种谦虚诚恳的印象，相信其所说的是真实可靠的，因而记住了通常不易为人重视和熟记的序号。

② 奉行高级俱乐部策略。强调自己是某个具有良好声誉的小团体的成员之一。如美国克莱斯勒公司就宣称自己是美国"三大汽车公司之一"，一下子使自己和"巨头"们坐在了一起，很容易在顾客心目中留下深刻印象。

(4) 情景定位。即将品牌与一定环境、场合下产品的使用情况联系起来，以唤起顾客在特定情景下对该品牌的联想。如"八点以后"巧克力薄饼定位"适合八点以后吃的甜点"，

"米开威"(Milky Way)则自称为"可在两餐之间吃的甜点"。它们在时段上进行了区分。八点钟以后,想吃甜点的顾客自然而然想到"八点以后"这个品牌,而在两餐之间首先会想到米开威。

3. 企业定位策略

顾客在购买一种物品的时候,常常会面临品牌太多,而自己又对品牌弄不清楚的情形。这时顾客往往会倾向于看生产经营的企业是哪一家后再做决定。企业作为一个整体,在顾客的心目中是有一定位置的。如一提到胶卷,大多数人脑子里立刻会想起柯达、富士、乐凯等名称。所以一个企业,必须设法让自己作为一个整体,在顾客的心里占据一个明显而突出的位置。企业作为整体的定位,有四种可以选择的策略:

(1) 市场领导者的策略。在同行中,往往有一家这样的大企业,它的经济实力雄厚,产品拥有最大的市场占有率,被公认为处于市场领导者的地位。这类企业为了维护其领导者的地位,通常把自己的整体形象定位在消费者偏爱范围的中心位置,这样定位最能适合广大顾客的需要,市场占有率最大。

(2) 市场挑战者的策略。在同行业中,一些大企业处于第二、第三的市场地位,它们不甘心被领导,立意市场竞争,抢占市场领导者的位置,以提高市场占有率,增加盈利。这类企业的市场定位是把自己的整体形象定位在尽量靠近市场领导者的位置,缩小与领导者的差别,便于争夺市场领导者地位。

(3) 市场追随者的策略。在同一行业中,一些处于市场第四、第五位的企业,或处于第二、第三位的企业,从利润出发,不愿意冒风险与市场领导者争夺市场领导地位,而宁居次要地位追随、模仿市场领导者。这类企业一般选择的定位策略有三:一是紧随其后;二是有距离地追随;三是有选择地追随。

(4) 市场补缺者的策略。在同一行业中,一些小型企业因为资源有限,无法与大企业相争,只能经营一些被大企业忽视的小市场。这类企业把自己的整体形象定位在远离领导者的位置上,以避免市场竞争,发展自己的事业。

三、市场定位的步骤

1. 分析目标市场的现状,识别潜在的竞争优势

这一步骤的中心任务是要回答以下三个问题:一是竞争对手产品定位如何?二是目标市场上顾客欲望满足程度如何以及确实还需要什么?三是针对竞争者的市场定位和潜在顾客的真正需要的利益要求企业应该及能够做什么?要回答这三个问题,企业市场营销人员必须通过一切调研手段,系统地设计、搜索、分析并报告有关上述问题的资料和研究结果。

通过回答上述三个问题,企业就可以从中把握和确定自己的潜在竞争优势在哪里。

2. 准确选择竞争优势,对目标市场初步定位

竞争优势表明企业能够胜过竞争对手的能力。这种能力既可以是现有的,也可以是潜在的。选择竞争优势实际上就是一个企业与竞争者各方面实力相比较的过程。比较的指标应是一个完整的体系,只有这样,才能准确地选择相对竞争优势。通常的方法是分析、比较企业与竞争者在经营管理、技术开发、采购、生产、市场营销、财务和产品等七个方面究竟哪些是强项,哪些是弱项。借此选出最适合本企业的优势项目,以初步确定企业在目标市场上所处的位置。

▶ 3. 显示独特的竞争优势和重新定位

这一步骤的中心任务是企业要通过一系列的宣传促销活动，将其独特的竞争优势准确传达给潜在顾客，并在顾客心目中留下深刻印象。

首先，应使目标顾客了解、知道、熟悉、认同、喜欢和偏爱本企业的市场定位，在顾客心目中树立与该定位相一致的形象。

其次，企业通过各种努力强化目标顾客形象，保持目标顾客的了解，稳定目标顾客的态度和加深目标顾客的感情来巩固与市场相一致的形象。

最后，企业应注意目标顾客对其市场定位理解出现的偏差或由于企业市场定位宣传上的失误而造成的目标顾客模糊、混乱和误会，及时纠正与市场定位不一致的形象。

企业的产品在市场上定位即使很恰当，但在下列情况下，还应考虑重新定位：

（1）竞争者推出的新产品定位于本企业产品附近，侵占了本企业产品的部分市场，使本企业产品的市场占有率下降。

（2）消费者的需求或偏好发生了变化，使本企业产品销售量骤减。

重新定位是指企业为已在某市场销售的产品重新确定某种形象，以改变消费者原有的认识，争取有利的市场地位的活动。重新定位对于企业适应市场环境、调整市场营销战略是必不可少的，可以视为企业的战略转移。重新定位可能导致产品的名称、价格、包装和品牌的更改，也可能导致产品用途和功能上的变动，企业必须考虑定位转移的成本和新定位的收益问题。

四、市场定位的形式

▶ 1. 产品差别化战略

产品差别化战略是指从产品质量、特点、性能、款式和设计等方面实现差别。寻求产品特征是产品差别化战略经常使用的手段。

▶ 2. 服务差别化战略

服务差别化战略是指向目标市场提供与竞争者不同的优质服务，如配送、安装、修理、顾客培训等服务。企业的竞争力越好地体现在对顾客的服务上，市场差别化就越容易实现。

▶ 3. 人员差别化战略

人员差别化战略指通过聘用和培训比竞争者更为优秀的人员以获取差别优势。

▶ 4. 形象差别化战略

形象差别化战略指在产品的核心部分与竞争者雷同的情况下塑造不同的产品形象以获取差别优势。

五、市场定位的技术

▶ 1. 市场定位的工具

定位不仅是一种思考，在实践中需要专业性的工具使之操作具体化。定位图就是进行定位时最常使用的一种工具。

定位图是一种直观的、简洁的定位分析工具，一般利用平面二维坐标图的品牌识别、品牌认知等状况作直观比较，以解决有关定位问题。如图 4-4 所示，其坐标轴代表顾客评价品牌的特征变量，图上各点则对应市场上的主要品牌，它们在图上的位置代表顾客对其在关键特征方面的评价。

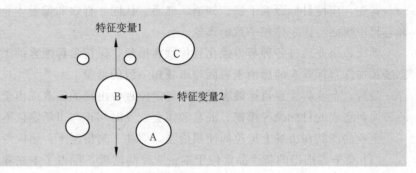

图 4-4　品牌定位图

通过定位图，可以显示各产品、各品牌在顾客心目中的印象及之间的差异，在此基础上作出定位决策。

▶ 2. 市场定位的方式

（1）避强定位。避强定位策略是指企业力图避免与实力最强的或较强的其他企业直接发生竞争，而将自己的产品定位于另一市场区域内，使自己的产品在某些特征或属性方面与最强或较强的对手有比较显著的区别。

优点：避强定位策略能使企业较快地在市场上站稳脚跟，并能在消费者或用户中树立形象，风险小。

缺点：避强定位往往意味着企业必须放弃某个最佳的市场位置，很可能使企业处于最差的市场位置。

（2）迎头定位（对抗性定位）。迎头定位策略是指企业根据自身的实力，为占据较佳的市场位置，不惜与市场上占支配地位的、实力最强或较强的竞争对手发生正面竞争，而使自己的产品进入与对手相同的市场位置。如"可口可乐"与"百事可乐"之间持续不断的争斗、"肯德基"与"麦当劳"对着干等。实行对抗性定位，必须知己知彼，清醒估计自己的实力，不一定要压垮对方，能够平分秋色就是巨大的成功。

优点：竞争过程中往往相当引人注目，甚至产生所谓轰动效应，企业及其产品可以较快地为消费者或用户所了解，易于达到树立市场形象的目的。

缺点：具有较大的风险性。

（3）创新定位。创新定位指寻找新的尚未被占领但有潜在市场需求的位置，填补市场上的空缺，生产市场上没有的、具备某种特色的产品。采用这种定位方式时，公司应明确创新定位所需的产品在技术上、经济上是否可行，有无足够的市场容量，能否为公司带来合理而持续的盈利。

（4）重新定位。公司在选定了市场定位目标后，如定位不准确或虽然开始定位得当，但市场情况发生变化时，当遇到竞争者定位与本公司接近，侵占了本公司部分市场，或由于某种原因消费者或用户的偏好发生变化，转移到竞争者方面时，就应考虑重新定位。重新定位是以退为进的策略，目的是为了实施更有效的定位。重新定位有时需要承担很大的风险，企业在作出重新定位决策时，一定要慎重。必须仔细分析原有定位需要改变的原因，重新认识市场，明确企业的优势，选择最具优势的定位，并通过传播不断强化新的定位。

定位时，企业可以只推出一种差异，即单一差异定位；可以推出两种差异，即双重差异定位；还可以推出几种差异，实行多重差异定位。但值得引起重视的是：企业推出的差异不宜过多，否则会降低可信度，也影响定位的明确性。定位时应注意避免以下问题：

① 定位混乱。即企业推出的差异过多、推出的主题太多、定位变化太频繁，使消费者对其产品或品牌只有一个混乱的印象，令人难以弄清其主要的功能及好处是什么。

② 定位过度。即企业过度鼓吹产品的功效或提供的利益，使消费者难以相信企业在产品特色、价格、功效和利益等方面的宣传，对定位的真实性产生怀疑。

③ 定位过宽。有些产品定位过宽，不能突出产品的差异性，使消费者难以真正了解产品，使该产品难以在消费者心目中树立鲜明的、独特的市场形象。

④ 定位过窄。有些产品或品牌本来可以适应更多的消费者的需要，但由于定位过窄，使消费者对其形象的认识也过于狭窄，因而不能成为企业产品的购买者。如中国的丝绸，在西方顾客心目中是一种上流社会消费的高价商品，但由于国内企业争相出口，不断压价，使其在国外市场上成为一种便宜货，许多人反而不买了。

本章小结

企业应正确地选择自己特定的服务对象，通过制定营销策略有效地为他们提供产品和服务，以更好地满足顾客需要，增强企业的竞争优势。目标市场选择的前提和基础是必须对整体市场进行细分。市场细分是指营销者利用一定需求差别因素（细分因素），把某一产品整体市场消费者划分为若干具有不同需求的群体的过程或行为。所有影响消费者和用户需求的因素，都可以作为市场细分的标准。消费者市场细分的标准有：地理（居住的地区、地形气候等）、人口（年龄、性别、收入、文化、职业、民族等）、心理（生活方式、购买动机、性格等）、行为（购买时机、追求利益、使用情况等）。细分的方法按照选用标准的多少，有单一变数法、综合变数法、系列变数法。产业市场的细分标准有：人口变量（行业、公司规模、地理位置）、经营变量（技术、使用者或非使用者情况、顾客能力等）、采购方法（采购职能组织、权利结构、与用户的关系、采购政策、购买标准等）、情况因素（紧急、特别用途、订货量等）、个人特性（购销双方的相似性、对待风险的态度、忠诚度等）。

划分出了多个细分市场之后，必须对每个细分市场进行评估。

评估细分市场时，应该考虑该细分市场目前的状况，预测未来的发展潜力，考虑能否发挥本企业的资源优势和该细分市场的竞争状况。具体确定是选择一个单独的细分市场、几个细分市场或所有的细分市场，使其成为企业的目标市场。确定目标市场后，根据企业的实力、产品的实际状况、消费者选择产品的方式、竞争和环境等因素，选择目标市场战略。可供选择的战略有：无差异性市场战略、差异性市场战略、集中性市场战略。

选定了目标市场后，由于目标市场中标往往已经存在着一些捷足先登的竞争者，企业应努力使自己的品牌、产品能与现存的竞争者、竞争产品区分开来，在市场上为它们塑造一定的形象，即市场定位。市场定位是为了适应消费者心目中某一特定的看法而设计的企业、产品、服务及营销组合的行为。根据企业在行业中的地位的不同，可以采取对抗性定位策略和避强定位策略。如果原来的定位不理想，可以进行重新定位。

课后练习

一、选择题

1. 同一细分市场的顾客需求具有（　　）。
   A. 绝对的共同性　　B. 较多的共同性　　C. 较少的共同性　　D. 较多的差异性
2. （　　）差异的存在是市场细分的客观依据。
   A. 产品　　B. 价格　　C. 需求偏好　　D. 细分
3. 不属于产业市场细分标准的是（　　）。
   A. 地理位置　　B. 生活格调　　C. 公司规模　　D. 顾客能力
4. 依据目前的资源状况能否通过适当的营销组合去占领目标市场，即企业所选择的目标市场是否易于进入，这是市场细分的（　　）原则。
   A. 可衡量性　　B. 可实现性　　C. 可盈利性　　D. 可区分性
5. 采用无差异性市场战略的最大优点是（　　）。
   A. 市场占有率高　　B. 成本的经济性　　C. 市场适应性强　　D. 需求满足程度高
6. 集中性市场战略尤其适合于（　　）。
   A. 跨国公司　　B. 大型企业　　C. 中型企业　　D. 小型企业
7. 当强大的竞争对手采用无差异性市场战略时，企业应实施（　　）市场战略。
   A. 无差异性　　B. 差异性　　C. 集中性　　D. 差异性或集中性
8. 同质性较高的产品，宜采用（　　）战略。
   A. 产品专业化　　B. 市场专业化　　C. 无差异性市场　　D. 差异性市场
9. 市场定位是（　　）。
   A. 塑造一家企业　　B. 塑造一种产品　　C. 确定目标市场　　D. 分析竞争对手
10. 重新定位，是对销路少、市场反应差的产品进行（　　）定位。
    A. 避强　　B. 对抗性　　C. 竞争性　　D. 二次

二、思考题

1. 服装市场可按什么标准进行细分？
2. 化妆品的经营者将18～45岁的城市中青年妇女确定为目标市场，运用了几个细分变数？
3. 有人说："当企业为其产品推出较多的优越性（利益点）时，可能会变得令人难以相信，并失去一个明确的定位。"你是否同意这一说法？能否找出一些现实生活中观察到的实例来说明。

4. 细分市场能否成为目标市场？应从哪几方面进行评价？
5. 企业定位不理想时应做何种处理？

案例分享

天猫"光棍节"STP 战略分析

摘要： 光棍节源于网络，被淘宝（天猫）改良为"网络购物狂欢节"，引发广泛关注。天猫"光棍节"通过一系列有效的节庆营销策略，使得销售额节节攀升，2013 更是高达 350.19 亿元。本文旨在从 STP 战略的高度分析天猫"光棍节"节庆营销，以期从战略层面把握天猫"光棍节"节庆营销成功之处。

关键词： 天猫"光棍节"　节庆营销　STP 战略

一、背景描述

节庆营销，通常是指文化庆典类的针对节日、假日、狂欢节等实施的营销行为。因为广告制造的节庆越来越多，消费成为节庆的关键词，淘宝对"光棍节"的改良即是明证。本来"光棍节"是一种流行于年轻人的娱乐性节日，以庆祝自己的单身生活。"光棍节"产生于校园，通过网络等媒介传播和商业因素的推动，近年来已蔓延到整个社会，逐渐形成一种节日文化。

二、活动内容

2011 年，淘宝借势"光棍节"，将其运作为"网络购物狂欢节"。2012 年初，原淘宝商城正式更名为"天猫"，脱离淘宝，独立运作，并演变为节庆营销的重头戏，引发电商竞争。

三、活动效果展示

"光棍节"网购狂欢的主要特点是以极具吸引力的全场五折优惠，激发消费狂欢：从 2011 年的 53 亿元，到 2012 年的 191 亿元，再到 2013 年的 350 亿元，销量节节飙升，让人叹为观止。天猫"光棍节"的节庆营销在 STP 战略每个层面都具有自身的特点：按人口身份特点的差异进行市场细分；有选择地根据领域差异进行目标市场确定；根据竞争对手京东的优势进行有针对性的市场定位。

四、案例分析

1. 细分市场

大众营销走向衰亡，细分营销已成主流。市场细分是 STP 战略的第一步，就天猫"光棍节"节庆营销而言，天猫首先将市场细分为单身白领、大学生、年轻家庭三大类别，并据此分别开展一系列营销活动。

针对单身白领，在 2013 年"光棍节"的一周前开始，网络视频插播广告闺蜜篇的密集投放，对单身女性白领起到了有针对性的宣传效果。

针对大学生，在 2013 年"光棍节"的一周前开始，网络视频插播广告情侣、父女篇的密集投放，以及与知名中国功夫国际巨星李连杰合作，吸引大学生追星群体的广泛关注。

针对年轻家庭，在 2013 年"光棍节"的一周前开始，网络视频插播广告玩具篇的密集投放，吸引了年轻家庭的关注。

在此基础上，天猫在"光棍节"前夕注重活动造势和活动促销。"光棍节"前夕，通过视频类、平面类等网络广告形式，以娱乐化的风格吸引年轻人的注意力。例如，佐丹奴在天猫的"双十一"视频广告，以创意音乐加情景设置的方式，快乐男声诙谐地演绎"双十一"来了，让人忍俊不禁；2013年"双十一"的"喵"天猫唱响"双十一"活动则以猫的"喵喵叫"声音反衬天猫"双十一"活动带来的惊喜，网络视频插播广告的密集投放（"双十一"篇），为"双十一"的到来提前造势。

"光棍节"临近，线上线下齐上阵，密集投放预热全网。一是线上门户网站密集促销：倒计时3天在优酷、爱奇艺、土豆、腾讯等各大比较权威知名的门户网站将嵌入式预热页面广告以及"双十一"当天的官网首页推荐宣传介绍广告进行密集重复投放，为天猫"光棍节"节庆营销在线上互联网进行全面、密集、重复的覆盖预热，增加网民对天猫"光棍节"的了解。

二是线下传统媒体齐跟进：选择人气指数高和与天猫"光棍节"节庆营销目标受众群相近的浙江卫视，进行集中、高频率的天猫"双十一"倒计时电视广告投放，为天猫"光棍节"节庆营销在线下传统权威电视媒体进行集中覆盖预热，并与线上销售宣传相结合，吸引传统电视受众对天猫"光棍节"的关注。

三是抢占社交媒体送红包：与权威社交媒体新浪微博合作，在天猫"光棍节"节庆营销当天举行发送和抢"红包"的活动，以奖励天猫"光棍节"节庆营销的目标受众对天猫"光棍节"的关注与商品购买。

四是11月11日天猫"光棍节"当天采取全场五折封顶和全场包邮狂购宣传诱惑的广告策略，集中主打价格策略，以折扣吸引和诱惑天猫"光棍节"的目标受众。

2. 差异化市场营销

确定和选择目标市场是STP战略的第二步，其实质是在市场空间定位出目标顾客。由于天猫是一个开放式购物平台，包括600多万家职业卖家，5万余商家，还包括代运营、仓储、快递、店铺管理软件、模特等各个环节的公司，涉及多个领域，因此，天猫针对的是领域型目标市场，要根据领域的差异性进行目标市场定位。

天猫"光棍节"节庆营销的领域型目标市场可分为网店店主、物流（快递公司）、广告代理公司或科技公司三大类目标市场。

针对网店店主，天猫"光棍节"节庆营销活动主要表现为：在五折封顶的基础上，根据特色和目标受众需求开展独特的营销，主要以平面、视频、网页展示等形式为主，让网店店主的网店和天猫官网在"光棍节"当天受到目标受众的关注，达到双赢效果。

针对物流（快递公司），天猫提前与快递公司进行商讨（应急方案确定）、准备，如与圆通、申通、中通、宅急送等物流公司合作，在"双十一"前急聘快递员弥补运力缺口；购买更多的物流运输车应对激增的物流；与快递公司合作商讨在下属网点都特批11月中旬举办亲友日聚会，激励快递员工斗志，确保天猫"光棍节"当天的货物能够尽可能地、及时地货到付款，让更多的受众获得时间的利益。

针对广告代理公司或科技公司，天猫与路畅导航科技公司合作共同筹备"双十一"，提前加班筹备谋划，提升技术数据监管宣传，取得了双赢的良好效果，使得天猫"光棍节"当天巨大膨胀增长的物流数据交易平台得以正常运行。与此对应的还有天猫Style搞笑视频创意广告：用流行神曲《江南Style》的舞蹈及曲风形式改编，结合天猫"光棍节"各领域工作人员轻松、幽默、活泼的风格演绎，更强化了领域型目标市场的确定及各目标市场领域的紧密合作。

3. 实施对抗性竞争定位

市场定位是STP战略的战略核心，也是STP战略的最终指向。

电商领域，天猫一家独大，京东、亚马逊、当当、苏宁易购、国美、一号店均视其为竞争对手。相应地，竞争对抗性市场定位是天猫市场定位的主要类型。每年的电商大战，从年中"618"价格战到光棍节大战，针对天猫的软肋进行隐性对比，是以电商老二京东为代表的电商们的普遍招数。每年的"光棍节"，天猫与京东的"猫狗大战"历来是焦点。

2013年"光棍节"，京东针对天猫"光棍节"，提前"放价"，避开锋芒，促销时间提前一个月。"光棍"节前夕，京东以"不光低价，快才痛快"的主题，在各地门户网站发布"怎能用慢递"系列网络视频广告，直击天猫第三方物流的软肋。"光棍节"收官，京东推出延续一个月的"沙漠风暴"大型促销活动，并宣称将会"整体让利10亿元，送5 000万礼券"。为配合以上营销，京东使用自营快递，在京东自营物流无法抵达的地区，则转发第三方快递；成立京东商城全资子公司"江苏京东信息技术有限公司"自运营快递。

针对京东的"挑衅"，天猫首先发力快递，重塑消费信心，与顺丰、圆通、中通、宅急送等九大快递公司合作建立"速达"联盟：九大快递公司将针对天猫平台制定多项专属服务，包括即日起开通超过5 000多条城市间线路的"次日达"与"1~3日限时达"服务。以此应对京东"怎能用慢递"系列网络视频广告的冲击，弥补自身在第三方物流上面存在的不足，提高目标受众及网店店主对天猫"光棍节"物流快递的信心。

其次，天猫提高网购运营平台的承载规模，代理运营平台的科技公司通过技术提升数据承载规模，以此应对天猫"光棍节"节庆营销当天激增的目标受众访问购买量，防止网购运营平台瘫痪和数据异常，保护和满足目标受众、网店店主双方的利益及需求，提高天猫运营平台的运营信心。

最后，天猫在"光棍节"前夕宣布联手东航在电商业内首次推出包机送快递的新招，以此缩短网购物流渠道的距离和网购物流货到付款的时间，保护消费者利益，减轻快递公司和快递员的工作压力，提高天猫"光棍节"节庆营销的物流承载力和目标受众的信赖感。

五、经验分享

天猫STP战略最大的创新在于：独立运行"光棍节"网购概念，塑造成全民购物狂欢节，直接影响京东、亚马逊、当当、苏宁易购、易迅等电商的跟进，其成功之处表现在以下几个方面：

首先，根据市场中人口因素的身份差异进行有针对性的市场细分，将市场细分为单身白领、大学生、年轻家庭几个具体的市场，并将"光棍节"的单身概念淡化延伸至"双十一"购物的概念，从而引发消费狂欢。

其次，根据目标市场领域的相对性有选择地确定目标市场，确立网店店主、物流（快递公司）、广告代理公司或科技公司几个具体确定的目标市场，并明确各目标市场的职责，让天猫"光棍节"节庆营销活动的各执行部门活动和合作更明确。

最后，根据主要竞争对手京东在"双十一"营销上的优势策略分析，进行了有针对性的独特市场定位和竞争策略应对，强调与客户的合作，注重与目标受众的沟通以及与竞争对手的共同进步和良性竞争。

六、问题延伸思考

不可否定的是，天猫"光棍节"节庆营销仍然存在不足，如在市场定位时，面对优势竞争对手京东的挑战并没有强有力的有针对性的策略实施应对。今后,天猫还可以针对京东在快递及与传统媒体的合作方面采取更加主动的对策。

资料来源:校级大学生研究性学习和创新性实验计划项目:天猫"光棍节"节庆营销的 STP 战略分析. 湖南科技学院,2013.

实训环节

一、实训目的

1. 帮助学生了解和掌握目标市场定位的程序和方法;

2. 训练学生掌握目标市场定位所需的市场调研能力、市场细分能力、细分市场评价能力、目标市场选择能力、产品定位能力;

3. 锻炼学生撰写设计报告的写作能力和技巧。

二、实训内容

以 4~6 人为一组,各组任选一种熟悉的企业或产品,运用适当的市场细分标准进行细分;并在市场细分的基础上选择合适的目标市场及营销战略;在选定的目标市场上对该产品进行适当的市场定位。

1. 各小组讨论并选定一种熟悉的企业或产品,并运用适当的市场细分标准,如人口变数、心理变数、地理变数及行为变数,将该产品市场划分成若干个细分市场;

2. 通过网络调研或实地调研,对该产品市场进行调查,描绘、分析各细分市场中客户的不同特征及消费需求(5W1H);

3. 对各细分市场进行经营性价值的评估,从而确定准备为哪些细分市场服务;

4. 针对选定的目标市场,确定该企业或产品的市场定位,并撰写"目标市场定位设计报告"。

三、实训考核

为某企业(或某产品)撰写一份"目标市场定位设计报告"。"目标市场定位设计报告"包括以下四部分:

(1) 封面。封面需进行较为规范的设计,须标明目标市场定位项目的名称、报告人姓名及所属单位、报告日期。(如有指导教师也要具名)

(2) 目录。目录的作用是使报告的结构一目了然,同时也使阅读者能方便地查询报告的内容。因此,报告的目录最好不要省略。

列目录时,唯一要注意的是:目录中所标的页数不能和实际的页数有出入,否则会增加阅读者的麻烦,同时也有损报告的形象。因此,尽管目录位于报告中的前面,但实际操作中往往是等报告全部完成后,再根据报告的内容与页数来编写目录。

(3) 正文。正文部分是设计书的核心所在,在这里应阐明目标市场定位设计的背景、目的和要求。运用市场细分技能,根据消费者需求的差异性,选用一定的标准,将整体市场划分为若干个具有不同需求特性的"子市场"。运用选择目标市场的技能,在市场细分的基础上,选择适合的一个或几个细分市场作为自己的目标市场。运用"产品定位图"技能,根据"产品定位图",确定区别于竞争者产品的、符合消费者需要的市场位置。

(4) 附件。定位设计报告中有一些很具体的方案、较大的表格及需要附加说明的材料,都可以作为该报告的附件,独立成为一个指导文件,阅读和操作起来比较方便。

第五章 市场战略选择

学习目标

1. 理解战略的意义;
2. 理解公司层面的战略规划及其四个步骤;
3. 掌握设计业务组合和制定增长战略的方法;
4. 理解战略规划在市场营销中的作用,以及如何创造和传递顾客价值;
5. 描述顾客导向的市场营销战略和组合的构成要素及其影响因素;
6. 分析竞争环境和选择竞争战略;
7. 根据总体战略、经营战略要求规划营销过程和进行营销管理。

导入案例

1998年,24岁的谢尔盖·布尔(Sergey Brin)和25岁的拉里·佩奇(Larry Page)共同创建了谷歌。他们在斯坦福大学攻读计算机科学专业研究生的时候相识,那时候开始一起研发网络爬虫,致力于提高网上搜索。最终他们发明了PageRank算法,几乎能同时返回到最相关的网页,并按他们在其他重要网页的引用频率排好序。相比之前的AltaVista,Overtu和雅虎这些靠关键字搜索的引擎,PageRank算法最明显的改善在于它纳入了5亿个变量和30亿种条件。后来他们在加利福尼亚门洛帕克市的一个车库里成立了自己的工作室,这个最初只是一道课后作业的题目开启了他们的创业之路。

如今,谷歌是一家世界领先的在线搜索和广告公司,占整个行业70%的市场份额,年均收益超过250亿美元,这个数字仍在飞速增长。而雅虎则远落后于谷歌,屈居第二位,仅占有20%的市场份额。尽管如此,2008年微软公司CEO史蒂夫·鲍尔默(Steve Ballmer)提出以近500亿美元的金额收购雅虎,以帮助自己在谷歌所统治的付费搜索领域争得一席之地,但被雅虎拒绝。

让鲍尔默经常感到困惑的事情是早在十几年前微软就有自己的工作原形——Keywords,而这恰是谷歌工作原形的前身。斯科特·巴尼斯特(Scott Banister),一位伊利诺伊大学的在校生，那时就有了向互联网搜索引擎引入付费广告的想法。退学后，他开着那辆掀背式汽车来到旧金山湾区开始了 Keyword 之路，之后加入一家名为 LinkExchange 的广告公司。1998年，微软以2.65亿美元的价格（几乎是之后收购雅虎价格的1/200）收购了这家广告公司。LinkExchange 的管理层力劝微软投资 Keyword。相反，微软却在2000年关闭了 LinkExchange 广告公司，理由是没有在它身上看到可行的商业模式。一位 LinkExchange 的经理人曾经亲自与鲍尔默交涉，向他解释微软正在犯一个错误。但是鲍尔默说他希望通过授权管理来解决，自己不会去推翻低他三个等级的管理层所作出的决定。由此，微软关闭了第一个进入在线广告事业的机会之门。

2003年，微软中层管理人员提出收购 Overture Services（将互联网搜索与广告结合的创始者），由此微软迎来了进入在线广告事业的第二次机会。这一次，鲍尔默以及微软的共同创始人比尔·盖茨（Bill Gates）一致决定不执行这个提议，因为他们认为 Overture Services 并不值得它的收购价。随后，雅虎以16亿美元的价格收购了这家公司。

在两次错失公司内部提出的追求良好发展前景的战略举措之后，微软在付费搜索领域一直处于追赶的位置。2009年夏，微软推出了自己的搜索引擎——必应（Bing）。之后微软和雅虎宣布结为战略伙伴，必应也为雅虎搜索提供了不少动力。这两大战略性举措帮助微软在利润丰厚的在线搜索领域的市场份额由8%提升到25%，但是，这足以撼动谷歌的统治地位吗？这是一个有争议的问题。因为必应所增加的市场份额是从雅虎减少的部分转移过来的，并没有对谷歌产生影响。

资料来源：Frank T. Rothaermel. Strategic Management. McGraw Hill Education, 2015.

两位大学生的创业是如何胜过在线搜索和广告行业的领头科技公司——微软的呢？为什么谷歌在在线搜索行业如此成功，而雅虎却在垂死挣扎？说到这里，为什么有些公司能获得成功？促使这些公司获得与保持竞争优势的因素是什么？一度辉煌的公司又为什么走向没落？一个公司的管理者对企业能产生什么样的影响？要回答这些问题，需要综合不同商业知识，因此综合追求竞争优势过程中所涉及的分析、制定和执行的一体化管理，就是市场战略选择所阐释的内容。

第一节 战略与战略结构

一、什么是战略

战略（strategy）是用来描述企业为获得并保持竞争优势而计划采取的一系列以目标为导向的行动。拥有竞争优势的企业往往能以竞争性的价格为顾客提供更高的价值，或以更低的价格提供可接受的价值。卓越的价值创造直接带来的是利润和市场份额。亨利·福特（Henry Ford）就受其宏伟目标的驱动，致力于以低成本生产大批量质量可靠的汽车。而拉里·佩奇和谢尔盖·布尔的动力便是创造出更好的搜索引擎。对于福特、佩奇、布尔和许许多多商人来说赚钱才是他们创造和提供顾客所需产品及其服务的最终目的。战略就是以低成本创造卓越价值。所创造价值和成本之间的差额越大，企业做出的经济贡献就越多，就更有可能获得竞争优势。

但是，战略并不是零和游戏，也就是说并不总是一方赢而他方皆输。很多战略性成功都是通过与另一家公司合作而实现的。为达到双赢局面，即使是正面竞争的对手也有偶尔合作的可能。当竞争对手为实现战略目标而合作时，我们称其为合作性竞争。支持 play station 3 游戏控制台的新型 cell 微处理器，就是由 IBM、东芝和索尼这三家在其他市场是直接竞争对手的公司合作研发的。

一个公司若要获得竞争性优势，就需要为顾客提供更有价值的产品或服务，或者以更低的价格提供与其他竞争对手相似的产品或服务。因此，战略的本质是做到与对手不同，也就是具有独特性。公司的管理层要做好战略定位，在一个行业中为自己确立独一无二的位置，以确保公司能以可控成本为顾客创造价值。

然而，战略地位需要权衡。作为一家低成本零售商，彭尼公司就有自己清晰的定位，只服务于一个特定的市场。而高端零售商尼曼也有清晰的定位，专为其特定市场提供上乘的顾客服务。如果同一行业的不同公司客户群体各不相同，并且几乎不会重合，那它们就不是直接竞争对手。想要保持这种状况，公司的管理层必须谨慎权衡，使得双方都能在这个行业中获得竞争优势。

知识链接

产业效应和公司效应对公司绩效的影响

相比外界环境所带来的影响，公司管理者的行为对公司绩效更为重要。因此，公司效应（firm effects）——管理者的行为结果对公司绩效的影响通常比产业效应（industry effects）——选择进入哪个竞争行业所带来的结果对公司的影响更大。如图 5-1 所示，基于大量的实证研究，学者们发现一个公司所处的行业待遇影响公司利润的 20%，而该公司所选择战略的影响达 30%～45%。虽然一个公司所处的行业环境并没有公司战略那么重要，但是这两者共同影响公司的总体业绩。

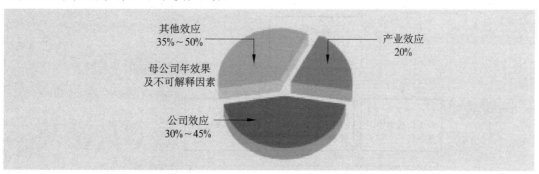

图 5-1 产业效应、公司效应及其他效应对公司业绩产生的影响

精明的管理者能通过战略创造超凡业绩，他们能在强化公司优势的同时，克服缺点，将外来威胁转化为机遇。战略通常都会涉及一些重要的权衡（想一想汽车行业里的低价品牌起亚和奢侈品牌法拉利）。实际上，当管理者解决好一些明显的权衡问题时，就已经取得了竞争性定位的最大进步。丰田为了寻求质量和成本的平衡，引进了精益生产。这一流程创新使得丰田能以更低的单位成本生产更高质量的汽车，将大规模定制汽车生产模式演绎到极致，但是随着时间的变化，在汽车行业里，精益生产逐渐成为竞争优势的必要而非充要条件。如

今，如果汽车制造商不能做到低成本大规模定制和高质量生产，它就注定要出局。尤其是最近，丰田陷入了人们的质疑中，人们怀疑它能否在如此迅速壮大的同时保持其最初的高质量。韩国现代随机钻进这个空隙，生产出质量高于丰田又享有与雷克萨斯同等奢侈的汽车。韩国现代汽车的管理者致力于解决奢侈、质量和成本之间的权衡，为公司规划出了一个强有力的战略定位。汽车行业的起起落落充分表明竞争优势是可转移的。获得竞争优势不容易，保持这个优势则更难。而在这个重大挑战面前，战略管理工具可以助管理者一臂之力。

二、不同层次的战略制定：公司层、业务层以及职能层

战略的制定需要考虑竞争地点和竞争方式。了解公司各成员之间的独立性有助于将战略的制定分为三个不同的层次：公司层、业务层和职能层。

公司层战略是指公司最高层对其竞争地点所做出的决定。公司高管不仅要选择公司即将进入的行业、市场以及地理位置，同时也要决定如何让其不同的业务单元发挥协同作用。他们负责为不同的业务部门设立全局目标，对有限资源进行配置，并监督各部门的工作情况，在有需要的时候对其整体业务组合进行调整。公司高管决定公司业务范围、进入行业和市场的时间以及业务的买卖。公司层战略的目标是增加公司的整体价值。在过去的20年里，由于一项新公司战略的实施，IBM首席执行官彭明盛和他的前任们将IBM从一家硬件公司转型为一家全球IT服务公司。作为转型过程的一部分，IBM甚至将其个人电脑业务出售给了中国的高科技公司联想公司。

如图5-2所示，公司层战略由公司总部制定，业务层战略产生于战略业务单元（strategic business unit，SBU），即大集团下面的分公司，每个分公司自己承担盈亏责任。战略业务单元的总经理则负责解决如何在各自的业务单元内部实现非凡业绩这个战略问题。比如，IBM目前拥有四个战略业务单元：硬件、软件、科技服务和融资。每个部门的总经理负责制定各业务单元的战略定位。IBM的科技服务部的领导者是公司的一位高级副总裁，那么这位副总裁就对IBM在全球的科技服务负有盈亏责任。其他三个业务部门的负责人也是如此。

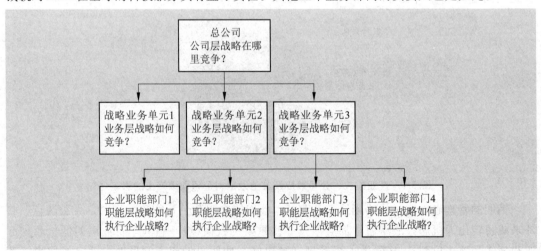

图5-2　不同层次的战略制定和执行：公司层、业务层及职能层

每个战略业务单元都包括各种业务职能部门，如会计、金融、人力、信息技术、产品研发、运营、营销及客户服务。每位职能部门经理负责单个职能部门的决策和行动，从而

支持业务层战略。比如，IBM 产品研发部门的经理可能要负责鼓励新产品的推出。有了一整套职能部门战略，各战略业务单元的负责人就能追求各自的业务层战略，而业务层战略也要与公司层战略保持一致。

和高层管理人员相比，职能部门的经理更接近终端产品、服务及顾客，因此有时候他们可能会提出影响公司方向的战略性举措。例如，IBM 的职能部门经理就提出进军生命科技领域的建议。2000 年，他为 IBM 公司发现了一个新的业务机遇，即运用高效能运算和信息技术来解决人类基因组并进一步进行个体化治疗这类数据密集型工作中的棘手问题。这项提议得到了 IBM 总经理和各分公司经理的一致赞成，并命名为"信息化医学"。2006年，这项事业为公司创造了 50 多亿美元的年收入。

三、AFI 战略结构

一个成功的战略应该包括管理者为提高或保持公司总体业绩而计划采取的一系列目标导向行为的各种细节。战略的建立包括以下三个层次的管理任务。

▶ 1. 战略分析（A）

战略管理过程：我们的愿景、使命、价值是什么？我们是如何制定战略的？

外部分析：外部环境因素对战略及竞争优势有什么影响？

内部分析：公司的内部资源及能力对战略和竞争优势有什么影响？

公司业绩：如何衡量竞争优势？

▶ 2. 战略制定（F）

业务层战略：我们该如何竞争？

公司层战略：我们该在哪里竞争？

全球化战略：从全球来看，我们该在哪里竞争？又该如何竞争？

▶ 3. 战略执行（I）

组织设计：我们该怎样组织起来，以便将制定好的战略应用到实践中去？

公司治理、商业伦理以及战略领导力：我们需要什么类型的公司治理和战略领导力？如何将我们的决策与商业伦理紧密结合？

这些都是战略管理研究和学习的主要内容。虽然它们是不同的任务，但它们是紧密联系且经常同时进行的。例如，如果一个公司不考虑战略该如何执行的话就不能真正地制订出这个战略，并且在执行战略的时候，管理者需要不断地分析需不需要调整战略以适应变化了的环境。这个模型将三个独立的管理任务联系起来：分析、制定、执行。我们利用这个模型来解释和预测公司业绩的差异，以帮助管理者构想并实行能提高公司业绩、带来竞争优势的战略。

第二节　战略管理过程

本节学习战略管理过程，即管理者在构想和执行能为公司带来可持续性竞争优势的战略过程中所使用的方法。战略管理过程的第一步是确立公司愿景、使命和价值观。对新建组织来说，创建者通常要做的第一件事就是设定驱动愿景，以此来形成对拟完成目标以及实现目标的方式的陈述。对现有企业来说，这一阶段需要做的就是对企业愿景和使命的微调，以及对企业价值观的再次确认。

一、远见性组织

愿景（vision）是对组织最终目标的陈述，反映了公司的抱负。一个有效的愿景能在组织中营造出一种成就感，在激励各层级员工向着同一个目标前进的同时，又能给个人和团队的发挥留有空间。远见性公司的员工倾向于感觉投身到了一个比自己更为强大的群体中。一个鼓舞人心的愿景能帮助员工找到自己工作的意义。金钱奖励并不是唯一的激励方式。有效的愿景能让公司员工因自己的工作让世界更美好而从中获得内在的精神回报。这反过来又能高度激励员工，从而提高整个组织的绩效。如果公司的行动能够紧贴愿景，那么，通过不断的学习，包括从失败中汲取教训，公司将具备能够实现其最初的"挑战性目标"所必需的资源和能力。

愿景陈述必须是向前看的，并且能鼓舞人心，能为员工追逐组织的最终目标赋予意义。TFA（"为美国而教"，一个非营利性公益组织）的愿景是："终有一天，美国的所有孩童都能享有受到杰出教育的机会。"这愿景有效且清楚地表达了TFA的最终目标，也提供了一个可以为之奋斗的鼓舞人心的目标。

在非营利行业，令人振奋、激励人心的愿景陈述并不罕见。许多人可以从TFA的帮助"美国的所有孩童都能享有受到杰出教育的机会"，或美国红十字会的"想要成为就在那里，走进需要帮助的人的生活"的愿景中寻找意义。那营利性组织呢？两者的主要区别在于它们衡量成功的标准不同。TFA以教师对学生成绩的影响来衡量组织的成功。而对营利性行业而言，主要衡量的是财务绩效。

二、形成战略意图

战略意图（strategic intent）是从长远的角度为公司设立一个超出其现有资源和能力的理想的领先位置。具有挑战性的目标能够激发个人和组织更好的表现。很多日本公司设立了雄心勃勃的挑战性目标——占领全球领先地位（反映在其使命中），并最终实现了这个目标。例如佳能的"打败施乐"、小松（Komatsu）的"包围卡特彼勒"，以及本田的"成为福特第二"（虽然现在看来，"成为福特第二"这一目标有些不尽人意，却是本田公司早在20世纪70年代为抢占全球领先地位所设立的目标）。

知识链接

目前，诸如百度、比亚迪和联想公司也都渴望领先世界。这些公司在相对于它们所追逐的世界领先公司的规模还十分弱小的时候，就已经设立了它们的宏伟目标。实际上，这些公司当时的规模真是太小了，以至于处于市场领先位置的公司最初并未将它们视为潜在的竞争对手。它们当中的一些公司在此之前甚至从未走出过国内市场。然而，它们还是以占领全球领先地位为使命。正因为有如此宏伟的目标，它们才能远远超越公司现有的资源和能力。挑战性目标的有效利用在组织内部各个层级之间塑造了一股对胜利不懈追求的执着精神，且这股精神一直持续了数十年。

战略意图不仅具有前瞻性和未来导向性意图，还能帮助公司确定实现愿景所需要的步骤，因此，能够帮助管理者实现他们的愿景。制定和执行与当时环境相匹配的战略就好像是开车的时候只看后视镜。而焦点应在于如何创造未来的竞争优势。事实上,好的战略意图不是公司资源和能力与当下外部行业环境之间简单的战略匹配,而是能够给公司设定一个超越当下环境的远大目标,促使各阶层的管理者和职员建立起实现这些目标所需要的资源和能力,以此来填补公司目标与现有环境之间存在的沟壑。当下的环境的确很重要,但更加重要的是未来想要达到的高度。

三、使命陈述

一个组织在愿景的基础上设立使命(mission),来描述其具体要做什么,即计划为自己所处的市场提供什么样的产品和服务。有效的使命陈述能够通过隐喻帮助员工在日常生活中做出正确的决定。有的使命陈述新颖,也有的使命陈述会给人以压迫感。

▶1. 顾客导向型使命

迪斯尼的使命是以顾客为目标的。顾客导向型使命以寻找一切方法满足顾客需求为中心。肩负以顾客为导向这一使命(如"我们专注于为专业的沟通需要提供解决方案")的企业能够更加灵活地调整自己以适应环境的多变。相反,如果公司的使命是以产品为导向(如"我们经营的是打字机业务"),这家公司的灵活性就会差一些,失败的可能性也会大一些。肩负顾客导向型使命的公司更有可能维持长期的战略灵活性。

顾客导向型使命与听从顾客并不相同,两者需要加以区别,这点十分重要。顾客导向型使命只确定一个核心要求,却给满足这一需求的方式留有开放的空间。不为能够满足消费者需求的方法设限这点至关重要,因为未来无法预测,创新也许能为我们带来现在意想不到的满足顾客需求的新方法。即使顾客的需求永远保持不变,企业的使命也应该保持其灵活性,因为满足这些需求的工具会随着时间改变。

【案例】

福特公司的使命转变

以顾客对个人交通工具的需求为例,大约100年前,乘马车、骑马或者坐长途火车就能满足这种要求。但亨利·福特(Henry Ford)有与众不同的想法。他说过一句很有名的话:"如果我听取了顾客的需求,我制造出来的可能只是更好的马车而已"。因此,福特公司最初的使命就是"能让每一个美国人都买得起汽车"。在那时,他成功了,汽车改变了交通方式。转回到今天,福特公司的使命是"为全世界所有人提供个人交通工具",根本就没有提到汽车这两个字。很显然,福特公司专注的是顾客对交通工具的需求,而给具体该如何满足这一需求保留了无限可能性。如今,除了传统的汽油内燃机驱动型汽车和卡车之外,福特公司还拥有混合驱动型汽车。在不久的将来,福特有可能推出由电或氢等替代性新型能源驱动的汽车。在更长远的未来,福特公司甚至还会涉及私人飞行设备这一领域。即使真是如此,福特公司现在的使命可能仍然不会过时,还能督促管理者进入这个未来市场。而产品导向型使命则不会拥有如此大的战略灵活性。

资料来源:The three habits of highly irritating management gurus. The Economist,October 22,2009.

▶2. 产品导向型使命

产品导向型使命以公司提供的产品或服务为中心,而并非以满足顾客的需求为中心。如前面所讲到的,顾客导向型使命比产品导向型使命拥有更强的战略灵活性。

【案例】

美国铁路公司的使命

美国铁路公司的一系列战略决策表明了产品导向型使命存在的一些潜在缺陷。铁路事业就是用火车将货物或乘客从 A 地运载到 B 地。最初,它们的短途竞争对手是马或马车,而横跨东西海岸的长度竞争对手(如轮渡或货运公路)几乎没有。顺理成章,美国铁路公司早期的使命就是"成就铁路事业"。这一使命显然是以产品为导向的。得益于垄断优势,尤其是在长途旅行领域,美国铁路公司早期的收益非常丰厚,也的确有很多初始财富都是通过铁路行业获得的。例如,利兰·斯坦福(Leland Stanford)在中南太平洋公司(Central and Southern Pacific Companies)担任总裁的时候积攒了不少财富,之后创办了斯坦福大学,并且其真正的价值接近于现在五亿美元的资金(差不多是他总资产的一半)。

美国铁路公司的垄断并没有一直持续。技术创新完全改变了运输业。继汽车和商用飞机问世后,消费者在远距离交通方面开始拥有更多的选择,如卡车和飞机。然而,铁路公司对此变化作出的反应却很迟缓,并没有重新定义它们提供给顾客的服务。如果当初他们将自己的使命设立为"为全美国人的所有交通需求服务"(顾客导向型使命),或许还能成为联邦快递(FedEX)或者联合包裹服务公司(UPS)等现代物流公司的先驱。最近,铁路公司好像汲取了一些经验教训:CSX 铁路运输公司在广告宣传中将自己重新定义为绿色运输,声称自己能以一加仑的燃料载重一吨行驶 423 英里。但是,它的使命仍然是以产品为导向的:成为最安全、最进步的美国北部铁路公司。

资料来源:Frank T. Rothaermel. Strategic Management. McGraw Hill Education,2015.

第三节 战略的外部分析:产业结构与竞争力

我们已经了解了战略管理过程的愿景、使命和价值观的确立,现在,我们从企业所在产业的角度进行进一步分析。产业是市场的供应方,而顾客则构成市场的需求方。因此产业(industry)是指提供类似产品和服务的企业群。

一、结构—行为—绩效模型

结构—行为—绩效(sructure-conduct-performance,SCP)模型是产业组织经济学的一个理论框架,它阐述了同一产业中不同公司之间的绩效差异。根据 SCP 模型,根本的产业结构决定企业的行为,即企业差异化其产品和服务的能力,而后影响它的要价能力。产业结构和企业行为共同决定企业的绩效。

图 5-3 展示了不同类型产业从分散到统一的结构序列。在序列的其中一端,分散的产业结构由许多小公司组成,并且只能产生少量利润。在另一端,统一的产业结构仅属于少数公司所有,甚至只有一个公司,其利润非常高。SCP 模型把产业结构分成四个主要类型:完全竞争、垄断竞争、寡头和垄断。我们在此讨论四种不同类型产业之间的差异。

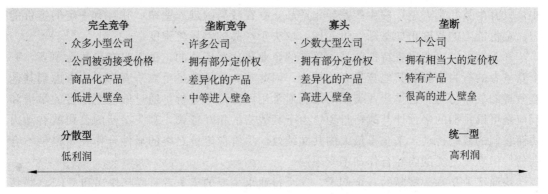

图 5-3　由分散型产业结构过渡至统一型产业结构的市场特点变化表

▶ 1. 完全竞争

完全竞争产业的特点是：有许多小公司；商品化产品；容易进入；对于单个企业来说几乎没有提高产品价格的能力。在该产业内竞争的企业几乎在规模和资源上都很相似。顾客仅仅通过价格来做购买决定，因为产品几乎是一样的。这种产业的绩效一般都是低利润的。在这种情况下，完全竞争企业甚至不能获得短暂的竞争优势而只能获得竞争均势。完全竞争在纯形式上是一个罕见的产业结构，天然气业、铜业、钢铁也接近这种结构。

许多互联网企业家认识到很难战胜完全竞争的力量。1999 年，在心急的风险投资家的推动下，大约有 100 家 pets.com，petopia.com 和 pet-store.com 之类的电子零售商兴起，到达了互联网泡沫顶峰。紧接着就是残酷的竞争，电子零售商以低于成本的价格销售产品。更糟糕的是，PetSmart 和 PetCo 这样的品类杀手此时迅速扩张，在美国和加拿大开了 2 000 家左右的是实体店。结果，大多数的宠物产品电子供应商倒闭了。用 SCP 模型来分析，可能会预测到宠物产品的电子零售商是不可能盈利的：许多小公司提供的产品市场很容易进入，并且不可能提高价格以及产生盈利。价格竞争导致产业格局发生变化：电子零售商退出产业而大型的实体店依然存在。

▶ 2. 垄断竞争

垄断竞争产业的特征是，许多厂商生产并出售差异化的商品，存在一些进入壁垒，能对相对独特的产品适当提价同时留住顾客。理解这个产业结构的关键是厂商提供的产品和服务有其独特性。

计算机硬件产业就是一个例子。有许多公司在这个产业内竞争，甚至像苹果公司、戴尔公司或者惠普公司等最大的公司所占的市场份额也不到 20%。而且，尽管竞争者之间的产品很相似，但它们不会完全一样。由此，销售独特产品的经理们有提升价格的能力。当企业能够差异化其产品和服务时，便在某种程度上对价格方面的垄断有了一席之地，因此被称为"垄断竞争"。企业经常通过广告宣传来传播其产品差异化的程度。

尽管无差异的农产品是在完全竞争市场结构中竞争，但一些农民开始注意到人们更喜爱有机食品，于是便开始差异化他们的产品。有机牛奶往往供不应求。乳品生产商之所以现在有一定的议价能力应得益于他们的产品生产，而不是提供大众化的产品。

▶ 3. 寡头

"寡头"（oligopoly）一词来自希腊语，意思是"少数买家"。寡头垄断产业不断合并集中，只有少数几家大型厂商生产差异化产品，存在较高的进入壁垒，并且有一定的定价能力。定价能力的程度正如垄断竞争一样，取决于产品的差异化程度。

寡头垄断的一个重要特征就是竞争中的企业是相互依赖的。由于只有少数竞争者，一个竞争者的行为会影响其他竞争者的行为。因此寡头垄断的每个竞争者都必须考虑到其他竞争者的战略行为。这类产业类型的结构通常用博弈论来分析，通过假设竞争者的举措和反应是可以预期的来预计其战略行为。由于其战略的相互依赖，寡头垄断的公司就有动力协商它们的战略行动，来获得最大的共同绩效。尽管像定价之类的显性合作在美国是不合法的，但默契之类的隐性合作却不受限制。

快递产业是寡头垄断的一个例子。这个行业里主要的竞争者有联邦快递和UPS。联邦快递所做的战略决策（如通过地面配送大件包裹业务来扩大快递服务范围）直接影响着UPS；同样，UPS所做的（保证快递第二天上午8：00以前送达）战略决策直接影响着联邦快递。寡头垄断的其他例子包括软饮料（可口可乐 VS 百事）、飞机制造（波音 VS 空中客车）、家具装饰零售（家得宝 VS 劳氏）、玩具和游戏（孩之宝 VS 美泰）、清洁剂（宝洁 VS 联合利华）。

处于寡头垄断产业中的企业，如果能使其提供的产品和服务有别于其他竞争对手，就有一定的定价能力。非价格竞争是一种更好的竞争模式。这意味着通过提供独特的产品或服务，而不是价格战来进行竞争。当一个寡头垄断企业通过减价来从竞争者手中获得市场份额时，竞争者通常也会以同样的方式反击。这种过程就会触发价格战，尤其对产品接近的竞争对手公司的绩效会很不利。

例如，在软饮料产业发展初期，百事一降价，可口可乐马上也跟着降价。这种行为只会导致竞争公司双方的活力都大减。近年来可口可乐公司和百事公司的管理者都不停地重申自己会记住这个教训。它们转变了竞争的方式，从降价转变为引进新产品、进行产品创新以及对生活方式的宣传。任何一次价格调整只是短期的促销行为。可口可乐公司和百事公司通过创新和广告宣传转向了非价格竞争，这反过来是只能提高价格，促进产业和公司的盈利。

▶ 4. 垄断

当只有一个（大）厂商供给以满足市场需求时，垄断（monopoly）就产生了。"mono"意思为"一个"，因此垄断者就是市场上唯一的卖家。公司提供的是独特的产品，而且进入此产业的壁垒很高，垄断者有很强的定价能力。因此，企业的利润率很高。

在某些情况下，政府会赋予一个企业作为某种产品或服务的独家供应商的权利。这通常是用来激励企业参与一项如果有多个供应商并无盈利的风险投资。例如，公用设施需要大笔固定成本来建造工厂，为某个地理区域供应产品。为企业和家庭供应水、气、电的公用事业公司通常是垄断的。美国东南部的佐治亚电力公司是2 000 000客户用电的独家供应商。费城燃气公司为费城500 000客户独家提供天然气。这些就是所谓的自然垄断。政府认为，如果不以垄断的形式，市场是不会供应这些产品和服务的。然而过去的几十年里，美国越来越多的自然垄断也被撤销管制，如航空业、通信业、铁路业及海洋运输业。撤销管制会导致竞争的出现，理论上会导向更低的价格、更好的服务以及更多的创新。

当自然垄断开始从竞争格局中消失时，战略家们对所谓的"近乎垄断"更感兴趣。这些企业积累了重要的市场力量。在这个过程中，它们正朝着有利于自己的方向改变着产业结构，通常是从垄断竞争或寡头垄断转向近乎垄断。这些近乎垄断企业已经将产品差异化做到一定的层次，使得它们自成一体，就像垄断者一样独一无二。正如前面强调的合法性，欧盟把在半导体市场拥有80%份额的英特尔视为近乎垄断者。就榨取理论的能力来说，这是一个令人羡慕的地位，尽管垄断地位可能会招来反垄断调查机构并导致法律后果。

二、竞争力和公司战略：五力模型

基于SCP模型，迈克尔·波特提出了极有影响力的五力模型。如图5-4所示，波特的五力模型列出了经理人在分析产业环境和制定战略过程中需要注意的五个竞争力：新进入者的威胁；供应商的议价能力；购买者的议价能力；替代品的威胁；现有竞争者之间的竞争。

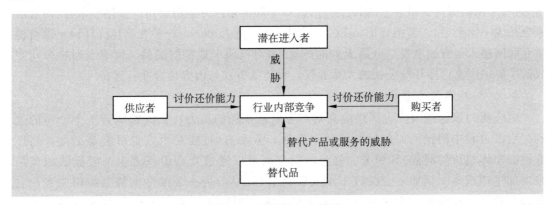

图5-4　波特的五力模型

波特的五力模型不仅有助于经理人了解产业环境，而且还能帮助他们为企业制定公司战略。一般来说，五力作用越强，产业的盈利潜力就越小，对竞争者的吸引力就越小。反之，五力作用越弱，产业的盈利潜力就越大，就更有吸引力。该模型是基于某一既定产业的企业经理人的角度，来看企业如何获得竞争优势的。经理人需要通过减弱强势力量，利用弱势力量来定位企业在产业中的位置。

▶ 1. 进入威胁

进入壁垒是指决定企业进入某一产业的难易度的障碍。假设该企业没有过剩的生产能力，那么高进入壁垒对应的是高产业盈利。以比亚迪为例，生产汽油发动机所需要的工程技术能力和大规模生产能力，使得进入广义上的汽车产业似乎存在不可逾越的进入壁垒。许多产业分析家认为，一个汽车企业要有竞争力，就必须每年生产和销售大约5 000 000辆汽车。这解释了每年销量少于2 000 000辆汽车的克莱斯特为什么会被意大利汽车制造商菲亚特买下的事实，而菲亚特自身是一个小公司，每年大约销售250万辆汽车。

考虑到汽车业的产业结构，以及2008—2009年间的经济衰退，如今进入汽车制造业并不明智，然而比亚迪却加入了竞争。它是如何规避这种不可逾越的进入壁垒的？答案是：科技使竞争环境公平。比亚迪的创始人兼董事长王传福阐述了他的战略意图："对于我们这样的后来者来说，要与有着上百年汽车发动机制造经验的通用汽车公司，以及其他知名汽车公司竞争几乎是没有希望的。然而,在电动车制造方面我们处于同一条起跑线上。"事实上,比亚迪甚至有优先起步的优势,因为它在电池领域有着丰富的经验,曾将产品销售给摩托罗拉、诺基亚和三星这样的科技巨头。这个例子说明了经理人可以通过科技创新来规避各种产业的进入壁垒,并且在较小的战略群组中树立自己的地位。

这个外部环境转变的例子对现有汽车企业有着重要的意义。比亚迪和特斯拉等新公司的进入会加大汽车产业的竞争强度。为应对新进入者,通用汽车和日产等公司都会相应地进行自主创新,如新品雪佛兰沃蓝达和日产聆风。如果更多创新的高效的产品能有较低的成本,那么消费者很可能从加大的竞争强度中获利。只有时间才能证明新进入者是否会成长为成熟企业并强大到足以把现在的一些企业排挤出去。

进入壁垒的高度也与潜在竞争者有关,即那些没有参与产业竞争但是有竞争能力的公司。进入的可能性与进入产业所需要的资本投资水平和投资的期望回报值有关。例如,在美国的东南部,有线电视公司康卡斯特为民用和商用的电话服务及接入互联网提供服务(作为一个网络服务提供者),因此成为AT&T和贝尔南方通信公司的直接竞争者(两者后来合并成一家公司)。新组建的AT&T则相应地引进U-verse(一种在高速光纤网上综合提供互联网接入与有线电视、电话服务的产品)来对抗康卡斯特的威胁。而康卡斯特公司则收购了美国国家广播环球公司的大量股权,将传播方式与内容结合在一起。

▶ 2. 供应商的力量

供应商的议价能力决定了供应商对产业所能施加的压力,由此影响到一个公司的盈利。生产过程中的投入,包括原材料和组件、劳动力(可能是个人也可能是工会,当产业面临集体议价的时候)和服务。强势的供应商可以通过要高价或者生产较低质的产品来增加生产成本。例如,全美汽车工人联合会(UAW)是一个很强大的利益相关者,它通过严苛的工作准则、大量的医疗保健和退休福利要求,从汽车产业中的通用汽车公司、福特汽车公司和克莱斯勒汽车公司捞取了大量的好处。作为全美汽车工人联合会力量的象征,它拥有破产后重组的克莱斯勒公司的大部分股份以及通用汽车公司近一半的股份。

当产品和服务只有少数替代品的时候,供应商的力量对公司来说也相对强大。例如,原油一直以来都是许多产业中的重要投入,而且原油供应商对肥料和塑料等特别依赖原油投入的产品和服务有着相当大的提价力量。当供应商之间的竞争很少时,供应商也处于一个非常有利的位置。这通常存在于一小部分大供应商之间。它们所供应的产品和服务是独特的、差异化的,或者当业内企业面临高昂的转移成本时,供应商的力量会得到进一步的强化。当供应商进行前向一体化(比如说进入其买家的市场)从而构成某种事实上的威胁,或者当业内企业只从供应商手中购买少量产品时,供应商的力量也会得到加强。

▶ 3. 买家的力量

买家的议价能力是指买家通过要求低价与高质量产品,对业内生产商所能施加的压力。当买家成功得到折扣时,它就减少了企业的收益。当买家要求更高质量的产品和更多的服务时,通常会增加企业的生产成本。因此强势的买家会减少产业的利润,随之就是减少企业的利润了。

某个产业的产品或服务的买家可能是单个的消费者,就如你或我选择自己想要的无线设备服务供应商。在很多领域,你可以在不同的供应商中做出选择,比如 AT&T、斯普林特(Sprint)或者威瑞森通信(Verizon)。尽管比较它们提供的服务时,我们可以把不同的供应商放在一起对比,但是我们作为单个的消费者却没有很强的买家力量。此外,向企业和大学这样的大型机构,在决定使用无线服务提供商时却拥有很强的议价能力,因为他们能一次性签约雇用或者调动几千名员工。

当购买数量巨大,或者能够控制许多最终顾客时,买家就拥有很强的讨价能力。比如沃尔玛可以对它的供应商施加压力,使其降低价格、提高质量,要不然就不把它的产品放在货架上。沃尔玛作为买家的力量非常强大,许多供应商都把办事处直接搬到沃尔玛总部所在的美国阿肯色州本顿维尔。这种近距离使得沃尔玛的经理们能够测试供应商的最新产品并且进行议价。

当买家的转换成本较低时,其议价能力也会增强。由于在沃尔玛总部附近有很多产品供应商,因此沃尔玛能够砍价并且要求提高质量。沃尔玛可以很容易地从一个供应商转向另一个供应商。尤其是当出售给买家的产品在终端客户看来无差异时,这种威胁就会更严重。例如,沃尔玛可以通过提供更多的货架给那些给予最大价格优惠或者高品质产品的供应商,很容易地从某一塑料容器生产商那儿,如乐柏美公司(Rubbermaid),转向另外一家生产商,如斯特里特公司(Sterlite)。

当某种产品只有一个买家时,这个买家的议价能力也会很强大。许多现代国防技术都依赖最近的创新,但是这些产品在美国只有一个购买者,即美国国防部(United States Department of Defense)。美国国防部作为仅有的买家,意味着它有很强的议价能力,可以要求更低的价格和更高的品质。然而在很多情况下,也只有一个供应商,比如专门供应军用设备的洛克希德·马丁公司(Lockheed Martin)。

当买家实施后向一体化从而构成确定的威胁时,其力量也很强大。后向一体化是指买家朝着产业价值链的上游移动,涉猎卖家的领域。这种情况通常出现在汽车零件供应产业。例如,当通用汽车公司、福特公司或者宝马公司的供应商不提供更低价格及更高品质的产品时,这些汽车制造商有能力通过后向一体化来生产零部件。总之,强势的买家有能力从产业中获得大量益处,而留给生产商的利润却很少或几乎没有。

▶ 4. 替代品威胁

替代品威胁是指来自现有产业外的能够满足当前消费者需求的产品和服务。如果存在价格和性能均具有吸引力的替代品,消费者的转换成本就会降低,并增加成本的力量。例如,如果咖啡的价格上涨很多,消费者也许就会转为喝茶或者其他含有咖啡因的饮料来满足自己的需求。其他替代品的例子还有:电视会议与商务旅游;电子邮件与快递邮件;塑料容器与铝制容器;汽油与生物燃料;固定电话服务与网络电话服务(Skype 或者 Vonage 提供的网络语音电话业务)。

▶ 5. 现有竞争者之间的竞争

现有竞争者之间的竞争,指的是同一产业内的企业之间竞争市场份额和盈利的强度。竞争强度可以从一般到强烈。进入者的威胁、买家和卖家的议价能力以及替代品的威胁,所有这些都给现有竞争者之间的竞争施加了压力。这些力量越强,竞争强度就越强,这样反过来会限制产业的潜在盈利。当现有竞争者之间的激烈竞争导致价格打折时,产业利润便会开始明显下降。当非价格竞争,如创新的压力、增加的广告以及改善的服务成为竞争的主要基础时，成本便会增加，同时会在产业利润方面产生影响。然而，如果这些行动都是产品满足顾客的需求，并且顾客愿意支付的话，那么平均产业利润便会增加，因为生产商能够通过提高价格来增加收入。

现有竞争者之间的竞争也起到了产业退出壁垒的功能。退出壁垒指的是决定企业退出某产业的难易度。低退出壁垒的产业更有吸引力，因为企业若经营不佳便可轻易退出，使得过剩产能得到去除，从而减轻现有企业之间的竞争压力。

退出壁垒由经济和社会因素构成。经济因素包括无论企业是否生产都必须支付的成本（固定成本）。一个退出产业的企业可能对它的供应商还有合同义务，对其劳动力负有支付医疗保健、退休金和买断费等义务。无论通用汽车公司是否生产或销售车辆，都对其员工负有提供医疗保健、退休金的合同义务。其中有些成本是在通用汽车公司破产重组中产生的（公司可以通过借贷而暂时缓解困难，持续经营）。虽然通用汽车公司每辆卖出的汽车的医疗保健成本高于其外国竞争对手，但它已经将每部车的这类费用从破产前的 1 500 美元减少到了 330 美元。

社会因素包括对某地理位置的情感依恋等。在密歇根州，整个社区都使用通用汽车、福特和克莱斯勒。如果这些汽车制造商中任何一家退出行业，该社区便会遭受损失。20世纪 80 年代和 90 年代，通用汽车工厂的大幅裁员使密歇州根州弗林特市的经济受挫。通用汽车公司 2009 年的破产，则影响了更多的社区，导致了许多工厂关闭，以及成千个代理商蒙受损失。其他的社区和经济因素包括供应链的涟漪效应。当产业中的主要厂商倒闭，其供应商也被动的受影响，从业导致更多的失业。

当经理人理解了一个产业竞争的五力的优势和弱点时，便能更好地定位公司，使其免受强力的冲击，同时更好地弥补弱势。目标当然是提升企业获得优势竞争的能力。

第四节　战略的内部分析：资源、能力与活动

了解完战略的外部分析后，现在我们来评估一个公司的资源禀赋，并回答什么样的资源属性能巩固其竞争优势。在资源基础观模型中，有些类型的资源是被视为企业取得卓越绩效的关键所在。一个能形成竞争优势的资源必须是有价值的（V）、稀缺的（R）且难以模仿的（I），而且公司必须组织资源以获取价值（O）。在公司资源基础观的先驱之一杰伊·巴尼的引导下，我们称这个模型为 VRIO 框架。一个公司仅在它所拥有的资源和能力达到 VRIO 标准的情况下，才能获得与保持竞争优势。

一、VRIO 框架

图 5-5 为 VRIO 框架。可以采用决策树模型来判断某资源和能力是否符合 VRIO 标准。只有当公司的管理者对决策树属性列表中的四项都回答"是"的时候，才能确保该资源能为公司带来持续的核心竞争力。

▶ 1. 有价值的资源（valuable resource）

如果一项资源有助于提高顾客对公司产品和服务的感知价值。不管是通过增加具有吸

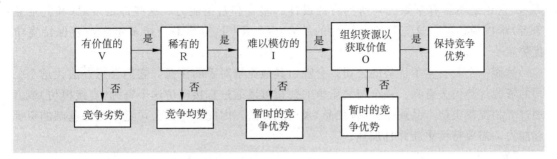

图 5-5 VRIO 框架(运用资源基础观)：决策树显示了竞争性含义

引力的特征，还是通过降低价格，只要资源使公司降低了成本，那么这项资源就是有价值的资源。通过提高产品的感知价值，资源增加了公司的收入，也提高了公司的盈利能力（假设成本没有增加）。如果资源可以让公司降低成本，它也会增加收益率（假设感知价值不减弱）。

本田公司在设计和生产高效发动机方面的竞争力，增加了顾客对其产品的感知价值，有了这种能力，再加上精益生产系统，本田公司就能够直接在产品设计和制造中确保质量，同时还能降低生产成本。因此，本田公司在设计和制造发动机方面的能力是一种有价值的资源。在追求竞争优势的过程中，接下来需要了解资源是不是稀有的。

▶ 2. 稀有的资源(rare resource)

稀有的资源意味着，只有一个或者少数公司能以独特的方式占有某种资源或者拥有某种能力。如果这些资源或者能力是普遍存在的，那么它只会形成完全竞争局面，没有哪个公司能拥有竞争优势。公司只有拥有有价值且稀有的资源，才能获得竞争优势。丰田公司起初是一个全球汽车制造商，同时它的生产系统也是有价值的且稀有的。作为高效率、高效益地生产汽车的创新领跑者，丰田公司首次解决了存在几十年的权衡问题：降低了生产成本的同时，高质量地"大量定制"汽车。当精益生产(just in time, JIT)是一种既有价值的同时又是稀有的资源的时候，丰田公司就获得了暂时的竞争优势。

然而，当精益生产技术在汽车制造业不断扩散时，丰田公司便不能继续保持其竞争优势了。知识传播可以通过标杆研究、大学课堂讲授的新方法和咨询顾问得以实现。经过一段时间后，采用精益生产方式"大量定制"低成本、高质量汽车，就成为一项获得竞争优势的必要但不充分的条件。一旦精益生产成为行业标准，公司能有的最好状态就是实现竞争优势。久而久之，精益生产变成了一项有价值但却很普通的资源，导致竞争均势的形成。

▶ 3. 难以模仿的资源(costly to imitate resource)

如果一个公司的资源很难以低价开发或者购买到，那么这种资源就是难以模仿的资源。如果资源是有价值的、稀有的并且是难以模仿的，那么这便是内部优势。也是一种核心竞争力。如果公司的竞争者无法获得有价值的、稀有的并且难以模仿的资源，那么该公司便获得了暂时的竞争优势。苹果公司开发出方便使用的产品设计(比如 iPod、iPhone 和 iPad)和易于使用的互补服务(比如 APP、iTunes 和 iBooks)，这些核心竞争力都是有价值的、稀有的、难以模仿的能力。尽管索尼公司在发明创造和改进高质量移动设备方面具有明显优势(如随身听、激光唱机、MP3 播放器、电子阅读器、PSP 游戏机等),它还是不具有苹果公司所拥有的设计、整合和营销能力,这些都是索尼(和其他竞争者)难以模仿的。这三种资源属性的结合(V+R+I)使苹果公司多年来一直保持竞争优势。

然而一个具有竞争优势的公司,会吸引其他竞争对手的注意,它们会想办法让这个公司的资源优势失去意义。一个与之竞争的公司可以通过直接模仿这个资源(直接模仿)或者通过变相提供类似产品或服务(替代品)来达到目的。因此,作为公司竞争优势基础的资源和能力,需要持续更新并且加强。

【案例】

塑料鞋的制造商卡洛驰

2002年,卡洛驰在佛罗里达劳德戴尔的船展中推出了水疗鞋。卡洛驰每年能销售出上千万双鞋,2008年的收益超过了6.5亿美元。任何年龄段和各行各业的人都会穿卡洛驰鞋,其中不乏海蒂·克拉姆、亚当·桑德勒、马特·达蒙和波姬·小丝这些名流。为了保护其鞋子独特的设计,公司申请了几项专利。然而,大量的仿冒者很快就涌现出来,它们制造廉价的产品对卡洛驰各种款式的鞋进行模仿。尽管卡洛驰拥有专利和名人代言,但由于其他公司可以直接或者间接地仿造卡洛驰鞋子,这使得卡洛驰的利润大大减少。事实上,卡洛驰的股价从2007年10月31日的74.75美元跌到了2008年11月20日的0.94美元。这个例子说明如果根本的能力(即创造模具来模仿卡洛驰鞋的形状、外观以及感觉)易于复制,那么竞争优势就不能够维持。再者,在时尚界,如果公司不持续更新或者建立品牌认知,使得模仿者无法在市场上立足,那么任何竞争优势都是短暂的。卡洛驰差不多是一匹"只会一招的小马"。然而耐克为我们提供了一个如何通过直接创新避免失去竞争优势的例子,因为它做到了持续创新并建立强大的品牌认知。

资料来源:Frank T. Rothaermel. Strategic Management. McGraw Hill Education,2015.

另一个模仿的方法是利用替代品。电脑轴向断层成像(CAT)的商业化就是一个典型的例子。替代品不仅会减弱创造者的优势,甚至还会使跟随者获得与保持竞争优势。在内部调研的基础上,英国大型联合企业百代(EMI)研究并推出了电脑轴向断层成像扫描仪。EMI对这项技术拥有一些专利,可以拍摄人体三维图片,并且被认为是自X光发现以来,发射学中最重大的突破。电脑断层成像扫描仪的发明也为接下来核磁共振成像的发明奠定了基础。尽管EMI一开始是成功的,但它很快就输给了通用电气医疗系统(GEMS)。受专利保护的创始者怎么会输给一个跟随者呢?GEMS能够对EMI电脑断层成像扫描仪进行逆向设计,从而生产出一种可以绕过EMI专利的模型。此外,GEMS能够利用融资、大规模生产、广泛分销以及营销网络等重要的互补资源。所以,尽管EMI拥有有价值且稀有的资源,但它还是不能免受通用电气替代品的排挤。

知识链接

战术等价性也可以代替一个公司的有价值且稀有的资源

战术等价性也可以代替一个公司的有价值且稀有的资源。以杰夫·贝佐斯推出和发展亚马逊网站为例。在该网站全面启动之前,图书零售业是由少数大型连锁店和许多独立的中小型书店所主导的。杰夫·贝佐斯意识到,他不可能与大型图书零售商直接竞争,而是需要一个不同的商业模式。互联网的出现给他提供了一个新的分销渠道系统,使零售商店

(高租房成本)的需求减少。杰夫·贝佐斯的新商业模式替代了传统的零售(分散)供应链,亚马逊因此能够以更低的运营成本提供更低的价格。

4. 组织资源以获取价值(organized to capture value)

一个稀有的、有价值的、难以模仿的资源是否可以成为持续竞争优势基础的最终标准,不在于资源和能力本身,而在于公司获得资源价值的能力。一个公司要充分地利用资源和能力的竞争潜力,就必须组织资源以获取价值,即它必须要有一个有效的组织结构和协调系统。

在苹果、戴尔和微软还未在个人电脑市场占有很大份额之前,施乐帕克研究中心就开发了早期的文字处理应用系统、图形用户界面、以太网、作为点击设备的鼠标以及第一台个人电脑,这些都为台式电脑产业奠定了基础。然而,由于缺乏适当的组织,施乐没能领悟并利用帕克研究中心在电脑软件和硬件方面的许多突破性创新。施乐没能利用这些重要的资源,是因为这些资源与其核心业务(复印机生产)不吻合。在日本复印机生产商低成本的压力下,施乐公司的最高管理层忙于复印机业务的创新。而公司创新系统的组织未能使施乐公司领悟到,帕克研究中心提供的有价值的且稀有的资源能给施乐公司带来竞争潜力。而且,施乐公司的总部位于康涅狄格州的诺瓦克东海岸,而帕克研究中心却在位于加利福尼亚帕洛奥图的西海岸。更糟糕的是,在施乐总部工作的研发工程师一贯瞧不起在帕克研究中心做基础研究的科学家。

根据资源基础观,一个公司要获得与保持某项竞争优势,它就需要使其资源和能力相互作用,创造出属于自己的独特的核心竞争力。然而,只有少数竞争力符合 VRIO 的要求,最终可以转变为核心竞争力。一个公司不可能样样都在行,而必须开发出属于自己的独特的东西,进行一些必要的取舍。

二、价值链和活动系统

价值链(value chain)指的是企业将投入要素转换为产出所涉及的内容活动。企业在价值链上的每一项活动都可以增值,原材料和其他投入最终都转化为提供给客户的产品或服务的组成部分。价值链的理念基本上适用于任何一家企业,从传统制造企业到高科技企业乃至服务型企业。

价值链的转换过程是由一系列不同的活动组成的,如图 5-6 所示,价值链分为主要活动和辅助活动。主要活动(primary activities)随着企业将投入要素转变为产出,实现直接增值:从原材料经过生产阶段,再经过营销,最后是顾客服务。

其他活动为辅助活动(support activities),间接实现增值。这些活动,比如研发、信息系统、运营管理、人力资源、金融、会计和综合管理,支持着每项主要活动。

从价值链的观点来看,企业必须拥有资源和能力才能实施增值活动。资源基础帮助企业识别一系列资源和能力,这些是构成核心竞争力的基石。而价值量的观点则能让管理者明白,竞争优势是如何通过企业的系统活动形成的。按照价值链的观点,企业所从事的最独特活动就是其竞争优势的最基本单位。然而需要注意的是,企业层面的竞争优势是所有企业活动相互作用的共同结果,而不只是由某个活动相互作用带来的。一个企业要想创造竞争优势,就必须高效运营并能利用其独特的活动系统。迈克尔·波特强调,战略的核心就是想着选择从事哪些活动。更重要的是,选择不参与哪些活动。尝试干太多,试图满足

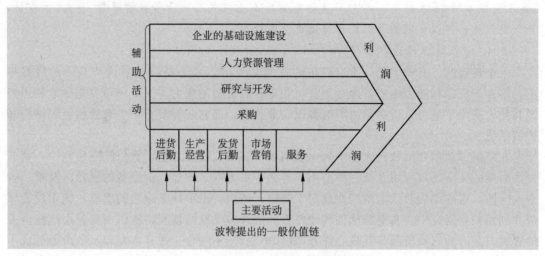

图 5-6 价值链：主要活动和辅助活动

过多客户需求的企业往往会使自己处于竞争劣势。企业的目标应该是把企业活动整合成一个能够创造竞争优势并保护其不被模仿的复合系统。

【案例】

西南航空出色业绩背后有着什么样的核心竞争力呢？

如果要从价值链的角度来回答这个问题，我们就需要确定西南航空是如何将一系列活动，协调安排一致，形成一个低成本战略的。西南航空的主要活动包括：频繁可靠的起飞，有限飞行中的乘客服务，低票价，使用次级机场的短途点到点飞行，只使用一种机型（从而减少飞行员训练时间和维修成本），高飞机利用率以及拥有若干精干、高效、积极的地勤人员等。同时，每个核心活动都得到许多其他活动的支持。比如，股票报酬计划和弹性的合同以及工作时间安排，对保有精干、高效、积极的地勤人员是有帮助的。从理论上讲，相互结合的企业活动系统并不是简单的各个部分加和，系列活动之间要保持一致、相互补充、相互加强。因此，竞争优势可以被植入增值活动的复杂系统中。

资料来源：Frank T. Rothaermel. Strategic Management. McGraw Hill Education，2015.

三、把内部分析和外部分析结合起来：SWOT 分析

结合外部分析与内部分析框架，能够形成一个既符合公司内部资源和能力，又能适应外部环境需要的战略。理想的环境下，管理者是想利用公司的内部优势来寻求外部机遇，同时缓解内部弱点和外部威胁。这有助于形成适合的企业战略，在公司内部资源和外部环境之间创造出独特的组合。如果一个公司拥有一个动态匹配，它很有可能长时间维持其优势。

我们利用 SWOT 分析的方法将公司的优势和弱点的内部分析与外部机遇和威胁的分析结合起来。内部优势（S）和弱点（W）是关于公司的资源、能力和竞争力的。运用 VRIO 框架可以分辨出一个公司的优势和弱点。外部机遇（O）和威胁（T）是指公司的大环境，可以通过宏观环境（PESTEL）分析得出。

SWOT 分析有助于管理者通过内部和外部因素分析，来评估公司当前的情况和未来

的情景,这是一个最常用的工具之一。通过 SWOT 分析,管理者能够了解公司的内外部环境,寻找可能影响公司当前或未来竞争优势的相关因素。重点放在企业的内外部因素上,这些因素会对实现战略目标的过程产生积极或者消极的影响。从理论上来说,精明的经理人会从不同的角度,在公司内不同层级索取 SWOT 分析的投入因素。在表 5-1 中,第一列为公司的外部环境因素,第一行代表公司内部环境因素。

通过信息的收集和 SWOT 分析,经理人能够把内部因素(优势和弱点)与外部因素(机遇和威胁)联合起来,要回答的主要问题是:"一个公司是怎样依靠自己的优势(资源基础和核心竞争力)来利用外部机遇,从而提高公司业绩的?"若考虑得更长远一些,经理人则需要考虑为了利用外部机遇,减轻危险压力,可能需要获得额外的资源和能力。通过对这些问题的考虑,经理人把当前与未来资源和能力外部环境匹配起来。

表 5-1 利用 SWOT 分析方法解决战略问题

战 略 问 题	优 势	弱 点
机遇	经理人如何使用公司优势来利用好机遇?	经理人如何克服不利于公司利用机遇的弱点?
威胁	经理人如何能够利用公司优势来减少危险发生的可能性及其影响?	经理人如何克服有助于威胁产生的弱点?

第五节 业务层战略与竞争优势

竞争优势能带来卓越的业绩,而获取与保持竞争优势是战略管理的目标,因此,想要解释并预测公司业务层战略的业绩差别,就必须仔细思考如何衡量公司业绩,保持业务层战略的竞争优势。

一、业务层战略

业务层战略(business-level strategy)是关于经理人在某一单一产品市场中获得竞争优势而采取的具体行动。这可能针对某个单一的产品,或者某一系列采用同样销售渠道非常相似的产品。业务层战略关注的是一个非常宏伟的问题:"我们应该怎样竞争?"为了制定一个合适的业务层战略,经理人必须回答以下关于竞争的问题:

谁(who):我们要服务哪个消费者细分市场?
什么(what):我们要满足客户的哪些需求、愿望和要求?
为什么(why):我们为什么要满足他们的需求?
如何(how):我们怎样才能满足消费者的需求?

为了制定有效的业务层战略,经理需要牢记,企业的竞争优势由产业特征和企业特点共同决定,如图 5-7 所示,一个产业越有吸引力,它就越能盈利。产业吸引力可以采用结构—行为绩效(SCP)框架、波特五力模型以及互补品的可获性来评估。经理人需要明确的是,企业的业务层面战略必须跟竞争力相一致,他们可以采取战略主权分析法来评估业内不同公司的绩效差异。通过本章节的学习,我们可能对公司内部有更好的了解,并能解释为什么它们在资源能力和活动基础上有差异。

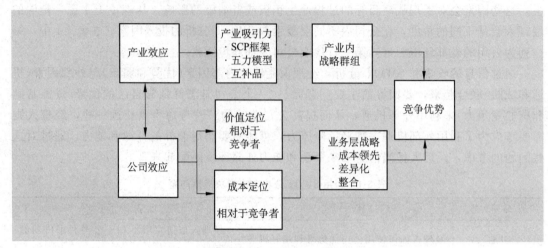

图 5-7　产业效应和公司效应共同决定竞争优势

在公司层面,业绩是由相对于其他竞争对手的价值和成本定位决定的。作为天然有机食品的主导连锁超市,全食与其竞争者相比,具有强大的价值定位。此外,高成本结构使得该公司的成本定位比较弱,因此削弱了靠价格竞争的能力。

二、经济价值创造

我们首先从经济价值的角度来考虑绩效,在对一个公司向市场供应的任何产品或者服务进行评估时,都要考虑到三个主要关键因素——价值(V)、价格(P)、成本(C)。

价值(V)表示顾客愿意支付给某个产品或服务的金额。简单点儿说,就是你愿意为了这个东西付出多少钱。价格反映顾客付钱的意愿(经济学家称之为保留价格),如果你支付某个产品或服务的金额比该商品实际收取的价格(P)要大,说明你愿意购买它。产品或服务的生产成本(C)跟顾客基本上没有什么关系,但是对产品或服务的生产商(供应商)来说却是相当重要。买家对一个产品或服务的支付意愿以公司生产该产品或服务成本之间的差额就是创造的经济价值。但一个公司能够比竞争对手创造更多的经济价值时,它就叫竞争优势。

举个例子,假设你很饿,一块披萨在你心中的价值是 12 美元,如果当地一家披萨餐厅供应的披萨价格(P)为 10 美元,即使你觉得它的生产成本可能不到 10 美元,你也愿意付这个价钱。假设这家餐厅生产这个披萨的总成本(C)实际上是 7 美元,那么在这个例子中,价值($V=12$ 美元)与成本($C=$等于 7 美元)之间的差额就是经营这个餐馆的老板所创造的经济价值 V,也就是 5 美元。创造的经济价值有时也称为经济贡献。

所收取价格(P)与生产成本(C)之间的差额就是老板的利润,或者叫做(在经济学中)生产者剩余。上面这个例子当中的利润 $P-C=10$ 美元-7 美元$=3$ 美元,这部分就是餐馆老板所获得的利润。对消费者来说,自己愿意支付的金额(V)与所收取价格(P)之间的差额部分就是消费者剩余。在上面的例子中,消费者剩余为 $V-P=12$ 美元-10 美元$=2$ 美元。

你可以从披萨的例子中看出，创造的经济价值等于消费者剩余与生产者剩余之和，即

创造的经济价值＝12－7＝5（美元）

消费者剩余＋生产者剩余＝2＋3＝5（美元）

消费者剩余和生产者剩余之间的关系就是贸易产生的原因，交易双方都会获取其中一部分创造的价值（注意并不是只有在双方所获得的价格相等的时候才能进行交易）。因此在经济背景下，战略就是创造经济价值，并且尽可能多地获取创造的经济价值。

从经济学家的角度来看，收益其实就是为顾客创造的价值和产品或服务的价格的函数，两者共同促进商品的销售。因此经济学家将企业的利润（Ⅱ）定义为总收益（TR）减去总成本（TC）所得的值，即

$$\text{Ⅱ}=\text{TR}-\text{TC}$$
$$\text{TR}=P \cdot Q$$

式中 P、Q 意义同前。

总成本包括固定成本和变动成本。固定成本不受消费者需求影响。例如，餐厅租金购买披萨、烤箱以及其他设备所需要的本金，变动成本随消费者需求的数量变化而改变，如面粉、土豆、酱汁、奶酪等制作披萨所需要的原材料以及劳动力、工具等。因为本金和烤箱的的成本都是固定不变的，所以披萨店老板卖出的披萨越多，就能摊销越多的固定成本。

同样，如果街对面的那家披萨店创造的经济价值（$V-C$）只有 4 美元，那么这家店比餐馆就获得了竞争优势，因为这家店的一块披萨就能创造 5 美元做经济价值，大于 4 美元。（我们简单地假设没有其他披萨店和外送服务）

图 5-8 对这些概念的关系进行了解释，左边的 V 表示提供给消费者的产品价值，体现消费者的最大支付意愿。在图 5-8 中，C 表示产品或者服务的生产成本（单位成本）。消费者的最大支付意愿与企业成本之间的差额（$V-C$）就是创造出来的经济价值，右半部分表示的是产品或服务的价格（P），创造的经济价值（$V-C$）在生产者和消费者之间进行平分。（$V-P$）就是消费者获取的价格（消费者剩余），（$P-C$）则是生产者获取的价格（生产者剩余，或者叫利润）。

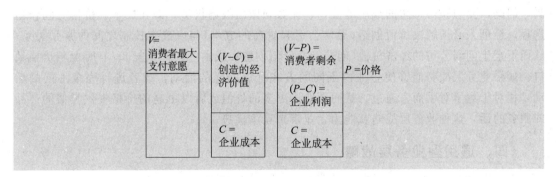

图 5-8　竞争优势与创造的经济价值

消费者的支付意愿 V 与生产该产品或服务的成本 C 之间的差额最大的企业，就是拥有了竞争优势，原因是 V 与 C 之间的差额如果很大的话，该企业就能拥有两个截然不同的选择：一是假设高价位未来表现更高的产品价值，以提高企业的盈利水平；二是与竞争

对手收取同样的价格与获得同样的市场份额。基于这种考虑,战略目标就是最大化($V-C$)之间的差额,也就是说最大限度地创造经济价值。

衡量经济价值指标的最后一个需要注意的方面是:经济学家在衡量创造的价值时,会把机会成本算进去,机会成本指的是在同样的资源基础上,为了得到某种东西而放弃另一些东西的最大价值。

【案例】
中披萨餐厅的老板面临两种机会成本

前述披萨餐厅的老板还面临两种机会成本:一是如果他在别的地方为他人工作能得到的薪酬;二是如果他把投资这个披萨店的资金投入股票市场或者国债能够得到的回报。年底,披萨店老板要对过去12个月的生意进行回顾与总结。将总收益减去总支出(包括所有的成本,机会成本除外)之后,他得到的会计利润是60 000美元,但他也意识到,自己放弃了本可能在别的公司赚得的40 000美元薪资。除此之外,他还不知道自己如果没有将500 000美元投入现在的事业中,而是购买了利润为5%的国债的话,可以获得25 000美元的利息,所以他经营这家店的机会成本为65 000美元(40 000+25 000),因此,综合考虑(算上机会成本),他的实际经济损失为5 000美元(60 000-65 000),除非对他个人来说,个人自由的价格远超过5 000美元,或者他相信明年生意会更好,不然他就要考虑是否要继续经营这家披萨店了。

三、战略定位

一个企业的竞争优势是由该企业给顾客创造的感知价值(V)与公司创造该价值的总成本(C)之间的差值决定的,其中感知价值是以顾客愿意支付某一商品或者服务的意愿来衡量的,公司创造的经济价值($V-C$)越大,企业的竞争优势也就越大,因此,经理人能撬动的两个主要的竞争杠杆是价值(V)和成本(C)。

企业的业务层战略决定了它在某个产品的市场的战略定位,即基于价格创造和成本的战略轮廓。每家企业都有自己独特且有价值的定位,在满足消费者需求的同时,应尽可能扩大企业对所创造价值和成本之间的差额,然而更高的价值意味着创造所需的成本往往更高。因此,要想获得理想的战略地位,企业必须做出战略权衡,即在成本和价格之间作出选择。经理人必须解决价值创造(通常会引起更高的成本)与以成本控制之间的紧张关系,从而不至于削弱公司的经济价值(创造能力价值创造和成本之间的差异)。有时也叫价格缺口。如果业务层战略能够使企业以不同的方式开展同样的活动,或者进行完全不同的活动,相对于竞争对手而言通过,从而创造出更多的价值或者以更高的价格提供类似的产品或服务的话,这种业务层战略就能为企业带来竞争优势。

四、通用型业务层战略

有两个完全不同的通用型业务层战略:差异化战略和成本领先战略。差异化战略(differentiation strategy)旨在通过把成本控制在与竞争者相同或者近似的水平,同时提供独特的产品和服务,为顾客创造出低于竞争对手的价格。与之相反,成本领先战略(cost leadership strategy)旨在以低于竞争对手成本的办法来降低企业产品和服务的价格,同时创造与其相同或者类似的价值。

这两种战略被称为通用型战略，因此任何企业，制造商或者服务提供商、大型企业或者小型企业、盈利的或者非盈利的公司、公有或者私有的、美国的或者非美国的都可以追求竞争优势，没有任何的行业环境限制，要实现差异化和成本领先，企业需要建立一个独特的战略地位，以增加企业获得与保持竞争优势的可能性，因为价值创造和所需成本呈正相关系，所以在价值创造和低成本之间存在重要的权衡关系。

即使是在同一产业，使用不同的通用型业务层战略也能带来竞争优势。例如，虽然劳力士和天美时都在腕表市场上竞争，但所采取的战略不同。劳力士采用差异化战略生产质量更高、更个性化的手表，而且给佩戴者提供一种有名望、有地位的感知价值，消费者愿意以更高的价格买下具有这些属性的产品。相反，天美时采用的是成本领先战略，即低投入、高效地生产有质量保证的手表，强调产品的可靠性与走时准确性，把价格定位在低端市场。我们的重点不是要将劳力士和天美时进行直接对比，它们在手表行业的不同细分市场上竞争，两者通过截然不同的业务层战略获得竞争优势。我们想强调的是：将劳力士的战略定位与差异化手表公司（如玉宝）进行对比，将天美时的战略定位与次佳的低成本生产商（如斯沃奇）作比较。

经理人在考虑不同的业务层战略时，必须确定企业的竞争范围（scope of competition），是在一个特殊的、较为狭隘的市场上竞争，还是在更广泛的市场上竞争。在前面的例子中，劳力士注重小的细分市场，天美时则为大众市场上的许多不同细分市场供应手表。

现在我们把描述企业战略定位的不同角度（差异化和成本领先）与竞争范围（狭窄和广泛）结合起来看。如图5-9所示，矩阵上方的两块是两个主要的通用型或者广义的业务层战略（成本领先和差异化），矩形下方的两块则是这两种战略各自侧重的不同类型，这两种战略的不同集中类型、集中成本领先战略和集中差异化战略，除了其竞争范围更小外，本义上和广义上的一般战略是一样的。

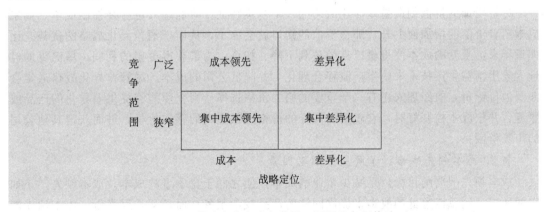

图 5-9 战略定位和竞争范围：通用业务层战略

【案例】

汽车业可以作为解释竞争范围的一个例子。通用汽车公司最有远见的董事长兼总裁阿尔弗雷德·斯隆（Afled P. Sloan）曾经将汽车制造商的使命定义为：为不同阶层的消费者制造满足不同需求的汽车。通用汽车是第一个实施事业部组织结构的公司，将品牌分解到不同的事业部，使得每一个品牌都能够在广阔的汽车市场上打造出自己独特的战略定位，甚至同一品牌定位也不一样,比如当前雪佛兰产品线就囊括从约 12 000 美元的低成本定位的雪佛兰爱唯欧(Aveo)到大约 70 000 美元的高度差异化的凯迪拉克雷德运动型多功能车(Cadillac Escalade SUV)。

电动汽车制造商特斯拉汽车公司生产高度差异化产品,并只专注很小的细分市场,采用的是集中差异化战略。目前特斯拉关注的是富有且具有环保意识的客户。该公司生产的跑车大约为 110 000 美元一辆。公司计划在 2012 年推出 S 型四门轿车。公司只有这两种产品,因此它计划一年的销售不会超过 20 000 辆,这大约不到美国汽车销售市场份额的 0.2%。特斯拉汽车采用的是集中差异化战略,聚焦于狭窄的细分市场,人们愿意以高价购买产品。

资料来源:Frank T. Rothaermel. Strategic Management. McGraw Hill Education,2015.

▶ **1. 差异化战略:了解价值驱动因素**

一般差异化战略的目标,是增加产品特性以提高消费者对产品或服务的感知价值,从而愿意支付更高的价格。理论上讲,采取差异化战略能使企业在顾客心中产生其他竞争对手不能轻易媲美的价值。差异化战略竞争一般注重的不是价格,而是独特的产品和服务、新产品的开发或营销和促销。

采用差异化战略的公司,只要它创造的经济价值($V-C$)比竞争对手大,那么就可以获得竞争优势。图 5-10(a)展示了采用差异化战略的 B 公司相对于 A 公司来说拥有竞争优势。B 公司不仅比 A 公司提供的价值大,同时也获得了成本平价(也就是说 B 公司的成本和 A 公司是一致的)。即使 B 公司无法获得成本平价(这很常见,因为更高的价值创造需要更高的成本,如高质量的原材料、研发、训练员工为客户提供优质服务等),如果它创造的经济价值比竞争对手高,它仍然可以获得竞争优势。这种情况从图 5-10(b)中可以看到。在两种情况下,B 公司创造的经济价值$(V-C)_B$都比 A 公司的$(V-C)_A$要大,它的产品可以要高价,说明 B 公司获得了竞争优势。

尽管增加的价值创造是差异化战略的一个基本特征,但经理人也必须控制成本。如果成本随着价值的增加而上升,那么价值的缺口就会缩小,从而抵消差异化战略的优势。比如近年来,上升的成本使得星巴克的盈利下降。如今,为了获得更多的利润,星巴克的经理人采用精益生产技术来使生产流程合理化,并降低公司的成本。尽管差异化战略通常会涉及溢价标价,但经理人还有一个重要的第二价格选择。当企业能够提供差异化的产品或服务,并把成本控制好时,它就能以同样的价格提供更高的感知价格,进而获得其他公司的市场份额。

▶ **2. 成本领先战略:了解成本驱动因素**

成本领先战略的目标,是减少企业的成本,使之低于竞争者的成本。成本领先,正如字面所指,注重以更低的成本来提供同样的产品或者服务。而且从长远来看,成本领先能优化价格链活动已获得低成本的定位。虽说在行业中保持低成本是压倒一切的战略目标,一个成本领先的企业需要提供一个有一定价格的产品和服务。

成本领先者只要创造出高于竞争对手的经济价值$(V-C)$,便可以获得竞争优势。图 5-11(a)中展示了与成本领先的 B 公司相比 A 公司更具有竞争优势。因为 B 公司不仅比 A 公司的成本低,而且还具有差异化平价,意味着它与 A 公司能创造同样的价值。因此,B 公司创造的经济价值,也就是$(V-C)_B$,要比 A 公司$(V-C)_A$更高。以通用汽车和韩国现

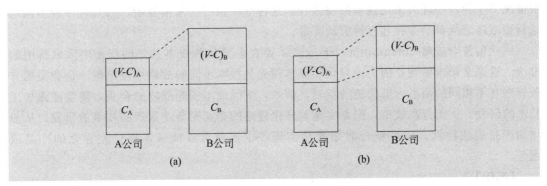

图 5-10　差异化战略：获得竞争优势

代汽车为例，两家公司推出的车型在市场上直接竞争，现代汽车的生产成本比通用汽车低，却能提供相似的价值主张。

　　如果 B 公司没有能实现其产品的差异化平价会怎么样？这样的平价往往很难实现，因为价格创造往往与高成本如影随形，而且 B 公司的战略目标是追求更低的成本，B 公司只要使它的经济价值超出它的竞争对手，还是可以获得竞争优势的。这种情形可由图 5-11(b) 得以体现：即使 B 公司创造了较低的价值（没有获得差异化平价），但是它获得了低成本，因此 B 公司创造的经济价值还是比 A 公司要大。例如，沃尔玛是低成本领先商，它也能够从 2002 年中申请破产的凯马特公司（Kmart）获得市场份额。在 21 世纪初，戴尔就是采用低成本战略击败苹果、康柏、捷威、惠普等企业来主导电脑产业的。

　　图 5-11 所示两种情形中，B 公司创造的经济价值都比 A 公司要高，B 公司在两种情形下都具有竞争优势。它要么与竞争对手的要价相似，然后获得更多单位利润空间；要么比起竞争对手的价格要低，然后从销售数量中获得更大的利润。两种成本领先战略的变形都会为其带来竞争优势。

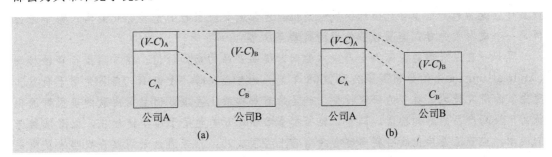

图 5-11　成本领先战略：获得竞争优势

▶ 3. 整合战略：结合成本领先战略和差异化战略

　　行业的竞争环境要求企业必须开发降低成本和增加独特性的技能，对全球的行业来说更是如此。例如，要取得成本，就可能需要降低成本；与劳动力价格更低国家的企业竞争，可能需要增加产品特性，以迎合当地消费者的喜好。由于增加感知价值或者降低生产成本都能增加企业的竞争优势，经理人应该在这两方面下功夫。为此，需要将差异化和成本领先这两种不同的战略定位进行整合。除非竞争环境中真的要求具有这种战略定位，一般情况下不建议经理人采用这种战略整合。这种战略执行起来很复杂,因为每一种不同的通行型战略之间都会存在相互冲突的要求。

成功的整合战略(integration strategy)需要在差异化和成本领先的权衡中采取折中的办法。这通常很难做到,因为差异化和成本领先是根本不同的战略地位定位。企业需要有效管理互不相同的两类内部价值链活动。例如,实际成本领先战略的企业,需要注重加工技术的研发,从而提高效率,但是实施差异化战略的企业则会注重产品技术的研发,从而增加产品的独特性。如果整合战略成功实施,企业就可以低成本提供差异化的产品或服务。

【案例】

2004年成立的Leopard Cycle公司向我们展示了在实施整合战略时,如何解决必要的内部权衡问题。定制的公司公路赛用自行车都很贵,像职业棋手兰斯·阿姆斯特朗(Lance Armstrong)、阿尔伯托·康塔多(Alberto Contador)和梅雷德·米勒(Meredith Miller)等人比赛的用自行车,价格可能高达20 000美元。通过将最新生产技术与互联网技术结合,Leopard Cycle公司大量定制了碳纤维的新材料制成的比赛用车。Leopard Cycle公司是这样描述价值与成本之间的权衡的:"低成本生产商与独特材料使用者之间是相互排斥的;但我们坚信,你不用花很多时间,也可以成为最好的那一个。"这个姿态意味着,低成本和产品差异化的结合,有助于企业在不增加成本的前提下,增加产品的感知价值。Leopard Cycle公司把定制的价格定在1 500~2 000美元。这一价格仅为几年前人们要支付这一专业自行车价格的15%。

在整合战略中成功,并不意味着企业必须成为一个价值创造者和最低生产成本生产商。然而,一个整合战略是否能产生竞争优势,取决于价值创造(V)和成本(C)之间的差异,也就是说经济价值的创造程度(V-C)。战略的目标就是要比竞争对手创造更多的经济价值。这就是美国雅芳(Avon)公司在化妆品行业所实现的。图5-12对欧莱雅(LOreal)、雅芳和露华浓(Revlon)这三家化妆品公司的价值和成本地位作出了对比。这些公司都在化妆品行业成功地开拓了自己明确的战略定位:巴黎欧莱雅推行的是差异化战略;露华浓公司是一个成本领先者;美国雅芳使用的是整合战略。

雅芳一直以来都能在降低生产成本的同时提高产品的感知价值。在首席执行官钟杉娴(Andrea Jung)女士的带领下,公司2002年就开始整合战略,投资1亿多美元用于研发和建立新的研究设施。雅芳的研究投资,就是拿着那些看上去很好而且对皮肤的确很好的化妆品来提高产品的感知价值。同年,雅芳投资5 000万美元用于供应链优化,以降低雅芳的成本。雅芳从差异化战略转向整合战略看上去很成功:雅芳通过采用整合战略来获得更高的经济价值。一旦整合战略成功实施,对差异化和低成本的投资并不是替代关系,而是互补关系,并产生重要的溢出效应。

战略整合虽然很难实现,但成功实施可能给企业提供两种定价选择:第一,可以比(单一)成本领先公司的价格更高,从而反映它更高的价值创造,获得更多的利润。第二,可以把价格定在低于(单一)差异化企业的水平,从而可以赢得市场份额,并通过销售量的增加来弥补利润上的损失。尽管如此,整合战略还是很难实施的。它需要将本来完全不同的战略定位即差异化和低成本进行调节整合,以便企业通过这些不同的内部价值创造活动,在增加价值的同时降低成本。

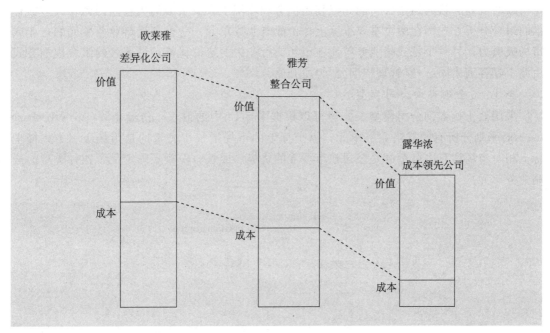

图 5-12　雅芳希望通过整合战略获得竞争优势

第六节　设计业务组合

在公司使命陈述和目标的指导下,管理层必须规划业务组合(business portfolio)——构成公司业务和产品的集合。最好的业务组合应该是公司优势和劣势与环境中的机会相适应。业务组合规划包括两个步骤:首先,公司应该分析现有的业务组合,决定哪个业务组合应该得到更多、更少或者零投资;然后,公司应该为企业发展和精简制定战略,形成业务组合。

一、分析现有的业务组合

战略规划中最主要的活动是业务组合分析(portfolio analysis),即管理部门评估公司的各种业务和产品。公司希望把最强的资源投入到盈利最多的业务,减少对弱势业务的投资。

管理部门的第一步是识别公司的关键业务,这些业务被称为战略业务单元。战略业务单元(strategic business unit,SBU)指拥有独立使命和目标,可以不受公司其他业务的影响,独立进行计划的业务单元。一个战略业务单元可以是一个公司部门、部门内的产品线或者单个产品和品牌。

业务组合分析的下一步要求管理部门评估各战略业务单元的吸引力和决定每个业务单元应该得到多少支持。大多数公司最好集中于投资与公司核心理念和能力紧密相符的产品和业务。

战略规划的目的是使公司能充分利用优势和环境中有吸引力的机会。因此,大多数标准的组合分析方式都在两个重要维度上评价战略业务单元:一个是战略业务单元的行业或市场吸引力;另一个是战略业务单元在市场或行业中的定位优势。最著名的组合规划方式由波士顿咨询集团(一家管理咨询公司)所开发。

▶ 1. 波士顿咨询公司模型

采用波士顿咨询公司模型,公司可以根据图 5-13 中的成长—份额矩阵(growth share matrix)来划分所有的战略业务单元;纵坐标上的市场增长率衡量的是市场吸引力,横坐标上相对市场占有率衡量的是公司在市场上的优势。成长—份额矩阵定义了四种类型的战略业务单元。

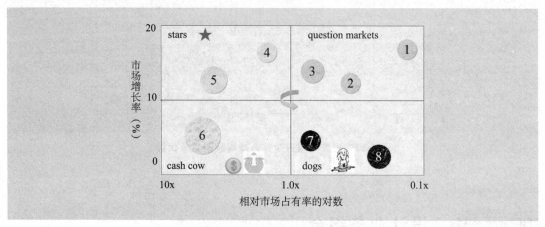

图 5-13 波士顿成长—份额矩阵

(1) 明星类。明星类(stars)是指市场增长率高,且市场份额也高的业务和产品,它们通常需要投入大量资金来维持高速市场增长率,最终其增长会降低,成为金牛类业务或产品。

(2) 金牛类。金牛类(cash cows)指市场增长率低,但市场份额高的业务或产品,这些扎实且成功的战略业务单元只需较少的投资来保持其市场份额,因此会给公司带来现金收入,支持其他需要投资的战略业务单元。

(3) 问题类。问题类(question markets)是指在高增长率的市场上占有较低的市场份额的业务单元,它们需要投入很大的资金才能保持市场份额,但是不能保证一定会提高市场份额,因此公司必须认真考虑哪个问题类产品可以被培养成为明星类产品,哪个应该被淘汰。

(4) 瘦狗类。瘦狗类(dogs)是指低增长率和低市场份额的业务和产品,它们有可能会产生足够的资金来支持自身发展,但是不能保证带来更多的现金流。

图 5-13 中的八个圆圈代表某公司现在的八个战略业务单元,该公司分别有两个明星类、一个金牛类、三个问题类和两个瘦狗类产品。圆圈的大小与战略业务单元的销售额成正比,从成长—份额矩阵可以看出该公司的状况还可以,虽然并不是很好。公司想在更有前途的问题类产品上投资,使之成为明星类产品;保持明星类产品,当市场成熟时使之成为金牛类产品。幸运的是,该公司有一个大型的金牛类产品,来自金牛类产品的收入可以帮助公司投资于问题类、明星类和瘦狗类产品;对于瘦狗类和问题类产品,公司应该采取

一些果断的行动，如果该公司没有明星类产品，或者有更多的瘦狗类产品，或者仅有一个很弱的金牛类产品，那么情形会更糟糕。

一旦公司对战略业务单元进行分类，就应该决定每个业务单元在将来应起到什么样的作用。任何一个业务单元都可采用四种战略（发展、保持、收获和放弃）之一，公司可以投入更多的资金来发展业务单元的市场份额，也可以投入刚好适应的资金来保持业务单元的现有份额。公司也可以收获战略业务单元，获得短期的现金流，而不考虑长期影响。公司还可以通过出售或者停止经营来放弃战略业务单元，把这些投资用于其他地方。

随着时间的推移，战略业务单元在成长—份额矩阵中的地位也会发生变化，每个战略业务单元都有生命周期。从问题类开始，如果成功的话可以转向明星类，随着市场增长率的下降会变成金牛类，最终成为瘦狗类，走向其生命周期的终点。公司需要不断增加新的产品和业务单元来保证其中一些成为明星类产品，进而成为金牛类产品，为公司提供投资于其他业务单元的资金。

▶ 2. 矩阵方法的局限性

波士顿矩阵和其他正式的模型彻底变革了战略规划，然而这些模型也有局限性。它们实施起来很难，而且耗时、成本很高。公司难以划分这些战略业务单元，也难以衡量市场份额和增长率。另外，这些模型集中于对现有业务进行分类，并没有对将来的规划提供建议。

正式的规划模型也过度强调了市场份额增长，或者通过进入具有吸引力的新市场而带来的增长。采用这些模型很多公司投入资金到不相关但是增长率高的业务中，但是不知道如何去管理。同时，这些公司通常很快就放弃、出售和收获健康发展的成熟业务。因此，过去很多过度多元化的公司，现在都集中注意力，回到自己最了解的一个或几个行业中。

由于这些局限性，许多公司放弃了正式的矩阵方法，采用更加针对顾客的方法，后者更好地适应了公司特殊的处境。因此，早先的战略规划都是由公司总部的高级经理制定的，现在制定战略规划的权利已经下放，公司越来越多地把制定战略规划的责任交给部门经理，因为他们更接近市场。

迪斯尼就是一个例子。大多数人都把迪斯尼看成是一个主题公园，提供健康的家庭娱乐。但是在20世纪80年代中期，迪斯尼制定了一个集中和高效的战略规划群组来指导公司发展方向。在接下来的20年中，这个战略规划群组使迪斯尼公司汇聚了大量多样化的媒体和娱乐业务。这种新转行的公司难以管理且市场表现不稳定。后来，迪斯尼的首席执行官分解了原本集中的战略规划单元，把制定战略规划的权利下放给了部门经理。

二、为企业发展和精简制定战略

除了评估现有业务，设计业务组合还包括找到公司将来可能考虑的业务和产品。如果公司需要更有效的竞争来满足股东以及吸引人才，公司就必须发展。

营销的主要职责是让公司实现盈利性的发展。营销应该识别、评估和选择市场机会，制定战略来抓住机会。一个有效的识别发展机会的工具是安索夫矩阵，如图5-14所示，我们把它应用于星巴克的分析中。

		产品	
		现有产品	新产品
市场	现有市场	市场渗透：在单一市场，依靠单一产品，目的在于大幅度增加市场占有率	产品开发：在现有市场上推出新产品；延长产品生命周期
	新市场	市场开发：将现有产品推销到新地区；在现有实力、技能和能力基础上发展，改变销售和广告方法	多元化：相关多元化；非相关多元化

图 5-14 安索夫矩阵：产品—市场扩展

【案例】

20多年前，霍华德·舒尔次激起了将欧式风格的咖啡屋带入美国的想法。人们需要将步伐放慢，闻到咖啡的香味儿，更好地享受生活，结果就是星巴克这个咖啡屋不仅售卖咖啡，还售卖星巴克体验。"这里是星巴克的环境氛围，"一位分析师人士说，"音乐、舒适柔软的椅子、美味、发出嘶嘶声的气流。"星巴克总裁舒尔次说："我们不是在咖啡行业提供服务，而是在人们的商业中提供咖啡服务。"现在全世界的人都拥有星巴克，使它成为强有力的优质品牌。现在每周3 500万名顾客访问公司11 000多家分店，星巴克还给顾客所谓的第三空间，让他们远离家和远离工作。

然而星巴克的成功已经拖垮了一系列的模仿者，从直接竞争者，如Caribou咖啡，到快餐店，如麦当劳。为了维持在日益增长的咖啡市场中巨大的发展，星巴克必须孕育一种有雄心、多条线路的增长战略。

第一，星巴克的管理部门考虑公司能否达到更深层次的市场渗透（market penetration），即在不改变产品的基础上，通过现有细分市场提升现有产品销量的成长战略。它可能在现有市场上增加商店数量，使顾客光顾商店更便利。实际上，星巴克在一年52个星期中每个星期平均增开34个店面，其最终目标是在世界范围内开设3万家分店。公司还可以改进广告是、价格、服务、菜单选择和店面设计，使得顾客光顾的次数增多，或每次购买的数量增加。例如美国星巴克的许多店面是落地窗；星巴克推出了一款签账卡，顾客可以预付咖啡和点心，或者把星巴克礼物送给亲戚朋友。为了让顾客停留得更久，星巴克在大多数分店提供无线网络。

第二，星巴克管理层考虑到市场开发战略，即为现有的公司产品辨认和发展细分市场的成长战略。例如，公司经理评估新的人口统计，细分一些新的群体，如年纪大的消费者或者不同民族的群体，可能会被鼓励尝试光顾星巴克咖啡店或者从星巴克咖啡店购买更多。经理还可以评估新的地理细分市场，这使得星巴克在全球的市场上迅速扩张。1996年，星巴克在北美以外只有11家咖啡店，现在则拥有5 000多家。

第三，公司管理层可以考虑产品开发战略，即一种通过向现有目标市场提供改进和新产品的企业成长战略。例如，星巴克为顾客提供了一种降低卡路里的新选择。2006年至2007年这款产品被推向中国和韩国时星巴克甚至专门针对亚洲市场开发了一款绿茶。2010年Doubleshot Espresso进入中国香港市场。为了抓住在家冲咖啡的消费者，星巴克开始进军美国超市领域，和卡夫公司合作，星巴克负责烘烤咖啡以及生产包装，卡夫公司负责营销和分销。在2010年金融危机时，星巴克推出了一款新型速溶咖啡。公司正在进入新的消费领域，例如提供星巴克的咖啡酒。

第四，星巴克可以考虑多元化战略，即在现有的产品和市场之外开始建立和收购公司。例如，1999年星巴克购买了 Hear Music。这笔交易非常成功，以至于激起了星巴克在娱乐方面的业务创新。Hear Music 开始销售和播放兼容 CD，现在已拥有自己的 XM 卫星信号站。同时，Hear Music 在选择的星巴克店里还安装了 kiosk，方便顾客在品尝咖啡时下载歌曲以及播放他们自己的 CD。下一步星巴克将投资 Hear Music 零售渠道，首先是音乐店，其次才是咖啡店。

星巴克的多样化经营不止于此，它还与狮门电影公司合作制作电影，然后在星巴克的咖啡屋中推广星巴克大力支持的合作伙伴的第一部电影《阿基拉和拼字比赛》，例如，在店中发送相关卡片，把电影标识印在咖啡上，把商店黑板上的字艺术化成蜜蜂形象。很多分析人士认为星巴克这种冒险的做法是否把多样化经营的范围定得太宽了，会使得它失去市场。他们不禁要问：电影与星巴克的咖啡有什么关系？

公司不仅可以通过开发战略发展业务组合，也可以通过开发战略来精简业务。有很多原因可以导致公司抛弃产品和市场：可能是市场环境发生改变，使得公司某些产品和市场的盈利下降；可能是公司成长太快，进入了某些缺乏经验的领域；还有可能是公司在没有充分调研的情况下进入太多的国外市场；或者公司推出一些不能传递顾客价值的新产品；最后可能是一些产品和业务单元正在走向衰退。一旦发现旗下品牌和业务不盈利，或不符合整体战略，就必须谨慎地将其剪除、收获或者抛弃。发展不好的业务通常只需要管理层一般的注意力，管理层应该聚焦良好的发展机会，而不是试图拯救失去的机会。

第七节 营销过程与管理

一、规划营销：协作建立客户关系

公司的战略规划确定了公司从事的业务和每个业务的目标，每个业务单元会有更为具体的规划。每个业务单元的重要职能部门——营销、财务、会计、采购、运营、信息系统、人力资源和其他，必须相互协作，共同实现战略目标。

营销在公司的战略规划中起到关键的作用，主要表现在三个方面：一是营销提供一个指导性的理念——营销观念，这意味着公司的战略应该以与重要客户建立盈利性的客户关系为中心；二是营销通过帮助识别有吸引力的市场机会和评估公司利用这些机会的潜力，为战略规划的制订者提供有用的信息；三是在每个业务单元中，营销为达到这些业务目标制定的战略一旦付诸实施，便可以达到盈利的目的。

在营销者成功的公式中，客户价值和客户满意是重要的部分。然而，营销者不能单独产生超级的客户价值。尽管起到关键的作用，但是营销在吸引、保持和发展顾客时也只是协作者之一。除了客户关系管理，营销还肩负着伙伴关系管理的重任。营销者必须与公司的其他部门紧密合作,形成有效的价值链服务于顾客,而且必须与营销体系中的其他公司进行有效合作,形成有竞争力的超级价值传递网络。

▶ 1. 与公司的其他部门合作

公司的每个部门都是价值链中的环节之一,也就是说,每个部门都参与价值创造活动,设计、生产、营销、传递和支持企业的产品。企业的成功不仅取决于每个部门都很好地运行,还取决于公司不同部门之间的协调活动。

例如,沃尔玛通过向客户提供尽可能最低价的商品来创造顾客价值和顾客满意,因此沃尔玛的营销人员至关重要。他们要了解顾客所需,并以不可超越的低价,将所有物品摆上货架;他们还要策划广告活动和招商项目,并向顾客提供服务。通过这些活动,沃尔玛的营销人员将价值传递给了顾客。

但是,营销部门需要其他部门的帮助。沃尔玛是否能以低价向顾客提供合适的产品,取决于其采购能否开发出所需的供应商,并以低价从供应商处购买产品。沃尔玛的信息技术部必须快速而又精确地提供每家商店正在出售什么产品的信息。还有,沃尔玛的运营必须要有效,低成本地处理掉商品。

公司价值链的强弱程度与其最弱的环节保持同一水平,成功取决于每个部门如何很好地增加顾客的价值,与不同部门之间如何很好地协调活动。以沃尔玛为例,如果采购部门不能想办法从供应商那里取得最低的价格,或者运营部门不能以最低的价格来分配商品,那么营销部门就不能传递自己所承诺的最低价格。营销经理需要与其他部门的经理一起密切合作,由不同部门共同达到公司整体的战略目标。

▶ 2. 与营销体系中的其他人合作

为了创造顾客价值,公司必须把目光放远,不仅看到自己的价值,更应该看到供应商、分销商和最主要的顾客的价值。麦当劳在全球的 3 万家餐馆,每天为 5 200 万顾客提供服务,拥有汉堡市场 40% 的份额。人们蜂拥而至麦当劳不是因为他们喜欢麦当劳的汉堡包。事实上,顾客认为麦当劳汉堡的口味不如汉堡王。从全球来看,麦当劳建立了一个为顾客充分服务的高标准——质量、服务、清洁和价值。麦当劳的高效就是因为它成功地与分销商、供应商等其他为顾客传递高价值的相关者建立了合作关系。

今天越来越多的公司与供应链中的其他成员合作来改进顾客价值,传导网络。例如,化妆品制造商欧莱雅就深知与供应商建立紧密关系的重要性。供应商给欧莱雅提供生产所用的一切配件,从聚合物和油脂到喷雾罐及包装,甚至办公室设备。今天的市场竞争,不再是单个竞争者的事情,而是由这些竞争者所创造的整个价值传导网络之间的竞争。

▶ 3. 营销战略和营销组合

战略规划描述了公司的整体使命和目标营销的作用和活动,如图 5-15 所示。图 5-15 总结了主要的营销活动,包括管理顾客导向的营销战略和营销组合。

消费者处于中心地位,公司目标是建立强大而盈利的顾客关系。第一步,制定营销战略,即明确公司希望通过怎样的营销逻辑创造顾客价值,并且达到盈利的目的。第二步,通过市场细分、目标市场选择和市场定位,公司决定为哪些消费者服务。第三步,选择最有前途的细分市场,集中服务于这些市场,满足顾客的需求。

在营销战略的指导下公司设计可控的营销组合包含产品、价格、渠道和促销四个因

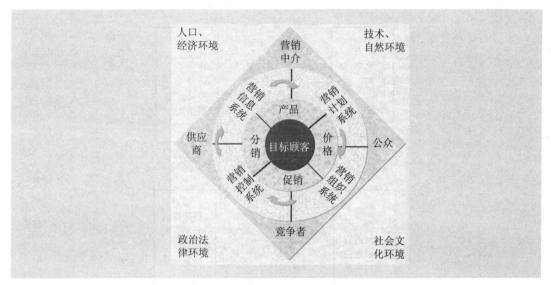

图 5-15 管理营销战略和组合

素。为了找到营销组合并付诸行动,公司要进行营销分析、营销计划、营销执行和营销控制。通过这些活动,公司能够观察和适应这些营销环境中的因素。

▶ 4. 设计营销组合

一旦公司确定了整体竞争性营销战略,就应该开始制定具体的营销组合——现代营销的主要理念之一。营销组合(marketing mix)指一套可控制的战略性营销工具。公司用这些营销工具组合来得到其他想要的目标市场的反馈。营销组合包括公司所做的影响产品需求的一切行为,所有可能的行为被概括为四组变量,也就是 4P,即产品(product)、价格(price)、渠道(place)和促销(promotion),图 5-16 显示了每个变量下的具体营销工具。

产品指公司向目标市场提供的产品和服务组合。例如,韩国现代汽车公司的索纳塔车包括螺丝和螺帽,火花塞、活塞、前灯和数千种零件。索纳塔车有几种款式和很多的型号选择,并且有保修服务。

价格是消费者为获得产品而支付的现金数量。例如,现代公司会为经销商计算每一款索纳塔车的建议零售价,现代汽车的经销商会与每位顾客谈判提供价格折扣和赊销付款的条件。

渠道包括公司为使目标顾客能接近和得到产品而进行的各种活动。例如,现代公司与很多独立的经销商合作,销售很多不同款式的汽车,谨慎地选择经销商并给它们大力支持。经销商保留现代汽车的库存,向潜在顾客展示汽车性能,与顾客协商价格、达成交易并提供售后服务。

促销包括公司传播其产品的优点,并说服目标顾客购买而进行的各种活动。例如,现代公司每年花费 20 亿美元做广告,向消费者传递公司和产品的信息,经销商的销售人员协助说服潜在购买者,使其认为现代汽车是最好的选择。

一个有效的营销方案应就营销组合的所有因素进行协调,通过向消费者传递价值来实现公司的营销目标。营销组合构成了公司在目标市场上建立市场定位的策略组合。

然而一个值得注意的问题是,4P 理念是从卖方而不是买方的角度来考虑问题的。在以顾客关系为中心的时代,4P 最好转化为 4C。

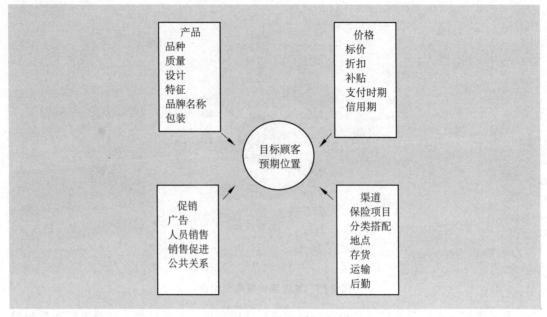

图 5-16 组合营销的 4P

因此营销者考虑的是产品销售，顾客考虑的是购买价值和问题的解决方案。顾客感兴趣的不仅仅是价格，还有获得利用和处理产品的总成本。顾客希望尽可能便利地获得产品和服务，最后他们还希望有双向的交流沟通。营销者如果能首先考虑 4C，然后在此基础上建立 4P，将会取得更大的成功。

表 5-2　4P 及 4C 对比

4P	4C
产品（product）	顾客解决方案（customer solution）
价格（price）	顾客的成本（customer cost）
渠道（place）	便利（convenience）
促销（promotion）	沟通（communication）

二、管理营销活动

为了在营销管理中善于营销，公司需要注意管理问题。管理营销过程要求四种营销管理功能：营销分析、营销计划、营销执行和营销控制。如图 5-17 所示。

▶1. 营销分析

管理营销活动首先要彻底分析公司所处的环境。公司必须进行 SWOT 分析，即分析自身的优势、劣势、机会和威胁。优势是包括公司内部的能力资源和能够有助于公司服务顾客以达到目标的各种有利因素。劣势包括公司内部的局限性和干扰公司运营的各种不利因素。机会是外部环境中使公司有可能发挥自身优势的各种有利因素和趋势。威胁是给公司的运营带来挑战的各种外部不利因素。

公司必须分析市场和营销环境，找出有吸引力的营销机会并识别环境威胁。公司必须

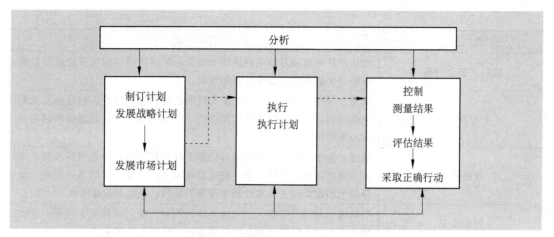

图 5-17 营销分析、营销计划、营销执行和营销控制

分析优势、劣势和现有的以及可能的营销活动,来决定能够利用哪些机会。其目标是将公司的优势与市场机会结合起来,同时消除和克服劣势,并最小化威胁。营销分析可以为其他营销管理职能提供有用的信息。

▶ 2. 营销计划

营销计划指通过战略规划公司决定在每个业务单元上如何去做。营销计划包括决定帮助公司达到整体战略目标的营销战略,每个业务单元、产品和品牌都需要具体的营销计划。下面来讨论产品和品牌的营销计划。

表5-3概述了一个典型产品或品牌计划的主要部分。营销计划首先是一个执行概述,简要地回顾了主要的评估目标和建议。计划的主要部分是对潜在的威胁、机会及现有营销状况的详细分析,接着阐述品牌的主要目标和确定实现目标的具体营销战略方案。

营销战略指公司希望通过它来达到营销目标的营销逻辑,包括对目标市场、定位营销组合和营销费用的具体战略,列示了公司想如何为目标客户创造价值并获取回报。在这一部分,制定者解释了每个战略如何去应对在营销计划中的威胁、机会和关键问题。营销计划的附加部分展示的是营销计划战略和支持性的营销预算的行动方案。营销计划的最后一部分概述了监控进程、衡量营销投资的回报以及采用纠正措施的控制活动。

表 5-3 营销计划的内容

部 分	目 的
执行概述	为使高级管理层迅速了解计划的要点而对主要目标和建议做出简短总结,内容部分应遵循该执行概述
当前的营销状况	描述目标市场和公司在目标市场上的定位,包括市场信息、产品性能、竞争和分销情况。这部分包括: 市场状况:描述整体市场和主要细分市场的情况,评价顾客需求和营销环境中可能影响顾客购买行为的因素; 产品状况:列出产品线中的主要产品的销售额、价格和毛利润; 竞争状况:识别主要竞争者,评价它们的市场定位及其在产品质量、定价、分销和促销方面的战略; 分销状况:评价主要分销渠道中最近的销售趋势和其他进展

续表

部　　分	目　　的
威胁和机会分析	评估产品可能面对的主要威胁和机会，帮助管理层预期可能对公司或战略产生影响的正面或负面的发展
目标和问题	阐述公司在计划的期限内想要实现的营销目标；讨论影响目标实现的主要问题。例如，如果目标是达到15％的市场份额，这部分将讨论如何去实现这一目标
营销战略	概述业务单位希望实现营销目标的大体营销逻辑，以及目标市场、定位、营销花费的具体方案；概述市场组合的每个因素的具体策略，解释每个因素如何去应对计划中提到的威胁、机会和关键问题
行动方案	明确说明营销战略如何转化为具体的行动方案，回答以下问题：应该做什么？什么时候去做？谁负责去做？需要花费多少钱？
预算	具体列出计划预期的利润表的营销预算，它显示出预期的收益（预期的销售数量和平均净价格）和预期的成本（生产、分销和营销的成本）。收益和成本之差就是预期利润，一旦得到上级管理层的审批，预算就成为材料购买、生产计划、人事安排和营销运营的基础
控制	概述监控进程的控制活动，上级管理层可以通过控制来评估执行结果和不符合目标的缺陷产品

▶ 3. 营销执行

好的战略规划仅仅是成功营销的开始，如果公司不能正确地执行战略，那么再明智的战略也没有用。营销执行（marketing implementation）是将营销战略和计划变为营销行动，实现营销战略目标的过程。执行需要每天、每月把营销计划付诸行动。营销计划提出营销活动要做什么、为什么要这样做的问题，而执行解决谁去做、在哪里做、什么时候做和如何去做的问题。

很多经理人认为正确地做事（执行）与正确的事（战略）同样重要，甚至要比后者更重要。二者对成功都很关键。公司能够通过有效地执行战略规划获得竞争优势，即使一家公司的战略大体上与其他公司相同，也可以通过更快和更有力的执行来赢得市场。而且，执行是困难的，构思出一个好的营销策略比执行该策略相对容易。

成功的营销执行取决于公司如何很好地把人员、组织结构策略和薪酬体系、公司文化整合成协调的支持战略的行动方案。在各个方面公司都需要有技巧、动力和个性的员工。公司的决策与薪酬体系和正式组织结构一样，在实施营销战略中占有重要地位。例如，一家公司的薪酬体系看重短期利润结果，就没有追求长期市场目标。

为了能够在执行上取得成功，公司营销战略必须与公司文化组织中员工的价值和信念体系相适应。相关调研发现，中国和印度公司的企业文化能更好地帮助公司在全球获得竞争优势。相反，日本的商业文化可能会阻碍公司将来的发展。而中国香港地区的企业反映的是亚洲和欧洲文化历史的独特结合体，没有清晰的公司文化。

▶ 4. 营销部门组织

公司必须设计一个营销组织来执行营销战略和计划。如果公司很小，一个人可能做所有的工作，包括调研、销售、广告、顾客服务和其他营销工作；当公司不断成长时，则需要营销部门来筹划和执行营销活动；在大公司里，营销部门有很多专业人士。例如，通用电气和微软拥有产品和市场经理、销售经理和销售员、市场研究员、广告专家和许多其他专业人士。为了领导这么庞大的营销组织，许多公司设立了首席营销官（CMO）的职位。近些年来，营销机构的设立成了一件越来越重要的事情。随着公司的重心从产品、品牌、地域再到客户的转移，经理们更看重顾客组合的管理而不是品牌组合的管理。

现代的营销部门有几种方式，最常见的形式是职能组织。不同的营销活动由不同职能的专业人士来领导，如销售经理、广告经理、营销调研经理、客户服务经理或者新产品经理等。在全国和全球销售的公司，通常采用地域性组织，销售和营销人员被指派到具体的国家、地区和区域。地域性组织可以让营销人员在某个地域安置下来，了解客户，节省许多出差的时间和成本。

产品和品牌差异很大的公司通常采取产品管理组织。在这种方式下，一位产品经理为特定的产品或品牌制定和执行全面的战略和营销方案。产品管理组织首先于1929年在宝洁公司出现。当时公司新推出的一种佳美肥皂销售得并不好，年轻的宝洁管理者将其全部精力集中在发展和促销该产品上。成功以后，公司很快安排了其他的产品经理。自此以后，尤其是在消费品公司，便建立了产品管理组织。

有些公司将一种产品线销售到不同的市场，面对的市场非常不同，面对的顾客需求和偏好差异很大，对于这些公司来说，市场和顾客管理组织可能更适合。市场管理组织与产品管理组织相似。市场经理负责开发针对特定市场和顾客的营销战略和计划，这个体系的优势在于公司以特定的顾客群为中心来组织活动。

对于那些在不同地域市场和顾客市场上销售不同产品的大公司而言，通常采取职能、地理、产品和营销组织的结合体，来保证管理层能够关注每个职能、产品和市场，然而这种方式也会增加管理成本和降低组织的灵活性。但是，组织特点的优势通常掩盖其缺陷。

当今的营销环境需要的是将部分关注的重心由产品、品牌和地域转移至客户关系。越来越多的公司要求其产品经理关注客户管理——从单纯进行产品及品牌收益管理转变为收益及客户权益管理。营销经理们会认为他们管理的不再是一个品牌组合，而是顾客组合。

▶ 5. 营销控制

因为公司在营销执行过程中会发生很多意外，营销部门必须实施持续的营销控制。营销控制（marketing control）指度量和评价市场营销战略、计划的结果，采取纠正措施，来保证目标的达成。营销控制包括4个步骤：管理层首先设计具体的营销目标，然后衡量市场业绩，评价实际业绩和预期业绩不同的原因，最后采取纠正措施来消除实际业绩与目标业绩的差异，这可能需要改变行动方案甚至改变目标。在此过程中，运营控制和战略控制是营销控制的两种形式。

运营控制指根据年度计划来检查进行中的业绩表现，必要时采取纠正措施以保证公司实现年度计划中设定的销售额、利润和其他目标；运营控制还包括确定不同产品、地域、市场和渠道的赢利性。

战略控制可以检查公司的基本战略是否与市场上的机会相匹配。营销战略和方案可能会很快过时，每家公司应定期重新评估市场整体策略。战略控制的一个主要工具是营销审计（marketing audit），即对公司环境、目标、战略和活动进行综合、系统、独立和定期的检查、发现问题和机会，营销审计为制定行动方案、提高公司市场营销绩效提供有用的信息。

营销审计覆盖业务中营销的所有主要领域，而不仅仅是几个问题，它评估营销环境、营销战略、营销组织、营销体系、营销组合以及营销生产率和盈利率。审计通常由客观、有经验的第三方来执行，在营销审计的基础上，管理层决定哪个行动方案最有意义、应该如何执行以及何时执行。

▶ 6. 衡量和管理营销投资回报率

营销经理必须保证营销支出被正确地使用，因此，衡量营销投资收益的方法产生了。营销投资回报率（return on marketing investment，markering ROI）是指营销投资的净收益除以营销投资的成本。它被用来衡量在营销活动中投资所产生的利润。

营销的收益比较难以衡量，在衡量财务上的 ROI 时，R 和 I 都用货币统一衡量，但是到目前为止，营销 ROI 还没有统一的定义。公司可以根据品牌认知度、销售额或者市场份额等营销业绩标准来衡量营销收益。康宝汤业公司使用销售额和市场份额的数据来评价特定的广告活动。例如，有分析指出，它的"有汤在手"的广告活动展示了一个顾客饮用可携带的浓汤的真实生活场景。在该广告投放一年后其产品的初次购买率和重复购买率都翻倍了。在最近一次金融危机之后，分析员在看待营销问题时更为关注营销投资的回报。伴随着数字时代的到来，像百事可乐这样的公司，由于数字广告显示出一个更高的回报率，因此公司增加了数字广告的投放预算并减少了电视上的商业广告数量。

许多公司把这些衡量标准组合成一个"营销仪表盘"，即把内容丰富的一系列营销业绩衡量标准放在一起显示，用以监测营销战略的业绩。就像汽车的仪表盘向驾驶员显示汽车行驶的各项细节一样，"营销仪表盘"向营销人员显示他们用来评价和调整营销策略的各种具体衡量标准。

然而营销人员越来越多地使用以顾客为中心的营销业绩衡量标准，如顾客购买率、顾客使用率以及顾客终身价值。营销投资增加了顾客价值和满意度，这反过来增加了客户吸引力和保持率，从而增加了顾客终生价值和公司总体的顾客资产。增加的顾客资产与营销投资的成本相关，决定营销投资的回报。

不管如何定义和测量，营销投资回报率的概念是不变的。"营销投资回报率是每个企业的心脏，"一位 AT&T 的市场总监说，"我们在市场组合中又增加了一个 P，即利润和亏损，或者说是业绩。我们必须将营销在商业上的影响定量化，如果你无法测量，那么就无法改进。"

本章小结

传统营销的展开围绕营销的各个组成要素——产品、分销、价格、推广，此四者也就是著名的营销组合要素——4P。战略营销包括这些策略变量，但在某些重要的战略方面超出了传统营销的范围。战略营销遵循市场导向的战略发展过程，考虑不断变化的经营环境和不断传送顾客满意的要求。

战略是管理层为实现组织目标而制订的经营管理行动计划；它反映在由管理层为获得预期结果而设计的行动与行动模式，关心组织如何完成使命和实现预期目标。战略的经营管理观念包括五个方面：战略是一个计划，它为一个组织指明从现在走向未来的方向,指引行动的路线。战略是一个行动模式,它强调行动不因时间而改变的相对稳定性。例如,有的企业采取名牌战略,选择高档市场;有的企业倾向于高风险战略。战略是一种态势,占住战场上的某个有利位置以赢得顾客。例如,企业开发一种强势产品以攻占某个市场。战略是一种视野,它在企业未来的发展前景与企业现有的经营领域之间找出可行的途径。战略是一种策略或手法,旨在打击竞争对手。

具体来说,战略营销具有如下特征:

(1) 以市场为动力。战略营销认为竞争优势源于顾客,营销战略将受顾客影响的经营战略与综合的市场为核心的各类活动结合起来,以此建立竞争优势。在经营职能中,要协调选择顾客和合理安排受市场影响的各经营变量。战略营销强调组织与环境的联系,视营销为经营的整体职责,而不只是一个专门职能。

(2) 注重环境的复杂多变性。外部因素改变了市场和竞争结构的组成方式和吸引力。由于营销处于组织与其顾客、渠道成员,以及竞争的边缘,因此它是战略规划过程的核心。

(3) 以顾客满意作为战略使命。战略营销思想认为取得顾客满意的关键在于将顾客的需要与组织的服务计划过程联系起来,顾客对某些产品属性的偏好一定要转化为产品设计和生产指南。

(4) 围绕竞争优势的建立与发挥而进行营销活动。

(5) 面向未来,注重长期目标,如市场份额、顾客满意或顾客忠诚。

战略思维观认为,在市场条件下,战略会根据环境的变化而进行灵活地调整,快速反应代替了以前的长期预测。在今天追求变化、不断求新的年代,对企业的生存和发展而言,具有战略思维的文化更加重要。

课后练习

一、选择题

1. 企业战略的层次包括( )。

   A. 总体战略　　　B. 经营战略　　　C. 基本战略　　　D. 职能战略

   E. 成长战略

2. 总体战略是企业( )层次的战略。

   A. 中间　　　　　B. 局部　　　　　C. 最高　　　　　D. 较强

3. 区分战略经营单位的主要依据是多项业务之间是否存在共同的( )。

   A. 经营主线　　　B. 经营目标　　　C. 经营方针　　　D. 经济利益

4. 具有较高增长率和较高市场占有率的经营单位是( )。

   A. 问题类　　　　B. 明星类　　　　C. 金牛类　　　　D. 瘦狗类

5. 问题类经营单位是具有较高增长率和( )的经营单位或业务。

   A. 较高占有率　　　　　　　　　　B. 一般占有率

   C. 较低占有率　　　　　　　　　　D. 没有占有率

6. 明星类单位的市场增长率降到（　　）以下，但有较高的相对市场占有率，便成为金牛类单位。
   A. 50%　　　　　　　　　　　B. 30%
   C. 10%　　　　　　　　　　　D. 5%
7. 市场增长率和相对市场占有率都较低的经营单位是（　　）。
   A. 问题类　　　　　　　　　　B. 明星类
   C. 金牛类　　　　　　　　　　D. 瘦狗类
8. 职能战略可以使职能部门及其管理人员更加清楚地认识本部门在实施总体战略、营销战略过程中的任务、责任和要求，这些职能战略包括（　　）。
   A. 研究与开发战略　　　　　　B. 生产战略
   C. 市场营销战略　　　　　　　D. 财务战略
   E. 人力资源战略
9. 企业使命说明书包括的基本要素是（　　）。
   A. 使用范围　　　　　　　　　B. 业务领域
   C. 国家法律　　　　　　　　　D. 经营政策
   E. 企业愿景
10. 规划企业成长战略的方式有（　　）。
    A. 松散式成长战略　　　　　　B. 密集式成长战略
    C. 统一式成长战略　　　　　　D. 一体化成长战略
    E. 多角化成长战略

二、思考题

1. 战略与商业模式有什么不同之处？又有什么相似之处？
2. 有效的使命陈述具有哪些特点？
3. 波特模型中的五种竞争力是怎样影响整个产业的利润的？
4. 一般的通用型业务层战略有哪些缺点和风险？集中型战略呢？
5. 总体战略、经营战略和职能战略之间是什么关系？
6. 描述运用波士顿矩阵进行组合分析的方法，简要论述为什么管理层发现及处理问题类业务很困难。

案例分享

迪斯尼公司为幸福完美的结局做战略规划

摘要： 20 世纪 80 年代中期，迪斯尼公司制定了一个集中和高效的战略规划群组来指导公司发展方向。在接下来的 20 年中，这个战略规划群组使迪斯尼公司汇聚了大量多样化的媒体和娱乐业务。这种新转行的公司难以管理且市场表现不稳定。后来，迪斯尼的首席执行官分解了原本集中的战略规划单元，把制定战略规划的权利下放给部门经理。

关键词： 迪斯尼　战略管理　战略规划组合

一、背景描述

当提到迪斯尼公司时，你最先想到的可能是主题公园和动画电影。自从卡通形象米老鼠问世后,迪斯尼已经成为家庭娱乐的代名词,使得电影动画艺术变得更加完美。从最早的电影如《白雪公主和七个小矮人》《幻想曲》《木偶奇遇记》,到最近的《狮子王》《玩具总动员》《怪物公司》和《海底总动员》,迪斯尼给电影院、家庭以及全世界的观众带来了纯粹魔术般的享受。

二、活动内容

可能没有其他地方比著名的主题公园迪斯尼更能体现魔幻效应了,每年有将近4 300万人蜂拥而至迪斯尼乐园,使迪斯尼乐园成为名列第一位的旅游胜地。是什么让这么多人涌入迪斯尼乐园呢?部分原因在于迪斯尼本身有很大的吸引力。迪斯尼四个主要的主题乐园——魔幻王国、EPCOT中心、迪斯尼、米高梅动画公园和迪斯尼动物王国非常有吸引力,梦幻般的体验包括灰姑娘城堡、迪斯尼加利福尼亚大冒险、乞力马扎罗探险和巨雷过山车等。

三、活动效果展示

但是真正的迪斯尼魔力源自于公司对其使命"给人们带来欢乐"和"让梦想成真"近乎迷恋的奉献。迪斯尼尽其所能地满足旅客的期望。迪斯尼的主题公园就能很好地代表其杰出的顾客服务,以至于很多顶尖公司都把自己的经理派去迪斯尼学习服务之道,但是主题公园和景点名胜只代表如今迪斯尼帝国的25%而已,电影和娱乐业构成了28%,其余的部分来自过去迪斯尼所进行的各种商业投资组合。

迪斯尼公司已经成为一个绝佳的战略规划研究材料。1985年,时任CEO的迈克尔·艾斯纳建立了一个高效能的、集中的战略计划单元来发掘和培育新的发展机会,并设立了公司的战略路线。20世纪八九十年代,迪斯尼策划实施了一系列重大收购活动,包括大都会、ABC等,这些公司的规模几乎是迪斯尼的两倍。

至2000年,迪斯尼已成为市值300亿美元的国际影视和娱乐"巨人"。公司现拥有近百个部门,主要分为以下四大部分。

(1)电影娱乐业:迪斯尼拥有四家电视制作公司、八家电影戏剧制作公司以及一家分销公司(包括沃尔特迪斯尼电影公司、试金石电影公司、米拉麦克斯电影公司及怡景戏曲公司),还拥有四个唱片品牌(沃尔特迪斯尼唱片公司、好莱坞唱片公司、怡景唱片公司及歌词街唱片公司)。

(2)媒体网络:迪斯尼拥有一家大型广播电视公司(ABC和10家公司自有电视台);还拥有许多有线电视网(包括迪斯尼频道、迪斯尼卡通频道、espn体育频道以及ABC家庭频道)和三家广播网络以及迪斯尼互联网集团。

(3)消费产品:迪斯尼拥有三家迪斯尼特许产品经销商、四家迪斯尼出版商、小小爱因斯坦公司和四家迪斯尼零售集团。

(4)公园和度假乐园:迪斯尼拥有11家公园和35家度假酒店,迪斯尼海上巡游线,迪斯尼假日俱乐部以及espn地带。迪斯尼在上海也正在建设了一家游乐园。

但是,管理这么多商业投资组合,已经成为迪斯尼的一个巨大挑战。在20世纪80年代中期,业务较为专一的小型迪斯尼收入及利润增长率分别为23%和50%。与之形成鲜明对比的是时至今日业务更多、更加复杂的大型迪斯尼为保持营业额和利润苦苦挣扎。

四、案例分析

迪斯尼的集中式战略规划组由于其表现不稳定而被责难。许多批评者表示公司规模过于庞大，业务过于多样，与能使其取得成功的核心业务偏离太远。战略规划组还经常拒绝迪斯尼业务单元经理们的策略提议。战略规划组因而被认为是某些部门的保护伞。

2004年对迪斯尼长期战略方向的异议导致CEO艾斯纳的下课。有意思的是，取代艾斯纳的新任CEO罗伯特·艾格废除了集中式战略规划组，把更多的职能下放给迪斯尼的部门经理。艾格相信，更贴近于市场的独立个体业务单元能够比集中式业务单元更有效地实现增长，艾格还希望重新整合迪斯尼多样的商业投资组合。

五、经验分享

对迪斯尼来说，庞大不一定就是好的。更多分布式的战略规划似乎更为行之有效。为新型魔幻王国创建正确的业务组合并不容易，这需要大师级的战略规划，以及一些著名的迪斯尼魔力，一同为迪斯尼书写一个幸福圆满的结局。

六、问题延伸思考

迪斯尼的使命陈述是给人们带来快乐。这一使命陈述传递给所有在迪斯尼主题公园工作的员工的信息是：他们不仅是员工，也是角色扮演人。同样，到迪斯尼乐园的游客不只是顾客，也是前来观赏表演的观众。这个隐喻对员工行为有着重要影响。这影响甚至在员工被聘用之前就开始了。迪斯尼的招聘方式不是面试，而是表演，就跟戏剧里的演员一样。因此，任何时候，迪斯尼员工的表现都始终如一，因为他的工作其实是在"舞台"上为大家表演。就连里面的清洁工（一般为正假期的大学生）都是演员阵容的一分子。因为他们需要直接与顾客打交道，所以对他们的评估除了以个人的整洁度和工作表现为标准之外，还包括他们对行程和旅游路线以及餐厅和更衣室等方位的熟悉程度。跟剧院里的演员一样，迪斯尼员工每天都需要全力出演类似"表演必须继续"的演出，以此来实现迪斯尼给人们带来快乐的使命。迪斯尼的使命陈述是迪斯尼战略规划的根本出发点。

资料来源：Merissa Marr. Disney Cuts Strategic-Planning Unit. Wall Street Journal, 28 March 2005, p. A3; Jacqueline Doherty. Better Days for Disney. Barron's, 21 March 2005, p. 14; Laura M. Holson. Disney Intends to Overhaul Planning Unit. New York Times, 26 March 2005.

第六章 产品策略

学习目标

1. 掌握产品生命周期各个阶段的营销策略；
2. 理解如何进行品牌决策；
3. 理解如何制定包装策略；
4. 掌握新产品开发的相关策略。

导入案例

J牌小麦啤酒生命周期延长策略

国内某知名啤酒公司针对啤酒消费者对啤酒口味要求日益趋于柔和、淡爽的特点，积极利用公司的人才、市场、技术、品牌优势，进行小麦啤酒研究。2000年利用其专利科技成功开发出具有国内领先水平的J牌小麦啤酒。这种产品泡沫更加洁白细腻，口感更加淡爽柔和，更加迎合啤酒消费者的口味需求，一经上市便在低迷的啤酒市场上掀起一场规模宏大的J牌小麦啤酒消费热潮。

J牌小麦啤酒的基本状况

该啤酒公司当初认为，J牌小麦啤酒作为一个概念产品和高新产品，要想很快获得大份额的市场，迅速取得市场优势，就必须对产品进行一个准确的定位。公司把小麦啤酒定位于零售价2元/瓶的中档产品，包装为销往城市市场的500ml专利异型瓶装和销往农村、乡镇市场的630ml普通瓶装两种。合理的价位、精美的包装、全新的口味、高密度的宣传使J牌小麦啤酒于2000年5月上市后，迅速风靡本省及周边市场，并且远销到江苏、吉林、河北等外省市场，当年销量超过10万吨，成为公司一个新的经济增长点。由于上市初期准确的市场定位使J牌小麦啤酒迅速从诞生期过渡到高速成长期。高涨的市场需求和可观的利润回报使竞争者也随之发现了这座金矿，本省的一些中小啤酒企业不顾自身的生产能力，纷纷上马生产小麦啤酒。一时间市场上出现了五六个品牌的小麦啤酒，而且基本上都是外包装抄袭J牌小麦啤酒，酒体仍然是普通啤酒，口感较差，但凭借1元左右的超低价格，在农村及乡镇市场迅速铺开，这很快造成小麦啤酒市场竞争秩序严重混乱，J牌小麦啤酒的形象遭到严重损害，市场份额也严重下滑，形势非常严峻。J牌小麦啤酒因此而从高速成长期，一部分市场迅速进入了成熟期，销量止步不前，而一部分市场由于杂牌小麦啤酒低劣质量的严重影响，消费者对小麦啤酒不再信任，J牌小麦啤酒销量也急剧下滑，产品提前进入了衰退期。

J牌小麦啤酒的战略抉择

面对严峻的市场形势，是依据波士顿理论选择维持策略，尽量延长产品的成熟期和衰退期最后被市场自然淘汰，还是选择放弃小麦啤酒市场策略，开发新产品投放其他的目标市场？决策者经过冷静的思考和深入的市场调查后认为：小麦啤酒是一个技术壁垒非常强的高新产品，竞争对手在短期内很难掌握此项技术，也就无法缩短与J牌小麦啤酒之间的质量差异；小麦啤酒的口味迎合了当今啤酒消费者的流行口味，整个市场有较强的成长性，市场前景是非常广阔的。所以选择维持与放弃策略都是一种退缩和逃避，失去的将是自己投入巨大的心血打下的市场，实在可惜，而且研发新产品开发其他的目标市场，研发和市场投入成本很高，市场风险性很大，如果积极采取有效措施，调整营销策略，提升J牌小麦啤酒的品牌形象和活力，使其获得新生，重新退回到成长期或直接过渡到新一轮的生命周期，自己将重新成为小麦啤酒的市场引领者。

事实上，通过该公司准确的市场判断和快速有效的资源整合，J牌小麦啤酒化险为夷，重新夺回了失去的市场。J牌小麦啤重新焕发出强大的生命活力，重新进入高速成长期，开始了新一轮的生命周期循环。

资料来源：胡晓峰. 市场营销学[M]. 天津：天津大学出版社，2015.

企业的营销管理活动，以满足市场需求为中心，而这只能通过提供某种产品或服务来实现。因此，产品是企业营销组合中的一个重要因素。产品策略直接影响和决定其他营销组合因素的管理，对企业营销的成败关系重大。每一个企业都应致力于产品质量的提高和产品组合结构的优化，以更好地满足市场需求，取得更好的经济效益。

第一节 产品概述

一、产品整体概念

人们通常理解的产品是指具有某种特定物质形状和用途的物品，是看得见、摸得着的东西。这是一种狭义的定义。而市场营销学认为，广义的产品是指人们通过购买而获得的能够满足某种需求和欲望的物品的总和，它既包括具有物质形态的产品实体，又包括非物质形态的利益，这就是"产品的整体概念"。

▶ **1. 核心产品**

核心产品是指消费者购买某种产品时所追求的利益，是顾客真正要买的东西，因而在产品整体概念中也是最基本、最主要的部分。消费者购买某种产品，并不是为了占有或获得产品本身，而是为了获得能满足某种需要的效用或利益。

2. 有形产品

有形产品是核心产品借以实现的形式,即向市场提供的实体和服务的形象。如果有形产品是实体品,则它在市场上通常表现为产品质量水平、外观特色、式样、品牌名称和包装等。产品的基本效用必须通过某些具体的形式才能得以实现。市场营销者应首先着眼于顾客购买产品时所追求的利益,以求更完美地满足顾客需要,从这一点出发再去寻求利益得以实现的形式,进行产品设计。

3. 附加产品

附加产品是顾客购买有形产品时所获得的全部附加服务和利益,包括提供信贷、免费送货、质量保证、安装、售后服务等。附加产品的概念来源于对市场需要的深入认识。因为购买者的目的是为了满足某种需要,因而他们希望得到与满足该项需要有关的一切。美国学者西奥多·莱维特曾经指出:"新的竞争不是发生在各个公司的工厂生产什么产品,而是发生在其产品能提供何种附加利益(如包装、服务、广告、顾客咨询、融资、送货、仓储及具有其他价值的形式)。"

4. 期望产品

期望产品是指购买者购买某种产品通常所希望和默认的一组产品属性和条件。一般情况下,顾客在购买某种产品时,往往会根据以往的消费经验和企业的营销宣传,对所欲购买的产品形成一种期望,如对于旅店的客人,期望的是干净的床、香皂、毛巾、热水、电话和相对安静的环境等。顾客所得到的,是购买产品所应该得到的,也是企业在提供产品时应该提供给顾客的,对于顾客来讲,在得到这些产品基本属性时,并没有太多形成偏好,但是如果顾客没有得到这些,就会非常不满意,因为顾客没有得到他应该得到的东西,即顾客所期望的一整套产品属性和条件。

5. 潜在产品

潜在产品是指一个产品最终可能实现的全部附加部分和新增加的功能。许多企业通过对现有产品的附加与扩展,不断提供潜在产品,所给予顾客的就不仅仅是满意,还能使顾客在获得这些新功能的时候感到喜悦。所以潜在产品指出了产品可能的演变,也使顾客对于产品的期望越来越高。潜在产品要求企业不断寻求满足顾客的新方法,不断将潜在产品变成现实的产品,这样才能使顾客得到更多的意外惊喜,更好地满足顾客的需要。

二、产品组合

1. 产品组合的宽度、长度、深度和关联性

企业产品组合的宽度、长度、深度和关联性(密度)不同,就构成不同的产品组合。企业在选择决定产品组合宽度、长度、深度和关联性(密度)时,会受到企业资源、市场需求及市场竞争的制约。企业产品组合的宽度、长度、深度和关联性(密度)主要取决于企业目标市场的需要。

产品组合的宽度、长度、深度和关联性(密度)在市场营销战略上具有重要意义。

首先,企业增加产品组合的宽度(即增加产品大类,扩大经营范围,甚至跨行业经营,实行多角化经营),可以充分发挥企业的特长,使企业尤其是大企业的资源、技术得到充分利用,提高经营效益;此外,实行多角化经营还可以减少风险。

其次,企业增加产品组合的长度和深度(即增加产品项目,增加产品的花色、式样、规格等),可以迎合广大消费者的不同需要和爱好,以招徕、吸引更多的顾客。

最后,企业增加产品组合的关联性(即使各个产品大类在最终使用、生产条件、分销渠道等各方面密切关联),则可以提高企业在某一地区、行业的声誉。

▶ 2. 产品组合的优化和调整

企业在调整产品组合时,可以针对具体情况选用以下产品组合策略:

(1)扩大产品组合策略。扩大产品组合策略是指开拓产品组合的广度和加强产品组合的深度。开拓产品组合广度是指增添一条或几条产品线,扩展产品经营范围;加强产品组合深度是指在原有的产品线内增加新的产品项目。具体方式有:在维持原产品品质和价格的前提下,增加同一产品的规格、型号和款式;增加不同品质和不同价格的同一种产品;增加与原产品相类似的产品;增加与原产品毫不相关的产品。

扩大产品组合的优点是:满足不同偏好的消费者多方面的需求,提高产品的市场占有率;充分利用企业信誉和商标知名度,完善产品系列,扩大经营规模;充分利用企业资源和剩余生产能力,提高经济效益;减小市场需求变动性的影响,分散市场风险,降低损失程度。

(2)缩减产品组合策略。缩减产品组合策略是削减产品线或产品项目,特别是要取消那些获利小的产品,以便集中力量经营获利大的产品线和产品项目。缩减产品组合的方式有:减少产品线数量,实现专业化生产经营;保留原产品线削减产品项目,停止生产某类产品,外购同类产品继续销售。

缩减产品组合的优点有:集中资源和技术力量改进保留产品的品质,提高产品商标的知名度;生产经营专业化,提高生产效率,降低生产成本;有利于企业向市场的纵深发展,寻求合适的目标市场;减少资金占用,加速资金周转。

(3)高档产品策略。高档产品策略,就是在原有的产品线内增加高档次、高价格的产品项目。实行高档产品策略主要有这样一些益处:高档产品的生产经营容易为企业带来丰厚的利润;可以提高企业现有产品声望,提高企业产品的市场地位;有利于带动企业生产技术水平和管理水平的提高。

采用这一策略的企业也要承担一定风险。因为,企业惯以生产廉价产品的形象在消费者心目中不可能立即转变,使得高档产品不容易很快打开销路,从而影响新产品项目研制费用的迅速收回。

(4)低档产品策略。低档产品策略,就是在原有的产品线中增加低档次、低价格的产品项目。实行低档产品策略的好处是:借高档名牌产品的声誉,吸引消费水平较低的顾客慕名购买该产品线中的低档廉价产品;充分利用企业现有生产能力,补充产品项目空白,形成产品系列;增加销售总额,扩大市场占有率。

与高档产品策略一样,低档产品策略的实行能够迅速为企业寻求新的市场机会,同时也会带来一定的风险。如果处理不当,可能会影响企业原有产品的市场声誉和名牌产品的市场形象。此外,这一策略的实施需要有一套相应的营销系统和促销手段与之配合,这些必然会加大企业营销费用的支出。

第二节　产品生命周期理论

一、产品生命周期的含义及阶段划分

▶ 1. 产品生命周期的含义

产品生命周期(product life cycle，PLC)，是指产品的市场寿命。一种产品进入市场后，它的销售量和利润都会随时间推移而改变，呈现一个由少到多再由多到少的过程，就如同人的生命一样，由诞生、成长到成熟，最终走向衰亡，这就是产品的生命周期现象。所谓产品生命周期，是指产品从进入市场开始，直到最终退出市场为止所经历的市场生命循环过程。产品只有经过研究开发、试销，然后进入市场，它的市场生命周期才算开始。产品退出市场，则标志着生命周期的结束。

▶ 2. 产品生命周期阶段

典型的产品生命周期一般可分为四个阶段，即导入期、成长期、成熟期和衰退期。

(1) 导入期。新产品投入市场，便进入导入期。此时，顾客对产品还不了解，只有少数追求新奇的顾客可能购买，销售量很低。为了扩展销路，需要大量的促销费用，对产品进行宣传。在这一阶段，由于技术方面的原因，产品不能大批量生产，因而成本高，销售额增长缓慢，企业不但得不到利润，反而可能亏损。产品也有待进一步完善。

(2) 成长期。这时顾客对产品已经熟悉，大量的新顾客开始购买，市场逐步扩大。产品大批量生产，生产成本相对降低，企业的销售额迅速上升，利润也迅速增长。竞争者看到有利可图，将纷纷进入市场参与竞争，使同类产品供给量增加，价格随之下降，企业利润增长速度逐步减慢，最后达到生命周期利润的最高点。

(3) 成熟期。这一时期市场需求趋向饱和，潜在的顾客已经很少，销售额增长缓慢直至转而下降，标志着产品进入了成熟期。在这一阶段，竞争逐渐加剧，产品售价降低，促销费用增加，企业利润下降。

(4) 衰退期。随着科学技术的发展，新产品或新的代用品出现，将使顾客的消费习惯发生改变，转向其他产品，从而使原来产品的销售额和利润额迅速下降。于是，产品又进入了衰退期。

二、产品生命周期的营销策略

▶ 1. 导入期的营销策略

导入期的特征是产品销量少，促销费用高，制造成本高，销售利润很低甚至为负值。根据这一阶段的特点，企业应努力做到：投入市场的产品要有针对性；进入市场的时机要合适；设法把销售力量直接投向最有可能的购买者，使市场尽快接受该产品，以缩短导入期，更快地进入成长期。

在产品的导入期，一般可以由产品、分销、价格、促销四个基本要素组合成各种不同的市场营销策略。仅将价格高低与促销费用高低结合起来考虑，就有下面四种策略：

(1) 快速撇脂策略。即以高价格、高促销费用推出新产品。实行高价策略可在每单位销售额中获取最大利润，尽快收回投资；高促销费用能够快速建立知名度，占领市场。实

施这一策略须具备以下条件：产品有较大的需求潜力；目标顾客求新心理强，急于购买新产品；企业面临潜在竞争者的威胁，需要及早树立品牌形象。一般而言，在产品引入阶段，只要新产品比替代的产品有明显的优势，市场对其价格就不会那么计较。

（2）缓慢撇脂策略。以高价格、低促销费用推出新产品，目的是以尽可能低的费用开支求得更多的利润。实施这一策略的条件是：市场规模较小；产品已有一定的知名度；目标顾客愿意支付高价；潜在竞争的威胁不大。

（3）快速渗透策略。以低价格、高促销费用推出新产品。目的在于先发制人，以最快的速度打入市场，取得尽可能高的市场占有率。然后再随着销量和产量的扩大，使单位成本降低，取得规模效益。实施这一策略的条件是：该产品市场容量相当大；潜在消费者对产品不了解，且对价格十分敏感；潜在竞争较为激烈；产品的单位制造成本可随生产规模和销售量的扩大迅速降低。

（4）缓慢渗透策略。以低价格、低促销费用推出新产品。低价可扩大销售，低促销费用可降低营销成本，增加利润。这种策略的适用条件是：市场容量很大；市场上该产品的知名度较高；市场对价格十分敏感；存在某些潜在的竞争者，但威胁不大。

▶ 2. 成长期市场营销策略

新产品经过市场导入期以后，消费者对该产品已经熟悉，消费习惯也已形成，销售量迅速增长，这种新产品就进入了成长期。进入成长期以后，老顾客重复购买，并且带来了新的顾客，销售量激增，企业利润迅速增长，在这一阶段利润达到高峰。随着销售量的增大，企业生产规模也逐步扩大，产品成本逐步降低，新的竞争者会投入竞争。随着竞争的加剧，新的产品特性开始出现，产品市场开始细分，分销渠道增加。企业为维持市场的继续成长，需要保持或稍微增加促销费用，但由于销量增加，平均促销费用有所下降。针对成长期的特点，企业为维持其市场增长率，延长获取最大利润的时间，可以采取下面几种策略：

（1）改善产品品质。如增加新的功能、改变产品款式、发展新的型号、开发新的用途等。对产品进行改进，可以提高产品的竞争能力，满足顾客更广泛的需求，吸引更多的顾客。

（2）寻找新的细分市场。通过市场细分，找到新的尚未满足的细分市场，根据其需要组织生产，迅速进入这一新的市场。

（3）改变广告宣传的重点。把广告宣传的重心从介绍产品转到建立产品形象上来，树立产品名牌，维系老顾客，吸引新顾客。

（4）适时降价。在适当的时机，可以采取降价策略，以激发那些对价格比较敏感的消费者产生购买动机和采取购买行动。

▶ 3. 成熟期市场营销策略

进入成熟期以后，产品的销售量增长缓慢，逐步达到最高峰，然后缓慢下降；产品的销售利润也从成长期的最高点开始下降；市场竞争非常激烈，各种品牌、各种款式的同类产品不断出现。

对成熟期的产品，宜采取主动出击的策略，使成熟期延长，或使产品生命周期出现再循环。为此，可以采取以下三种策略：

（1）市场调整。这种策略不是要调整产品本身，而是发现产品的新用途、寻求新的用户或改变推销方式等,以使产品销售量得以扩大。

(2) 产品调整。这种策略是通过产品自身的调整来满足顾客的不同需要,吸引有不同需求的顾客。整体产品概念的任何层次的调整都可视为产品再推出。

(3) 市场营销组合调整。即通过对产品、定价、渠道、促销四个市场营销组合因素加以综合调整,刺激销售量的回升。常用的方法包括降价、提高促销水平、扩展分销渠道和提高服务质量等。

▶ **4. 衰退期市场营销策略**

衰退期的主要特点是:产品销售量急剧下降;企业从这种产品中获得的利润很低甚至为零;大量的竞争者退出市场;消费者的消费习惯已发生改变等。面对处于衰退期的产品,企业需要进行认真的研究分析,决定采取什么策略,在什么时间退出市场。通常有以下几种策略可供选择:

(1) 继续策略。继续沿用过去的策略,仍按照原来的细分市场,使用相同的分销渠道、定价及促销方式,直到这种产品完全退出市场为止。

(2) 集中策略。把企业能力和资源集中在最有利的细分市场和分销渠道上,从中获取利润。这样有利于缩短产品退出市场的时间,同时又能为企业创造更多的利润。

(3) 收缩策略。抛弃无希望的顾客群体,大幅度降低促销水平,尽量减少促销费用,以增加利润。这样可能导致产品在市场上的衰退加速,但也能从忠实于这种产品的顾客中得到利润。

(4) 放弃策略。对于衰退比较迅速的产品,应该当机立断,放弃经营。可以采取完全放弃的形式,如把产品完全转移出去或立即停止生产;也可采取逐步放弃的方式,使其所占用的资源逐步转向其他的产品。

第三节 品 牌 决 策

一、品牌及相关术语

▶ **1. 品牌及品牌概念**

美国营销协会定义品牌为:"一个名称、术语、标志、符号或设计,或者是它们的组合体,以识别某个销售商或某一群销售商的产品或服务,使其与它们的竞争者的产品或服务区别开来。"

品牌概念是指能够吸引消费者,并且建立品牌忠诚度,进而为客户创造品牌(与市场)优势地位的观念。品牌概念应该包括核心概念和延伸概念,必须保持品牌概念的统一和完整,具体包括企业业务领域(行业、主要产品等)、企业形象(跨国、本土等)、企业文化(严谨、进取、保守)、产品定位(高档、中档、低档)、产品风格(时尚、新潮、动感)。品牌概念的主体是品牌。品牌概念是品牌的核心组成部分,是品牌传播中的一个亮点。品牌概念既来自品牌产品的品质,又对其产品进行约束。品牌因为具有概念而使其与其他品牌有了本质的区别。

2. 品牌相关术语

(1) 品牌名称。品牌名称是指品牌中可以用语言称呼的部分，如可口可乐、雪弗兰、雅芳等，都是著名的品牌名称。

(2) 品牌标志。品牌标志，是指品牌中可以被认出、易于记忆但不能用言语称谓的部分，包括符号、图案或明显的色彩或字体，又称"品标"。例如，欧宝汽车的Z形标志，像一道闪电在空中划过，这就能让消费者联想起这个品牌的汽车奔跑时如风驰电掣，同时也表达出它在空气动力学方面的非凡成就。

(3) 商标。商标是用来区别一个经营者的产品或服务和其他经营者的产品或服务的标记。《中华人民共和国商标法》（以下简称《商标法》）规定，经商标局核准注册的商标，包括商品商标、服务商标、集体商标和证明商标，商标注册人享有商标专用权，受法律保护，如果是驰名商标，将会获得跨类别的商标专用权法律保护。

商标有注册商标与非注册商标之分。《商标法》规定，注册商标是指受法律保护、所有者享有专用权的商标。未注册商标是指商标使用者未向国家商标主管机关提出注册申请，自行在产品或服务上使用的文字、图形或其组合标记。未注册商标不享有商标的专用权，不能援引《商标法》进行保护，使用的未注册商标不得在相同或类似产品和服务上与他人已注册商标相同或近似。

3. 品牌与商标的关系

(1) 商标是品牌的一部分。商标是品牌中的标志和名称部分，它使消费者便于识别。但品牌的内涵远不止于此，品牌不仅仅是一个区分的名称和符号，更是一种综合的象征，需要赋予形象、个性、生命。品牌标志和品牌名的设计只是建立品牌的第一项工作，也是必不可少的一道程序。但要真正成为品牌，还要着手品牌个性、品牌认同、品牌定位、品牌传播、品牌管理等各方面的内容完善。

(2) 商标是一种法律概念，而品牌是市场概念。商标的法律作用主要表现在：通过商标专用权的确立、转让、争议仲裁等法律程序，保护商标权所有者的合法权益；促使生产经营者保证商品质量，维护商标信誉。

品牌的市场作用主要表现在：品牌是企业与消费者之间的一份无形契约，是对消费者的一种保证，有品牌与无品牌的产品相比，消费者更多地信赖有品牌的产品；品牌是消费者选择商品的依据，消费者曾经在一棵品牌树上摘到一颗甜果子，他就有信心相信另一颗果子也是甜的，这种消费经验的积累与运用，无论对消费者还是企业都是一件有意义的事情；品牌是规避单纯价格竞争的一种手段，因为品牌的特有附加价值，消费者可以多一点额外的付出；品牌是企业实现利润最大化的保证，每一个新产品的推出，都可以借原品牌增加价值；品牌是身份和地位的象征，可有力地促进产品销售，树立企业形象。

商标掌握在企业手中，而品牌是属于消费者的。当消费者不再重视你的品牌时，品牌就一无所值了。据有关机构评估红塔山的品牌价值达400亿元，这400亿元不同于银行的存款，而只是存在于消费者的头脑中，假若有一天因为品牌出现危机，消费者对红塔山的信心下降，那么这400亿元就可能就变成了300亿元、200亿元甚至更少。

二、品牌策略

品牌策略是一系列能够产生品牌积累的企业管理与市场营销方法，包括4P与品牌识别在内的所有要素，主要有品牌化策略、品牌使用者策略、品牌名称策略、多品牌策略、品牌再定位策略、品牌延伸策略、品牌更新策略。

▶ 1. 品牌化策略

品牌化策略是指企业决定是否给产品起名字、设计标志的活动。历史上，许多产品不用品牌。生产者和中间商把产品直接从桶、箱子和容器内取出来销售，无需供应商的任何辨认凭证。中世纪的行会经过努力，要求手工业者把商标标在他们的产品上，以保护他们自己并使消费者不受劣质产品的损害。在美术领域内，艺术家在他们的作品上附上了标记，这就是最早的品牌标记的诞生。今天，品牌的商业作用为企业特别看重，品牌化迅猛发展，已经很少有产品不使用品牌了。像大豆、水果、蔬菜、大米和肉制品等过去从不使用品牌的商品，也被放在有特色的包装袋内，冠以品牌出售，这样做的目的自然是获得品牌化的好处。

▶ 2. 品牌使用者策略

品牌使用者策略是指企业决定使用本企业（制造商）的品牌，还是使用经销商的品牌，或两种品牌同时兼用。

一般情况下，品牌是制造商的产品标记，制造商决定产品的设计、质量、特色等。享有盛誉的制造商还将其商标租借给其他中小制造商，收取一定的特许使用费。经销商的品牌日益增多。西方国家许多享有盛誉的百货公司、超级市场、服装商店等都使用自己的品牌，有些著名商家（如美国的沃尔玛）经销的90%商品都用自己的品牌。同时强有力的批发商中也有许多使用自己的品牌，增强对价格、供货时间等方面的控制能力。

▶ 3. 品牌名称策略

品牌名称策略是指企业决定所有的产品使用一个或几个品牌，还是不同产品分别使用不同的品牌。在这个问题上，可以大致有以下四种策略模式：

（1）品牌名称。即企业决定每个产品使用不同的品牌。例如，宝洁公司的洗衣粉使用了"汰渍""碧浪"，肥皂使用了"舒肤佳"，牙膏使用了"佳洁士"。

（2）所有产品。即对所有产品使用共同的家族品牌名称。如美国通用电气公司的所有产品都用GE作为品牌名称。

（3）大类产品。即各大类产品使用不同的家族品牌名称。例如，史威夫特公司生产的一个产品大类是火腿，还有一个大类是化肥，就分别取名为"普利姆"和"肥高洛"。

（4）企业名称。即个别品牌名称与企业名称并用。如海尔集团就推出了"探路者"彩电、"大力神"冷柜，以及"大王子""小王子"和"小小神童"洗衣机。

▶ 4. 多品牌策略

在相同产品类别中引进多个品牌的策略称为多品牌策略。证券投资者往往同时投资多种股票，一个投资者所持有的所有股票集合就是所谓证券组合（portfolio），为了减少风险，增加赢利的机会，投资者必须不断优化股票组合。同样，一个企业建立品牌组合，实施多品牌战略，往往也是基于同样的考虑，并且这种品牌组合的各个品牌形象相互之间是既有差别又有联系的，组合的概念蕴含着整体大于个别的意义。

▶ 5. 品牌再定位策略

品牌再定位策略是指一种品牌在市场上最初的定位也许是适宜的、成功的，但是到后来企业可能不得不对之重新定位。原因是多方面的，如竞争者可能继企业品牌之后推出其他的品牌，并削减企业的市场份额；顾客偏好也会转移，使对企业品牌的需求减少；或者公司决定进入新的细分市场。

▶ 6. 品牌延伸策略

品牌延伸（brand extensions），是指一个现有的品牌名称使用到一个新类别的产品上。品牌延伸并非只借用表面上的品牌名称，而是对整个品牌资产的策略性使用。随着全球经济一体化进程的加速，市场竞争愈加激烈，厂商之间的同类产品在性能、质量、价格等方面强调差异化变得越来越困难。厂商的有形营销威力大大减弱，品牌资源的独占性使得品牌成为厂商之间竞争力较量的一个重要筹码。于是，使用新品牌或延伸旧品牌成了企业推出新产品时必须面对的品牌策略。

▶ 7. 品牌更新策略

品牌更新是指随着企业经营环境的变化和消费者需求的变化，品牌的内涵和表现形式也要不断变化发展，以适应社会经济发展的需要。品牌更新是社会经济发展的必然。只要社会经济环境在发展变化，人们的需求特征在趋向多样化，社会时尚在变，就不会存在一劳永逸的品牌，只有不断设计出符合时代需求的品牌，品牌才有生命力。

第四节 产品的包装管理

一、包装的概念及其作用

▶ 1. 包装的概念

包装是指产品的容器或外部包扎物，有着识别、便利、美化、增值和促销的功能。产品包装一般包括如下三个层次。

（1）内包装。即产品的直接容器或包装物，如牙膏的软管、酒类的瓶子、香烟的小纸盒（20支/盒）等。

（2）中层包装。即保护内包装的包装物，如每条香烟的包装、装入一定数量牙膏的纸盒等。

（3）外包装（运输包装）。即便于储运和识别的外包装，如装运香烟的纸板箱等。

▶ 2. 包装的作用

（1）包装可实现商品价值和使用价值，也是增加商品价值的一种手段。

（2）保护商品，免受日晒、风吹、雨淋、灰尘沾染等自然因素的侵袭，防止挥发、渗漏、溶化、沾污、碰撞、挤压、散失以及盗窃等损失。

（3）给流通环节贮、运、调、销带来方便，如装卸、盘点、码垛、发货、收货、转运、销售计数等。

（4）美化商品，吸引顾客，有利于促销。

（5）对商品进行形象上的装扮、美化，使商品更具吸引力或商业价值。

二、包装策略

1. 类似包装策略

它是指企业生产经营的各种产品，均采用相同或相近的图案、色彩、造型等，以使消费者容易辨认。

2. 配套包装策略

配套包装策略指按各国消费者的消费习惯，将数种有关联的产品配套包装在一起成套供应，便于消费者购买、使用和携带，同时还可扩大产品的销售。在配套产品中如加入某种新产品，可使消费者不知不觉地习惯使用新产品，有利于新产品上市和普及。

3. 再使用包装策略

再使用包装指包装内的产品使用完后，包装物还有其他的用途。如各种形状的香水瓶可作装饰物，精美的食品盒也可被再利用等。这种包装策略可使消费者感到一物多用从而产生购买欲望，而且包装物的重复使用也起到了对产品的广告宣传作用。但应谨慎使用该策略，避免因成本加大引起商品价格过高而影响产品的销售。

4. 附赠包装策略

附赠包装策略即在商品包装物中附赠奖券或实物，或包装本身可以换取礼品，吸引顾客的惠顾效应，导致重复购买。我国出口的"芭蕾珍珠膏"，每个包装盒附赠珍珠别针一枚，顾客购至50盒即可串一条美丽的珍珠项链，这使珍珠膏在国际市场十分畅销。

5. 改变包装策略

改变包装指改变和放弃原有的产品包装，改用新的包装。由于包装技术、包装材料不断更新，消费者的偏好不断变化，采用新的包装可以弥补原包装的不足。企业在改变包装的同时必须配合好宣传工作，以免消费者以为产品质量下降或产生其他的误解。

6. 礼品式包装策略

这种包装策略是指包装华丽，富有欢乐色彩，包装物上常冠以"福""禄""寿""喜""如意"等字样及问候语，其目的在于增添节日气氛和欢乐，满足人们交往、礼仪之需要，借物寓情，以情达意。

第五节 新产品开发策略

一、新产品的概念及类别

1. 新产品的概念

对新产品的定义可以从企业、市场和技术三个角度进行。对企业而言，第一次生产销售的产品都叫新产品；对市场来讲则不然，只有第一次出现的产品才叫新产品；从技术方面看，在产品的原理、结构、功能和形式上发生了改变的产品叫新产品。营销学的新产品包括了前面三者的成分，但更注重消费者的感受与认同，它是从产品整体性概念的角度来定义的。凡是产品整体性概念中任何一部分的创新、改进,能给消费者带来某种新的感受、满足和利益的相对新的或绝对新的产品,都叫新产品。

▶ 2. 新产品的类别

(1) 全新产品。全新产品是指应用新原理、新技术、新材料,具有新结构、新功能的产品。该新产品在全世界首先开发,能开创全新的市场。

(2) 改进型新产品。改进型新产品是指在原有老产品的基础上进行改进,使产品在结构、功能、品质、花色、款式及包装上具有新的特点和新的突破。改进后的新产品,其结构更加合理,功能更加齐全,品质更加优质,能更多地满足消费者不断变化的需要。

(3) 模仿型新产品。模仿型新产品是指企业对国内外市场上已有的产品进行模仿生产,称为本企业的新产品。

(4) 形成系列型新产品。形成系列型新产品是指在原有的产品大类中开发出新的品种、花色、规格等,从而与企业原有产品形成系列,扩大产品的目标市场。

(5) 降低成本型新产品。降低成本型新产品是指以较低的成本提供同样性能的新产品,主要是指企业利用新科技,改进生产工艺或提高生产效率,削减原产品的成本,但保持原有功能不变的新产品。

(6) 重新定位型新产品。重新定位型新产品指企业的老产品进入新的市场而被称为该市场的新产品。

二、新产品的开发方式

▶ 1. 独自研制

独自研制又分为三种情况:一种是从基础理论研究到应用技术研究,再到产品开发研究的全部过程都靠自己的力量进行;另一种是利用社会上基础理论研究的成果,自己只进行应用技术研究和产品开发研究;还有一种就是利用社会上应用技术的研究成果,自己只进行产品开发研究。很显然第一种(或包括第二种)如果研制成功,可使企业居于独占新产品的地位,但是需从探讨产品的原理与结构、新材料、新技术开始,这样一是需要很雄厚的力量;二是风险较大。所以企业如以产品更新换代乃至开发全新产品为目标,采用独自研制的方式,一般需要强有力的盈利产品作为财力后盾,即适用于大型企业。最后一种方式较适合中小企业采用。但总的来讲,独自研制方式是一种独创型的发展新产品策略,目的是发展有本企业特色的新产品,从而在市场上占据有利地位。

▶ 2. 联合开发,技术协作

这种方式是将企业内外技术力量结合起来开发新产品。如从社会上请专家、教授、研究员、工程师等来企业进行技术指导、审查设计方案;或与科研单位、大专院校组成联合设计小组,共同攻关;还可组成各种形式的科研—生产联合体,共同开发新产品等。多年来的实践证明,这种联合开发、技术协作的形式,是我国开发新产品的一种有效的、良好的形式。

▶ 3. 技术引进

这是指通过与外商进行技术合作、补偿贸易,向国外购买专利技术、关键设备等,引进比较先进和成熟的新技术。其优点是,能够利用有限的资金和技术力量,较快地掌握先进的生产技术,缩短与国外产品的技术差距,提高企业的竞争能力,也有利于进入国际市场。但是,由于这种产品的市场往往已为别人率先占领,技术引进的代价也较高，只能有选择地重点引进。引进以后，要在一定时间、一定范围内造成产品市场优势。所以应用这种方式时要注意引进的技术应该是较为先进的，对于本企业生产技术水平的提高具有推动和启发作用。采用技术引进方式开发新产品往往是与独自研制相结合的。

▶ 4. 仿制方式

按照样品仿制国内外的新产品，是迅速赶上竞争者的一种有效的开发新产品的形式。其优点是仿制费用低、成功率高。其缺点是上市落后一步，市场占有率较领先发展新产品的企业要低。但是，如果能在仿制时有所创新，则可收到后发制人的功效。此种方式的运用要注意不能违反有关新产品专利权和其他知识产权的法规。

三、开发新产品的程序

▶ 1. 新产品构思

构思不是凭空瞎想，而是有创造性的思维活动。新产品构思实际上包括了两方面的思维活动：一是根据得到的各种信息，发挥人的想象力，提出初步设想的线索；二是考虑到市场需要什么样的产品及其发展趋势，提出具体的产品设想方案。可以说，产品构思是把信息与人的创造力结合起来的结果。新产品构思，可以来源于企业内外的各个方面，顾客则是其中一个十分重要的来源。据美国6家大公司的调查，成功的新产品设想有60%到80%来自用户的建议。一种新产品的设想，可以提出许多方案，但一个好的构思必须同时兼备两条：一是构思要非常奇特，创造性的思维就需要有点异想天开。富有想象力的构思，才会形成具有生命力的新产品。二是构思要尽可能接近于可行，包括技术和经济上的可行性。根本不能实现的设想，只能是一种空想。

▶ 2. 新产品筛选

从各种新产品设想的方案中，挑选出一部分有价值进行分析、论证的方案，这一过程就叫筛选。筛选阶段的目的不是接受或拒绝这一设想，而是说明这一设想是否与企业目标的表述相一致，是否具有足够的实现性和合理性以保证有必要进行可行性分析。筛选要努力避免两种偏差：其一，不能把有开发前途的产品设想放弃了，失去了成功的机会；其二，不能把没有开发价值的产品设想误选了，以致仓促投产，导致失败。

▶ 3. 编制新产品计划书

这一步是指在已经选定的新产品设想方案的基础上，具体确定产品开发的各项经济指标、技术性能，以及各种必要的参数。它包括产品开发的投资规模、利润分析及市场目标，产品设计的各项技术规范与原则要求，产品开发的方式和实施方案等。这是制定新产品开发计划的决策性工作，是关系全局的工作，需要企业的领导者与各有关方面的专业技术人员、管理人员通力合作，共同完成。这一步工作做好了，就为新产品的实际开发铺平了道路。

▶ 4. 新产品设计

这是从技术经济上把新产品设想变成现实的一个重要阶段，是实现社会或用户对产品的特定性能要求的创造性劳动。新产品的设计，直接影响到产品的质量、功能、成本、效益，影响到产品的竞争力。以往的统计资料表明，产品的成功与否、质量好坏，60%～70%取决于产品的设计工作。因而，产品设计在新产品开发的程序中占有十分重要的地位。设计要有明确的目的,要为用户考虑,要从掌握竞争优势来考虑。现在,许多企业为了搞好新产品的设计,都十分重视采用现代化的设计方法,如价值工程、可靠性设计、优化设计、计算机辅助设计、正交设计法等。产品设计的科学性,是与科学的设计方法分不开的。

▶ 5. 新产品试制

这是按照一定的技术模式实现产品的具体化或样品化的过程。它包括新产品试制的工艺准备、样品试制和小批试制等几方面的工作。新产品试制是为实现产品大批量投产的一种准备或实验性的工作,因而无论是工艺准备、技术设施、生产组织,都要考虑实行大批量生产的可能性,否则,产品试制出来了,也只能成为样品、展品,只会延误新产品的开发。同时,新产品试制也是对设计方案可行性的检验,一定要避免设计是一回事,而试制出来的产品又是另一回事。不然,就会与新产品开发的目标背道而驰,导致最终的失败。

▶ 6. 新产品评定

新产品试制出来以后,从技术经济上对产品进行全面的试验、检测和鉴定,这是一次重要的评定工作。对产品的技术性能的试验和测试分析是不可缺少的,主要内容包括系统模拟实验、主要零部件功能的试验,以及环境适应性、可靠性与使用寿命的试验测试,操作、振动、噪声的试验测试等。对产品经济效益的评定,主要是通过对产品功能、成本的分析,对产品投资和利润目标的分析,以及对产品社会效益的评价,来确定产品全面投产的价值和发展前途。对新产品的评价,实际上贯穿于开发过程的始终。这一阶段的评定工作是非常重要的,它不仅有利于进一步完善产品的设计,消除可能存在的隐患,而且可以避免产品大批量投产后可能带来的巨大损失。

▶ 7. 新产品试销

试销,实际上是在限定的市场范围内,对新产品的一次市场实验。通过试销,可以实地检查新产品正式投放市场以后,消费者是否愿意购买,制定在市场变化的条件下,新产品进入市场应该采取的决策或措施。一次必要和可行的试销,对新产品开发的作用是很明显的:一是可以比较可靠地测试或掌握新产品销路的各种数据资料,从而对新产品的经营目标作出适当的修正;二是可以根据不同地区进行不同销售因素组合的比较,根据市场变化趋势,选择最佳的组合模式或销售策略;三是可以根据新产品的市场"试购率"和"再购率",对新产品正式投产的批量和发展规模作出进一步的决策。

▶ 8. 商业性投产

这包括新产品的正式批量投产和销售工作。在决定产品的商业性投产以前,除了要对实现投产的生产技术条件、资源条件进行充分准备以外,还必须对新产品投放市场的时间、地区、销售渠道、销售对象、销售策略的配合以及销售服务进行全面规划和准备。这些是实现新产品商业性投产的必要条件。不具备这些必要的条件,商品性投产就不可能实现,新产品的开发就难以获得最后的成功。

四、新产品的采用

所谓采用过程是指消费者个人由接受创新产品到成为重复购买者的各个心理阶段。迄今为止,有关采用过程的研究当首推美国著名的学者埃弗雷特·罗杰斯(Everett

M. Rogers)。他把采用过程看作是创新决策过程。他认为,创新决策过程包括五个阶段,即认识阶段、说服阶段、决策阶段、实施阶段和证实阶段。这五个阶段又受到一系列变量的影响,它们不同程度地促进或延缓了创新决策过程。

▶ 1. 认识阶段

在认识阶段,消费者要受个人因素(如个人的性格特征、社会地位、经济收入、性别、年龄、文化水平等)、社会因素(如文化、经济、社会、政治、科技等)和沟通行为因素的影响。他们逐步认识到创新产品,并学会使用这种产品,掌握其新的功能。研究表明,较早意识到创新的消费者同较晚意识到创新的消费者有着明显的区别。一般地,前者较后者有着较高的文化水平和社会地位,他们广泛地参与社交活动,能及时、迅速地搜集到有关新产品的信息资料。

▶ 2. 说服阶段

有时,消费者尽管认识到了创新产品并知道如何使用,但一直没有产生喜爱和占有该种产品的愿望。而一旦产生这种愿望,决策行为就进入了说服阶段。在认识阶段消费者的心理活动尚停留在感性认识上,而现在其心理活动就具有影响力了。在说服阶段,消费者常常要亲自操作新产品,以避免购买风险。不过即使如此也并不能促使消费者立即购买,除非营销部门能让消费者充分认识到新产品的特性,包括:

(1) 相对优越性。即创新产品被认为比原有产品好,创新产品的相对优越性越多,如功能性、可靠性、便利性、新颖性等方面比原有产品的优势越大,就越容易让消费者采用。应该着重指出的是,相对优越性是指消费者个人对创新产品的认识程度而不是产品的实际状况。在某些情况下,一个确实属于创新的产品若不被消费者所认识便失去其相对优越性。

(2) 适用性。即创新产品与消费者行为及观念的吻合程度。当创新产品与消费者的需求结构、价值观、信仰和经验适应或较为接近时,就较容易被迅速采用。

(3) 复杂性。即认识创新产品的困难程度。创新产品越是难以理解和使用,其采用率就越低。这就要企业在新产品设计、整体结构、使用维修和保养方法等方面与目标市场的认识程度相接近,尽可能设计出简单易懂、方便使用的产品。

(4) 可试性。即创新产品在一定条件下可以试用。汽车试驾、免费赠送样品等都是为了方便消费者对新产品的试用,减少购买风险,提高采用率。

(5) 明确性。指创新产品在使用时,是否容易被人们观察和描述,是否容易被说明和示范。创新产品的消费行为越容易被感知,其明确性就越强,其采用率也就越高。总之,在说服阶段,消费者对创新产品将有确定性认识,他会多次在脑海里"尝试"着使用新产品,看看它究竟是否适合自己的情况。而企业的广告和人员推销将提高消费者对产品的认知程度。

▶ 3. 决策阶段

通过对产品特性的分析和认识,消费者开始决策,即决定采用还是拒绝采用该种新产品。他可能决定拒绝采用,此时又有两种可能:一是以后改变了态度接受了这种创新产品;二是继续拒绝采用这种产品。他也许决定采用创新产品,此时也有两种可能:一是在使用之后觉得效果不错,继续使用下去;二是使用之后发现令人失望,便中断使用,改用别的品牌,也可能干脆不使用这类产品。

▶ 4. 实施阶段

当消费者开始使用创新产品时,就进入了实施阶段。在决策阶段,消费者只是在心里盘算究竟是使用该产品呢还是仅仅试用一下,并没有完全确定。到了实施阶段,消费者就考虑以下问题了:"我怎样使用该产品?"和"我如何解决操作难题?"这时,企业营销人员就要积极主动地为消费者进行介绍和示范,并提出自己的建议。

▶ 5. 证实阶段

人类行为的一个显著特征是,人在做出某项重要决策之后总是要寻找额外的信息,来证明自己决策的英明和果断。消费者购买决策亦不例外。为了说明问题,这里借用一下不和协理论中的"认识不和谐"概念。认识不和谐是指两种或两种以上的认识到不一致或者其中某种认识与一个人的行为相抵触所产生的紧张不安的心理状态。这些认识包括人们对周围事物所持的观念、情感和价值取向等。只要这些认识相互不一致,或者某种认识与一个人的行为不相吻合,不和谐就产生了。不和谐是一种心理不平衡状态,它会造成心理紧张,而心理紧张又促使人们去努力消除这种紧张,从而使心理状态由不平衡(或不和谐)转向平衡(或和谐)。

在创新决策过程中存在一种不和谐,称为决策后不和谐。顾名思义,它是指消费者制定决策后所产生的不和谐。由于消费者面临多种备择方案,而每一种方案又都有其优点和缺点,所以只要消费者选择其中的一个方案,不和谐就会发生。在决策之后,消费者总是要评价其选择行为的正确与否。在决策后最初一段时间内,消费者常常觉得有些后悔,他或她会发现所选方案存在很多缺陷,反而认为未选方案有不少优点。

事实上,如果再给一次机会,他或她会选择其他方案。不过,后悔阶段持续时间不长便被不和谐减弱阶段所代替。此时,消费者认为已选方案仍然较为适宜。在整个创新决策过程中,证实阶段包括了决策后不和谐、后悔和不和谐减弱三种情况。消费者往往会告诉朋友们自己采用创新产品的明智之处,倘若他或她无法说明采用决策是正确的,那么就可能中断采用。此时,推销人员则要加强推销攻势。

五、新产品的扩散

新产品扩散过程管理是指企业通过采取措施使新产品扩散过程符合既定市场营销目标的一系列活动。企业之所以能对扩散过程进行管理,是因为扩散过程除受到外部不可控因素(如竞争者行为、消费者行为、经济形势等)的影响外,还要受企业市场营销活动(产品质量、人员推销、广告水平、价格策略等)的制约。企业扩散管理的目标:导入期销售额迅速起飞;成长期销售额快速增长;成熟期产品渗透最大化;衰退尽可能维持一定水平的销售额。

然而,新产品扩散的实际过程却不是这样。根据产品生命周期曲线,典型的产品扩散模式通常是导入期销售额增长缓慢,成长期的增长率也较低,而且产品进入成熟期不长一段时间后,销售额就开始下降。为了使产品扩散过程达到其管理目标,要求企业市场营销管理部门采取一些措施和策略。

(1)实现迅速起飞,需要派出销售队伍,主动加强推销;开展广告攻势,使目标市场很快熟悉创新产品;开展促销活动,鼓励消费者试用新产品。

(2)实现快速增长,需要保证产品质量,促进口头沟通;继续加强广告攻势,影响后期采用者；推销人员向中间商提供各种支持；创造性地运用促销手段使消费者重复购买。

（3）实现渗透最大化，需要继续采用快速增长的各种策略；更新产品设计和广告策略，以适应后期采用者的需要。

（4）要想长时间维持一定水平的销售额，需要使处于衰退期的产品继续满足市场需要；扩展分析渠道，加强广告推销。

本章小结

产品整体概念包含核心产品、有形产品、附加产品、期望产品和潜在产品五个层次。产品组合的宽度、长度、深度和关联性在市场营销策略上具有重要意义。企业在调整和优化产品组合时，可根据具体情况选择适宜的策略。

产品生命周期是指产品从进入市场到退出市场所经历的市场生命循环过程。典型的产品生命周期一般可分为四个阶段，即导入期、成长期、成熟期和衰退期。

品牌与商标既有联系又有区别，其联系主要表现为：商标是品牌的一部分；商标是一种法律概念，而品牌是市场概念。

品牌策略是一系列能够产生品牌积累的企业管理与市场营销方法，包括4P与品牌识别在内的所有要素。主要有品牌化策略、品牌使用者策略、品牌名称策略、多品牌策略、品牌再定位策略、品牌延伸策略、品牌更新策略。

新产品开发过程由八个阶段构成，即新产品构思、新产品筛选、编制新产品计划书、新产品设计、新产品试制、新产品评定、新产品试销、商业性投产。所谓新产品采用过程是指消费者个人由接受创新产品到成为重复购买者的各个心理阶段。迄今为止，有关采用过程的研究当首推美国著名的学者埃弗雷特·罗杰斯（Everett M. Rogers），他把采用过程看作是创新决策过程。他认为，创新决策过程包括五个阶段，即认识阶段、说服阶段、决策阶段、实施阶段和证实阶段。

新产品扩散过程管理是指企业通过采取措施使新产品扩散过程符合既定市场营销目标的一系列活动。企业之所以能对扩散过程进行管理，是因为扩散过程除受到外部不可控制因素（如竞争者行为、消费者行为、经济形势等）的影响外，还要受企业市场营销活动（产品质量、人员推销、广告水平、价格策略等）的制约。企业扩散管理的目标：导入期销售额迅速起飞；成长期销售额快速增长；成熟期产品渗透最大化；衰退期尽可能维持一定水平的销售额。

课后练习

一、选择题

1. 产品说明书、质量保证、安装等属于（　　）。

A. 核心产品　　　　　　　　　　　　B. 潜在产品

C. 附加产品　　　　　　　　　　　　D. 期望产品

2. 扩大产品组合策略的优点不包括（　　）。
   A. 满足不同偏好的消费者多方面需求
   B. 完善产品系列，扩大经营规模
   C. 分散市场风险，降低损失程度
   D. 减少产品线数量，实现专业化生产经营
3. 购买者购买某种产品通常所希望和默认的一组产品属性和条件称为（　　）。
   A. 核心产品　　B. 有形产品　　C. 附加产品　　D. 期望产品
4. 以低价格、低促销费用推出新产品属于（　　）策略。
   A. 快速渗透　　B. 快速撇脂　　C. 缓慢渗透　　D. 缓慢撇脂
5. 拓展产品组合的宽度和增强产品组合的深度的策略叫作（　　）。
   A. 产品延伸　　B. 产品大类现代化　　C. 扩大产品组合　　D. 缩减产品组合
6. "宝洁"公司的洗衣粉使用了"汰渍""碧浪"，肥皂使用了"舒肤佳"，牙膏使用了"佳洁士"，这属于品牌策略中的（　　）。
   A. 品牌使用者决策　　　　　　B. 品牌再定位决策
   C. 品牌名称决策　　　　　　　D. 品牌延伸策略
7. 一个企业的产品组合中所拥有的产品线的数目是（　　）。
   A. 产品组合的宽度　　　　　　B. 产品组合的深度
   C. 产品组合的长度　　　　　　D. 产品组合的关联性
8. 企业原来生产高档产品后来决定增加低档产品，叫作（　　）。
   A. 向前延伸　　B. 向下延伸　　C. 向上延伸　　D. 双向延伸
9. 品牌中可以被认出，但不能用言语称呼的部分是（　　）。
   A. 品牌名称　　B. 品牌标志　　C. 商标　　D. 品牌资产
10. 企业将其产品大批量地卖给中间商，中间商再用自己的品牌将货物转卖出去，这种品牌叫作（　　）。
    A. 企业品牌　　B. 自有品牌　　C. 全国性品牌　　D. 生产者品牌

二、思考题

1. 对成熟期的产品，可采取的策略有哪些？
2. 简述企业采取向上延伸策略的原因和可能承担的风险。
3. 企业建立自己的品牌和商标的好处有哪些？
4. 简述企业新产品采用的过程包括哪些阶段。

案例分享

"特仑苏"——蒙牛新产品开发战略分析

摘要： 蒙牛集团在工厂、牧场和市场建设上，始终坚持"品牌第一"的方针，并坚持自主创新的理念。2006年3月，蒙牛公司完成了国家营养中心委托的"OMP造骨牛奶"科研课题，退出了拥有完全自主知识产权的"特仑苏OMP牛奶"。本文旨在从新产品开发战略角度分析蒙牛营销手段成功的经验。

关键词： 蒙牛新产品开发战略分析

一、背景描述

特仑苏是蒙牛在适当的时机和适当的市场中推出的"金牌"牛奶,位于中国的高端消费市场。在开发特仑苏产品之前,蒙牛在常规市场中面临着极大的压力,常温奶市场饱和,市场恶性竞争,价格战不断;与此同时,高端消费者在牛奶中寻求象征性消费的需求没有得到很好的满足。而蒙牛强大的开发新产品的能力、自主的牛奶研发技术和丰富的奶源地这一优越的自然禀赋,更为蒙牛特仑苏产品的推出提供了可能。

(一)市场环境

就市场环境而言,常温奶(液态奶)市场饱和。在2003年到2005年这一段时间内,鲜奶品的人均消费量呈下降趋势,总的乳品消费量也开始下降。液态奶的销售量经过1999年到2003年的高速发展之后,也从2004年开始下降,在未来的几年里液态奶年销售量增长率将会放慢。销售量增长率大于销售额增长率,说明营销量有所增长。但由于给予销售商的回扣和面向消费者的促销活动等方面的因素,销售额增长率不高,而不断激化的价格战又导致液态奶市场的利润愈发微薄。在2003年,蒙牛超过了伊利,跃居全国液态奶市场第一位;而根据2005年第一季度的统计数据,蒙牛的市场份额更是超过了25%,市场份额提升了,但是利润却未能大幅度地提高。鉴于此,蒙牛必须寻找新的利润增长点。

(二)高端市场的需求

当时,中国市场还没有一款专门为高端消费者量身打造的牛奶产品,而高端消费者常选用依云矿泉水、星巴克咖啡或者是奶茶作为休闲饮品。对于这类高端消费者而言,他们比较注重的是品牌和产品的特色以及消费该类产品所体现的社会地位。所以,被蒙牛赋予攻占高端市场的新产品需要做的不仅是提高自身的特殊性,不能便宜到让他们觉得是廉价品,但是不能贵得离谱。此前,市场上一直都没有一款能够让高端消费者体现自己品位的牛奶,高端市场中存在大量的发展空间。蒙牛瞄准了高端饮品市场中消费者对牛奶的潜在需求,高端乳饮品的竞争对手并不是其他牛奶,而是选用依云矿泉水和星巴克咖啡这类产品的高端消费者的休闲饮料。

(三)优越的资源与核心能力的积累

1. 优质的奶源

奶源地对乳饮品的影响很大,而蒙牛的乳饮品正来自世界公认的优质奶源带——中国"乳都"的核心区和林格尔。这里每年近3 000小时的和煦阳光,譬如怡人的暖湿季风性气候,都是上天赐予北纬40°的恩典。常年温暖的日照和舒适的气候,令北纬40°成为世界公认的"黄金产奶带",汇集了世界上最优越的草原,孕育出特仑苏的乳都核心区,正坐落于得天独厚的北纬40°之上,享受北纬40°特有的阳光气候,以及海拔1 100米之上独有的土壤。再加上蒙牛作为乳业领头羊的优势加工技术,使得蒙牛的乳饮品天生就含有丰富的天然优质乳蛋白,其整体营养含量更是高于普通牛奶,而且口味更香、更浓、更滑。优质的奶源也使得蒙牛意欲开发的高端奶乳饮品能够从"出生"之际就尽显"高贵"。

2. 核心产品的培育

创新技术是开发新产品的基石。蒙牛长期注重对牛奶产业科技的投入,始终倡导"用科技改变生活",并因产品技术创新上的不断突破而获得了有关部门的青睐。卫生部、科技部和国家统计局2004年10月12日联合发布的《中国居民营养与健康现状》的调查报告显示:全国城乡居民钙摄入量仅为391毫克,仅相当于推荐摄入量的49%。在我国,同时面临着营养缺乏与营养过剩的双重挑战。公众营养与发展中心为了积极有效地改善国人的骨骼健康问题,经过严格的筛选和考察,确定蒙牛乳业作为"公众营养改善奶液项目研发基地",着力开发能够有效改善骨骼健康的产品技术。

蒙牛乳业在接受中心委托的课题之后,通过对国内外技术的研究,发现了造骨牛奶蛋白(osteoblast milk protein,OMP)。作为一种天然活性牛奶蛋白,OMP在有效提高人体骨密度方面具有独特的机理和效果,它在牛奶中微量存在,并可直接对骨骼发生作用,OMP可以增加人体内"成骨细胞"的数量和活性,促进骨骼合成代谢,从而有效地促进健康骨骼的形成,促使骨数量增加。牛奶中本身就有丰富的钙,市场上的许多产品在牛奶中添加了VD3(维生素D3)或CPP(酪蛋白磷酸肽),这些都是一种辅助要素,能够帮助分解钙质和促进钙吸收,它可以增加造骨细胞活力,从而使骨骼可以留住钙质,达到直接增加骨密度的作用。

二、活动内容

(一)从核心产品到终端产品

特仑苏这款自主研发的产品可以看作是基于核心产品OMP的直接延伸。奶质本身以及OMP的特性正是该产品的核心竞争力所在。蒙牛通过自主研发,把OMP这种活性蛋白从牛奶中提取出来,然后在特仑苏这一款牛奶中把这种蛋白质的量增大,利于骨骼吸收。尤其对于孩子,越是年幼的时候,在骨骼增长发育过程中,吸收起来就更加容易,更有助于骨头的密度和骨头的骨量的增加。将来年老的时候,钙的流失相对也要慢一些。

产品研发出来以后,公众营养与发展中心把它放到了国家科研机构进行测试。他们选择了北京大学医学部。通过对动物和人体骨密度将近10个月的测试实验,研究人员得出一个结论,饮用该种牛奶对于机体对钙的吸收和存留有显著的效果。随后,全球乳业最权威的机构——IDF国际乳品联合会主席吉姆·贝格于2006年10月22日在全世界乳业大会上宣布,蒙牛特仑苏获得IDF全球乳业大奖——"新产品开发"奖。中国乳制品工业协会理事长、本届IDF大会副主席宋昆冈表示:"这个奖项的获得展示了一个年轻的乳业企业战胜百年巨头的传奇,这也是全球乳业的最高荣誉。"蒙牛特仑苏的获奖,对于整个中国乳业来说都具有非常重大的意义,提升了我国在全球乳业中的地位。特仑苏获奖增加了蒙牛将其打造为一款畅销牛奶产品的信心。

(二)特仑苏的市场策略

1. 高端的定位

近年来,国内消费者的消费结构正在由消费生存型转向享受发展型,追求高质量的生存渐渐成为主流的消费态势。在顺应消费者追求高品质生活的趋势下,作为一个高端牛奶品牌,特仑苏定位于追求高品质精致生活的人群,希望能够给这些人带来天然健康的生活体验。在保证普通牛奶健康营养特性的基础上,特仑苏特有的天然乳蛋白对人体健康非常有益。高端牛奶特仑苏推出后,在国内中产阶层人群中形成了一股潮流,并形成了"我只喝特仑苏"的消费口碑。特仑苏的走红神话也引发了乳业市场的新一轮追逐。特仑苏开启了牛奶高端品牌的时代。独特的市场定位辅以相应的市场策略会使顾客心中留下深深的烙印,而蒙牛正是从包装、定价等方面入手烘托出特仑苏产品与众不同的"气质"。

2. 包装渲染休闲情调

特仑苏不但在外包装上有别于传统牛奶包装,采用的细长包装与统一奶茶、鲜橙多等休闲饮料相似,具有小资情调,而且还以整箱销售,显示了自身的高贵品质,不失为送礼的最佳选择。在品牌方面,"特仑苏"在蒙语中是"金牌牛奶"的意思,以蒙语命名品牌给大众消费者一种神秘感。另外,特仑苏网站上提供"金牌营养师"栏目,介绍产品情况和专家意见以指导消费者如何摄取每日必需的营养,并提供关于营养问题的解答。

3. 定价映衬"高贵"品质

为了配合产品定位,特仑苏的价格一直居高不下,超过了普通液态牛奶价格的两倍。虽然价格很高,但在二级渠道上,特仑苏还是频频脱销,并得到了消费者的认可。在终端销售方面,一家高档酒店的服务经理表示:"特仑苏在我们这里被当成王牌牛奶,一般有身份和地位的人,都会把特仑苏当成必点的餐饮。"

三、活动效果展示

特仑苏产品的推出实现了蒙牛的品牌升级和市场升级,但是另一方面也加剧了乳业市场原本就十分激烈的竞争。

(一)品牌升级

由于价格方面的原因,加上"超女"有争议的形象,蒙牛品牌下的产品一直很难脱离低端市场,比如酸酸乳、早餐奶之类。然而在推出特仑苏这个"特别贵"的产品后,蒙牛的企业品牌实现了向上的延伸,特仑苏在一定程度上提升了蒙牛家族品牌的整体形象。

蒙牛的品牌提升主要得益于以下三个方面:

(1)品牌名称。"特仑苏"是蒙古语,意思是"金牌牛奶"。这个名称能引起消费者的好奇甚至联想,比酸酸乳之类的直截了当的命名方式显得较为含蓄和神秘。

(2)价格水平。酸酸乳之类的产品,250ml纸质包装的售价一般是每盒1.8~2.5元,散装与整箱均有销售。而特仑苏的价格也由最初上市时的每箱32元飙升到55元,每盒的价格为2.7~4.6元,比之前者高出50%~84%。如此一来,消费者终于知道蒙牛不只有低档牛奶,还有高档牛奶。

(3)广告策略。特仑苏的广告一反常态的黑白色调画面,加上了富有磁性的男声旁白,以及颇有蛊惑味道的"不是所有的牛奶都叫特仑苏"的广告语等。此外,特仑苏的广告发布媒体、时段和频率也颇有讲究,不再是铺天盖地,而是精挑细选。

(二)市场升级

一般情况下,低价位产品面向的是中低端大众消费群体。蒙牛的酸酸乳等品牌以及业内的其他竞争品牌所面对的都是这样的市场,但蒙牛显然不满足于此。高端品牌当然要针对高端市场,于是蒙牛面向高端消费群体的特仑苏就应运而生了。事实证明,购买特仑苏的多是一些高级白领、企业事业单位的高层管理人员以及政府公务员。不难看出,蒙牛通过瞄准高端市场,比较成功地实施了差异化发展战略,在竞争白热化的液体奶行业寻找到了一条新的道路。特仑苏在国内率先进入一个新的无同类竞争的高端奶业市场,并一时间夺得了商场领导者的地位。

(三)乳业竞争愈演愈烈

特仑苏较早进入高端市场,处于领先地位,看似避免了在中低端市场与竞争对手的纠缠,但实则掀起了新一轮的行业大战。

一方面，前脚蒙牛打开高端市场之路，后脚原有的竞争对手也随之跟进。蒙牛原本不是市场领导者，比它实力强大的尚有伊利和光明，蒙牛只能算是挑战者。特仑苏进入高端市场的脚跟尚未站稳，强大的竞争者就接踵而至。伊利投放了"金典"，光明则推出了"优倍"。而且，光明的"优倍"虽然档次与"特仑苏"相当，但价格却要低很多。

另一方面，特仑苏较高的价格虽然有助于其差异化定位的实施，但也加剧了其被替代产品所取代的风险。特仑苏的价格太高，消费者完全可以不买价格如此贵的产品而去选购价格便宜的优酸乳、酸酸乳；消费者也可以不买纸质包装的，而是购买袋装或瓶装的；消费者还可以不喝著名品牌的牛奶，而是喝一些地方品牌的牛奶。价格需求弹性这一客观杠杆注定了特仑苏不得不为其高价而蒙受一定的损失。

四、案例分析

蒙牛作为国内乳制品产业的"龙头"之一，以其独特的市场观察角度、强大的自主创新能力以及特别的营销手段打开了国内高端液态奶市场的大门，在这个过程中有很多值得我们借鉴的经验。新产品的开发不仅需要优秀的创意，同时也需要良好的执行能力，以及包括危机处理能力在内的公共关系能力。

五、经验分享

一个企业如果希望做大做强，那么一定要做到对自己所处的行业环境非常熟悉，同时还要具备强大的自主创新能力。只有这样，才能保证始终走在行业的最前端，引领行业的发展。

六、问题延伸思考

国家质检总局2009年2月2日向内蒙古自治区质量技术监督局发出公函，要求该局责令蒙牛公司禁止向"特仑苏"牛奶中添加OMP物质。

OMP和IGF-1都是向牛奶中添加的营养物质。但外界对蒙牛特仑苏添加OMP和IGF-1的质疑由来已久，知名反伪人士方舟子就认为，OMP就是具有致癌性的激素IGF-1。国家质检总局在这份公函中提出监管意见："鉴于目前我国未对OMP的安全性做出明确规定，IGF-1物质不是传统食品原料，也未列入食品添加剂使用标准，如人为添加上述物质，不符合现有法律法规的规定。请你局责令蒙牛公司禁止添加上述物质，并通知蒙牛公司，如该企业认为OMP和IGF-1是安全的，请该企业按照法定程序直接向卫生部提供相关材料，申请卫生部门做出是否允许使用的决定。"

此次是官方首次对蒙牛的OMP进行表态。据了解，之前就有对蒙牛特仑苏牛奶含有OMP及IGF-1发出的质疑见诸报端。2009年年初，内蒙古自治区质量技术监督局向国家质检总局报送《关于核查蒙牛特仑苏牛奶有关情况的报告》。

国家质检总局有关负责人表示，正在会同有关部门对OMP物质的安全性开展研究。对研究结果将以适当方式予以公布。据了解，蒙牛乳业已向卫生部提交相关材料，等待OMP是否有害的鉴定报告。内蒙古自治区质量技术监督局向国家质检总局监督处陈处长表示：蒙牛在2009年2月2日以后产的"特仑苏"已经不含有OMP物质。受此消息影响，蒙牛乳业早盘在香港市场上低开低走，早盘开于11.48港元，截至12时40分急挫16%。

特仑苏安全性面临的质疑，说明新产品开发也是一个颇具风险的过程，任何一个瑕疵都要仔细对待，否则很可能会造成新产品开发的失败。

资料来源：王永贵，贾鹤. 产品开发与管理：案例点评分析[M]. 北京：北京师范大学出版社，2008.

实训环节

一、实训目的

1. 帮助学生了解和掌握产品的整体概念和产品组合策略；理解产品生命周期的含义，掌握产品生命周期各阶段的营销策略；理解新产品的含义，了解新产品开发的程序；掌握产品品牌的内涵及品牌设计要求、品牌经营策略；掌握产品包装设计和包装策略。

2. 训练学生具有品牌设计能力、品牌传播策划能力。

二、实训内容

以4~6人为一组，各组为某一产品或者服务进行品牌的无形要素设计和有形要素设计，结合品牌整合传播和品牌体验为该产品或服务进行品牌传播策划。

1. 各小组讨论并选定某一种产品或服务，独立搜集资料。

2. 通过网络调研或实地调研，对该产品或服务进行品牌的有形要素设计（名称、标志、包装等）与无形要素设计（品牌核心价值、品牌个性等），并为该品牌进行传播策划。

3. 学生小组完成品牌的设计以及品牌的传播策划，并以PPT形式展示成果。

三、实训考核

小组团队参与程度占20%，上台演讲、PPT演示占30%，相关内容分析占30%，实验报告占20%，教师做最后点评。

第七章 定价策略

学习目标

1. 领会定价的目标及其相关概念；
2. 了解定价的影响因素；
3. 掌握定价的方法；
4. 掌握定价的策略并能运用定价策略。

导入案例

沃尔玛能够迅速发展，除了正确的战略定位以外，也得益于其首创的"折价销售"策略。每家沃尔玛商店都贴有"天天廉价"的大标语。同一种商品在沃尔玛比其他商店要便宜。沃尔玛提倡的是低成本、低费用结构、低价格的经营思想，主张把更多的利益让给消费者，"为顾客节省每一美元"是他们的目标。沃尔玛的利润通常在30%左右，而其他零售商如凯马特的利润率都在45%左右。公司每星期六早上举行经理人员会议，如果有分店报告某商品在其他商店比沃尔玛低，可立即决定降价。低廉的价格、可靠的质量是沃尔玛的一大竞争优势，吸引了一批又一批的顾客。

价格通常是影响交易成败的重要因素，同时也是市场营销组合中最难以确定的因素。企业定价的目标是促进销售，获取利润。这要求企业既要考虑成本的补偿，又要考虑消费者对价格的接受能力，从而使定价策略具有买卖双方双向决策的特征。此外，价格还是市场营销组合中最灵活的因素，它可以对市场作出灵敏的反映。

第一节 定价目标

定价目标（pricing objectives）是企业在对其生产或经营的产品制定价格时，有意识地要求达到的目的和标准。它是指导企业进行价格决策的主要因素。定价目标取决于企业的总体目标。不同行业的企业，同一行业的不同企业，以及同一企业在不同的时期、不同的市场条件下，都可能有不同的定价目标。

由于企业资源、规模、所属行业、产品、时期不同，企业定价的目标也各不相同。企业应根据自身的性质和特点，制定不同的目标。

一、以利润为定价目标

获取利润是企业从事生产经营活动的最终目标，具体可通过产品定价来实现。获取利润目标一般分为以下三种。

▶ 1. 预期收益目标

预期收益定价目标是指使企业实现在一定时期内能够收回投资并能获取预期的投资报酬的一种定价目标。企业根据原先制定的收益率，计算出单位产品的利润额，加上产品成本作为销售价格。采用预期收益目标的企业必须注意两个问题：第一，要确定适度的投资收益率；第二，企业生产经营的必须是畅销产品、独家产品、新产品以及低价高质的标准化产品。预期收益定得过高，企业会处于市场竞争的不利地位；定得过低，又会影响企业投资的回收。一般情况下，预期收益适中，企业将可能获得长期稳定的收益。

▶ 2. 最大利润目标

最大利润目标是指企业希望获取最大限度的销售利润或投资收益。利润额最大化取决于合理价格所推动的销售规模，因而追求最大利润的定价目标并不意味着企业要制定最高单价。最大利润既有长期和短期之分，又有企业全部产品和单个产品之别。在竞争激烈的市场上，想长期维持不合理的高价几乎是不可能的。因为不合理的高价势必会遇到各方面的对抗行动，如需求的减少、代替品的盛行、政府的干预等。因此，最大利润一般应以长期的总利润为目标，在个别时期，甚至允许以低于成本的价格出售，以便招徕顾客。

▶ 3. 适当利润目标

适当利润目标是指为了减少风险，保护自己，或限于力量不足，避免不必要的价格竞争，以适中、稳定的价格获得长期利润的一种定价目标。适当利润定价也随着产量变化、投资者的要求和市场可接受程度等因素的变化而变化。这种定价目标以稳定市场价格、避免不必要的竞争、获取长期利润为前提，因而商品价格适中，顾客乐于接受，政府积极鼓励。

二、以占领市场为定价目标

以占领市场为定价目标是指企业在一定时期内为了保持或提高企业的市场占有率而采用的定价目标。企业的市场占有率比利润更能反映企业在行业中的地位和竞争实力。企业提高市场占有率通常有以低价占领市场、以高价占领市场、以竞争价格占领市场三种方法。

▶ 1. 以低价占领市场

以低价占领市场为目标，就是在提高产品质量，降低产品成本的前提下，使商品的价格低于主要竞争者的价格，以低价迅速打开销路，挤占市场，从而提高企业商品的市场占有率。待占领市场后，再通过增加和提高某些功能的方式逐步提高商品价格。

▶ 2. 以高价占领市场

以高价占领市场为目标，就是在产品上市初期，以高于竞争对手的商品价格，利用消费者的求新、求名心理，尽可能在短期内获取最大利润。待竞争激烈时，以先期获得的超额利润为后盾，调低价格，从而扩大销售，占领市场，击败竞争对手。

▶ 3. 以竞争价格占领市场

以竞争价格占领市场为目标，就是在制定商品价格之前，认真研究竞争对手的营销策略，根据企业自身实力，用针锋相对的方式与对手抗衡，以便占领市场或保护既得市场。这种价格目标，易导致价格大战，风险较大。

三、以生存为定价目标

当企业遇到经营不善、人员匮乏、产品衰退、资金不足等影响自身发展的大问题的时候，通常采用生存定价法。在这种情况下，生存比获得利润更加重要。企业为了保证生存，通常制定较低的价格刺激和吸引消费者购买。企业的主要目标是生存而不是利润。

四、以适应竞争为定价目标

大多数企业对竞争者的行为都十分敏感。在市场竞争日趋激烈的形势下，企业在实际定价前，都会广泛收集资料，把自己产品的质量、特点与竞争对手进行比较，通过自己的定价对付竞争对手。根据企业的不同条件，一般有三种决策目标可供选择：以低价占领市场、以高价占领市场、以竞争价格占领市场。

第二节 定价影响因素及程序

一、定价影响因素

▶ 1. 成本因素

成本是商品价格构成中最基本、最重要的因素，也是商品价格的最低经济界限。在一般情况下，商品的成本高，其价格也高，反之亦然。商品的成本因素主要包括生产成本、销售成本、储运成本和机会成本。

（1）生产成本。生产成本是企业生产过程中所支出的全部生产费用，是从已经消耗的生产资料的价值和生产者所耗费的劳动价值转化而来的。当企业具有适度的规模时，产品的成本最低。但不同的商品，在不同的条件下，各有自己理想的批量限度，其生产超过了这个规模和限度，成本反而要增加。

（2）销售成本。销售成本是商品流通领域中的广告、推销费用。在计划经济体制下，销售成本在商品成本中所占比重很小，因而对商品价格的影响也微乎其微。但在市场经济体制下，广告等是商品实现其价值的重要手段，用于广告的费用在商品成本中所占的比重也日益增加。因此，在确定商品的营销价格时必须考虑销售成本这一因素。

（3）储运成本。储运成本是商品从生产者到消费者所必需的运输和储存费用。商品畅销时，储运成本较少；商品滞销时，储运成本较大。

（4）机会成本。机会成本是企业从事某一项经营活动而放弃另一项经营活动的机会，另一项经营活动所应取得的收益。但是，商品的成本不是个别企业的商品成本，而是所有生产同一产品的生产部门的平均生产成本。在通常情况下，机会成本对个别企业的商品成本影响比较大，对平均生产成本的影响比较小，因而对商品价格的影响也很小。

▶ 2. 需求因素

商品价格，除了成本和价值因素外，很大程度上还受商品市场供求状况、市场竞争状况以及其他因素的影响。在市场经济条件下，市场供求决定市场价格，市场价格又决定市场供求。因此，制定商品营销价格时必须考虑市场的供求状况。

（1）供求与价格的双向影响。商品价格是在一定的市场供求状况下形成的，在一定时期内，某种商品的供求状况反映其供给总量与需求总量之间的关系。这种关系包括供求平衡、供小于求和供大于求三种情况。

供求平衡是指某种商品的供给与需求在一定时期内相等。在供求平衡状态时某种商品的市场价格称为均衡价格。

假定供求和价格以外的其他因素不变，当某种商品的价格高于均衡价格时，该商品的需求量就下降，供给量则上升，形成供过于求。显然，价格影响并决定了供求。当某种商品的需求减少且供给增多时，价格便会落至均衡价格或其以下，又表明供求影响并决定着价格。

当某种商品供小于求时，该商品的供给总量满足不了人们的需求，商品价格便会上涨，形成卖方市场。随着价格的上涨，企业的资金会转向该商品的生产与销售，导致该商品的市场供给量剧增，从而卖方市场转化为买方市场，形成供大于求的局面，价格自动回落。

（2）需求价格弹性。在通常情况下，某种商品的价格升高，其需求量就会减少；反之，其需求量就会增加。因此，制定商品营销价格时必须考察商品的需求价格弹性因素。

需求价格弹性，简称需求弹性，是指在一定时期内，某种商品的价格变动的百分比与其需求变动的百分比的比值。由于是两个相对数的比值，故又称为需求价格弹性系数。

图 7-1 和图 7-2 所示为两种典型的需求弹性图。

▶ 3. 竞争因素

市场价格是在市场竞争中形成的，不同竞争状况对市场营销者制定商品价格会产生不同的影响。竞争者可能针对本企业价格调价，也可能不调价而调整营销组合中其他变量以争夺顾客。根据竞争者的产品和价格两个重要因素，有三种具体的操作方式：一是与竞争者产品质量相当，价格应相同或略低；二是质量较高，价格可定得高一些；三是质量较低，价格就应低一些。

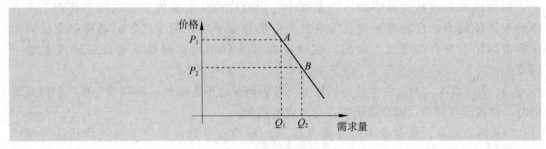

图 7-1 需求缺乏弹性

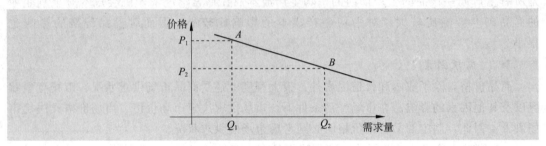

图 7-2 需求富有弹性

一般说来，竞争越激烈，对价格的影响也就越大。按照竞争的程度，市场竞争可以分为完全竞争、完全垄断和不完全竞争三种状况。

(1) 完全竞争对价格的影响。在完全竞争状态下，企业几乎没有定价的主动权。各个卖方都是价格的接受者而不是决定者。在实际生活中，完全竞争在多数情况下只是一种理想现象，因为任何一种产品都存在一定的差异，加之国家政策的干预以及企业的不同营销措施，完全竞争的现象几乎不可能出现。但是，如果出现了完全竞争，企业可以采取随行就市的营销价格策略。

(2) 完全垄断对价格的影响。完全垄断是指一种商品完全由一家或几家企业所控制的市场状态。在完全垄断状态下，企业没有竞争对手，可以独家或几家协商制定并控制市场价格。在现实生活中，完全垄断只有在特定的条件下才能形成，然而，由于政府的干预（如许多国家的反垄断立法）、消费者的抵制，一个或几个企业完全垄断价格的局面一般不易出现。但是，如果出现了完全垄断，则非垄断企业在制定营销价格时一定要十分谨慎，以防垄断者的价格报复。

(3) 不完全竞争对价格的影响。不完全竞争是在市场经济体制下普遍存在的典型竞争状态。在这种状态下，多数企业都能够积极主动地影响市场价格，而不是完全被动地接受市场价格。同时，企业在制定营销价格时，应认真分析竞争者的有关情况，采取相应的营销价格策略。

▶ 4. 法律和政策因素

在市场经济中，我国政府通过《中华人民共和国价格法》《中华人民共和国反不正当竞争法》《关于商品和服务实行明码标价的规定》《制止牟取暴利的暂行规定》《价格违法行为行政处罚规定》和《关于制止低价倾销行为的规定》等一系列的法律和政策，对市场价格进行管控，并采取各种有效的措施，建立价格管理体制，做到有监督、有保护和有限制。

多数国家（包括发达资本主义国家）对企业定价都有不同程度的约束。定价时，企业应主要考虑国家指导性计划和市场调节等因素。

(1) 国家指导性定价。它是指国家物价部门和业务主管部门规定定价权限与范围，指导价格制订和调整的企业定价方式。其定价方式有以下三种：

① 浮动定价。它是指国家规定商品的基准价格、浮动幅度和方向，由企业在规定的范围内自主定价。

② 比率控制定价。它是指国家规定商品的差价率、利润率与最高限价范围，由企业自行灵活地确定价格。企业商品价格可采用高进高出、低进低出或高进低出等形式，但不得超过规定的控制比率。

③ 行业定价。它是指为了避免同行业企业在生产和流通中盲目竞争，国家采取计划指导，由同行营销者共同协商制订商品的统一价格，并由协商者共同遵守执行。这能防止价格向垄断转化，有利于市场竞争。

(2) 市场调节定价。它是指在遵守政策和法规的前提下，根据市场供求状况、市场竞争程度、消费者行为及企业自身条件等因素的变化趋势，由营销者自行确定商品价格。这种定价主要适用于生产分散、营销量大、品种规格繁多、供求情况复杂、难以计划管理的商品，且主要依靠价值规律自发地调节商品价格。市场调节定价有下列两种形式：

① 协议定价。协议定价是指买卖双方在不受第三者影响的情况下，相互协商议定商品价格。

② 企业议价。企业议价是指实行部分指令性计划价格商品的企业，在完成国家任务后，超产部分，企业根据市场状况确定其价格。这是国家为了增强企业活力，提高企业劳动积极性所采用的一种鼓励性措施。

▶ 5. 商品差价与商品比价因素

商品差价与商品比价，是价格体系的重要组成内容，也是国家价格政策的组成部分。

(1) 商品差价因素。商品差价是指同一商品由于销售地区、流转环节、销售季节、质量高低、用途等不同而形成的价格差额。商品差价形成的主要理论依据是上述各种情况下耗用的劳动量不同。其形式有地区差价、批零差价、季节差价、质量差价、平议差价、用途差价等。

① 地区差价因素。地区差价是指同种商品在同一时间、不同地区的价格差额。它由商品在地理空间转移过程中所增加的劳动消耗形成。另外，由于不同地区的技术水平、资源条件、劳动熟练程度等不同，也会形成地区差价。企业定价时应考虑差价因素，这是因为：其一，商品由于受地区差价的影响，必定会产生地区间流动，从而使某地区商品总量发生变化，这样势必使企业调整自己商品的价格。其二，企业对异地商品提价时应适度，差价过大，则竞争对手增多；差价过小，企业无利可图。

② 批零差价因素。批零差价是指同种商品在同一时间、同一市场零售价与批发价之间的差额，即零售价减去批发价的余额。由于它反映批发商与零售商的利益分配关系，因此，批零企业定价时应考虑合理的差价，这样才有利于双方对商品的销售。

③ 季节差价因素。季节差价是指同一商品、同一市场、不同季节之间价格的差额。它主要由于商品供求在时间上的矛盾形成。对于这类商品，在销售旺季，可采用高价策略；

而在销售淡季,则使用低价策略。生产企业则应更多地考虑产品的生产时间,准确预测商品需求的季节变化。

④质量差价因素。质量差价是指同一种商品在同一市场上因产品质量差异而形成的价格差额,企业定价时应在考虑消费者对价格的反应与国家政策前提下按质论价,正确处理好商品的质量、效能、价格三者之间的关系,以满足不同类型消费者的需求。

⑤平议差价因素。平议差价是指同种商品在同一市场中国家计划价格与市场价格间的差额。企业在按时按质完成计划任务后,应勇于使商品参与市场竞争。

⑥用途差价因素。用途差价是指企业同一商品在不同用途上的价格差额。企业定价时,可采用高价以限制商品的某一用途,而以低价格鼓励商品的另一用途。

(2)商品比价因素。商品比价是指在同一条件下不同商品价格的比例。它由不同商品之间价格量的比值和不同商品的供求状况所决定。比价形式主要有制成品与投入要素比价、替代品比价、连带品比价等。

① 制成品与投入要素比价因素。这种比价是指制成品与原材料、半成品、零部件等投入要素价格之间的比例。企业应当考虑两个问题:第一,如果投入要素价格低,而制成品企业定价偏高,则投入要素的企业会提高其商品价格,或促使零部件企业自行组装整机。这样当制成品供应量增多时,会使制成品企业的产品积压。同样,如果制成品价格低,投入要素企业定价偏高,最终也会使投入要素企业的产品积压。第二,在一定时期内,当制成品与投入要素的价格升降幅度悬殊时,会造成购销双方之间的利益矛盾,甚至使相关企业间建立的长期协作关系毁于一旦。

② 替代品比价因素。当同类商品中某一种商品的功能、用途等可由另一种商品所代替时,两种商品的价格比例则为替代品比价。按替代程度可划分为完全替代和不完全替代两种。完全替代是指替代品与被替代品的功能、用途基本相同;不完全替代是指替代品与被替代品的用途相似,但功能有差异,其中一种商品只能满足消费者部分需求。对于前者,在一般情况下,消费者购买的随意性较大,而当两者比价悬殊时,顾客就会慎重选购。对于后者,在比价合理的情况下,购买的选择性不强,不同的消费者将按各自的需求购买商品;而当比价幅度很大时,顾客将会选购既能基本满足需求,价格又较低廉的商品。此外,当不完全替代程度很高时,即使功能较优的商品价格较高,消费者也乐意接受这种高价商品。因此,在竞争激烈的市场中,企业既要考虑产品的功能设计,保证产品质量,又要考虑竞争对手的商品价格策略。

③ 连带品比价因素。在同一类消费中,必须把两种或两种以上的商品结合起来才能满足需求的商品称为连带品,而连带品价格之比则称为连带品比价。按照连带程度,可分为直接连带品和间接连带品。企业定价时,通常应以有助于基础商品销售为原则,协调好连带品间的比价关系。间接连带是指在同一类消费中两种或两种以上商品没有确定性连带特征,这类商品一般由多个企业生产并协商定价,力求协作效益,或由某一企业采用多角化经营的方式,发挥商品间的连带效益。

▶ 6. 心理因素

消费者心理行为是影响企业定价的一个重要因素。无论哪一种消费者,在消费过程中,必然会产生种种复杂的心理活动,并支配消费者的消费过程。因此,企业制定商品价格时,不仅应迎合不同消费者的心理,还应促使或改变消费者行为,使其向有利于自己营销的方向转化。同时,要主动积极地考虑消费者的长远利益和社会整体利益。根据消费者消费心理的不同,一般将消费者分为以下三种类型:

(1) 冲动和情感型。这类消费者的购买由其情绪波动所支配,购买具有冲动性、即景性和不稳定性。这类顾客对商品价格不是十分重视,主要注重商品的花色、式样等。因此,企业对于适销对路的商品,定价可略高,且可视市场即时状况调高价格。

(2) 理智和经济型。这类消费者购买商品时往往分析评价,并喜欢货比几家再购,对价格比较慎重。因此,企业应依质论价。

(3) 习惯型。这类消费者对零售商或品牌等产生了信任或偏爱。因此,企业定价可略高。但应注意,价格过高会导致消费者购买的转移性。

【案例】

在比利时的一间画廊里,一位美国画商正在和一位印度画家讨价还价,争辩得很激烈。其实,印度画家的每幅画底价仅在10~100美元之间。但当印度画家看出美国画商购画心切时,对其所看中的3幅画单价非要250美元不可。美国画商对印度画家敲竹杠的宰客行为很不满意,吹胡子瞪眼睛地要求降价成交。印度画家也毫不示弱,竟将其中的一幅画用火柴点燃,烧掉了。美国画商亲眼看着自己喜爱的画被焚烧,很是惋惜,随即又问剩下的两幅画卖多少钱。印度画家仍然坚持每幅画要卖250元。从对方的表情中,印度画家看出美国画商还不愿意接受这个价格。这时,印度画家气愤地点燃了火柴,竟然又烧了另一幅画。至此,酷爱收藏字画的美国画商再也沉不住气了,态度和蔼多了,乞求说:"请不要再烧最后这幅画了,我愿意出高价买下。"最后,竟以800美元的价格成交。

二、定价的程序

企业确定了营销价格目标以后,还必须按照商品价格制定的一般程序,估算销售潜量,预测竞争反应,选择定价方式。只有这样,才能制定出适合自身发展的价格。商品营销价格的制定程序一般包括如下几个步骤。

▶ 1. 确定营销价格目标

首先根据企业经营目标,确定相应的定价目标。

▶ 2. 估算市场销售潜量

市场销售量大小的估算关系到新产品投放市场和老商品拓宽市场的成败,其方法如下:

(1) 了解市场预期价格。预期价格是影响商品定价的一个重要因素。商品价格高于或低于预期价格,都会影响商品的销售。因此,企业在进行市场销售潜量估算时,首先要了解市场上是否已存在预期价格。

(2) 估算不同价格下的销售量。即计算各种销售价格的均衡点以及何种价格最为有利。

▶ 3. 分析竞争对手的反应

现实的和潜在的竞争对手对于商品价格的影响极大,特别是那些容易经营、利润可观的产品,潜在的竞争威胁最大。

▶ 4. 预计市场占有率

市场占有率反映企业在市场上所处的地位，市场占有率不同，则营销价格策略和方法也不同。因此，企业在定价之前，应准确测定现有市场占有率，预计、推测产品上市后的市场占有程度。

▶ 5. 考虑企业经营活动的有关计划

企业在定价之前要综合、全面地考察企业整体的市场营销计划，如产品开发计划、商品推销计划以及分配渠道的选择。

▶ 6. 选择定价方法

经过以上诸程序的分析、研究，企业最后选择具体的定价方法来确定商品的价格。

第三节 定价方法

一、成本导向定价法

▶ 1. 成本加成定价法

成本加成定价法即按照产品的总成本确定价格，常用平均成本加上若干百分比利润。成本导向定价法简便易行，是我国现阶段最基本、最普遍的定价方法。实际工作中，作为定价基础的成本，其分类繁多。因此，以成本为基础的定价方法也多种多样，主要包括以下几种：

（1）完全成本导向定价法。完全成本导向定价法是将产品的完全成本（固定成本＋变动成本＋销售费用），加上一定的利润和税金，然后除以产品产量，从而得出单位产品的价格。

完全成本导向定价法计算简单，可以预先了解利润，有利于核算、补偿劳动消耗，在正常的情况下，能够获得预期收益。但这种定价方法以企业个别成本为基础，忽视产品市场供求状况，缺乏灵活性，通常不大适应复杂多变的市场供求。当利润不变时，如果企业个别成本高于社会平均成本，商品价格就会高于市场平均价格，势必影响其销售；如果企业个别成本低于社会平均成本，则商品价格低于市场平均价格，又无形中抛弃了部分可以实现的利润。

（2）边际成本导向定价法。边际成本导向定价法，又叫边际贡献导向定价法，是抛开固定成本，仅计算变动成本，并以预期的边际贡献补偿固定成本以获得收益的定价方式。边际贡献是指企业增加一个产品的销售所获得的收入减去边际成本后的数值。如果边际贡献不足以补偿固定成本，则出现亏损。基本公式是：

$$价格 = 变动成本 + 边际贡献$$
$$边际贡献 = 价格 - 变动成本$$
$$利润 = 边际贡献 - 固定成本$$

边际成本导向定价法适用于竞争十分激烈、市场形势严重恶化等情况，目的是减少企业损失。因在供过于求时,若坚持以完全成本价格出售,就难以为消费者所接受,会出现滞销、积压,甚至导致停产、减产,不仅固定成本无法补偿,就连变动成本也难以收回;若舍去固定成本,尽力维持生产,以高于变动成本的价格出售商品,则可用边际贡献来补偿固定成本。

成本加成定价公式为:

$$单位产品价格=单位产品总成本\times(1+加成率)$$

▶ 2. 目标成本定价法

目标成本是指企业依据自身条件,在考察市场营销环境、分析并测算有关因素对成本的影响程度的基础上,为实现目标利润而规划的未来某一时间的成本。目标成本加上目标利润和税金,然后除以产品产量便是产品单价。

目标成本是企业在一定时期内需经过努力才能实现的成本。因此,以此为导向的定价方法有助于企业以积极的综合措施控制并降低成本,比较符合企业的长远利益。但目标成本是预测的,在具体实施过程中,若对影响成本的目标因素预测不准,极易导致定价工作失败。目标成本定价法的前提条件是盈亏平衡。盈亏平衡点是:

$$总收入=总成本$$

其中,

$$总收入=销售数量\times销售价格$$
$$总成本=固定成本+变动成本$$

▶ 3. 增量分析定价法

增量分析定价法即分析企业接受新任务后是否有增量利润。

$$增量利润=增量收入-增量成本$$

二、竞争导向定价法

竞争导向定价法是企业根据市场竞争状况确定商品价格的一种定价方式。其特点是:价格与成本和需求不发生直接关系。

竞争导向定价法的具体做法是:企业在制定价格时,主要以竞争对手的价格为基础,与竞争品价格保持一定的比例。即竞争品价格未变,即使产品成本或市场需求变动了,也应维持原价;竞争品价格变动,即使产品成本和市场需求未变,也要相应调整价格。竞争导向定价法有随行就市定价法、投标定价法、拍卖定价法三种。

▶ 1. 随行就市定价法

随行就市定价法又称流行水准定价法,它是指在市场竞争激烈的情况下,企业为保存实力采取按同行竞争者的产品价格定价的方法。这种定价法特别适合于完全竞争市场和寡头垄断市场。随行就市定价法这种"随大流"的定价方法,主要适用于需求弹性比较小或供求基本平衡的商品,如大米、面粉、食用油以及某些日常用品。在这种情况下,如果某企业把价格定高了,就会失去顾客;而把价格定低了,需求和利润也不会增加。所以,随行就市是一种较为稳妥的定价方法,也是竞争导向定价方法中广为流行的一种。

▶ 2. 投标定价法

投标定价是指采购机构邀请供应商在规定的期限内投标。使用这种方法定价的步骤如下:

(1)企业估算此次竞标的标的物的成本,依据成本利润率计算出企业可能盈利的各个价格水平，确定几个备选的投标价格方案，并计算各方案收益。

（2）估计各个竞标对手的情况和可能的报价，估计出各方案的中标概率。

（3）根据每个方案可能的收益和中标概率，计算每个方案的期望利润。

$$每个方案的利润期望值＝每个方案可能的收益 \times 中标概率（\%）$$

（4）根据企业的投标目的来选择投标方案。

运用这种方法，最大的困难在于估计中标概率。主要的方法有一般对手法和具体对手法。首先要尽可能多地收集投标项目和竞标对手的信息，通过对中标概率的历史数据的统计分析，估算竞标对手高于某一价格的概率，计算本公司赢得标的的概率。

▶ 3. 拍卖定价法

拍卖定价法即卖方预先展示所出售的商品，在一定时间和地点，按照一定的规模，由买主公开叫价竞买的定价方法。拍卖定价法由卖方预先发布公告，展出拍卖物品，买方预先看货，在规定时间内公开拍卖，由买方公开竞争叫价。拍卖的出价方法有增价拍卖、减价拍卖、密封递价拍卖三种。

（1）增价拍卖。拍卖时，由卖方宣布预定的最低价格，然后由竞买者相继叫价，直到拍卖人认为无人再出更高价时，则用击槌动作表示竞买结束，并将该拍卖品卖给出价最高的人。

（2）减价拍卖。这种方法先由拍卖人喊出最高价，然后逐渐降低叫价，直到有某一竞买者认为已经低到可以接受的价格，表示买进为止。

（3）密封递价拍卖。先由拍卖人公布拍卖品的具体情况和拍卖条件等，然后由竞买方在规定时间内将自己的出价密封递交拍卖人，以供拍卖人进行审查比较，决定将拍卖品卖给哪一个竞买者。

三、需求导向定价法

需求导向定价法是指企业根据市场需求状况和消费者不同反应分别确定产品价格的一种定价方式。其特点是：平均成本相同的同一产品价格随需求变化而变化。

需求导向定价法一般是以该产品的历史价格为基础，根据市场需求变化情况，在一定的幅度内变动价格，使同一商品可以按两种或两种以上价格销售。这种差价可以因顾客的购买能力、对产品的需求情况、产品的型号和式样，以及时间、地点等因素而采用不同的形式。如以产品式样为基础的差别定价，同一产品因花色款式不同而售价不同，但与改变式样所花费的成本并不成比例；以场所为基础的差别定价，虽然成本相同，但具体地点不同，价格也有差别。

第四节 定价策略

一、新产品定价策略

▶ 1. 撇脂定价策略

将价格定得相对于产品对大多数潜在顾客的经济价值来讲比较高，以便从份额虽小但价格敏感性较低的消费者细分中获得利润。撇脂定价策略有如下特点：

（1）消费者特别看重产品的差异，对价格不太敏感（如宝丽来的"拍立得"）；当支出费用较少时，消费者即兴购买而未考虑其他替代品。

（2）产品价格中很大一部分是单位增量成本（变动成本或增量固定成本），较小的价格溢价，就能较大幅度地提高毛利率。

（3）公司必须有一些手段阻止低价竞争者的进攻，如专利或版权、品牌的声誉、稀缺资源的使用权、最佳分销渠道的优先权等。

【案例】

"柯达"如何走进日本

柯达公司生产的彩色胶片在20世纪70年代初突然宣布降价，立刻吸引了众多的消费者，挤垮了其他国家的同行企业。柯达公司甚至垄断了彩色胶片市场的90%。到了20世纪80年代中期，日本胶片市场被"富士"所垄断，"富士"胶片压倒了"柯达"胶片。对此，柯达公司进行了细心的研究，发现日本人对商品普遍存在重质而不重价的倾向，于是制定高价政策打响牌子，保护名誉，进而实施与"富士"竞争的策略。柯达公司在日本发展了贸易合资企业，专门以高出"富士"1/2的价格推销"柯达"胶片。经过5年的努力和竞争，"柯达"终于被日本人接受，走进了日本市场，并成为与"富士"平起平坐的企业，销售额也直线上升。

▶ 2. 渗透定价策略

渗透定价策略是指将价格定得比经济价值低，以吸引大量消费者的定价策略。渗透定价策略有如下特点：

（1）消费者方面，有一个较大的市场份额对价格敏感。

（2）增量成本仅占价格很小一部分；单位毛利率高能节约足够的变动成本，使销售员无须降低毛利。

（3）公司成本（资源）优势明显，或公司现在还不起眼，竞争者不会降低价格进攻企业。

▶ 3. 满意定价策略

满意定价策略，又称"君子价格策略"或"温和价格策略"，是一种介于撇脂定价策略和渗透定价策略之间的价格策略。特点：尽量降低价格在营销中的地位，重视其他手段。这种定价策略由于能使生产者和消费者都比较满意而得名。

二、折扣定价策略

折扣定价策略是通过减少一部分价格以争取顾客的策略，在现实生活中应用十分广泛，用折扣手法定价就是用降低定价或折扣等方式来争取顾客的一种销售方式。主要折扣定价形式有现金折扣、数量折扣、季节性折扣、功能折扣、折让等。

▶ 1. 现金折扣

现金折扣又称付款期限折扣策略，是在"信用购货"的特定条件下发展起来的一种优惠策略，即对按约定日期付款的顾客给予不同的折扣优待。现金折扣实质上是一种变相降价赊销，鼓励提早付款的办法。

2. 数量折扣

数量折扣就是根据代理商、中间商或顾客购买货物的数量多少，分别给予不同折扣的一种定价方法。数量越大，折扣越多。其实质是将销售费用节约额的一部分，以价格折扣方式分配给买方。目的是鼓励和吸引顾客长期、大量或集中向本企业购买商品。数量折扣可以分为累计数量折扣和非累计数量折扣两种形式。

3. 季节性折扣

季节性折扣是指生产季节性商品的公司或企业，对销售淡季来采购的买主所给予的一种折扣优待。季节性折扣的目的是鼓励购买者提早进货或淡季采购，以减轻企业仓储压力。合理安排生产，做到"淡季不淡"，充分发挥生产能力。季节性折扣实质上是季节差价的一种具体应用。

4. 功能折扣

功能折扣也称智能折扣，是指发挥交易渠道成员的销售、储存或运输等功能，生产商向其提供折扣。生产商根据中间商提供的不同服务项目，给不同交易渠道的中间商提供不同程度的折扣。

5. 折让

折让即销售折让，是指企业因售出商品的质量不合格等原因而在售价上给予的减让。根据新准则的相关规定，折让在发生时一般冲减当期销售商品收入，但如果该销售折让属于资产负债表日后事项的，应该按照资产负债表日后事项的相关规定进行处理。折让的这种价格让步是一种销售方的被动让步，购买方的主动权一般要大一些，让步的程度由双方根据实际情况进行协商确定。当协商无果时，往往会发生销售退回。

【案例】

"打1折"销售策略

日本东京有个银座绅士西装店。这里就是首创"打1折"销售的商店，曾经轰动了东京。当时销售的商品是"日本GOOD"。具体的操作是这样的：先定出打折销售的时间，第一天打9折，第二天打8折，第三天、第四天打7折，第五天、第六天打6折，第七天、第八天打5折，第九天、第十天打4折，第十一天、第十二天打3折，第十三天、第十四天打2折，最后两天打1折。

商家的预测是：由于是让人吃惊的销售策略，所以，前期的舆论宣传效果会很好。抱着猎奇的心态，顾客们将蜂拥而至。当然，顾客可以在这打折销售期间随意选定购物的日子，如果你想要以最便宜的价钱购买，那么你在最后那二天去买就行了，但是，你想买的东西不一定会留到最后那两天。

实际情况是：第一天前来的客人并不多，如果前来也只是看看，一会儿就走了。从第三天就开始一群一群地光临，第五天打6折时客人就像洪水般涌来开始抢购，以后就连日客人爆满，当然等不到打1折，商品就全部卖完了。那么，商家究竟赔本了没有？你想，顾客纷纷急于购买到自己喜爱的商品，就会引起抢购的连锁反应。商家运用独特的创意，把自己的商品在打5、6折时就已经全部推销出去。"打1折"只是一种心理战术而已，商家怎能亏本呢？

三、地区定价策略

地区定价策略是指卖给不同地区（包括当地和外地）顾客制定地区差价。一般来说，一个企业的产品，不仅卖给当地顾客，而且同时卖给外地顾客。而卖给外地顾客，把产品从产地运到顾客所在地，需要花一些装运费。对于卖给不同地区（包括当地和外地不同地区）顾客的某种产品，可以分别制定不同的价格，也可以制定相同的价格。

四、心理定价策略

心理定价策略是针对消费者的不同消费心理，制定相应的商品价格，以满足不同类型消费者需求的策略。心理定价策略一般包括整数定价、尾数定价、分级定价、声望定价、招徕定价和习惯定价等具体形式。

▶ 1. 整数定价策略

整数定价是按整数而非尾数定价，是指企业把原本应该定价为零数的商品价格改定为高于这个零数价格的整数，一般以"0"作为尾数。这种舍零凑整的策略实质上是利用了消费者按质论价的心理、自尊心理与炫耀心理。一般来说，整数定价策略适用于那些名牌优质商品。

▶ 2. 尾数定价策略

尾数定价又称奇数定价，或者零头定价，是利用消费者在数字认识上的某种心理制定尾数价格，使消费者产生商品价格较廉、商家定价认真以及售价接近成本等信任感。

▶ 3. 分级定价策略

分级定价策略又称分档定价心理策略，是指在制定价格时，把同类产品分成几个等级，不同等级的产品，其价格有所不同，从而使顾客感到产品货真价实、按质论价。例如，服装厂可以把自己的产品按大、中、小号分级定价，也可以按大众型、折中型、时髦型划分定价。这种明显的等级，便于满足不同的消费需要，还能简化企业的计划、订货、会计、库存、推销工作。

▶ 4. 声望定价策略

声望定价是整数定价策略的进一步发展。消费者一般都有追求名望的心理，据此，企业为有声望的商品制定比市场同类商品较高的价格，即为声望定价策略。它能有效地消除购买心理障碍，使顾客对商品或零售商形成信任感和安全感，顾客也从中得到荣誉感。如德国的奔驰轿车，售价约 5 万欧元；瑞士的莱克司手表，价格为五位数；巴黎里约时装中心的服装，一般售价 2 000 欧元。我国的一些国产精品也多采用这种定价方式。例如，北京地铁有家每日商场，每逢节假日都要举办"一元拍卖活动"，所有拍卖商品均以 1 元起价，报价每次增加 5 元，直至最后定夺。但这种由每日商场举办的拍卖活动由于基价定得过低，最后的成交价就比市场价低得多，因此会给人们产生一种"卖得越多，赔得越多"的感觉。岂不知，该商场用的是招徕定价术，它以低廉的拍卖品活跃商场气氛，增大客流量，带动了整个商场的销售额上升。这里需要说明的是，应用此策略所选的商品，必须是顾客都需要，而且市场行为为人们所熟知的才行。

▶ 5. 招徕定价策略

招徕定价又称特价商品定价，是一种有意将少数商品降价以招徕吸引顾客的定价方式。商品的价格定得低于市价，一般都能引起消费者的注意，这是适合消费者"求廉"心理的。

> 6．习惯定价策略

习惯定价指的是消费者在长时期内形成了对某种商品价格的一种稳定性的价值评估。某种商品，由于同类产品多，在市场上形成了一种习惯价格，个别生产者难以改变。降价易引起消费者对品质的怀疑，涨价则可能受到消费者的抵制。不同折扣实际上是体现不同消费者在销售者心目中的地位和价值。经销商的折扣和终端消费者的折扣不一样才能体现经销商的地位和作用。对某种特定商品宜采取特殊的价格。

五、差别定价策略

差别定价，也称为歧视性定价（price discrimination），是对企业生产的同一种产品根据市场的不同、顾客的不同而采用不同的价格。当一种产品对不同的消费者，或在不同的市场上的定价与它的成本不成比例时，就产生差别定价。差别定价需要以下条件：

（1）企业对价格有一定的控制能力。显然，完全竞争市场里的价格接受者是不能实行差别定价的。

（2）不同市场的价格弹性不同。利用价格弹性来分割市场，可以增加企业利润。

（3）企业的市场必须是能够分割的，也就是说，人们不可能在不同的市场之间进行倒买倒卖。因为如果不是这样，差别定价就不会成功，不同的市场的价格就会趋于相等。

六、产品组合定价策略

产品组合定价策略是指处理本企业各种产品之间价格关系的策略。它包括系列产品定价策略、互补产品定价策略和成套产品定价策略。产品组合定价策略是针对不同组合产品之间的关系和市场表现进行灵活定价的策略，一般是对相关商品按一定的综合毛利率联合定价。对于互替商品，适当提高畅销品价格，降低滞销品价格，以扩大后者的销售，使两者销售相互得益，增加企业总盈利；对于互补商品，有意识地降低购买率低、需求价格弹性高的商品价格，同时提高购买率高而需求价格弹性低的商品价格，会取得各种商品销售量同时增加的良好效果。产品组合定价策略有以下五种形式。

> 1．产品线定价（product line pricing）

产品线定价是根据购买者对同样产品线不同档次产品的需求，精选设计几种不同档次的产品和价格。

> 2．任选产品定价（optional-product pricing）

任选产品定价即在提供主要产品的同时，还附带提供任选品或附件与之搭配。

> 3．附属产品定价（captive-product pricng）

附属产品定价是指以较低价销售主产品来吸引顾客，以较高价销售备选和附属产品来增加利润。如美国柯达公司推出一种与柯达胶卷配套使用的专用照相机，价廉物美，销路甚佳，结果带动柯达胶卷销量大大增加，尽管其胶卷价格较其他牌号的胶卷昂贵。

> 4．副产品定价（by-product pricing）

在许多行业中，在生产主产品的过程中，常常有副产品。如果这些副产品对某些客户群具有价值，必须根据其价值定价。副产品的收入多，将使公司更易于为其主要产品制定较低的价格，以便在市场上增加竞争力。因此制造商需寻找一个需要这些副产品的市场，并接受任何足以抵补储存和运输副产品成本的价格。

▶ 5. 捆绑定价（product bundle pricng）

捆绑定价是指将数种产品组合在一起以低于分别销售时支付总额的价格销售。例如，家庭影院是大屏幕电视、DVD影碟机、音响的捆绑定价。

本章小结

定价策略是市场营销组合中一个十分关键的组成部分。价格通常是影响交易成败的重要因素，同时又是市场营销组合中最难以确定的因素。企业定价的目标是促进销售，获取利润。这要求企业既要考虑成本的补偿，又要考虑消费者对价格的接受能力，从而使定价策略具有买卖双方双向决策的特征。此外，价格还是市场营销组合中最灵活的因素，它可以对市场作出灵敏的反映。

常见的六种定价策略有新产品定价、折扣定价、地区定价、心理定价、差别定价、产品组合定价。影响定价的因素有内部因素，如企业的营销目标、企业的营销组合、产品成本和定价目标；外部因素，如市场结构、市场需求的价格弹性、竞争者的产品和价格、国家政策法规和其他外部环境因素。

企业处在不断变化的环境中，有时候需要主动降价或提价，有时候又需要对竞争者的变价作出适当反应。

课后练习

一、选择题

1. 准确地计算产品所提供的全部市场认知价值是（　　）的关键。

    A. 认知价值定价法　　　　　　　B. 反向定价法
    C. 需求差异定价法　　　　　　　D. 成本导向定价法

2. 为鼓励顾客购买更多物品，企业给那些大量购买产品的顾客的一种减价称为（　　）。

    A. 功能折扣　　B. 数量折扣　　C. 季节折扣　　D. 现金折扣

3. 统一交货定价就是我们通常说的（　　）。

    A. 分区定价　　B. 运费免收定价　　C. 基点定价　　D. 邮资定价

4. 企业利用消费者具有仰慕名牌商品或名店声望所产生的某种心理，对质量不易鉴别的商品的定价最适宜用（　　）。

    A. 尾数定价法　　B. 招徕定价法　　C. 声望定价法　　D. 反向定价法

5. 当产品市场需求富有弹性且生产成本和经营费用随着生产经营经验的增加而下降时，企业便具备了（　　）的可能性。

    A. 渗透定价　　B. 撇脂定价　　C. 尾数定价　　D. 招徕定价

6. 投标过程中，投标商对其价格的确定主要是依据（　　）制定的。
   A. 对竞争者的报价估计　　　　B. 企业自身的成本费用
   C. 市场需求　　　　　　　　　D. 边际成本
7. 企业在竞争对手价格没有变的情况下率先降价的策略称为（　　）策略。
   A. 被动降价　　B. 主动降价　　C. 撇脂定价　　D. 渗透定价
8. 在折扣与让价策略中，（　　）折扣并不是对所有商品都适宜。
   A. 交易　　　　B. 季节　　　　C. 数量　　　　D. 现金
9. 在商业企业，很多商品的定价都不进位成整数，而保留零头，这种心理定价策略称为（　　）策略。
   A. 尾数定价　　B. 招徕定价　　C. 声望定价　　D. 习惯定价
10. 在经济比较发达、国民教育程度比较高、社会风气比较好的地区成功推行（　　）策略的可能性较高。
    A. 撇脂定价　　　　　　　　　B. 顾客自行定价
    C. 疯狂减价　　　　　　　　　D. 逆向提价

二、思考题

1. 为什么可采用心理定价策略？
2. 企业的定价目标是什么？
3. 如何运用各种定量定价方法计算产品价格？
4. 结合实际案例说明定价策略。
5. 结合实际分析降价促销的规律与技巧。
6. 简述撇脂定价法的适用条件。

案例分享

只会在"双十一"打五折？其实还有更优定价策略

摘要： 本案例描述了在新时代背景下企业定价的策略。管理者提升盈利能力可以通过拉动销量、可变成本、固定成本和价格四大杠杆来实现，其中价格是拉动利润的最佳杠杆。在当今商业环境下，定价的核心与关键可以概括为顾客导向的价值观、差异化定价，以及灵活的定价准则三个方面。

关键词： 顾客导向　差异化定价　灵活定价

一、背景描述

在消费升级的中国社会，市场饱和、竞争加剧，消费者购买力却不断扩大，常规的定价方式已经很难奏效，管理者是否拥有足够的定价知识和创新的定价能力，事关企业生死存续。

二、活动内容

根据现代消费者的特点，通过分析 Radiohead、Syms 商场、谷歌等企业典型的定价案例，认识到在互联网时代下，消费者逐渐进化为全渠道的购买者，他们是购买者、产品专家、评论家，甚至是开发者、制造者，同时可以通过数字和社交渠道发挥他们的影响。定价的创新潜力随着时势的转变也会衍生。

三、活动效果展示

通过企业定价经典案例分享,概括新时代背景下的企业定价策略。

四、案例分析

定价有多重要?先看几个创新定价的案例。

2007年,英国另类摇滚乐队"电台司令"(Radiohead)决定:他们最新推出的包含十首歌曲的专辑《彩虹里》(In Rainbows)将不再走传统的定价和分销模式,而大胆地将其放在乐队主页上,由粉丝们以任意价格购买。

结果,在竞争激烈且受到盗版和互联网严重冲击的音乐行业,这项"随您打赏"的实验大获成功,从10月9日实验开始到10月29日项目结束,超过180万人下载了该专辑,虽然60%下载者没有付钱,但另外40%都自愿支付了一定金额。乐队表示:"就收入数字而言,这张专辑赚的钱比我们以往所有专辑加起来的还要多。"

在时尚的服装行业,衣服的零售价总要是比成本高出许多。通常商场都会在一段时间里做打折促销,以吸引更多的顾客在自家店里驻足,而且也期望通过这种让利促销行为给消费者留下美好善良的印象。不过,顾客并不能感受到充分的善意,因为她们几乎不能及时获知何时进行促销活动。客观上,这就使得商家不能将相对价格敏感的潜在购买者的价值进行变现。

但是总部设在纽约的服装零售商Syms创新地引入了自动降价机制,突破了这种困局。在Syms商场,女性服装的标签上都标着三个价格:全国统一售价、Syms售价,以及日后的折扣售价。这三个价格一个比一个便宜,而且每个价格只保持10天。

例如,同一件商品,全国统一售价是249美元,但Syms售价是209美元,而且10天后还将打折。由于相比全国零售价,Syms售价是优惠的,可以吸引"潮流引领型"顾客迅速做出购买决策,而由于还有未来折扣价,那些对时尚相对不敏感,而对价格相对敏感的消费者就可以明确地等待购入时机。通过这种相对透明的自动定价模式,Syms扩大了客户群,保持了又高又稳定的销售额。

许多企业家谈到定价时说:"我们不会主动设定价格,价格由市场来决定。"显然,在这里,他们将亚当·斯密提出的对宏观经济运行中"看不见的手"的论断,误用到了微观经济环境里了。

(一)价格是拉动利润增长的最佳杠杆

制定价格的不是市场,而是管理者,我们在市场上看到的所有价格,都不是市场自动形成的。在定价上,管理者完全可以有所作为。

公司生存依赖于你的定价策略,这绝非危言耸听。现在市场竞争加剧,互联网信息四通八达,消费者的选择空间大大延展,而且消费者逐渐进化为全渠道的购买者,他们是购买者、产品专家、评论家,甚至是开发者、制造者,同时可以通过数字和社交渠道发挥他们的影响。

好消息是,技术改变了企业的成本结构和定价压力,给了很多企业一个全新的定价机遇。例如,在软件业,开发第一个程序的时候成本是巨大的,但一旦开发成功,再复制的成本就几乎为零了。在这种类型的行业中,由于可变成本非常低,而消费者的支付意愿又有非常大的差异,所以定价就起到非常关键的作用,善于定价的企业可以提升盈利能力。

其实，管理者提升盈利能力可以拉动四大杠杆，即销量、可变成本、固定成本和价格。当一个管理者大力提升广告预算，以期获得更大的市场份额时，他就是在拉动销量杠杆；如果他找到了一种更低廉的方式获取原材料，就是在拉动可变成本杠杆；如果他想精简公司总部，就是在拉动固定成本杠杆。然而令人匪夷所思的是，这四个杠杆并未被一视同仁：价格被忽略了。但研究表明，拉动价格杠杆是提升公司盈利能力最有效的途径。

我们研究了沃顿研究数据服务（Wharton Research Data Service，WRDS）数据库中最新的公司数据，结果表明：如果将一家公司的固定成本削减1%，不改变其他因素，它的盈利能力平均会提升2.45%；如果一家公司将销量提升1%，不改变其他因素，它的盈利能力会提升3.28%。降低1%的可变成本效果会明显些，盈利能力可提升6.25%。然而，价格提升1%的效应才是最明显的，盈利能力可以提升10.29%。

（二）大数据时代的定价原则

现在的企业可以更方便地收集消费者信息，从而比过去更了解消费者。企业可以让产品更个性化，从而为每一位消费者提供独特的客户体验，这在过去是不可能做到的。

在今天低成本的支持下，企业如果拥有深入每个客户方方面面的洞察力，提供对每一个客户个性化的营销与服务，具备以数据驱动的实时决策能力，就能获得更多的弹性空间去制定和修改价格。确实，随着时间和人口统计学特征的演变，如今的消费者对价格多样化的容忍度不断提高，这为企业带来了史无前例的自由，它们可以不断尝试不同的定价机制。

在如今的商业环境下，定价的核心与关键可以概括为三个方面：顾客导向的价值观、差异化定价，以及灵活的定价准则。

1. 顾客导向的价值观

就像营销过程中做的每件事情一样，定价也必须遵循顾客导向。要掌握定价的奥妙，最重要的是企业必须知道目标客户群是什么样的人。如果他们不够忠诚和公正，那么电台司令的"看着给吧"战略就不可能收到奇效；如果Syms公司没有深入了解到它的顾客是多么富有时尚意识和没有耐心，自动降价机制就不会载入史册。

顾客导向同样意味着你了解顾客想从你的产品或服务中获得什么。如果企业知道顾客需要什么，为什么需要，就知道如何创造出更多的价值去满足顾客需求，还可以向不同细分市场的目标顾客传递产品或服务的价值。最重要的是，你知道如何定价以获取哪片市场。

谷歌公司认识到顾客在意搜寻目标商品的时间，而广告商看重点击率，于是向广告商们收取基于点击率的广告费；大型制药公司们认识到政府、保险公司和病人都非常关注药品的疗效，于是一些药品公司率先推出了基于疗效的收费方式。

顾客导向意味着公司要密切关注消费者购买行为，掌握顾客如何做出购买决策、会买什么、在哪里买、会花多少钱，以及会多久购买一次，这可以帮助公司形成最有效的定价机制，从而建立和维护一种有利可图的、长期稳定的客户关系。

2. 差异化定价

在定价领域，最恒久不变的现象之一就是，面对同样的产品或服务，不同的顾客有着不同的支付意愿。因此，制定一个单一的价格是很不明智的。许多时候，在为产品设计一个成熟的定价结构时，一个好的做法是有意识地将产品价格分为低、中、高三档。这种定价结构确保了不同价格敏感度的顾客都能找到适合自己的商品，从而在交易失误造成损失和自动放弃盈利性销售的两难境地中，尽可能做出损失最小的权衡。

互联网技术的发展为企业全面获得顾客信息提供了现实可能，从而可以对顾客进行精准营销，有了更多的机会向不同顾客收取不同的价格。"看着给吧"的定价策略允许不同支付意愿的音乐爱好者花不同的钱去下载音乐。Syms公司的自动降价机制创造了一种向一部分人收高价，而向另一部分人收低价的机制。

3. 灵活的定价原则

意识到给产品定价的方法永远不止一种，这会让你思路大开。例如，在出版业，出版商可以直接按照固定价格将书卖给一位读者，也可以把它租给读者收取租金，或者按章节卖给读者。它还可以把书的内容传到网上，并按照读者阅读时间来收费。它还可以采用包月的方式，只要读者支付了月费，就可以免费阅读本书，当然还有所有包月服务提供的书籍。它甚至还可以采用"看着给吧"或"定你自己的价格"的方式。其巧妙之处在于，它要求企业对顾客富有足够的洞察力，并相应选择聪明的机制设计，将定价与该产品的价值驱动因素紧密结合在一起。

五、经验分享

选择正确的定价方式既是艺术，又是科学。最佳定价决策不仅源于理论，还源于经验和天分。定价的创新方式远远不止有限的几种，定价的创新潜力随着时势的转变也会衍生出更多的可能，过去不可行的定价方式在新的形势下也可能有焕发新生的变种。但从根本上讲，智慧定价不仅需要对消费者的深入了解和很好的经济直觉，还需要一定的聪明头脑。

六、问题延伸思考

除了从顾客导向的价值观、差异化定价，以及灵活的定价准则三个方面开展定价策略外，企业应该结合大数据时代背景下的环境特点、竞争特点和消费者的特点进一步考虑定价策略的创新性和适用性。

资料来源：百度文库，https://wenku.baidu.com/view/6162016c25c52cc58bd6be20.html.

实训环节

一、实训目的

1. 帮助学生了解和掌握定价的目标、方法和策略；
2. 训练学生掌握制定企业目标、市场定价的影响因素、市场定价的方法、市场定价的策略等；
3. 锻炼学生进行新产品定价和运用价格策略。

二、实训内容

以4~6人为一组，各组任选一种熟悉的企业或产品，认识企业定价策略的依据和影响因素、企业定价的主要方法和策略，能够在营销活动中正确运用定价策略。

1. 选择一家企业进行市场调研，了解企业的定价特点；
2. 尝试对该企业的定价实践提出建议；
3. 撰写"企业定价策略设计报告"。

三、实训考核

为某企业(或某产品)撰写一份"定价策略设计报告"。"定价策略设计报告"包括以下四个部分：

(1) 封面。封面需作较为规范的设计，须标明目标市场定位项目名称、报告人姓名、所属单位、报告日期。(如有指导教师也要具名)

(2) 目录。目录的作用是使营销策划书的结构一目了然，同时也使阅读者能方便地查寻营销策划书的内容。因此，策划书中的目录最好不要省略。

(3) 正文。正文部分是设计书的核心所在，在这里应阐明企业目前的定价方法、定价策略及影响企业定价的因素。以该调研企业为对象，分析影响该企业产品定价的因素，结合定价的方法，为该企业做一份"定价策略设计报告"。

(4) 附件。将"定价策略设计报告"正文中无法罗列的数据、表格、运算过程及需要附加说明的材料都可以作为该报告的附件，可以独立成为一个指导文件，阅读和操作起来较方便。

第八章 渠道策略

学习目标

1. 理解分销渠道的含义与类型；
2. 掌握分销渠道的设计；
3. 掌握分销渠道的管理；
4. 掌握批发商与零售商的基本类型；
5. 理解物流的规划与管理。

导入案例

春兰与中间商的密切合作

江苏春兰集团的受控代理制为渠道合作提供了范例。所谓受控代理制是指代理商要进货，必须提前将货款以入股方式先交给春兰公司，然后按全国规定提走货物。这一高明的市场营销战术，有效地稳固了销售网络，加快了资金周转，大大提高了工作效率。当一些同行被"互相拖欠"拖得精疲力竭的时候，春兰公司却没有一分钱拖欠，几十亿流动资金运转自如。当时春兰公司已在全国建立了13个销售分公司，同时还有2 000多家经销商与春兰建立了直接代理关系，二级批发、三级批发，加上零售商，销售大军已达10万之众。春兰的成功并非单纯地靠预付货款，更重要的是靠质量、价格与服务。春兰空调的质量、不仅在全国同行首屈一指，而且可以同国际上最先进的同类产品媲美。其次，无论是代理商还是零售商，都是从销售中获得理想的效益，赔本交易谁也不会干。而质量第一流的春兰没有忘记给中间商更多的实惠，公司给代理商大幅度让利，有时甚至高达售价的30%，年末还给予奖励。这一点，许多企业都难以做到。有的产品稍有点"名气"就轮番提价，想把几年的利润在一个早晨就全部赚出来，根本不考虑代理商和经销商的实际利益。这种见利忘义的做法，把许多中间商都吓跑了。再次，是服务。空调买回去如何装？出了毛病找谁？春兰为了免除10万中间商的后顾之忧，专门建立了一支庞大的提供售后服务的近万人的安装、调试、维修队伍。他们实行24小时全天候服务。顾客在任何地方购买了春兰空调，都能就近得到一流的售后服务。春兰正是靠这些良好的信誉与中间商密切合作的。10万中间商也给了春兰优厚的回报：他们使春兰空调在国内市场上的占有率达到40%，在同行各企业中遥遥领先。

资料来源：https://wenku.baidu.com/view/6c4a2a4de45c3b3567ec8b28.html.

随着互联网的兴起，企业在市场营销活动中发生了很大的变化，但产品策略、价格策略、促销策略和渠道策略这四个组合，还是在对企业的发展起着非常大的影响作用。而在这四个策略中，渠道策略却随着企业的发展占据了越来越重要的地位。

第一节 分销渠道的含义及功能

一、分销渠道的含义

营销大师菲利普·科特勒认为，分销渠道指的是某种物品或劳务产品从劳动者向消费者转移过程中取到了这种物品或劳务产品的所有权或在所有权转移过程中起到辅助作用的所有组织或个人。

美国市场营销协会（AMA）将分销渠道定义为：分销渠道指的是企业内外部的代理商和经销商（批发与零售商）的组织结构，通过这些不同的组织，商品（产品或服务）才能最终上市并销售。

有着"营销渠道之父"之称的刘易斯·W.斯特恩认为，营销渠道是促使产品（服务）顺利地通过市场交互过程而流通到消费者手中，最终被使用或消费的一整套完整的、相互依存的组织。

我们认为，分销渠道是使产品或服务从企业的生产范围向消费者范围转移过程中所经过的各种具体路径或通道。

分销渠道的概念可以从以下三个方面来理解：第一，分销渠道主要由各种不同的中间商（批发商和代理商）的组织组成，通过这些组织的建立，产品或服务才能上市销售；第二，分销渠道的起点是生产者，而终点是消费者或用户；第三，产品或服务在从分销渠道的起点生产者流向终点消费者或用户的过程中，至少需要经过一次对商品所有权的转移。

二、分销渠道的功能

分销渠道的基本功能是实现商品从生产领域向消费领域的转移，它能够弥补在转移过程中产品、服务和使用者之间存在的时间距离、空间距离和所有权距离。分销渠道的具体职能包括以下几点。

（1）调研。收集、整理商品或服务潜在的消费者、竞争对手等相关信息。

（2）促销。渠道各个组织成员通过相应的促销手段，把商品或服务的相关信息向消费者传递，起到对消费者需求和欲望的刺激作用，促进消费者的购买行为。

（3）接洽。通过分析消费市场，寻求潜在的购买者，并与其进行有益的沟通。

(4) 谈判。为了使所提供商品的所有权能够顺利转移，而与对方就其数量、价格等有关方面最后达成协议。

(5) 分配。按照买方的要求，对商品或服务进行分类和整理。

(6) 物流。组织对实体商品的运输、存储以及配送服务等。

(7) 融资。为了商品能够顺利交换，渠道成员之间可以通过赊销、信用等方式进行协作，以加快商品的流通和资金的周转。

(8) 风险承担。渠道成员共同承担商品在销售、运输等渠道工作方面的全部风险。

(9) 服务。渠道成员为了能促进商品的交易，可以提供相应的附加服务，如安装、修理、信贷等。

(10) 所有权转移。即所有权从个人或一个组织向另外的个人或其他组织实现实际转移。

三、分销渠道的流程

在市场经济中，生产者与购买者之间在地点、时间、数量、信息、品类和所有权等诸多方面都存在着不同的观点。为了解决生产者与购买者之间产生的不同观点，渠道自然而然地成为生产者和购买者之间唯一的通道，从而实现了产品、资金、服务、信息和所有权的流动。这些也就在渠道中形成了一个个流程，不同种类的流程将渠道中不同的机构联系贯穿起来，如图8-1所示。

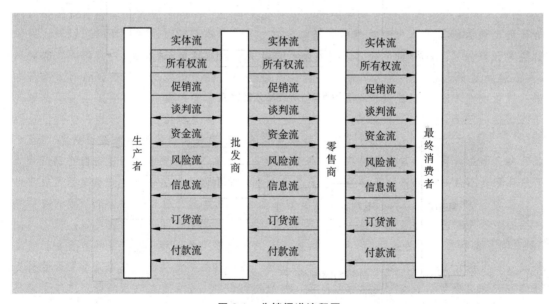

图 8-1 分销渠道流程图

以上九个流程中最为重要的是实体流、所有权流和付款流。在不同的流程中也有着较大的区别，如实体流、所有权流和促销流是从生产者流向产品最终消费者，而订货流和付款流则是从最终消费者流向生产者，谈判流、资金流、风险流和信息流则是双向的。

四、分销渠道的类型

▶ 1. 长度结构

分销渠道的长度结构是指在一个渠道中包含着中间商层次的数量。而中间商的级数则被用来表示渠道的长度,由于生产者与最终消费者在某种程度上也都承担着一些工作,因而他们也属于渠道组成中的一部分。图 8-2、图 8-3 所示分别为消费品分销渠道和工业品分销渠道。

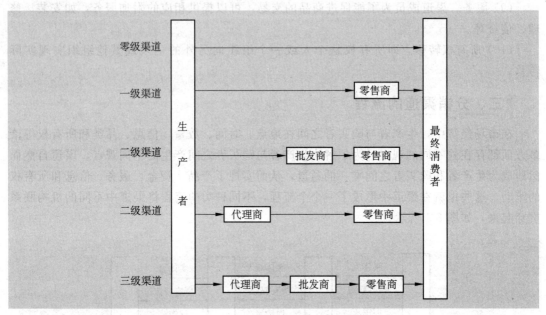

图 8-2 消费品分销渠道

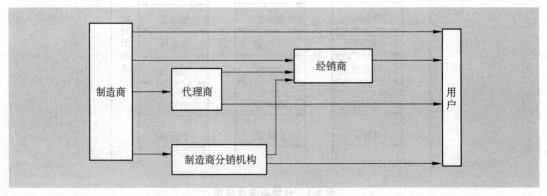

图 8-3 工业品分销渠道

(1) 零级渠道。零级渠道也是直接渠道,是产品从生产者直接流向最终消费者,在这过程中不会经过任何中间商。零级渠道主要用于电话销售、电视直销、上门推销和生产者自建门店等。

(2) 一级渠道。一级渠道是指生产者与最终消费者之间通过一个中间流通环节。在消费品市场中,这一中间环节通常是指零售商,而在工业品市场则是指代理商或经纪人。

（3）二级渠道。二级渠道是指生产者与最终消费者之间通过两个中间流通环节。在消费品市场中，这两个中间环节通常是指批发商和零售商，而在工业品市场则是指代理商和经销商。

（4）三级渠道。三级渠道是指包括三个中间商机构。在大批发商和零售商之间，还会有一个二级批发商机构，这就形成了三级渠道。

级数更长的分销渠道是会存在的，但是随着渠道长度的增加，渠道管理和控制的难度就越高。

▶ 2. 宽度结构

分销渠道的宽度是指分销渠道中每一个层级中同一种类型的中间商数量的多少。数量越多，宽度越宽；数量越少，宽度越窄。根据在同一层次中间商的数量多少，可以分为三类分销渠道，即密集型分销、选择性分销和独家分销。

（1）密集型分销。指生产者在同一渠道层级中尽可能多地选择中间商来经营自己的产品。较为普遍都是日常用品，如牙膏、牙刷、饮料等。

（2）选择性分销。指生产者在某一地区，通过精心挑选少数较为满意的中间商销售自己的产品。选择性分销的可以是生产者生产的所有产品，但是在消费品市场中，部分产品如选购品和特殊品更为适合使用选择性分销。

（3）独家分销。指生产者在某一地区，仅仅选择一家中间商销售自己的产品。独家分销属于窄渠道，这就非常有利于生产者对渠道市场的把控。

第二节 分销渠道策略

一、影响分销渠道选择的因素

分销渠道选择受到诸多方面因素的影响。生产企业在对分销渠道进行选择时，必须对以下诸多方面的影响因素进行分析，才能够选择出较为合适的渠道商。

▶ 1. 产品因素

产品特殊性影响着渠道选择，产品的体积大小、重量轻重、单位价格大小、耐用性等都影响渠道的选择。例如，体积较大的产品（如飞机、火车、建筑材料等）要选择较少的分销渠道；非标准化产品（如定制汽车等）选择直接销售渠道；易腐蚀产品（如鲜奶等）选择短渠道。

▶ 2. 顾客因素

分销渠道选择也受到顾客的人数、地理分布、购买频率等方面的影响。例如，顾客分布在较为偏远的山区，就不宜选择密集型分销渠道；顾客购买产品过于频繁，则宜选择密集型分销渠道。

▶ 3. 中间商因素

各种中间商的实力、特性等都不尽相同，譬如中间商在做广告、运输、存储、培训员工、接纳顾客等方面都具有不同的特性和要求，进而就会影响到生产者对分销渠道的选择。

▶ 4. 企业自身因素

企业自身因素也直接影响渠道的选择，这体现在以下几个方面。

（1）企业自身的实力。如果企业自身实力较为薄弱，则应该选择中间商，建立间接渠道；反之，企业可自建分销渠道。

（2）企业自身的管理能力。如果企业自身没有较强的管理能力，又没有丰富的营销经验，则应选择中间商，建立间接渠道；反之，企业可选择直接渠道。

（3）企业对渠道的控制能力。企业为了能更为有效地控制中间商，可以选择短渠道；反之，如果企业对控制中间商不感兴趣，则可以选择长渠道。

二、分销渠道设计

生产者在设计分销渠道时需要对可用渠道和理想渠道进行分析和选择。而渠道的设计问题应该从企业决策方面进行探讨。如果想要设计一个较为完善的分销渠道，就需要通过分析顾客需求、确定渠道目标与限制、明确渠道备选方案、评估备选方案等步骤。

▶ 1. 分析顾客需求

对渠道进行设计的第一步，就是了解目标市场上顾客需要什么产品、何时何地会购买、如何购买以及为何会购买产品。而这些都是顾客对渠道产品服务需求的表现。

通常顾客对渠道产品或服务的需求主要有以下几种：

（1）数量多少。指分销渠道一次性能够提供给顾客的产品数量。

（2）等候时长。指顾客等待收到产品的平均时长。随着物流的提升，顾客越来越喜欢快速交货，而快速交货服务对渠道服务水平提出了更高的要求。

（3）齐全产品。指顾客喜欢对产品有更多的选择机会，这也就要求企业提供更多的产品花色。

（4）便利空间。指分销渠道能为顾客在购买过程中提供便利的程度。

▶ 2. 确定渠道目标与限制

渠道设计的中心环节是确定到达目标市场的最佳途径。每一个生产者都会在产品、顾客、中间商、宏观环境、微观环境等所形成的限制性条件中去明确渠道目标。而这里所提到的渠道目标是指生产者预期达到的顾客服务水平（何时、何地、如何对目标顾客提供相应的产品或服务）和中间商应当履行的职能等。

▶ 3. 明确渠道备选方案

在确定了渠道目标与限制后，渠道设计的下一步骤就是要明确渠道的主要备选方案有哪些。而渠道的主要备选方案要考虑两个最基本的问题：一是渠道成员的特定任务；二是中间商的类型与数目。

▶ 4. 评估备选方案

每一个渠道的备选方案，都是产品或服务送达最终消费者的可行性路线。生产者所要解决的主要问题就是从那些看似可接受又相互排斥的备选方案中，选出一个最能满足生产者长期目标的方案。因此，生产者必须对各种可能的渠道备选方案进行评估。评估标准有三个：经济性、控制性和适应性。

（1）**经济性标准**。一般来说，经济性标准主要对每个方案可达到其销售额和所使用的费用水平等进行比较。这就要对使用中间商进行销售与由本企业推销人员进行销售进行比较，看哪种方法的销售额水平会更高。

此外还要对使用中间商所花费用与由本企业自建直销渠道所花费用进行比较，看哪种方法的支出费用会更低。

企业对上述情况进行权衡，从中筛选出更为经济的分销模式。

（2）**控制性标准**。使用中间商，无疑会增加企业的控制问题。中间商是一个独立组织，他们所关心的更多是自身利益，而忽视企业的长远发展目标。采用中间商对企业来说控制性就变小，而企业自建渠道控制性就大，进而企业必须进行全面的权衡和比较，选择最优的方案。

（3）**适应性标准**。企业在评估各种渠道备选方案时，还必须考虑自身是否具备对环境变化的适应能力。如果企业同所选的中间商签订了长期合作协议，而在合作期间，其他销售方式更为有效，但企业无法立即与中间商解除合同，这样对企业来说，选择分销渠道就缺乏灵活性。因此，企业需要考虑选择更为灵活的策略，如与中间商不签订长期合作协议，除非在某种经济性或控制性方面具有更为优越的条件。

三、分销渠道管理

在渠道设计之后，还必须重视对渠道成员的有效管理，主要是对中间商进行选择、激励和定期的评估。

▶ **1. 渠道成员选择**

生产者在招募中间商时期，常常会处于两种极端现象之间，一是生产者需要费尽苦心才能找到所期望数量及质量的中间商。例如，某一方便面生产者好不容易在食品零售店找到较为合适的展位。生产者还需要对中间商如何做出采购决策进行分析，尤其是在他们对广告、毛利率与销售促进、退货保证等方面的重视程度。此外，生产者还需要开发一些能使中间商获得更多利润的产品。二是生产者可以毫不费劲地找到特定中间商，并能快速地加入渠道系统中。它之所以能快速地吸引中间商加入渠道系统，有可能是因为生产者的声誉，也有可能是因为生产者的产品能够使中间商获得可观的利润。在某种程度上，选择性分销和独家分销的特权也会吸引众多中间商加入渠道系统。对于这些毫不费力就可以得到数目众多的中间商的生产者来说，现在所要做的工作就是选择较为合适的中间商。

不论生产者遇到上述哪种情况，都需要确定中间商特性的优劣。一般来说，生产者需要对中间商的经营时间长短、成长记录、偿债能力、声望、合作态度等进行评估。当中间商是销售代理商时，生产者还需要对其经销的其他产品大类的性质、数量、销售人员素质等方面进行评估。当中间商计划授予某家大型超市独家分销权时，生产者还需要评估该超市的位置、未来发展前景和顾客经常光顾的类型等。

实际上，选择中间商的过程常常是一个"双向选择"的过程，也就是说，不仅仅是生产者在选择中间商，还同时是中间商在选择生产者。尤其是影响力强大的零售商，如沃尔玛、大润发等都在"双向选择"过程中具有较强的主动性。因此，为了能获得质量更高的分销渠道成员，生产者就必须让分销渠道成员意识到经销本产品是有利可图的。

▶ 2. 激励渠道成员

激励渠道成员，就是要让中间商能够出色地完成销售任务。要激励渠道成员，首先就需要了解中间商的需求和愿望，同时还要处理好与渠道成员之间的微妙关系。

（1）合作。生产企业应该获得中间商的合作。因此，企业需要采取积极有效的激励手段，如给予促销津贴、给予较高的利润等。当然，企业偶尔也需要采用消极的制裁方法，如推迟交货、较少利润分配、终止关系等，但这种消极的方法有可能会产生负面影响。

（2）合伙。即生产企业与中间商在产品供应、销售区域、财务要求、市场开发、市场信息获取、技术指导、售后服务等方面彼此合作，按照中间商遵守合同的程度给予相应的激励。

（3）经销规划。这也是最有效的方法。这就需要有机会、有步骤地实行专业化管理，将生产企业和中间商的需求结合在一起，在企业销售部门内设立一个分销规划部门，同时与中间商共同规划销售目标、场地、存货水平、人员促销、广告等。

▶ 3. 渠道成员的评估

生产企业还需要定期对中间商进行有效的评估。如果某一个渠道成员的绩效低于既定标准，那么就需要找出原因，同时还需要考虑补救的办法。当更换或放弃中间商有可能会产生更坏的结果时，生产企业就只有忍受；当不会出现更坏结果的时候，就要求工作欠佳的中间商在一定的时期内进行改进，否则就取消其资格。

（1）契约约束和销售配额。一开始生产企业就需要与中间商签订有效的绩效标准和奖惩条款，这样就尽可能地避免不愉快事情的发生。契约中还要明确中间商的职责，比如绩效和覆盖率、销售强度、送货时间、平均存货水平等。

除了针对绩效责任签订契约外，还需要定期对销售配额进行通报，以确定目前中间商的预期销售绩效。生产企业还要在一定的时期内列出中间商们的销售额，并依据销售额的多少进行排名，这样可以使较为靠后的中间商有奋力竞争的动力，也可以使排名靠前的中间商为保持荣誉而更加努力。

（2）测量中间商绩效。测量中间商绩效主要有以下两种方式：

① 将各中间商的绩效和该区域基于销售潜量分析所设立的配额进行比较。即在销售期过后，依据中间商的潜在销售额和实际的销售额的比率，将各个中间商的比率按照先后顺序排列，这样生产企业就可以对那些未能达到既定目标的中间商进行调整与激励措施相结合。

② 将每一个中间商的销售绩效和上一期的绩效进行比较，并以整个渠道成员的升降百分比作为标准。对于升降百分比较低的中间商，应加强激励措施。还要对后进中间商的环境因素进行调查，看是否存在客观因素，比如政治因素、员工离职影响等，对其中可以弥补的因素进行激励。

四、分销渠道冲突管理

▶ 1. 渠道冲突及其管理

渠道冲突是分销渠道中比较普遍的现象。无论渠道设计如何优秀，渠道成员之间都会不可避免地产生一些冲突。因此，生产企业就需要采取必要措施来减少渠道冲突的发生。

(1) 渠道冲突的类型。

① 水平冲突。水平冲突又叫横向冲突，指渠道成员内部同一层次之间的冲突，比如零售商之间对于同一品牌的冲突、特许经销商之间对区域市场间的冲突。

② 垂直冲突。垂直冲突又叫纵向冲突，指在同一条渠道中不同层次间的冲突，如批发商与零售商之间的冲突、制造商与批发商之间的冲突。垂直冲突通常是由购销服务、促销策略、价格高低等原因引起的。

③ 多渠道冲突。多渠道冲突指同一制造商建立的两条或更多条渠道之间的冲突，比如某一集团在各地建立起自己的专营店，引起当地经营该集团产品经销商的部门之间不必要的冲突。

(2) 解决渠道冲突的基本方法。

① 在渠道成员之间互派工作人员，以此来促进渠道成员间的了解和从对方角度考虑问题。

② 加强渠道成员之间的信息沟通，如通过工商联合会等方式，对销售中出现的一些常见问题进行探讨，以减少渠道成员间的冲突，并提高各成员间的工作效率。

③ 分销渠道的管理者必须确立和强化渠道成员间的共同目标，如提高市场份额、树立企业品牌形象等，以此引导渠道成员间的紧密合作，特别是在受到外部环境影响的时候，渠道成员可以更加深刻地体会到实现共同目标的重要性。

▶ 2. 窜货现象及其管理

(1) 窜货的定义。窜货又称为冲货、倒货，是指中间商置经销协议和生产者长期利益于不顾，进行产品跨区域降价销售，从而严重地影响生产者品牌声誉的一种恶性营销现象。

(2) 窜货的类型。

① 从性质上分，窜货分为良性窜货和恶性窜货。良性窜货是指为了更好地开拓市场，而向一些较为薄弱或空白的市场"窜"入产品，从而带动和影响当地销售的一种行为。恶性窜货则是指中间商为了自身利益或报复上游企业而采取的一种故意窜货以谋取利益的行为。

② 从渠道结构划分，窜货可分为水平窜货和垂直窜货。水平窜货指同一级别中间商之间的窜货，如零售商之间窜货、批发商之间窜货。垂直窜货指不同中间商层次间的窜货行为，如经销商越过分销商直接对终端、分销商窜经销商的货等。

(3) 窜货产生的原因。主要有以下几点：

① 广告拉力过大，渠道建设没有跟上；

② 某区域市场供应过于饱和；

③ 企业给予渠道的优惠政策不尽相同，分销商利用区域差价进行串货；

④ 企业在人员、资金等方面不足，造成不同地方之间渠道发展不平衡；

⑤ 企业规定的销售任务过高，经销商无法在辖区内完成销售任务。

(4) 窜货的危害性。窜货将会导致中间商的利润受到损失，甚至会使中间商对企业失去信心，进而拒绝再次销售企业产品；竞争企业的产品可以取代现有的市场份额；各区域市场价格差别过大，导致消费者在某个区域失去购买的欲望等。

(5) 窜货的管理办法。企业如果让窜货现象在渠道间不断地蔓延，那就会严重影响企业的利益，更重要的是会损害企业的品牌形象，因此企业必须采取有效的措施来防止窜货的产生。

① 制定合理的奖惩措施。在与中间商签订合同时，要明确对窜货行为的惩治力度。为了配合合同的有效执行，就需要采取一定的措施，比如让中间商交纳保证金，对窜货行为进行惩罚，同时对举报窜货的中间商进行奖励。

② 建立有效的监督管理体系。如企业建立市场定时、不定时的巡视制度，成立专门监督机构，并制定相应的防止窜货流程，并由专门人员来监督管理窜货行为。

③ 利用先进的科技手段监督窜货行为。如采用防伪编码来防止窜货发生。

【案例】

三星电子的渠道变革

在中国的IT市场，85%以上的产品通过间接渠道销售。从某种意义上说，"渠道就是供应商的生命线"。在产品同质化严重的今天，供应商不仅要重视对渠道的建设和维护，还必须根据市场环境、消费者需求及竞争情况，把握最恰当的时机，从内到外适时进行渠道变革。

2004年1月，三星发布数码打印产品2004年新渠道战略。与此同时，原三星打印机总代理——万海科技的总经理陆靖被正式任命为三星电子OA产品中国区部总经理。陆靖身份的转变具有一定的戏剧性，而这种转变却蕴含着三星电子全新的渠道战略。

一、提升渠道门槛走精细化管理

对三星渠道战略的研究，需回溯到三年前三星进入中国市场之时。

2001年8月，三星进军中国市场后，在其独家总代理北京万海科技的配合下，迅速建立起了自己的渠道销售体系，并推出了按俱乐部方式运作的独特渠道模式，吸引了一大批合作伙伴，成为当时中国IT渠道领域的一大亮点。

2002年，三星一改以往的"经销商来一个就收一个，多铺开一条路是一条"的传统做法，开始由其总代理万海公司组建"三星万海经销商俱乐部"，对经销商开始进行"封闭式"管理。所有经营政策都自上而下地统一执行。通过万海公司对下游渠道的管理，各个层面的销售效率迅速提高。

这一模式对当时的三星销售起到了极大的促进作用。2002年底，三星的经销商渠道迅速壮大，销售业绩也开始呈现急剧攀升的态势。到2003年底，仅仅过了两年的时间，三星便在低端激光打印机市场上迅速迈进三甲，在多功能一体机的市场上更是名列前茅。

三星取得如此大的成绩只用了短短的两年时间。而在三星打印机进入中国市场时，惠普已进入中国市场18年，佳能6年，爱普生5年。2004年伊始，正当三星在打印机市场春风得意之时，三星却掀起了一场渠道变革的风暴。

据了解，三星此次关于渠道策略的重大调整是基于进一步扩大市场份额的需求而提出的。随着市场形势的不断变化以及所运作产品线的持续深入，当时那种封闭的渠道模式已经跟不上三星产品快速增长的步伐，影响了三星产品市场份额的进一步拓展。同时以往的渠道粗放式管理的弊端也开始显现出来：渠道布局不尽合理；对行业市场的覆盖能力不够全面；终端渠道建设较为混乱并难于控制等。如今，三星产品线的不断丰富，使新的渠道战略实施成为可能。

在此次渠道改革中，三星通过对原有资源的整合，在全国10个省市分设打印机和传真机各10家区域总代理，并以此为基础形成全新的渠道销售模式，采取"渠道扁平化"原则，将渠道细化为大批发商、零售联盟、区域联盟、行业大客户部、连锁大卖场五大类，并针对不同类型的渠道提供点到点的支持。细分后的新渠道体系横向设立行业大客户部——以政府、公安、教育、银行作为行业突破口，加大对政府集团的销售量。此外，针对五大细化的渠道下游建立了适合各自特点的行业俱乐部。

二、渠道代理商变身战略联盟伙伴

此次三星变革最大的改变就是推动原有渠道商进行角色转变，把原来的渠道代理商转变为渠道战略联盟伙伴，在保证渠道商最大利益的前提下，实现渠道商与三星的共同发展。

在产品层面上，三星一改以往"单点突破"的销售手法，开始整合其全线OA（办公自动化）产品系列，使打印机、传真机、多功能一体机产品实现了市场的全面覆盖。

从2004年开始，三星根据每种产品的不同特点，对终端市场的渠道商按照销售产品的种类进行属性细分，不同的渠道商掌控一至两款最适合自己的渠道销售的产品，以求利润和市场销售覆盖的最大比。

在渠道支持方面，三星对下游经销商的支持也由以前较为单一的资金或返利支持转向产品、市场以及技术支持等全方位的支持，尤其针对各渠道的自身情况、特点对其提供专门、对口的扶持方式，为实现三星OA产品的全线突破构架出了行之有效的立体模型。

新渠道模式的建立是三星"适时而动，适势而动"渠道策略的一个集中体现，不仅是三星应对未来IT市场发展的一种准备，同时也是三星数码打印产品在中国市场全面进入新的发展阶段的一种准备。新的渠道模式的核心是结合三星数码打印产品的特色，不断地进行产品细分和市场细分，针对不同的区域市场制定不同的产品策略，在充分发挥区域代理商主观能动性的基础上，实现三方优势资源的全面整合，谋求在中国市场更大的发展。

资料来源：https://wenku.baidu.com/view/f5d62c6159fafab069dc5022aaea998fcc224086.html。

第三节 批发商、零售商和代理商

一、批发商

▶ 1. 批发及批发商的概念

批发是指包含一切将产品或服务销售给为了商业用途或再次转卖而进行购买的个人或

组织的一种活动。

批发和零售的主要区别在于：批发是为了中间性组织（商业用途或再次转卖）进行的购销活动，而零售则是把产品或服务销售给最终消费者的一种服务。

批发商指位于商品流通中间环节，向上一级组织（厂家/代理商等）大批量购进货物，然后转卖给下一级组织（中间商/产业用户）的经济实体。批发商是不直接将产品或服务提供给个人的组织机构。批发商在卖出商品的同时，也要将自己的各项利润、费用等叠加进销售价格中去，这就形成了批发价。批发价大于批发商从厂家购进的价格，这就形成了购销差价。

▶ 2. 批发商的类型

（1）商业批发商。商业批发商是独立组织，对其经营的商品拥有所有权。商业批发商按照系统产品线的宽窄和服务范围的不同，可以分为专业批发商、综合批发商和专用品批发送。

（2）制造商的分销机构。制造商的分销机构是指制造企业自己建立的销售机构，它专门经营自己产品的批发销售业务，与商业批发商的职能类似，但制造商分销机构隶属于制造商，并独立于制造商生产工厂之外。

二、代理商

▶ 1. 代理商的概念

代理商主要是指接受制造商的委托，从事产品或服务的交易，但不具有渠道产品或服务的所有权的一个中间商。代理商主要从事代销、代购，或提供销售服务、信息咨询等业务，并促成产品交易的实现，从而获得一定的服务佣金或手续费。

▶ 2. 代理商的类型

（1）按代理商是否有权处理法律行为分类，代理商可分为订约代理商、媒介代理商。

① 订约代理商，拥有与第三方订立合同的权力，并可以处理具有法律效力的业务。

② 媒介代理商，仅代理被代理人行使媒介某些行为的权利，并无权与第三方订立合同，一般只能处理一些非法律行为的业务。

（2）按照代理权是否具有排他性分类，代理商可分为总代理商、普通代理商。

① 总代理商，指代理权具有排他性，被代理人不能再次代理其他组织业务活动的情形。

② 普通代理商，指代理权不具有排他性，被代理人可以再次代理其他组织业务活动的情形。

三、零售商

▶ 1. 零售与零售商的概念

（1）零售的概念。零售是指向最终消费者或用户直接提供商品或服务的一个组织。零售在商品流通领域的位置见图8-4。

零售活动具有三个基本特点：交易活动频繁；交易对象就是最终消费者；处于商品流通的最后一个环节。

（2）零售商的概念。零售商指将产品直接销售给最终用户的一个中间商，它处于产品

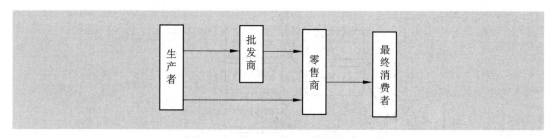

图 8-4 零售在商品流通领域的位置

流通中的最后一个环节。零售商最基本的任务就是直接将产品或服务提供给最终消费者。这时零售商所具备的职能就是购货、销售、调货、存货、加工、分包、传递信息、提供服务等。零售商是联系生产者、批发商和消费者的一座桥梁，在分销渠道中起着非常重要的作用。

▶ 2. 零售商的类型

按照经营形式的不同，零售商可以分为有门店零售商和无门店零售商。

（1）有门店零售商。有门店零售商又包括专业商店、便利店、百货商店、超级市场、折扣商店、大型购物中心。

① 专业商店。专业商店主要经营同一类型的商品或经营同一厂家的不同商品，其主要特点是经营的规格、品种较为丰富，如文具店、玩具店、食品店、药店等。

② 便利店。便利店是开设在居民区附近的小型商店，对顾客来说可以节省购买商品的时间，一般营业时间是 24 小时，这就大大方便了附近顾客随时购买商品。因商店的小型化，便利店经营的商品较为有限，主要经营的是顾客常用的、急需的日用品，而且销售价格都会较高。

③ 百货商店。百货商店经营的商品类别丰富多样，每一类别的商品品种基本都有销售，各经营部门还会按照商品的大类进行摆放设置，方便顾客购买选择。

④ 超级市场。超级市场是一种大型综合型零售店，其特点是规模较大、客户众多、成本较低、毛利率低等。超级市场主要是采用商品上架，由顾客自由选取的方式来经营，并且实行顾客自我服务，以大量地减少零售店售货员的数量，这就节约了非常多的人力成本。如家乐福、沃尔玛、大润发等。

⑤ 折扣商店。这是一种价格比同类商品较低的零售店。通常的销售方法是，把同一个商品既标示正常价格，又标出折扣价，出售商品时，以折扣价为最终的零售价格。折扣商店的主要目标客户是中低端消费者，销售的是有一定知名度的商品，如体育用品、服装等。

⑥ 大型购物中心。大型购物中心主要由各种业态零售商店聚集在一起，以满足综合性、休闲娱乐性消费需求为主。比较常见的是在同一区域或同一建筑内，集中有百货商店、超级市场、专业商店、影视娱乐中心和各类餐饮店等。大型购物中心的环境较为舒适优雅，并配有较大的停车场、休闲区，是现代生活购物、休闲的主要场所。

（2）无门店零售商。无门店零售商的类型如图 8-5 所示。

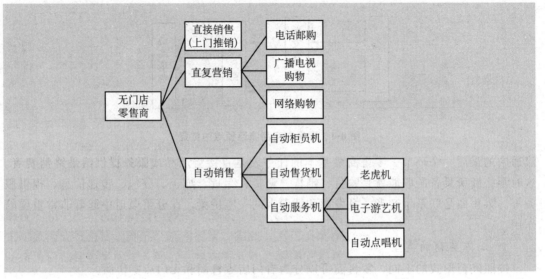

图 8-5 无门店零售的种类

本章小结

菲利普·科特勒认为:"分销渠道是指某种货物或劳务从生产者向消费者移动时取得这种货物或劳务的所有权或帮助转移其所有权的所有企业和个人。因此,分销渠道主要包括商人中间商(因为他们取得所有权)和代理中间商(因为他们帮助转移所有权)。此外,它还包括作为分销渠道的起点和终点的生产者和消费者,但是它不包括供应商、辅助商等。"

菲利普·科特勒认为,市场营销渠道(marketing channel)和分销渠道(distribution channel)是两个不同的概念。他说:"一条市场营销渠道是指那些配合起来生产、分销和消费某一生产者的某些货物或劳务的一整套所有企业和个人。"这就是说,一条市场营销渠道包括某种产品的供产销过程中所有的企业和个人,如资源供应商(suppliers)、生产者(producer)、商人中间商(merchant middleman)、代理中间商(agent middleman)、辅助商(facilitators)(又译作"便利交换和实体分销者",如运输企业、公共货栈、广告代理商、市场研究机构等)以及最后消费者或用户(ultimate consumer or users)等。

分销渠道的概念可以从以下三个要点理解:

(1) 分销渠道的起点是生产者,终点是消费者或者用户。分销渠道作为产品据以流通的途径,就必然是一端连接生产,另一端连接消费,生产者提供的产品或劳务通过分销渠道源源不断地流向消费者。在这个流通过程中,主要包含着两种转移:商品所有权转移和商品实体转移。这两种转移,既相互联系又相互区别。商品的实体转移是以商品所有权转移为前提的,它也是实现商品所有权转移的保证。

(2) 分销渠道是一组路线,是由生产商根据产品的特性进行组织和设计的。在大多数情况下，生产商所设计的渠道策略充分考虑其参与者——中间商。

（3）产品在由生产者向消费者转移的过程中，通常要发生两种形式的运动：一是作为买卖结果的价值形式运动，即商流。它使产品的所有权从一个所有者转移到另一个所有者，直至到消费者手中。二是伴随着商流所发生的产品实体的空间移动，即物流。商流和物流通常都会围绕着产品价值的最终实现，形成从生产者到消费者的一定路线或信道，这些信道从营销的角度来看，就是分销渠道。

课后练习

一、单选题

1. 向最终消费者直接销售产品或服务，用于个人或非商业用途的活动属于（　　）。
   A. 批发　　　　B. 代理　　　　C. 零售　　　　D. 经销
2. 分销渠道的每个层次都使用同种类型中间商数目的多少，被称为分销渠道的（　　）。
   A. 宽度　　　　B. 长度　　　　C. 深度　　　　D. 关联度
3. 工业分销商向（　　）销售产品。
   A. 零售商　　　B. 制造商　　　C. 供应商　　　D. 消费者
4. 当目标顾客人数众多时，生产者倾向于利用（　　）。
   A. 长而宽的渠道　B. 短渠道　　　C. 窄渠道　　　D. 直接渠道
5.（　　）实行的是开架陈列货物、单位商品上印有价格，顾客在商场自我挑选、自我服务，在出口处有收款员同一结算。
   A. 超级市场　　　　　　　　　　B. 专业商店
   C. 百货商店　　　　　　　　　　D. 购物中心

二、多选题

1. 渠道成员包括（　　）。
   A. 生产企业　　　　　　　　　　B. 用户
   C. 物流公司　　　　　　　　　　D. 代理商
2. 下列行为中，属于恶性串货的是（　　）。
   A. 市场开发初期，企业有意选中流通性强的市场中的经销商，使产品流向空白市场
   B. 经销商蓄意向自己辖区以外的市场倾销产品
   C. 经销商以低于厂家规定的价格向非辖区销货
   D. 经销商销售假冒伪劣产品
3. 下列关于购买行为因素对渠道长度影响的描述，正确的是（　　）。
   A. 顾客购买量大，适合使用较长的渠道
   B. 顾客购买频度高，适合使用较长的渠道
   C. 顾客购买季节性强，适合使用较长的渠道
   D. 顾客购买探索度高，适合使用较长的渠道

4. 下列对产品因素对渠道宽度设计的影响描述正确的是（　　）。
   A. 产品越重，渠道越窄　　　　　　B. 产品价值越大，渠道越窄
   C. 产品越是非规格化，渠道越宽　　D. 产品生命周期越长，渠道越宽
5. 下列销售方式中属于"直复营销"范畴的是（　　）。
   A. 电话邮购　　B. 网络销售　　C. 自动销售　　D. 广播电视购物

三、思考题

1. 市场营销渠道与分销渠道有什么区别？
2. 在市场经济条件下，营销渠道对企业管理有何重要意义？
3. 中国企业渠道管理中存在哪些主要问题？如何解决？
4. 如何正确处理渠道成员之间的利益冲突？
5. 中国推行物流现代化面临哪些机会和挑战？

案例分享

PSS公司中国市场的分销渠道管理

摘要：随着经济高速增长和世界经济一体化，众多领域的世界知名企业在中国设立分支机构，从事在中国市场的经营与发展。PSS公司总部位于意大利，2004年12月在中国上海设立独资贸易公司，主要开展在中国区域市场的柴油、汽油发电机组的销售业务。

传统的汽油、柴油发电机组几乎都是统一设计，技术含量不高，产品同质化现象普遍，市场竞争更加激烈，导致行业利润下降。随着市场竞争的不断加剧，通过分销渠道管理实现产品的差异化竞争成为企业日益关注的焦点。维护和发展营销渠道，提高分销渠道的竞争力，是影响企业发展的重要因素之一。

关键词：分销渠道　渠道管理

一、背景描述

PSS公司最早成立于1966年，总部位于意大利西雅那市，是专门从事以柴油发电机组为主的备用电源和移动电源设备的研发、生产和销售，并为客户提供技术咨询、培训、安装、维修等售前、售后服务的高新技术企业。2007年，PSS公司在意大利西雅那上市。PSS公司的业务遍布全球八十多个国家和地区，主要客户集中在东南亚、非洲、南美洲和欧洲，并畅销北美、澳洲、中东等地。

PSS公司于2000年在香港设立中国地区第一家办事处，但当时并没有开始中国市场的销售业务；2004年末在中国上海设立贸易公司，正式开始进军中国市场，2005年年底，为了支持在中国市场的销售，PSS公司在广东顺德设立中国区的生产基地。截至目前，PSS公司在华投资合计580万美元。另外，在英国、美国、波兰、罗马尼亚、瑞典、多米尼亚共和国、巴西、塞内加尔、新加坡等多个国家都设有PSS公司的销售贸易公司，员工近2 000多人。

在激烈的市场竞争环境下，PSS公司为取得市场竞争优势并顺利进入中国市场，确定中国市场的市场营销战略：充分发挥自身优势，不断提高公司的技术水平和营销能力，大力开拓国内市场，提高市场占有率。

随着国民经济的迅速增长，以及国家大力发展西部地区政策的实施，发电机组的需求也

日益增长，越来越多的外国企业产品进入中国，PSS 公司也不例外。PSS 公司主要采用经销商进行产品经销，不采用任何代理商。PSS 公司在上海设立贸易公司，以上海为中国的销售中心，以佛山为技术和售后维修服务中心，将企业的产品逐渐分销到中国的各个地区。同时公司也开始关注中国西南和西部地区的市场，并计划在西南地区建立销售办事处。

二、活动内容

PSS 公司现有分销渠道主要是由 PSS 的上海销售公司负责对整个分销渠道的协调与管理。分销渠道主要负责销售 PSS 全球各工厂生产的各个系列的发电机组，并将其分销渠道成员的市场需求和反馈信息及时传递给 PSS 公司总部和全球各相关的生产工厂，以尽力满足终端客户的需求。另外，PSS 的销售公司也会开拓 OEM 的市场，将 OEM 的订单分配给工厂。PSS 公司负责中国市场渠道管理的部门有销售部和客户服务部。

PSS 公司现有的渠道结构为混合式分销渠道，即零级、一级和二级分销渠道共存。零级渠道：PSS 公司将发电机组直接销售给有需要的用户，如电业局、电信公司、中大型商铺等，销售人员直接跟踪项目，没有中间商的参与，发电机组直接销售给终端用户。一级渠道：发电机组由制造商销售给分销商，再由分销商通过自己的销售团队销售产品给最终用户，实现自己的利益。二级渠道：PSS 公司通过两级分销商将产品销售给终端客户，PSS 公司的销售人员与分销商共同参与项目的运作，这种方式是目前 PSS 公司主要的销售模式与销售业绩来源。

PSS 公司不采用代理商作为中间商，目前分销渠道的重要成员之一就是各地的经销商。经销商承担了 PSS 公司 80% 以上的销售任务，为 PSS 公司带来销售业绩。PSS 公司与经销商签订经销合同后，经销商需要预付货款总额的 10% 作为合同定金，然后公司根据发电机组的功率和型号，安排订单给全球的工厂。如果是国外工厂的订单，发电机组完工后会首先安排海运到国内租赁的保税区仓库并通知经销商履行付余款的义务。但是，部分经销商在这个环节对于货款支付能拖就拖，因而 PSS 公司的发电机组在保税区仓库里产生高昂的租赁费，增加了经营成本，而经销商则不紧不慢地寻找自己的终端客户，经常是经销商确定了自己的下一个客户后，才安排付款提货，使 PSS 公司产生了高额的仓储费用。

三、活动效果展示

PSS 公司自 2004 年正式进入中国市场，经过多年的渠道开拓，积累了一定的经验与教训，但是对于分销渠道网络的整体而言，渠道管理仍然缺乏系统的战略性规划，主要表现在分销商的选择，渠道结构，分销商的管理、评价与激励，公司内部销售人员与分销商、分销商之间的渠道冲突等方面。

1. 分销渠道结构存在问题

（1）过分依赖单一的经销商导致公司的毛利率逐年下降。2009 年，PSS 公司约有 90% 的销售额来自于单一经销商，而且全部用于电信领域。其次，经销商由于业绩优势而有较强的议价能力，向公司要求更多的价格折扣，折扣额逐年上升，公司的毛利率逐年下降。

（2）渠道结构的设计不是以市场为导向，不能随市场的变化而作相应的调整。PSS 公司很少了解终端客户对产品的需求变化，缺乏认识发电机组市场变化的状况和快速响应发电机组市场的能力，不是以市场为导向，而是以经销商为主导。

（3）分销渠道是传统的分销渠道，各个渠道成员为独立的经济实体。传统分销渠道的每一个渠道成员都是相对独立的，是纯粹的交易关系。每个渠道成员各自追求自身利润最大化,在经营活动中各自为政,没有一个渠道成员能控制或影响其他成员。

(4) 缺乏市场开发力,经销商数量不足。目前,PSS公司的经销商网络主要集中在华东、华南和华北地区。国家"十一五"期间主张西部大开发,而PSS公司只在西宁有一家经销商,销售额不到公司销售总额的10%,而在西南地区,产品没有任何覆盖。

2. 经销商流失现象严重

分销商的忠诚度不足,PSS公司对分销商的选择主要考虑企业经营规模和销量,没有进行整体评价和确定今后的培养激励体系。大多数是商家申报和销售人员推荐。由于传统渠道的特性,渠道成员之间缺乏足够的沟通与了解,以及共同目标。渠道成员之间关系比较松散,导致一些经销商进入或退出PSS公司的分销系统都比较容易。因此,PSS公司中国市场的分销渠道每年都存在经销商流失和更换的不稳定性,分销商对PSS公司的产品忠诚度和信誉度不高。

3. 经销商业务能力不足

多数分销商经营规模不大,大多数是私营或家族企业,缺乏引进和吸引专业人才的机制,技术服务能力几乎没有,缺少规范化管理,相当比例的分销商依靠社会关系运作,缺乏正常市场运作能力。所有技术咨询与维修服务由PSS公司提供。

4. 分销商的区域划分不明确

同一区域的经销商市场产生交叉,加剧了渠道冲突。PSS公司不设置区域总代理,随着分销网络的建成,同一区域的经销商由于销售区域划分不明确而发生客户重叠引起渠道冲突。如在北京地区有3个二级经销商,整个华北地区只有一个经销商。

5. 对渠道冲突缺乏有效管理

PSS公司现有的渠道冲突首先表现为同一区域的分销渠道经销商之间、分销渠道经销商与公司内部销售人员之间的冲突,其次是分销渠道中制造商与经销商关于延迟提货产生的纵向冲突。

四、案例分析

1. 渠道结构不合理的原因

(1) 公司目标不明确,不重视中国市场的销售,最初的目标是希望通过在中国建厂可以降低产品的生产成本而不以在国内市场销售为主要目标,多年来销售人员人数不超过5人,销售人员的业务能力严重不足,只能依赖经销商。

(2) 对国内发电机组的市场容量没有进行详细的市场调研,只是效仿行业内的主要竞争者进入中国市场,分销渠道结构的设计没有考虑自身企业的情况,导致渠道设计的不合理。

(3) 国内发电机组市场的需求近年发生了较大的变化,如用于防灾、核电方面的机组对企业产品的要求更高,由于对经销商的依赖和受传统思想的制约,PSS公司的分销渠道未能及时随市场的变化而作出相应的调整,PSS公司的发电机组产品用于上述领域仍是空白。

2. 渠道成员存在问题的原因

(1) 公司对经销商提供的销售政策和支持力度不足。大多数经销商认为公司提供5%~8%的毛利率太低,不愿意经销公司的产品,只有少数的经销商因为良好的业绩能得到价格折扣,从而影响经销商经营产品的积极性。

(2) 品牌知名度不高。比起康明斯、卡特彼勒、威尔信这些知名品牌,在价格相差不大的情况下,经销商更愿意经销这类产品。

(3) 公司对经销商的管理缺乏有效的评估与激励。一是不良经销商的存在给企业造成损失;二是部分经销商缺乏经销的信心,从而转去经销竞争者的产品。

(4) 由于缺乏对区域市场容量的预估,在同一区域盲目选择经销商,使渠道成员之间的市场产生交叉。

3. 导致渠道冲突的原因

(1) 公司渠道的分销连锁功能需要加强。这里主要是指分销过程中产品流通的畅通,需要加强公司内部之间的沟通、公司与供货商的沟通,有必要寻找多个替代的供货商,尽量避免无故的延误交货,从而缓解交货期延误产生的不必要的冲突,影响渠道效率。

(2) 缺乏对经销商的甄选,经销商的素质不高,只考虑自身利益最大化作为第一目标,而不惜采用任何手段,有损企业的形象,给企业造成损失。

(3) 缺乏对经销商产品知识的培训,包括企业渠道目标、不同产品配置的优缺点、简单的维修技能等。经销商往往阻止企业引入新的渠道成员,以免影响自身的预期利益。企业应让经销商了解,只有迅速扩大市场份额,才能获得全体渠道成员的最大收益。

五、经验分享

1. 简化分销成员之间的关系

PSS公司分销渠道结构和管理存在的主要问题是缺乏对渠道经销商的有效管理和控制,缺乏对最终客户的直接控制,分销宽度不足。分销渠道改进应该以终端客户为中心,增强对终端客户和经销商的管理与控制,尤其是重要客户的控制,不能长期依赖经销商和终端客户沟通,一旦失去经销商,就会失去最终客户。PSS公司应将各地区的市场掌控在自己手中,加大力度开发各地区的区域经销商并进行考核,在某一地区只设区域经销商,实现公司对区域经销商的集中管理和控制。另外还要加强公司销售队伍的建设和培训,增强公司销售人员开发新的区域经销商的能力。

2. 在设计渠道时,在任何地区不采用独家经销制

PSS公司目前的市场覆盖率不高,因此在任何地区,不应承诺某经销商为该地区的总经销商或是独家经销商,而应该保留在该地区任意发展其他经销商的权利,并且不受现有任何经销商的限制。但是PSS公司在发展新的经销商时要综合考虑并适当照顾现有经销商的利益,在同一地区的两家或以上经销商要承担相应的权利和义务。PSS公司要根据各经销商的实力设立合理的年销售目标数量,并进行相应的技术支持,如委派销售人员协助开拓市场、支持经销商参加各类展会并提供展会费用、委派技术人员对各经销商进行售后培训等。如果分销商未能达到既定的销售目标,则要分析原因,是市场环境变化、市场竞争,还是由于经销商主观因素而未能实现销售达标。如果是主观因素,就需考虑是否更换其他经销商。

3. 设立新的区域销售机构

PSS公司目前在中国上海、香港设有贸易公司,将佛山作为国内的生产基地。而PSS公司的主要竞争对手威尔信、康明斯、科勒等,已经在全国多个地方设有销售公司或办事处,其目的一是扩大自己的销售覆盖率;二是增强管理经销商和提供售后服务的力度。中国各省区的市场规模不同,经济状况、消费水平、社会背景都有很多差异,目前的分销渠道还有大部分区域没有达到,尤其是在国家大力发展经济的西部地区和拥有大型传统工业

企业的西南地区，PSS公司的产品在这些地区基本空白。这也是PSS公司产品覆盖率不高的一个原因。PSS公司有必要重新调整国内销售机构的部署，主要目的是：

进一步宣传及扩大PSS产品及品牌形象，形成一个更加完善的销售网络和加强提供售后服务的保障，加强企业在这些未开发地区的销售能力，应对主要的竞争者，改变渠道覆盖率不足的现状。

4. 合理调配直接渠道与间接渠道相结合的渠道系统

在不同的地区，柴油发电机行业的客户群体分布不均匀，客户的购买力不同，因此PSS公司应根据不同的地域情况灵活地采用直接销售和间接销售相结合的渠道系统。例如，广东、广西、福建、江西、湖南这些区域，客户较为集中，而且离PSS公司广东生产基地距离较近，可以选择直销的模式；而且上海贸易公司周边的区域，如江苏、浙江、安徽等地区，市场已经颇为成熟，也可采用直销的模式；而对于中西部、东北部、西南部，PSS公司在这些地区的市场尚不成熟，在有些地区产品覆盖仍是空白，应选择经销商渠道，尽量在短期内使产品得到广泛分销；对于特殊区域，如国家政策大力支持开发的西部地区，政府贷款的采购项目众多，可以利用PSS公司办事处的优势采用直销的模式为主，同时尽可能开发长期合作的经销商。

发电机行业的市场正稳定增长，尤其在偏远地区，单一的直销模式市场渗透力不强，不能及时获取市场信息。但是因为PSS产品自身的原因，包括品牌知名度、价格等，有些地区的经销商可能不愿参与渠道经销，那么PSS公司就需要加大销售人员的力量和数量，采用直销模式满足客户需求，获得市场信息。

六、问题延伸思考

本案例论述渠道中存在的问题，只是企业经营中发现的最为突出和紧要的问题，但这些问题都不是孤立存在的，同时也反映出企业在营销管理方面的缺乏，因此，实施渠道改进方案需要从营销战略目标的总体出发，进行调整和改进。为保障改进方案的实施还需要注意以下几点：

(1) 渠道改进可能会引起分销商的不满和异议。新的区域划分和渠道重新设计，势必会影响到部分经销商区域内长期的潜在经济利益，经销商会反对，但是为了企业的长期发展和双方的合作关系以及远期利益，企业必须做好经销商的思想工作，以免矛盾激化。

(2) 新的渠道方案对销售人员的质量和数量要求更高，PSS公司需要加强人员的招聘和培训工作。

(3) 做好预算，控制分销渠道成本，从而提高公司的财务利润率。

(4) 通过对分销渠道的重新调整，PSS公司应尽快掌控渠道，改善对经销商的依赖程度，由被动变主动。

(5) 加强渠道成员的思想教育。渠道改革是渠道发展的必经阶段，是为了整个渠道的可持续发展和远期利益，避免渠道成员对渠道改革产生抵触心理。

资料来源：杨琪. PSS公司中国市场的分销渠道管理.

实训环节

一、实训目的

1. 帮助学生掌握影响分销渠道设计和选择的主要因素；

2. 训练学生掌握企业分销渠道的种类，中间商的特点、功能和主要类型，能为企业产品制定分销渠道策略。

二、实训内容

A 公司的成功主要取决于其所采取的渠道销售模式——直销。该公司直销的方式主要有：通过人员推销，由销售人员直接到有关部门、企业介绍和推销 A 的产品和服务；通过电话销售，用户只要拨打免费的 800 热线服务电话，由销售人员和技术人员组成的热线服务中心，将根据不同的对象、不同的技术层次回答客户的各种问题；互联网上销售，在网上客户可以选择计算机的不同配置。A 公司能够在短时间内为大量的客户提供有价值的个性化产品，其关键在于能够掌握和保留各个客户订货和企业各种资产的全部信息。例如 A 公司为 B 公司不同部门的员工设计了各种不同配置的网页，当通过网页接到订货时，A 公司马上就知道订货的是哪个工种的员工，他需要哪种产品，随即便组装合适的产品。A 公司采取根据客户的订货单，要求产品供应商在其装备厂的周围设厂或仓库，因此 A 公司的零部件库存非常少，通常只有 6 天的供应量。产品的零库存、零部件的低库存和资金的快速周转，以及直销方式的采取，免去了中间加价，这一切使得 A 公司产品的成本大大降低。各种成本的降低意味着 A 公司可以让利于消费者，在价格上与竞争对手相比处于有利的地位。

请分析：

1. 什么是分销渠道的长度？在设计分销渠道长度时，企业有哪些策略可以选择？
2. 案例中提到的直销为 A 公司带来的好处主要有哪些？
3. 在设计分销渠道长度时，企业需要考虑哪些因素的影响？

三、实训考核

将学生按实际要求，分为若干个营销调查小组，每小组 4~6 人，要求小组成员按照渠道设计的要求去进行内部分工（如公司总经理、销售部经理、渠道经理、销售员等），在正式设计渠道层次前要做好与渠道设计内容有关的各项研究、分析、准备工作，然后按营销渠道设计的一般步骤、程序，每小组分别扮演不同公司对不同产品进行渠道设计演练，最后由学生自己以课内实践报告及 PPT 形式对演练情况进行实训小结。

第九章 促销策略

学习目标

1. 把握促销及促销组合的相关概念,理解促销的实质;
2. 掌握促销的基本程序;
3. 了解广告、公共关系、人员推销和营业推广决策的主要内容;
4. 理解整合营销传播的核心思想。

导入案例

哈根达斯的多样化销售促进

1989年,格兰德·梅特公司(Grand Met)在欧洲推出哈根达斯冰淇淋。当时,正是经济萧条、冰淇淋业呈现疲软停滞态势之时,同时还必须面对数家已经颇具规模的竞争厂商,比如联合利华、雀巢、玛斯,另外还有许多规模虽小但实力不容忽视的地区性冰淇淋制造商,如德国的舒勒、瑞士的莫文帕克、意大利的沙吉。它们的广告不但十分密集,而且拥有高度的品牌认知度,并控制了欧洲超市中有限的冰柜空间。在英国等国家,实力雄厚的私有品牌占了冰淇淋家庭外卖市场的40%以上。

更值得注意的是,哈根达斯冰淇淋上市时,售价比市场占有率相当的竞争者贵上30%至40%,更比那些较为廉价的冰淇淋品牌贵上许多倍。那么它是如何成功的呢?

比起市场上其他竞争品牌的产品,哈根达斯就是高级冰淇淋的代名词。它都更为纯正,更具有乳香,也更价高,并以性感、放纵、愉悦的感受,锁定那些注重精致品味且富裕的消费者。格兰德·梅特公司的定位是全年都能享用的口感好的上等冰淇淋,这个定位也成了哈根达斯的驱动性理念。虚构的斯堪的维亚地区的名称唤起人们对自然和新鲜的联想,这与冰淇淋的主要产品特征不谋而合。

传统上,引进像哈根达斯这种新产品的做法是以大型广告宣传为龙头开展活动,但格兰德·梅特公司另辟蹊径,在欧洲知名的富人街区开设了几个优雅的冰淇淋大厅,这些咖啡馆似的商店营造了一种高贵、优质、洁净而自然的气氛。

由于外观醒目，顾客络绎不绝，商店又发起了样品尝试会。走进哈根达斯商店的行人都在这个环境里流连忘返。

哈根达斯还跻身于高档酒店和餐馆，但只销售给菜单上打上哈根达斯名字的客户。这项活动是伴随着一次促销进行的，消费者购买一桶哈根达斯冰淇淋就能获得一张折价券，可以到指定的餐馆里用餐。这同样加强了品牌所需要的高贵、上等形象。当哈根达斯进入超市和便利店时，它用具有品牌特征的玻璃门冷冻柜展示不同口味的产品，而其他产品一般放在柜子下面或随便放在零售商的冷冻架上，这些柜子也把哈根达斯和其他产品区分开了。

哈根达斯冰淇淋以更多其他的方式来推动口碑的传递：在食品零售店放置印有该品牌名称的冰柜；赞助文化活动；推动成本相对较为低廉但进行得热闹非凡的平面媒体活动，主题是"个人享受的终极体验"。尤其是将该品牌与赞助艺术活动相结合，真可以说是神来之笔。样品尝试活动紧扣哈根达斯赞助的活动主题；"哈根达斯——献给快乐，献给艺术"，附加的联想物增加了品牌形象。一次歌剧院在伦敦演出《唐·乔凡尼》时，便巧妙地把哈根达斯冰淇淋融入表演之中。当该剧男主角在剧中演到一段要求冰水的剧情时，他所收到的是一盒哈根达斯冰淇淋。结果如何呢？这可说是一次出人意料的免费宣传活动，目标正对准其目标消费群。

如此导入一个新品牌，媒体广告的预算也相对较低。黑白广告的创意来源于一部感性的美国电影《九星期》。哈根达斯以广告为蓝本还制作了一张音乐CD，在400多家音乐和食品店销售。

该公司巧妙设计的促销工作，获得了压倒性的成功。冰淇淋大厅吸引许多过路人，如位于伦敦雷瑟斯特广场的大厅在第一个夏天一周就售出了5万多只冰淇淋。4万多家欧洲零售商索要了哈根达斯的冷冻柜。尽管媒体预算只有100万美元，哈根达斯在英国的品牌知名度却在几个月内达到50%以上，在欧洲的销售额5年内从1 000万上升到1.8亿。今日，该品牌主宰了高价冰淇淋三分之一的市场。

第一节　促销及促销组合

在市场一体化和产品同质化竞争加剧的今天，企业重点要从"产"转向"销"，这不仅要求开发好的产品，制定有吸引力的价格，使产品易于到达目标客户，还需要采取适当的方式与企业利益相关者以及一般公众进行沟通，取得消费者的认可，将企业形象和产品细心传递给目标受众。

一、促销的概念

促销(promotion)，是指企业通过人员和非人员的方式把产品和服务的有关信息传递给顾客，以激起顾客的购买欲望，影响和促成顾客购买行为的全部活动的总称。通过这些活动，使潜在顾客了解产品，引起其注意和兴趣，激发其购买欲望和购买行为，从而达到最大的销售目的。

美国IBM公司创始人沃森(T. J. Watson)说过："科技为企业提供动力，促销则为企业安上翅膀。"因此促销是品牌的"喉舌"，它的成功与否直接决定着企业在市场竞争中的命运。

二、促销的作用

▶ 1. 传递信息，强化认识

促销能够把企业的产品、服务、价格等信息传递给目标公众，引起他们的注意。通过促销宣传，使用户知道企业生产经营什么产品、有什么特点、到什么地方购买、购买的条件是什么等。

▶ 2. 突出卖点，引发需求

在产品同质化的今天，促销活动可以突出产品的卖点，提高企业的知名度、美誉度，增加消费者对企业的信任感，引发顾客需求，进而扩大产品的销售额，提高企业的市场竞争力。

▶ 3. 反馈信息，提升效益

通过有效的促销活动，使更多的消费者或者用户了解、熟悉和信任企业的产品，并通过促销效果和消费者对促销活动的反馈，了解目标市场需求的变化，及时调整促销决策，巩固企业的市场地位，从而提高企业营销的经济效益。

三、促销的步骤

为了成功地把企业及产品的有关信息传递给目标受众，企业需要有步骤、分阶段地进行促销活动。

▶ 1. 确定目标受众

企业在促销开始时就要明确目标受众是谁，是潜在购买者还是正在使用者，是老人还是儿童，是男性还是女性，是高收入者还是低收入者。确定目标受众是促销的基础，它决定了企业传播信息应该说什么(信息内容)、怎么说(信息结构和形式)、什么时间说(信息发布时间)、通过什么说(传播媒体)和由谁说(信息来源)。

▶ 2. 确定沟通目标

确定沟通目标就是确定沟通所希望得到的反应。沟通者应明确目标受众处于购买过程的哪个阶段，并将促使消费者进入下一个阶段作为沟通的目标。

消费者的购买过程一般包括以下六个阶段：

(1) 知晓(awareness)。当目标受众还不了解产品时，促销的首要任务是引起注意并使其知晓。这时沟通的简单方法是反复重复企业或产品的名称。

(2) 认识(knowledge)。当目标受众对企业和产品已经知晓但所知不多时，企业应将建立目标受众对企业或产品的清晰认识作为沟通目标。

(3) 喜欢(liking)。当目标受众对企业或产品的感觉不深刻或印象不佳时，促销的目标是着重宣传企业或产品的特色和优势，使目标受众产生好感。

(4) 偏好(preference)。当目标受众已喜欢企业或产品，但没有特殊的偏好时，促销的目标是建立受众对本企业或产品的偏好，这是形成顾客忠诚的前提。这需要特别宣传企业或产品较其他同类企业或产品的优越性。

(5) 确信(conviction)。如果目标受众对企业或产品已经形成偏好,但还没有发展到购买它的信念,这时促销的目标就是促使他们做出或强化购买决策,并确信这种决策是最佳决策。

(6) 购买(purchase)。如果目标受众已决定购买但还没有立即购买,促销的目标是促使其购买行为的实现。

▶ 3. 设计促销信息

设计促销信息需要解决四个问题:信息内容、信息结构、信息形式和信息来源。

(1) 信息内容。信息内容是信息所要表达的主题,也被称为诉求。其目的是促使受众做出有利于企业的良好反应。一般有以下三种诉求方式:

① 理性诉求(rational appeals)。针对受众的兴趣指出产品能够产生的功能效用及给购买者带来的利益,如洗衣粉宣传去污力强、空调宣传制冷效果好、冰箱突出保鲜等。一般工业品购买者对理性诉求的反应最为敏感,消费者特别在购买高价物品时也容易对质量、价格、性能等方面的诉求做出反应。

② 情感诉求(emotional appeals)。通过使受众产生正面或反面的情感,来激励其购买行为的一种诉求方式。如使用幽默、喜爱、欢乐等促进购买和消费,也可使用恐惧、羞耻等促使人们去做应该做的事(如刷牙、健康检查等)或停止做不该做的事(如吸烟、酗酒等)。

③ 道德诉求(moral appeals)。诉求于人们心目中的道德规范,促使人们分清是非,弃恶从善,如遵守交通规则、保护环境、尊老爱幼等。这种诉求方式特别适合用在企业的形象宣传中。

(2) 信息结构。信息结构也就是信息的逻辑安排,主要解决三个问题:一是是否得出结论,即是提出明确结论还是由受众自己得出结论;二是单面论证还是双面论证,即是只宣传商品的优点还是既说优点也说不足;三是表达顺序,即沟通信息中把重要的论点放在开头还是结尾。

(3) 信息形式。信息形式的选择对信息的传播效果具有至关重要的作用。如在印刷广告中,传播者必须决定标题、文案、插图和色彩,以及信息的版面位置;通过广播媒体传达的信息,传播者要充分考虑音质、音色和语调;通过电视媒体传达的信息,传播者除要考虑广播媒体的因素外,还必须考虑仪表、服装、手势、发型等体语因素;若信息经过产品及包装传达,则要特别注意包装的质地、气味、色彩和大小等因素。

(4) 信息来源。由谁来传播信息对信息的传播效果具有重要影响。如果信息传播者本身是接受者信赖甚至崇拜的对象,受众就容易对信息产生注意和信赖。例如,玩具公司请儿童教育专家推荐玩具、高露洁公司请牙科医生推荐牙膏、长岭冰箱厂请中科院院士推荐冰箱等,都是比较好的选择。

▶ 4. 选择信息沟通渠道

信息沟通渠道通常分为两类:人员沟通与非人员沟通。

(1) 人员沟通渠道。人员沟通渠道是指涉及两个或更多的人的相互间的直接沟通。人员沟通可以是当面交流,也可以通过电话、信件甚至 QQ 网络聊天等方式进行。这是一种双向沟通,能立即得到对方的反馈,并能够与沟通对象进行情感渗透,因此效率较高。在产品昂贵、风险较大或不常购买及产品具有显著的社会地位标志时,人员的影响尤为重要。

人员沟通渠道可进一步分为倡导者渠道、专家渠道和社会渠道。倡导者渠道由企业的销售人员在目标市场上寻找顾客;专家渠道通过有一定专业知识和技能的人员的意见和行为影响目标顾客;社会渠道通过邻居、同事、朋友等影响目标顾客,从而形成一种口碑。在广告竞争日益激烈、广告的促销效果呈下降趋势的情况下,口碑营销成为企业越来越重视的一种促销方式。

(2) 非人员沟通渠道。非人员沟通渠道指不经人员接触和交流而进行的一种信息沟通方式,是一种单向沟通方式,包括大众传播媒体(mass media)、气氛(atmosphere)和事件(events)等。大众传播媒体面对广大的受众,传播范围广;气氛指通过设计良好的环境因素制造氛围,如商品陈列、POP广告、营业场所的布置等,促使消费者产生购买欲望并导致购买行动;事件指为了吸引受众注意而制造或利用的具有一定新闻价值的活动,如新闻发布会、展销会等。

▶ 5. 制定促销预算

促销预算是企业面临的最难做的营销决策之一。行业之间、企业之间的促销预算差别相当大。在化妆品行业,促销费用可能达到销售额的20%~30%,甚至30%~50%,而在机械制造行业中仅为10%~20%。

企业制定促销预算的方法有很多,常用的主要有以下几种:

(1) 量力支出法(affordable method)。这是一种量力而行的预算方法,即企业以本身的支付能力为基础确定促销活动的费用。这种方法简单易行,但忽略了促销与销售量的因果关系,而且企业每年财力不一,从而促销预算也经常波动。

(2) 销售额百分比法(percentage-of-sales method)。即依照销售额的一定百分比来制定促销预算。如企业今年实现销售额100万元,如果将今年销售额的10%作为明年的促销费用,则明年的促销费用就为10万元。

(3) 竞争对等法(competitive-parity method)。主要根据竞争者的促销费用来确定企业自身的促销预算。

(4) 目标任务法(objective-task method)。企业首先确定促销目标,然后确定达到目标所要完成的任务,最后估算完成这些任务所需的费用,这种预算方法即为目标任务法。

▶ 6. 确定促销组合

促销组合是指企业为了有效地将信息传递给它所希望的顾客,根据产品特点和营销目标,综合各种影响因素,对各种促销方式的选择、编配和运用。

依据促销过程所使用的手段区分,促销可以分为人员促销和非人员促销两类,主要的促销方式有广告、销售促进(营业推广)、公共关系和人员推销四种,随着营销环境的变化又出现了直复营销、互动营销、口碑营销和实践、体验方式。常用的促销方式见表9-1。

表 9-1　促销组合方式

广　　告	销 售 促 进	公 共 关 系	人 员 推 销
广播	竞赛	宣传袋资料	销售简报
报刊	奖品和礼物	演讲	销售推介会
包装	样品	研讨会	激励活动
影视	展销会	年度报告	样品
宣传册	展览	慈善捐款	展销会
招贴和传单	示范	出版物	
产品目录	赠券	社会关系	
产品陈列	回扣	游说	
广告牌	低息融资	识别媒介	
标志和商标	搭售	公司杂志	
销售点展示	以旧换新折价		
视听材料	游戏、彩票		

企业在确定了促销总费用后，面临的重要问题就是如何将促销费用合理地分配于四种促销方式的促销活动。四种促销方式各有优势和不足，既可以相互替代，更可以相互促进、相互补充。所以，许多企业都综合运用四种方式达到既定目标。这使企业的促销活动更具有生动性和艺术性，当然也增加了企业设计营销组合的难度。企业在四种方式的选择上各有侧重。同是消费品企业，可口可乐主要依靠广告促销，而安利则主要通过人员推销。因此，设计促销组合，必须做到以下几点：

（1）了解各种促销方式的特点。各种促销方式在具体应用上都有其优势和不足，都有其实用性，见表9-2。所以，了解各种促销方式的特点是选择促销方式的前提和基础。

① 广告（advertising）。是由广告主以付费方式将他们的观念、产品、服务，经由各种媒介传达给社会大众的信息传播方式。选择的媒介可以是广播、杂志、电视、网络等。

② 营业推广（sales promotion）。是通过短期的提供诱因以鼓励消费者购买本公司产品或服务的促销方式，如赠送奖品、现实打折、现场演示等。

③ 公共关系（public relations）。是组织运用各种媒介与公众进行沟通，通过树立良好的组织形象，争取理解与信任，维系良好公关状态的过程，如召开新闻发布会、赞助公益事业等。

④ 人员推销（personal selling）。由推销人员向更多的潜在顾客做产品说明，以鼓励其购买，促成交易的手段。

表 9-2　各种促销方式特征分析

促销方式	优　　点	缺　　点
广告	非个体传播，辐射面广；形象生动，表现力强；可控制；可重复多次宣传	可信度低；购买行为滞后，难以形成即时购买；信息量受限

续表

促销方式	优 点	缺 点
营业推广	刺激性大；吸引力强；诱导即时消费；方式灵活多样	短期刺激；可能导致消费者顾虑和不信任
公共关系	双向传播；公众信任度高；沟通感情；树立组织形象和信誉	见效较慢；间接促销
人员推销	人际传播，有利于沟通；针对性强，以便提供个性化产品或服务；灵活性强，容易促成即时交易	对推销人员的素质要求高；费用较高

(2) 充分考虑影响促销组合的因素。企业的促销组合主要受到以下几方面因素的影响：

① 促销目标。促销目标是企业从事促销活动所要到达的目的，它是影响促销组合决策的首要因素。企业促销目标主要有提高铺货率、扩大销量、新产品上市宣传、减少库存、产品季节性调整、应对竞争、提高企业知名度和美誉度等。为实现不同的促销目标，企业应设计合理的促销组合策略。

② 促销总策略。企业的促销总策略有"推式策略"(push strategy)和"拉式策略"(pull strategy)之分。

推式策略是以中间商为主要促销对象，通过人员推销方式，将产品从生产企业向中间商，再由中间商推销给消费者。推式策略一般适合于单位价值较高、性能复杂、需要做示范的产品，以及消费者或用户不太了解或根本不了解的新上市的产品等。

拉式策略是以最终顾客为推销对象，通过非人员推销方式把顾客拉过来，由最终顾客向中间商询购商品、中间商向制造商进货。拉式策略较适用于单位价值低、市场需求量大、流通环节多、市场比较成熟、消费者或用户非常了解和熟悉的产品。

③ 购买决策的过程。在不同的购买决策阶段，不同的促销工具有不同的效果，如图9-1 所示。广告与公关在信息收集阶段最重要，顾客了解主要受广告的影响；而在比较评价阶段，顾客信任则主要依赖于人员推销；购买和再购买主要受人员推销和营业推广的影响，不过再购买阶段在一定程度上还受提醒性广告的影响。

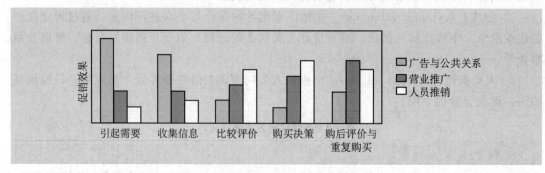

图 9-1 不同购买阶段的促销效果对比

④ 产品所处的生命周期阶段。产品所处的生命周期阶段不同，促销的重点不同，所采用的促销方式也就不同。一般来说，当产品处于投放期时，促销的主要目标是提高产品

的知名度,因而广告和公共关系的效果最好,营业推广也可鼓励顾客试用;在成长期,促销的任务是增进受众对产品的认识和好感,广告和公共关系需加强,营业推广可相对减少;到成熟期,企业可适度削减广告,应增加营业推广,以巩固消费者对产品的忠诚度;到衰退期,企业的促销任务是使一些老用户继续信任本企业的产品,因此,促销应以营业推广为主,辅以公共关系和人员推销。

⑤市场状况。不同的市场状况,有不同的销售特点,促销组合策略的选择、运用也不同。

首先,促销组合应随着市场区域范围的不同而变化。例如,对于规模小且相对集中的市场,应以人员推销为主;对于范围广而分散的市场,则应以广告宣传为主。

其次,促销组合应随市场类型的不同而不同。市场类型可分为消费者市场和组织市场两类,促销工具的有效性,在这两个市场上有很大的区别。在消费者市场上,顾客是为满足自身需要而购买的一切个人和家庭,促销效果受营业推广的影响较大,广告宣传、人员销售和公共关系等方式的影响依次减弱;在组织市场上,顾客是以生产、再销售或执行某种职能而购买的中间商、企业、政府机构等组织,人员销售对促销效果的影响较大,而营业推广、广告和公共关系等方式的影响依次降低。促销方式对两类市场的影响差异程度如图 9-2 所示。

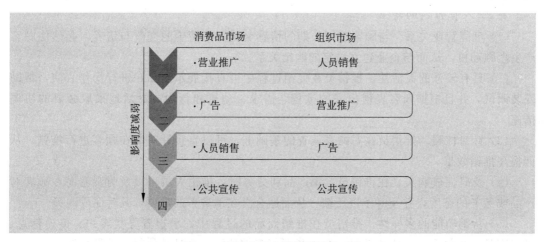

图 9-2 不同市场上的促销效果对比

再次,促销组合应随市场上潜在客户的数量和类型的不同而不同。顾客数量少而集中,宜采用人员推销方式为主;顾客数量多而分散,宜采用广告宣传为主。

⑥促销费用。四种促销方式的费用各不相同。总的说来,广告宣传的费用较大,人员推销次之,营业推广花费较少,公共关系的费用最少。企业在选择促销方式时,要根据综合考虑促销目标、各种促销方式的适应性和企业的资金状况进行合理的选择,符合经济效益原则。

影响促销组合策略的因素是复杂的,除上述因素外,企业的营销观念、销售人员素质、整体发展战略、竞争环境变化等也在不同程度上影响着促销组合的设计,营销人员应审时度势,全面考虑各种因素,才能制定比较有效的促销组合策略。

第二节 人员推销策略

一、人员推销及其特点

1. 人员推销的概念

根据美国市场营销协会定义委员会的解释,所谓人员推销,是指企业通过派出推销人员与一个或一个以上可能成为购买者的人交谈,作口头陈述,在一定的环境下,运用一定的技术和手段,说服消费者接受产品或劳务,促进和扩大销售。推销主体、推销客体和推销对象构成推销活动的三个基本要素。推销具有广义和狭义两个方面的含义。广义的含义是指人们在社会生活中,通过一定的手段和方法向既定对象传递信息,使自己的意愿、观念和要求得到他人接受的活动。当今的社会是一个充满推销的社会,无时无处不存在着推销。狭义的含义是指商品或劳务推销。在现代营销学中,人员推销仍然是一项十分重要的企业职能。

2. 人员推销的特点

(1) 巩固营业关系。与顾客进行长期的情感交流,而情感的交流与培养,必然使顾客产生惠顾动机,从而与企业建立稳定的购销关系。

(2) 具有较强的灵活性。推销员在促销过程中可直接展示产品,进行操作表演,帮助安装调试,并且根据顾客表现出来的欲望、需求、动机和行为,灵活地采取必要的协调措施。

(3) 针对性强。推销员在对顾客调查的基础上,可以直接针对潜在顾客进行推销,从而提高推销效果。

(4) 及时促成购买。在推销员推销产品和劳务时,推销人员可以及时观察潜在顾客对产品或劳务的态度,并及时予以反馈,从而迎合潜在消费者的需要,及时促成购买。

(5) 营销功能的多样性。推销员在推销商品的过程中,承担着寻找客户、传递信息、销售产品、提供服务、收集信息、分配货源等多重功能,这是其他促销手段所没有的。

二、人员推销的基本形式

一般来说,人员推销有上门推销、柜台推销、会议推销这三种基本形式。

1. 上门推销

这是最常见的人员推销形式,是推销人员携带推销用品针对顾客的需求进行积极主动的有效的服务。

2. 柜台推销

柜台推销又称门市销售,是指推销人员(营业员)在固定的门市接待来客并向顾客推销。它能满足顾客多方面的需求,是顾客较容易接受的推销方式。

3. 会议推销

会议推销是指推销人员利用各种会议向顾客介绍、宣传和推销商品。它能集中向多个顾客推销，成交金额大，效果比较好。

三、人员推销的推销对象

推销对象是人员推销活动中接受推销的主体，是推销人员说服的对象。推销对象有消费者、生产用户和中间商三类。

▶ 1. 消费者

推销人员向消费者推销产品，必须对消费者有所了解。为此，要掌握消费者的年龄、性别、民族、职业、宗教信仰等基本情况，进而了解消费者的购买欲望、购买能力、购买特点和习惯等，并且要注意消费者的心理反应。对不同的消费者，要施以不同的推销技巧。

▶ 2. 生产用户

将产品推向生产用户的必备条件是熟悉生产用户的有关情况，包括生产用户的生产规模、人员构成、经营管理水平、产品设计与制作过程以及资金情况。在此前提下，推销员还要善于正确而恰当地说明自己产品的优点；并能对生产用户使用该产品所得到的效益做简要分析，以满足其需要；同时，推销人员还应帮助生产用户解决疑难问题，以取得用户信任。

▶ 3. 中间商

与生产用户一样，中间商也对所购商品具有丰富的专门知识，其购买行为也属于理智型。这就需要推销人员具备相当的业务知识和较高的推销技巧。在向中间商推销产品时，首先要了解中间商的类型、业务特点、经营规模、经济实力以及他们在整个分销渠道中的地位；其次，应向中间商提供有关信息，给中间商提供帮助，建立友谊，扩大销售。

四、人员推销的步骤

人员推销是一项复杂系统的工作，既需要推销人员根据不同的场合、不同的顾客，随机应变，灵活运用推销策略，又需要推销人员遵守一定的工作步骤，做到有章可循。一般来说，人员推销包括寻找潜在顾客、事前筹划、接近顾客、介绍示范、处理异议、达成交易及事后跟踪这几个步骤。

▶ 1. 寻找潜在顾客

推销工作的第一步就是找出潜在顾客，这是成功推销的关键。潜在顾客是一个"MAN"，即具有购买力（money）、购买决策权（authority）和购买欲望（need）的人。虽然公司提供了一些顾客线索，但推销人员还需要具备多渠道自己发现潜在顾客的技巧。寻找潜在顾客线索的方法主要有以下几种：

（1）向现有顾客打听潜在顾客的信息；
（2）培养其他能提供潜在顾客线索的来源，如供应商、经销商等；
（3）加入潜在顾客所在的组织；
（4）从事能引起人们注意的演讲与写作活动；
（5）查找各种资料来源（工商企业名录、电话号码黄页等）；
（6）用电话或信件追踪线索。

2. 事前筹划

事前筹划要求推销人员在访问某一潜在顾客之前应尽可能地了解该顾客的情况，包括确定访问目标、选择接近方式、考虑总体销售策略等工作，这将有助于制定推销面谈计划，开展积极主动的推销活动，并保证比较高的推销效率。

3. 接近顾客

接近顾客是指推销人员直接与顾客发生接触，以便成功地转入推销面谈，其范围包括推销人员的仪表、开场白以及接下去的话题。在接近顾客时，推销人员应做到端庄得体、不卑不亢、灵活应对、把握时机，积极引导顾客转入正式面谈。

4. 介绍示范

这一阶段是推销人员向顾客展示产品信息的过程，是人员推销的中心。推销人员在描述产品特性时，应着重强调能给顾客带来哪些好处，倾听顾客的需求进而满足他。另外，在信息的表现形式上，也应力求直观，可通过刺激顾客的多种感官进行介绍，其中视觉是最重要的一种，例如展示样品或操作示范会使销售介绍效果更好。

5. 处理异议

顾客对人员推销经常会发生抵触情绪，提出异议，如需求异议、产品异议、价格异议、推销人员异议、购买时间异议等。推销人员应采取积极的态度，设法找出异议的理由，随时准备应对不同意见的适当措词和论据，并将这种拒绝变成使顾客购买的理由。

6. 达成交易

在解决了顾客的异议之后，推销人员就要设法达成交易。推销人员应善于从顾客那里发现特定的成交信号，包括顾客的动作、语言、评论和提出的问题等，抓住时机，施展各种技巧，促成交易，如重申要点、帮助顾客填写订单、承诺给予优惠等。

7. 事后跟踪

事后跟踪是人员推销的最后环节，也是确保顾客满意，与顾客建立起持续业务往来的必需步骤。事后跟踪能向顾客表明推销人员的关注，加深顾客对企业和商品的信任，促使重复购买。同时，通过跟踪服务可获得各种反馈信息，也为推销人员积累经验和开展新一轮推销提供了广泛有效的途径。

知识链接

推销的 3H1F

推销是由三个 H 和一个 F 组成的。第一个"H"是"头"(head)。推销员需要有学者的头脑，必须深入了解顾客的生活状态、价值观及购买动机等，否则不能成为推销高手。第二个"H"代表"心"(heart)。推销员要有艺术家的心，对事物具有敏锐的洞察力，能经常对事物感到一种惊奇和感动。第三个"H"代表"手"(hand)。推销员要有技术员的手。推销员是业务工程师，对于自己推销产品的构造、品质、性能、制造工艺等，必须具有充分的知识。"F"代表"脚"(foot)。推销员要有劳动者的脚。不管何时何地，只要有顾客、有购买力，推销员就要不辞劳苦，无孔不入。

因此，具有"学者的头脑""艺术家的心""技术员的手"和"劳动者的脚"是一个推销员的基本条件。

五、销售队伍的构建与管理

1. 构建销售队伍

(1) 设计销售队伍结构。如果企业只对分布在许多地方的最终用户销售一种产品,那么其销售队伍的结构是较为简单的,可以根据地区进行安排;如果企业是向各类客户推销多种产品,那么可以按照产品或市场来安排销售队伍的结构。常见的销售队伍结构见表9-3。

表 9-3 销售队伍的结构模式

结 构	说 明
地区式结构	按地理位置上的销售规模和市场容量的差异来划分销售区域。每个销售代表负责一个地区,责任明确,与当地客户关系紧密,差旅费相对较少
产品式结构	按产品种类的不同划分销售责任,适用于产品技术复杂、产品间关联性小的企业
市场式结构	按行业或顾客类别组建销售队伍,对不同行业或顾客安排不同的销售人员
复合式结构	将以上方法混合使用,可按地区—产品、地区—市场、产品—市场的方式来组织

(2) 确定销售队伍规模。企业在确定了销售队伍的战略和结构后,就应该根据希望接触的顾客数量决定销售队伍的规模。西方企业一般采用工作负荷量法确定推销队伍的规模。设某企业有250个客户,若每个客户每年平均需要20次登门推销,则全年就需要5 000次登门推销。若平均每个推销员每年能上门推销500次,则该企业就需要10名推销员。

确定销售队伍规模大致可分为以下五个步骤:

① 按年销售量分类;

② 确定对每类客户的访问频率;

③ 计算总的年度访问次数,即一类客户的数目乘上各自所需的访问次数;

④ 确定一个销售人员每年可以进行的访问次数;

⑤ 计算所需销售人员数量,即将总的年访问次数除以每个销售人员的平均年访问次数。

2. 甄选与培训销售人员

由于销售人员素质高低直接关系到企业促销活动的成功与失败,所以,销售人员的甄选与培训十分重要。

(1) 甄选销售人员。甄选销售人员,不仅要对未从事推销工作的人员进行甄选,将品德端正、作风正派、工作责任心强的可胜任推销工作的人员引入推销人员的行列;还要对在岗的推销人员进行甄选,淘汰那些不适合推销工作的员工。

销售人员的来源有两个:一是来自企业内部,就是把企业内德才兼备、热爱并适合推销工作的人选拔到推销部门工作;二是从企业外部招聘,即企业从大专院校的应届毕业生、其他企业或单位等群体中物色合适的人选。无论哪种来源,都应该经过严格的考核,择优录选。

甄选销售人员有多种方法，为准确地选出优秀的推销人才，应根据推销人员素质的要求，采用申报、笔试和面试相结合的方法。由报名者自己填写申请，借此掌握报名者的性别、年龄、受教育程度及工作经历等基本情况；通过笔试和面试可了解报名者的仪表风度、工作态度、知识广度和深度、语言表达能力、理解能力、分析能力、应变能力等。

（2）培训销售人员。对选出的销售人员，还需经过培训才能上岗，使他们学习和掌握有关知识和技能。同时，每隔一段时间还要对在岗销售人员进行培训，使其了解企业的新产品、新的经营计划和新的市场营销策略，进一步提高素质。培训内容通常包括企业背景、产品情况、市场及竞争对手特点、推销技巧与程序和政策法规知识等内容。

培训销售人员的方法很多，常被采用的有以下三种：

① 讲授培训。这是一种课堂教学培训方法。一般是通过举办短期培训班或进修等形式，由专家、教授和有丰富推销经验的优秀推销员来讲授基础理论和专业知识，介绍推销方法和技巧。

② 模拟训练。它是受训人员亲自参与的有一定真实感的培训方法。具体做法是，由受训人员扮演推销人员向由专家教授或有经验的优秀推销员扮演的顾客进行推销，或由受训人员分析推销实例等。

③ 实践培训。实际上，这是一种岗位练兵。选出的推销人员直接上岗，与有经验的推销员建立师徒关系，通过传、帮、带，使受训人员逐渐熟悉业务，成为合格的推销人员。

▶ 3. 报酬与绩效评估

（1）报酬与激励。合理的报酬制度是调动推销员积极性的关键。推销人员的报酬由固定数额、变动数额、费用津贴和附加福利等几个要素构成。固定数额一般为工资，不论推销业绩如何，固定不变；变动数额可能是佣金或奖金，是跟销售业绩紧密挂钩的部分；费用津贴是偿还推销人员与工作有关的费用，以保障他们开展必要有效的推销工作；附加福利包括养老金、医疗保险、可报销的休假或事件福利等，目的是满足推销人员安全感的需求，提高满意度。

企业应根据具体情况确定这些报酬要素如何组合对推销工作意义最大。根据不同的固定和变动报酬的组合形成了四种基本报酬计划——完全工资、完全佣金、工资加奖金或工资加佣金。采取完全佣金有利于激发推销人员扩大销售额，但不利于激励其完成搜集市场信息等其他职责，而采取完全工资则恰好相反。因此，大多数企业往往采用工资加奖金或工资加佣金的混合型报酬制度。

除了报酬激励之外，推销人员经常需要特殊的鼓励，以使他们能够全力以赴地工作。企业通常可采取的激烈措施有：营造良好的组织环境，让推销人员感受竞争有序、积极向上的组织气氛；制定合理的销售配额，引导推销人员高效地完成工作任务；建立有效的评价标准，对销售工作正确评估，合理报酬；确定奖励的方式和标准，如晋升、表彰、休假等。

（2）绩效评估。为了加强对推销人员的管理，企业必须对推销人员的工作业绩进行科学而合理的考核与评价。推销人员业绩考评结果，既可以作为分配报酬的依据，又可以作为企业人事决策的重要参考指标。

绩效评估即工作考核,是人员推销管理的重要环节。主要的作用在于促进推销工作,并在对比分析中及时发现问题,总结经验,以达到鼓励先进、鞭策后进的目的。评估工作往往通过比较分析展开,包括实际业绩与标准业绩的比较、推销人员之间的比较、推销人员过去和现在的业绩比较等,也有两种衡量业绩的方法——定量与定性的标准。

评估的定量标准包括访问次数、每次访问的时间、销售额、产生的利润、发展新客户的数目、挖掘客户成功率(挖掘客户成功率=发展新客户的数目/已访问的潜在客户的数目)、销售目标完成率(销售目标完成率=实际销售额/总销售收入)、推销费用率(推销费用率=推销费用/总销售收入)、成交率(成交率=成交客户数目/访问客户数目)。

评估的定性标准包括销售技巧、客户关系、产品知识、自我管理、合作和态度。

定量标准用的是硬指标,而定性标准依赖于软数据,更为主观,企业在业绩和评估中应注意定量和定性指标的综合应用。

第三节 广告策略

"商品如果不做广告,就好像一个少女在黑暗中向你暗送秋波。"西方流行的这句名言充分表现了广告在营销中的独特地位。

一、广告的含义

"广告"一词来源于拉丁语,有注意、诱导的意思。广告是由明确的广告主在付费的基础上,采用非人际的传播(主要指媒介)形式对观念、商品及劳务进行介绍、宣传,以说服其购买的传播活动。

可以从以下几个方面理解广告的含义。

▶ 1. 广告有明确的广告主

广告主是为推销商品或提供服务,自行或者委托他人设计、制作、发布广告的主体,一般为企业。广告主既是广告的付费者,也是广告的受益人。

▶ 2. 广告具有经济活动的投入产出特点

广告必须支付一定的费用,但同时能给企业带来销售利润的增长,尽管这样的回报不是直接。这也是众多企业在充分认识了广告投资风险后,仍纷纷动用各种媒体进行广告宣传的原因所在。

▶ 3. 广告传播渠道

广告与人际传播不同,并非面对面的双向沟通。广告信息的传播必须借助媒体才能实现。媒体的类型和数量直接决定着广告的传播速度、传播范围、传播效果。

此外,广告本质上是一种具有鲜明目的性的信息传播活动。广告的功能就是广而告之,即根据企业、商品或市场特性,精心选择信息内容和传播媒体,将企业及产品和服务的信息传达给目标顾客,以达到扩大市场、促成交易的目的。

基于上述认识,本书对于广告的定义是:广告是由明确的组织或个人,通过支付费用,以非人员的方式进行产品、服务或观念传播,以达到一定目的的活动。

二、广告管理过程

广告管理是指企业的广告管理人员为配合企业整体营销计划,针对具体促销目标,所实施的广告的分析、计划、决策、执行、控制、评估等一系列活动的总称。广告管理着眼于广告活动的全局管理,而非具体的广告业务。广告管理可以分为四大步骤:广告调查与分析、广告计划与决策、广告执行与控制、广告效果评估。

▶ 1. 广告调查与分析

这一阶段主要是开展市场调查与研究,对营销环境进行分析,包括市场分析、产品分析和消费者分析,在此基础上才可能有针对性地制定出广告战略与策略。

▶ 2. 广告计划与决策

这一阶段,主要是对广告活动的整体过程和具体环节进行战略和策略的决策及计划,包括确立广告目标、确定广告策略以及确定广告预算等工作。

(1) 确立广告目标。广告目标是指广告活动所要达到的预期目的。广告目标确定了广告活动的基本方向和指导方针,是整个广告计划中最重要的部分。广告活动的其他基本要素,如广告预算的确定、广告策略的选择、媒体选择方案的确定等,都要基于广告目标来展开。

广告目标取决于营销目标。有关学者列举出各种广告目标并将其归纳为告知、说服、提示三个方面,如表9-4所示。

表9-4 可能的广告目标

告知(告知性广告)	
向市场通告新产品信息	描述可提供的服务
介绍产品的新用途	纠正错误的印象
将价格的变化通告市场	减少消费者的担心
解释产品的工作原理	树立公司形象
说服(说服性广告)	
建立品牌偏好	说服顾客立即购买
鼓励消费者转向自己的品牌	说服顾客接受访问
改变顾客对产品属性的认知	
提示(提示性广告)	
提醒消费者不久就会需要此产品	使消费者在淡季也能记住产品
提醒消费者购买的地点	维持尽可能高的知名度

以上三类目标适用于不同的营销阶段。通常来说,告知性广告主要适用于产品生命周期中的导入期,其内容主要是介绍一种新产品的问世,说明该产品的用途和在哪里可以购买,目的在于促进市场产生初步需求。说服性广告适用于产品生命周期中的成长期,这时

客户对该产品有需求,但尚未形成偏好。企业此时运用说服性广告,可以劝说、诱导顾客购买并培养品牌偏好。提示性广告适用于产品生命周期中的成熟阶段,目的在于加深或重新唤起客户的注意力,增进购买者购买信心并刺激重复购买,进一步巩固现有的客户群。

(2) 确定广告策略。广告策略是在广告目标的指引下,根据市场调研所掌握的信息,对广告的侧重方面、运作方式等做出的总体安排。

① 推出需求广告策略和拖拉需求广告策略。

a. 推出需求广告策略:是企业的产品已经上市,在消费者可以看到、买到这些产品的同时进行广告宣传,以激发需求,促进销售的策略。

b. 拖拉需求广告策略:是企业在新产品投向市场之前就开始做广告,引发消费者兴趣,当广告拖拉出消费者的需求后,再让产品正式上市销售,实现产品迅速为市场所接受的策略。

② 面向总体市场的广告策略和面向细分市场的广告策略。

a. 面向总体市场的广告策略:是为了配合无差异营销战略,充分考虑大众需求和口味,针对总体市场采用连续一致广告模式的统一策略。

b. 面对细分市场的广告策略:是为了配合差异营销战略,研究不同类型消费者的需求,针对不同细分市场采用不同广告模式的多元化策略。

③ 满足基本需求的广告策略和满足选择需求的广告策略。

a. 满足基本需求的广告策略:是为适应消费者基本需求,在广告中通过平实、大众化的语言,突出产品物美价廉、经久耐用的广告策略。

b. 满足选择需求的广告策略:是为适应消费者特定需求,在广告中通过气氛渲染、情感劝说,突出产品格调高雅、与众不同的广告策略。

(3) 确定广告预算。编制广告预算是企业面临的最难制定的营销决策之一,需要综合考虑产品在生命周期所处的阶段、市场占有率和消费者基础、竞争情况、广告频率、产品的替代能力等诸多因素。企业在编制广告预算时,应力求精细,根据具体情况选择适当的编制方法。常见的广告预算编制方法有以下几种。

① 销售百分比法。即按照目前或预期销售额的百分比来安排广告费用。这能使广告费用与销售额保持一定比例,保证了广告费的来源,但易于形成"马太效应"。

② 量力支出法。即根据企业自身的财务力量来决定广告预算大小。此法优点是简便易行,但不一定能适应市场销售形势对广告费的要求。

③ 竞争对等法。即根据竞争对手的广告费用水平来确定自己的广告费用开支,以便于与竞争对手相抗衡。

④ 目标任务法。即根据营销总目标确定广告目标,然后明确为实现目标所要完成的任务,最后再估算完成这些任务所需要的费用。

▶ 3. 广告执行与控制

这一阶段是执行并实施广告决策与计划的过程,主要的工作包括以下几个方面。

(1) 选择广告代理商。广告主对外发布广告往往要借助广告代理商。广告代理商拥有专业的技能和通畅的信息渠道,不但能够帮助广告主创作广告文本和选择广告媒体,还能够代表广告主计划和安排广告的具体推出,直到广告在媒体上出现并产生预期效果,实现广告目标。

(2) 选择广告媒体。不同的媒体对同一信息传播功效各有不同，因此，企业应在充分发挥不同媒体功能的基础上，选择合适的广告媒体。

(3) 决定广告表现并制作广告。在这一步骤里，要进行广告文案、广告构思、广告色彩的设计与表现，以及广告的后期制作。广告制作水平的高低直接影响到广告的效果，不同的媒体对广告制作的要求也是不一样的。

(4) 确定广告的投放时间及区域。在选择广告时机时，应综合考虑购买者流量、购买频率及遗忘率等因素，有所针对地选择连续、集中或是起伏的广告方式；在选择广告地区时，考察的因素有广告目标、公司的销售地域、目标顾客的分布情况等，可采用全国性广告、区域性广告及地方性广告等。

另外，在广告执行与控制过程中应注意与其他营销活动相配合，以形成立体化的营销活动，壮大声势，提高整体营销效果。

▶ 4. 广告效果评估

广告的效果主要体现在三方面，即广告的传播效果、广告的促销效果和广告的社会效果。广告的传播效果是前提和基础，广告的销售效果是广告效果的核心和关键，企业的广告活动也不能忽视对社会风气和价值观念的影响。

(1) 广告传播效果的评估。主要评估广告是否将信息有效地传递给目标受众。这种评估传播前和传播后都应进行。传播前，既可采用专家意见综合法，由专家对广告作品进行评定，也可以采用消费者评判法，聘请消费者对广告作品从吸引力、易读性、好感度、认知力、感染力和号召力等方面进行评分。传播后，可再邀请一些目标消费者，向他们了解对广告的阅读率或视听率，以及对广告的回忆状况等。

(2) 广告促销效果的评估。促销效果是广告的核心效果。广告的促销效果，主要测定广告所引起的产品销售额及利润的变化状况。测定广告的促销效果，一般可以采用比较的方法。在其他影响销售的因素一定的情况下，比较广告后和广告前销售额的变化；或者其他条件基本相同的甲和乙两个地区，在甲地做广告而在乙地不做广告，然后比较销售额的差别，以此判断广告的促销效果等。

(3) 广告社会效果的评估。主要评定广告的合法性以及广告对社会文化价值观念的影响。一般可以通过专家意见法和消费者评判法进行。

三、广告媒体决策

▶ 1. 广告媒体的种类

广告媒体是指在广告主和目标顾客之间起连接作用的媒介物，即广告信息必须经过广告媒体才能传达到目标顾客。广告媒体形式多样，各具特色，如表9-5所示。

表9-5 主要广告媒体的特点比较

媒 体	优 点	缺 点
报纸	读者稳定，传播覆盖面大，时效性强，可信度高，制作简单、灵活	保存性差，色彩单调，表现力差，传阅者少
杂志	专业性较强，读者更为稳定、集中，保留时间长，传阅者多，印刷效果好	覆盖面较小，信息传递较慢，广告购买置前时间长

续表

媒体	优点	缺点
电视	播放及时，覆盖面广，选择性强，收视率高，可反复播出，综合视觉、听觉和动作，表现力强	成本高，干扰多，瞬间即逝，观众选择性少
广播	大众化宣传，制作简单，传播面广，地理和人口方面选择性较强，成本低	仅有声音，感染力差，无法查找，展露瞬间即逝，难以集中注意力
直接邮寄	目标对象明确，针对性强，接受者有选择性，竞争压力小，人情味较浓	成本较高，可能造成泛滥印象
户外	灵活，广告展露时间长，费用低，竞争少	受众选择性差，缺乏创意
售点	持续时间长，诱导、提醒消费者，烘托售点气氛，费用较低	传播范围有限，广告设计要求高，占用空间，易形成压迫、喧嚣感
互联网	选择性好，成本低，表现力强，信息量大，交互性好，易查找，易保存	受众控制展示时间，受众单一，普及率不高，覆盖面窄

广告媒体还可以概括为以下几类：
(1) 印刷品媒体，包括报纸、杂志、电话簿、画册、商标、说明书、火车时刻表等。
(2) 电子媒体，如电视、电影、网络、电台广播、电子显示大屏幕、幻灯机等。
(3) 户外媒体，如路牌、灯箱、霓虹灯、海报、招贴、旗帜等。
(4) 邮寄媒体，如明信片、函件、征订单、订货卡、定期或不定期的业务通信等。
(5) 展示媒体，如柜台、门面、模特、商品陈列、橱窗、招牌、店内宣传品等。
(6) 交通媒体，如汽车、飞机、火车、地铁、轮船等。
(7) 其他媒体，如包装纸、购物袋、火柴盒、手提包等。

▶ 2. 选择广告媒体的考虑因素

(1) 媒体的性质与传播效果。正如表9-5所反映的，不同的广告媒体，有不同的优点和缺点，这是选择媒体时首先要考虑的因素。媒体的传播范围、发行数量、权威性、周期长短等直接关系到受众人数、广告的可信度及影响力。

(2) 产品的性能和使用范围。不同的产品有不同的性能和使用范围。选择广告媒体时，要考虑广告产品自身的特点、使用价值、所处产品生命周期及质量、价格、产品包装等，以选择最合适的广告媒体。如技术性复杂的机械产品需要详细的文字介绍，宜采用针对性强、版面大、范围明确的行业性报纸、专业杂志等媒体；而化妆产品则宜采用表现力强、色彩夺目的电视及杂志媒体。

(3) 目标市场的特征和习惯。其一，目标市场的范围。全国性市场适合选择全国性媒体，如中央电视台、经济日报等；区域性市场适合选择地区性媒体，如广州日报、广州电视台等。其二，目标市场的地理区域。农村市场需要选择适合农民的媒体，如《南方农村报》等；城市市场则适合选择都市类媒体，如《南方都市报》等。其三，目标市场的媒体习惯。每种媒体都有自己独特的定位，每类消费者也都有自己的媒体习惯。如针对中老年目标受众，宜采用电视、广播、报纸等传统媒体；而针对青少年目标受众，可考虑选用互联网等新型媒体。

(4) 广告成本和广告主的财务力量。选择广告媒体时，广告主应合理估算广告成本，根据自己的财务水平，量力而行。通常来说，制作程序简单的媒体，广告发布较快，成本较低，适合于中小企业，如报纸、网络媒体；制作程序复杂的媒体，广告发布较慢，成本较高，实力雄厚的企业多采用这类媒体，如电视、路牌媒体。

除上述因素外，市场现状、消费趋势、销售范围、媒体的知名度和影响力、媒体的可获性、法律限制等也是企业在选择广告媒体时应该考虑的方面。

知识链接

世界经典广告语

雀巢咖啡：味道好极了

这是人们最熟悉的一句广告语，也是人们最喜欢的广告语。简单而又意味深远，朗朗上口。

M&M巧克力：只溶在口，不溶在手

这是著名广告大师伯恩巴克的灵感之作，堪称经典，流传至今。它既反映了M&M巧克力糖衣包装的独特性，又暗示M&M巧克力口味好，以至于我们不愿意使巧克力在手上停留片刻。

百事可乐：新一代的选择

在与可口可乐的竞争中，百事可乐终于找到突破口，它从年轻人身上发现市场，把自己定位为新生代的可乐，邀请新生代喜欢的超级歌星作为自己的品牌代言人，终于赢得青年人的青睐。

大众甲壳虫汽车：想想还是小的好

20世纪60年代的美国汽车市场是大型车的天下。伯恩巴克提出"think small"的主张了拯救大众的甲壳虫，运用广告的力量，改变了美国人的观念，使美国人认识到小型车的优点。

耐克：just do it

耐克通过以"just do it"为主题的系列广告，和篮球明星乔丹的明星效应，迅速成为体育用品的第一品牌。

第四节 公共关系

一、公共关系的概念及特征

1. 公共关系的概念

公共关系是指社会组织在运行中，通过信息传播沟通媒介，促进组织与相关公众之间的双向了解、理解、信任与合作，从而树立组织良好公众形象，维系组织良好公关状态的一种经营管理活动。公共关系在营销理论和实践中都受到了广泛关注，它的好坏直接影响着企业在公众心目中的形象，影响着企业营销目标的实现。

2. 公共关系的特征

公共关系是一种以塑造组织形象为己任的传播管理艺术。良好的形象是公共关系的追求目标，塑造形象不是件容易的事，保持良好的形象更不是件容易的事。对于企业而言，公共关系和宣传之所以具有吸引力，是因为它具有以下特征。

（1）以社会公众为工作对象。

（2）以在公众中塑造良好形象为工作目标。

（3）以双向传播与沟通为工作方式。公关活动中，企业一方面要把自身的信息向公众进行传播和解释，同时也要把公众的信息向企业进行传播和解释，使企业和公众在双向传播中形成和谐的关系。

（4）以互惠互利、真诚合作为工作原则。

（5）以注重长远为工作方针。公共关系是企业通过公关活动树立良好的社会形象，从而创造良好的社会环境。这是一个长期的过程。良好的企业形象也能为企业的经营和发展带来长期的促进效应。

二、公共关系的功能

公共关系作为一门经营管理艺术，能为企业营造良好的市场环境，其促销功能主要体现在扩大影响、采集信息、咨询建议、协调沟通四个方面。

1. 扩大影响

公共关系的最终目标就是要树立组织良好的形象，维系组织良好的公关状态。无疑，有效的公关活动将有利于提升企业的知名度及美誉度，即能够起到吸引公众注意力，扩大企业的知名度，以争取更多的潜在顾客，以及树立企业良好的信誉，增强公众对企业的好感和信任感，吸引公众经常惠顾的作用。

2. 采集信息

公共关系在公众双向沟通的过程中，所收集的信息主要有两大类，即产品形象信息与企业形象信息。产品形象信息包括公众特别是用户对于产品价格、质量、性能等方面的反映，对于该产品优点、缺点的评价以及如何改进等方面的建议；企业形象信息则包括公众对于企业领导机构的评价、对于企业管理水平的评价、对于企业人员素质的评价、对于企业服务质量的评价等方面。

3. 咨询建议

公关人员在企业经营管理中的特殊地位，不仅使得他们能够就所采集的信息进行整理、选择、分类、归档，并向企业领导提供有关公众方面的可靠情况说明和建议，而且他们也能够切实地站在公众立场上发现问题，将公众利益、公关目标纳入决策视野，为企业高层决策提供咨询建议的帮助。

4. 协调沟通

公共关系的基本内容即妥善处理各种内外关系。尽管公众各异，具体公共关系方法不同，但这一切工作都是围绕此展开的。有效的公共关系将有利于招揽人才、吸引投资、获得理解、争取支持、促进销售等，特别是在企业与公众关系不明朗、不和谐时，公共关系能够起到很好的"润滑剂"作用，为促销成功及企业长远发展扫除障碍。

三、公共关系与广告的区别

1. 公共关系具有高度可信性

公共关系不同于广告，广告是一种"付费的宣传"，其表现方式可采取文学、艺术甚至是戏剧的，乃至于神话般的夸张手法；而公共关系坚持说真话，是一种"免费广告"。

2. 公共关系能消除顾客的抵触心理

广告是"让公众来买我"，公共关系是"要公众来爱我"。与广告相比，公共关系可通过媒体一般性的新闻报道和特写来增加传播信息的可信性，消除公众的戒备抵触心理，涵盖那些不喜欢推销和广告的消费者，可以弥补广告促销的不足。

3. 公共关系能提高企业知名度、美誉度

广告追求的效果往往是短期内直接可以衡量的，而成功的公共关系可以利用媒体来讲述一些戏剧化的情节，吸引人们对某产品、服务和企业的关注，获得包括政治、经济、社会、文化诸方面效益在内的社会效应。广告的作用就像赛马时将马骑上跑道，鞭策以加快；公共关系像清除跑道上的沙石，从而使马跑得更好。

四、公共关系活动的类型

实践中，常见的公关活动类型有宣传型公共关系、交际型公共关系、服务型公共关系、社会型公共关系、征询型公共关系等。

1. 宣传型公共关系

这是企业运用各种传媒及沟通方法，向公众传递组织信息，使之充分了解组织、支持组织，从而对内增强凝聚力、对外扩大影响、提高美誉度的公关活动模式。其特点是传播面广、主导性强、时效性强、见效快，但传播主要停留在表面的层次上。常用的方式对内有座谈会、组织报纸、闭路电视等，对外有新闻发布会、开业庆典、周年纪念、形象广告、宣传图册、影视制品等。

2. 交际型公共关系

这是企业与公众的直接接触，通过人际交往进行感情上的联络，建立广泛的社会关系网络，形成有利的人际关系环境的公关活动模式。其特点是具有灵活性，富有人情味，能促进企业与公众之间情感层次的交流。常用的方式有舞会、招待会、茶话会、座谈会、春节团拜、工作午餐、联欢会等。

3. 服务型公共关系

这是通过提供优质服务来获取社会公众的了解和好评，建立良好组织形象的公关活动模式。这种模式直接向公众展示组织的行为和行动，使公关上升到行为层次，能够更好地影响公众，获得公众好感。常用的方式有免费安装、终身保修、提供保险、热线导购、代看婴幼童、出借雨具等。

4. 社会型公共关系

这是社会组织利用举办各种社会性、公益性活动，展现企业关心社会、关爱他人的高尚胸襟，以扩大组织的社会影响，提高社会声誉，赢得公众好感的公关活动模式。常用的方式有赞助社会福利事业和文化、体育、卫生事业，资助公共服务设施的建设，宣传社会

新风尚,参与再就业创造工程等。

▶ 5. 征询型公共关系

这是以采集信息、了解民意为主要内容的公关活动模式,其目的是通过征询这种特殊方式,表明企业愿意听取公众意见、改进自己工作的诚意,加强双向沟通,加深公众印象。常用的方式有进行民意测验、开办各种资讯业务、建立来信来访制度和相应的接待机构、开设公众热线电话和聘请兼职的信息人员等。

五、公关策划

▶ 1. 公关策划的概念

公关策划就是营销人员根据组织形象的现状和目标,分析现有条件,谋划、设计公关策略、专题活动和具体公关活动最佳行动方案的过程。在公关策划活动中,组织目标是公共关系策划的原动力,公众心理是公共关系策划的主战场,信息个性是公共关系策划打入市场的"金刚钻",审美情趣是公共关系策划方案深入人心的"金钥匙"。

公关策划属于公共关系中最高的层次,是公共关系价值的集中显现,是公共关系竞争制胜的法宝。

▶ 2. 公关策划的内容与程序

(1) 分析公共关系现状。主要做好三项工作:审核已收集的公关资料,分析公关现状;明确公共关系存在的主要问题及原因;了解企业形象的选择和规划。

首先,调查影响企业生存和发展的问题和障碍;其次,分析这些问题和障碍,哪些是由企业与社会公众关系造成的;最后,研究企业与社会公众关系现状的主要症结和形成原因。

(2) 确定公共关系目标。进行公共关系活动要有明确的目标。目标的确定是公共关系活动取得良好效果的前提条件。企业的公关目标因企业面临的环境和任务的不同而不同。一般来说,企业的公关目标主要有以下几类:

① 新产品、新技术开发之中,要让公众有足够的了解;
② 开辟新市场之前,要在新市场所在地的公众中宣传组织的声誉;
③ 转产其他产品时,要树立组织新形象,使之与新产品相适应;
④ 参加社会公益活动,增加公众对组织的了解和好感;
⑤ 开展社区公关,与组织所在地的公众沟通;
⑥ 本组织的产品或服务在社会上造成不良影响后,进行公共关系活动以挽回影响;
⑦ 创造一个良好的消费环境,在公众中普及同本组织有关的产品或服务的消费方式。

(3) 选择和分析目标公众。即公关活动要针对哪些具体公众,加强同哪些公众的关系,中断与哪些公众的关系,改变同哪些公众的关系。

(4) 公关活动方案设计。公关活动方案主要涉及公关活动项目、活动策略、活动主题、活动时机等。在制定公关活动方案时尤其要注意公关时机的选择,同时要重视活动细节。

① 公关活动主题。是指特定的公关活动所要表现的中心内容,它是公关活动的灵魂,是公关活动的主旋律。公关活动主题设计首先要与公关目标相一致,通过一个口号或一句陈述直接点明主题;其次要通过崭新的创意使主题鲜明生动,或配以歌曲、图案、音响、

画面等表现形式强化主题；再者公关主题设计要适应社会公众的心理需要，让公众觉得可亲、可近、可信。

② 公关活动时间。合理安排公关活动时间在方案策划中尤为重要，时机选择恰当，公关活动可以收到事半功倍的效果。企业开展公关活动往往可以选择企业成立或新产品推出之时、企业纪念日或社会喜庆日、重大活动发生时、企业形象受损时、突发事件发生时等。

③ 公关活动地点。即对公关活动的空间地域进行限定。开展公关活动对地点的选择也是十分重要的，地点恰当，公关效果就会十分显著。

④ 公关活动媒体。常见的传播媒体有大众传播媒体、组织传播媒体和个体传播媒体三种。

大众传播媒体有报纸、杂志、广播、电视等，主要特点是传播广泛、影响力大。

组织传播媒体有视听资料、闭路电视、广播、内部刊物、墙报、板报等内部成员之间以及组织之间进行交流过程的媒介，主要特点是权威性高和可信度强。

个体传播媒介主要是指以具体的个人为传播者进行沟通的媒介，如口头交流、演讲、谈判、劝说等，主要特点是亲切可信、易于接受。

在媒体策划时，要充分考虑各种传播媒体的特点，使各种传播媒体之间形成良好的配合、互补、协调效应。

⑤ 公关活动预算。公关活动预算要分两类：一类是基本费用，如人工、办公经费、器材费；另一类是活动费用，如招待费、庆典活动费用、广告宣传费、交际应酬费用等。

(5) 效果评估。效果评估是对公关策划的效果进行评价和预计，同时在公关活动实施过程中，不断进行总结，寻求进一步完善的途径。

传播信息是一个潜移默化的过程，对公关活动效果的评估很难用具体的数据反映出来，人们观念和态度上的转变会在行为中体现出来。

▶ 3. 选择公关策划工具

公共关系是一门综合性的艺术，企业要有效地实施公关方案，达到公关目标，就必须善于运用各种公关活动工具和方式。常用的公关策划工具及形式如表 9-6 所示。

表 9-6 公关策划常用工具汇总表

事件	企业可以通过安排一些特别事件来吸引目标公众对新产品或者企业活动的关注，如新闻发布会、研讨会、远足、展览、竞赛或者周年纪念活动
赞助	企业可以通过赞助体育和文化活动以及社会公益事业宣传自己的品牌和企业形象
新闻	发现和创造与企业、产品或者员工相关的有利新闻，然后推动媒体进行报道或者参加新闻发布会
演讲	企业管理层人员要巧妙应对媒体提问，并在某些场合发表演讲，以此来增强企业形象
参与社会活动	企业可以通过资助一些公益事业如教育、健康、环境保护等活动建立声誉
标志媒介	通过一些手段将企业形象可视化，如口号、文具、小册子、标识、名片、网站、建筑物、服装等

(1) 事件。一些特殊事件可以吸引公众对企业新产品和该企业其他事件的关注，企业可以有意识地安排一些新闻发布会、研讨会、郊游、展览会、竞赛、运动会和各种庆典活动等。

(2) 赞助。企业可以通过赞助文化或公益活动等获得社会公众的关注与好感，推广宣传自己企业的品牌和企业形象，如赞助公益活动、环保事业、文化体育事业等。

（3）新闻。企业可以通过制造一些对企业和产品有利的新闻来增加顾客对企业的信任感。由新闻媒介提供的宣传报道对企业来说是一种免费广告，它能给企业带来许多好处：首先，它能比广告创造更大的新闻价值和传播效果，有时甚至是一种轰动效应。其次，宣传报道比广告更具可信性，能增加信息的可靠度、可信度，使消费者在心理上感到更加客观和真实。具体形式有新闻发布会、记者招待会和新闻报道等。

（4）演讲。企业管理人员利用各种场合、机会，灵活地运用公共关系与语言艺术发表演讲，介绍企业及产品情况，解答公众关心的问题，处理顾客抱怨和投诉，进行某方面的劝告和建议。演讲是提高企业知名度的一种有效形式。

（5）参与社会活动。企业在从事生产经营活动的同时，还应积极参与社会活动，在社会活动中体现自己的社会责任，赢得社会公众的理解和信任，充分表现企业作为社会的一个成员应尽的责任和义务。通过参与社会活动，企业可结交社会各界朋友，建立起广泛和良好的人际关系。例如，捐资助学、扶贫帮困、救灾，赞助一些公益事业，如教育、健康、环境保护等。

（6）形象识别媒介。在公共关系活动中，企业可以印发各种宣传材料，如介绍企业的小册子、业务资讯、图片画册、音像资料等；还可以举办形式多样的展览会、报告会、纪念会及有奖竞赛等。通过这些活动可使社会公众了解企业的历史、业绩、名优产品、优秀人物、发展的前景，而达到树立企业形象的目的。

六、企业形象与 CIS

塑造良好的企业形象是一切公共关系工作的核心，因此，企业形象就成为公共关系策略的核心概念。

CIS 或 CI 是 corporation identification system 的英文缩写，意思是企业识别系统，它是指企业为了塑造或提升自身形象，运用统一的传达识别系统，将企业理念与文化传达给企业的内外公众，并使其对企业产生一致的认同感和价值观的一种战略性活动和职能。可见，CIS 不仅仅是短期的促销工具，而且是企业营销发展战略的长远工具。

完整的 CIS 战略应由三个子系统组成：企业理念识别系统（mind identity system，MIS）、企业行为识别系统（behavior identity system，BIS）、企业视觉识别系统（visual identity system，VIS）。CIS 战略的内容如表 9-7 所示。

表 9-7 CIS 战略的内容

GCIS	MIS		企业愿景、核心价值观、企业使命、经营哲学、经营宗旨、企业精神、价值观、企业座右铭、企业风格等
	BIS	对外	销售服务、产品开发、市场调查、公益活动、促销活动、金融关系、公害对策、文化体育活动等
		对内	工作制度、作业流程、职工教育、生产福利、工作环境、内部营缮、生产设备、废物处理、公害对策、研究发展
	VIS	基本设计	标准字、标准色、企业名称、企业标识(商标)、吉祥物、企业象征图案等
		应用设计	广告媒介、交通工具、商品包装、制服设计、室内设计、建筑设计、公关及事务用品等
		辅助设计	标准字和标准色特殊的使用规范、样本的其他附加使用说明等

MIS 是企业对其经营宗旨、经营哲学、企业价值观以及在此基础上递延出来的整个企业文化的高度概括和折射，在思想上、精神上使本企业区别于其他竞争者；BIS 是在企业理念的指导下，企业对内、对外生产经营活动所呈现出的总体态势，目的在于从行为举止、行为方式上使本企业员工、服务方式区别于其他竞争者；VIS 是对企业形象一切可视要素进行系统、标准化的设计，并通过特定的传播媒介传达给公众，使其能够识别某一固定的企业形象，目的在于从视觉上使本企业的产品、服务、形象区别于其他竞争者。

相对而言，VIS 设计轻而易举，BIS 设计也可以模仿，而 MIS 设计最为困难。这是因为 MIS 设计包括建立独特企业文化、企业价值观、企业信仰理想等，这些理念的形成并非一朝一夕，而是个循序渐进的过程，而且企业的理念识别系统直接决定了视觉识别系统和行为识别系统的建设，因此 MIS 是 CIS 战略的核心和灵魂。

七、危机公关

危机是一种特殊情况，也是一种突发性事件。企业常常会因为管理不善、同行竞争、遭遇恶意破坏或者是外界特殊事件的影响而陷入社会信任危机。

1. 危机事件的特点

（1）突发性。几乎所有的危机事件都是在人们无法预料的情况下突然发生，往往会令组织措手不及。由于组织毫无准备，因此往往会陷于混乱之中。

（2）紧迫性。危机一旦发生，就有飞速扩张之态势，它就会像突然爆炸的"炸弹"，在社会中迅速扩散开来，对社会造成严重的冲击。同时，它还会像一根牵动社会的"神经"，迅速引起社会各界的不同反应，令社会各界密切关注，若不采取有效的制止措施，就容易使整个组织形象彻底遭到破坏。

（3）破坏性。不论什么性质和规模的危机，都必然不同程度地给企业造成破坏，影响企业的正常运转或生产经营秩序，带来严重的形象危机和巨大的经济损失，也会造成社会公众的混乱和恐慌。而且由于决策的时间以及信息有限，往往会导致决策失误，从而带来无可估量的损失。

（4）可变性。危机事件是可变的，可以发生，也可以消除。

危机公关中的危机既有"危"也有"机"，而公关的最终目标就是要实现两者之间的转变，即由"危"转"机"。

2. 危机的类型

（1）企业内部危机。企业内部危机主要包括产品质量危机、品牌危机、企业内部管理或经营危机、公害危机。

① 产品质量危机。这类危机是公共关系中最常见的危机，主要指由所生产产品或提供服务的质量、性能存在问题或缺陷从而导致公众或消费者的强烈不满和抗议，甚至被政府部门责令停产的事件。

② 品牌危机。企业被指控侵害他人名誉权、知识产权，或企业商标权受到侵犯都会带来品牌危机。

③ 企业内部管理或经营危机。指由于投资、并购、改制、债务、供应或人事变动等经营决策带来的危机。

④ 公害危机。指一些行为严重损害了自然环境、社会公共设施或违背了社会公德而导致的公众不满事件所带来的危机。

（2）外部环境危机。外部环境危机主要包括市场危机、媒体危机、法律或政策危机、虚假信息危机、不可抗力危机等。

① 市场危机。指市场竞争者的增加、竞争对手竞争策略转变、企业营销能力下降所产生的危机。

② 媒体危机。指因媒体报道、曝光或报道失实而带来的企业形象的受损。

③ 法律或政策危机。指政策调整、新法律法规出台导致的危机。

④ 虚假信息危机。一些刻意捏造的虚假信息，公众就会因不了解事实真相而产生不满，企业如果不及时澄清、查明事实并快速反应，同样会带来危机。

⑤ 不可抗力危机。不可抗拒的自然灾害如地震、台风、洪水、火灾等均可让企业陷入危机。

▶ 3. 危机处理的原则

危机发生后，企业要处理好两方面的问题：一个是利益的问题，无论谁是谁非，企业都应该承担责任；即使受害者在事故中有一定责任，企业也不应首先追究其责任，否则会各执己见，加深矛盾，引起公众的反感，不利于问题的解决。另一个是感情问题，公众很在意企业是否在意自己的感受，因此企业应该站在受害者的立场上表示同情和安慰，并通过新闻媒介向公众道歉，在情感上赢得公众的理解和信任。

（1）预测的原则。预测的原则是指分析研究某些引发危机的线索和因素，估计将遇到的问题、事件的性质以及发展的程度和方向，预测后立即向组织决策层、各职能部门传输信息，以加强协作，及时妥善处理危机事件。

（2）实事求是的原则。组织在处理危机事件的时候，无论是对内部公众，还是对新闻记者、受害者、上级领导等，都不能隐瞒事实真相，而是要实事求是，以争取主动，求得公众的理解和信任。

（3）应急的原则。危机发生后，能否首先控制住事态，使其不扩大、不升级、不蔓延，是处理危机的关键。应急的原则是指对发生的危机采取有效措施及时地给予控制。

（4）积极行动的原则。在危机公关中，策略固然重要，但是最重要的还是对待险情的态度。拥有一个积极的态度也是由"危"转"机"的前提条件。危机发生后，公共关系人员要迅速行动，及时赶到现场，迅速查明事实，及早采取措施。接待公众时，要尽其所能，给予帮助。

（5）承担责任的原则。组织与利益公众之间的关系一旦发生危机，最见成效的办法就是协调好各种利益关系，尤其要注意受害者的利益，对他们处置得好与坏将关系到组织舆论状态和形象的改变。

▶ 4. 危机公关策划

危机公关是指一个企业在面临危机事件时所采取的一系列消除影响、恢复形象的自救行动和应对机制。危机公关对于国家、企业、个人等都具有重要的作用。危机公关策划要点如下。

（1）及时处理危机。危机事件一旦发生，很容易出现人心涣散的局面。如何引导舆论、稳定人心，便成为处理危机事件的一项重要任务。危机发生后，企业应当成立危机处理小组,迅速做出反应,冷静处理,了解危机产生的真正原因,对可能出现的情况制定应急措施;启动危机应变计划,及时处理,及时报告,不让事态继续蔓延。

(2)成立危机新闻中心。完善的危机新闻中心就是一种专门的信息管理机构。建立有效的信息传播系统,做好危机发生后的信息搜集、发布、传播反馈和沟通工作,随时接受新闻媒体采访,不间断地满足企业外部公众与媒体的咨询要求。

(3)主动与新闻媒体沟通。在危机发生而事件真相尚未查明前,企业可以与新闻界取得联系,向媒体提供初步情况和企业采取的应对措施,争取新闻界的理解与合作,及时做好报道工作;在确切了解危机的原因后,应通过召开新闻发布会等方式让社会公众了解相关情况。在与新闻媒体沟通时要注意信息内容准确、传播口径统一,以免造成公众的疑虑和不满。

(4)修正错误。如果是因为企业自身的过错而导致的危机,危机公关的重点就要放在错误方面,主动承担责任,迅速修正错误,与当事人深度沟通,争取公众的宽容和谅解。

(5)消除误会。消除误会,即消除公众中由于危机事件而引起的对企业的误会。沟通不及时或不合时宜、传播的中间环节出现故障、信息不完整、公众理解发生偏差等原因造成公众对企业的误解,从而损害企业的信誉度。所以面对公众误解,公关人员应及时找到误解,从源头跟其沟通,防止误会的扩散。

第五节　营业推广

一、营业推广的概念

营业推广又称销售促进,美国市场营销协会将其定义为"那些不同于人员推销、广告和公共关系的销售活动,它旨在激发消费者购买和促进经销商的效率,诸如陈列、展出与展览表演和许多非常规、非经常性的销售尝试"。可见,营业推广是企业为了刺激购买需求、购买数量或购买频次而采取的一系列短期的促销措施。

二、营业推广的工具

企业进行销售促进时,可以根据不同的营销对象选择合适的工具,如赠品、折扣、有奖销售等。下面介绍一些常见的方法。

▶ 1. 赠品

赠品是指顾客购买商品时,以另外有价物质或服务等方式来直接提高商品价值的促销活动,其目的是通过直接的利益刺激达到短期内的销售增加。赠品能直接给顾客实惠,加深顾客对商品的印象,有利于加强商品的竞争力。

常用的赠品派发方法有店内附赠、积分赠送、现场发送、随产品赠送等。

在赠品选择时,要尽量保持赠品与产品的关联性,以设计程序简单、不夸大赠品的价值为原则。

2. 赠品印花

赠品印花是指在活动期间，消费者收集的积分点券、标签或购物凭证等证明（印花），积累一定数量时则可兑换赠品，因此，赠品印花也称为积点优惠。

赠品印花最大的好处就是在储蓄性的促销活动中，提高商品的使用频率和突破季节性限制，培养购买习惯，建立品牌忠诚度。

3. 凭证优惠

凭证优惠是指厂商为了达到不同的促销目的，而让消费者依据某种凭证，在购买产品时享受一定的优惠。凭证优惠最常提供的是产品价格上的优惠，如现金回赠、抽奖竞赛、免费赠送中都需要用到某些凭证。

凭证优惠促销的时机一般选择在产品销售旺季或旺季来临前期，持续时间以6～8周为宜；通常活动开展的前4周兑换率最高，以后迅速下降，因此务必说明优惠券的有效期。

4. 借势陈列

由于商品陈列位置的好与差对销售额的影响很大，因此大多数商家极度重视产品陈列，往往不惜重金抢夺黄金货架，并将最好卖的产品放在最有利的位置。

在新产品入市时，企业可以考虑在旺销产品旁边的位置陈列新产品，增加新产品被注意的机会，从而增加顾客购买的机会。

5. 竞技活动

"竞技活动"以参加者身体力行的"体力"比赛为主，兼顾智力的应用，集游戏、竞赛于一体，利用消费者的争胜心理推广企业，提升企业品牌。

"竞技活动"的规模比较大，投资也较多，如提供比赛场所、通过电视媒体将活动过程播放出来等，如果组织成功，其效果也比较好，所造成的影响力较大。因此"竞技活动"要坚持以下操作原则。

（1）针对性原则。竞技活动要针对有效的目标顾客群体，开展有效的营销传播。

（2）观赏性原则。竞技活动不仅要考虑活动参与者的竞争愿望，还要顾及活动的可看性，这样才能扩大活动的影响力，引起更多人的兴趣与关注。

（3）驱动性原则。无论多有吸引力的竞技比赛项目，终究是一项业余活动。因此，诱人的奖励是驱使消费者决定投身活动的重要因素。

6. 延迟折扣

延迟折扣通常是指在购买时当场不给予购买者折扣，而在购买者购买后做一些事情才能得到的优惠。作为一种促销方式，延迟折扣被运用于超市等销售活动中，常用的做法是在消费者购买产品时发一张优惠券或代金券，顾客在将来购买时可以使用。

7. 现场折扣

现场折扣是指顾客在购买产品时在通常价位上当场给予折扣。现场折扣最容易引起消费者的注意，能有效地刺激当场的购买欲望，是一种非常有力的销售手段。

但现场折扣容易演变成价格战，引起竞争者仿效和攻击，因此企业运用现场折扣时要遵守同行市场规则，遵守价格方面的法律、法规。

现场折扣的方式有季节性折扣、数量折扣、降价、加量不加价等。

▶ 8. 合作广告

合作广告是指制造商通过向经销商提供详细的产品技术宣传资料、协助经销商进行广告宣传和店面装潢设计等优惠方式，借助合作伙伴的优势，准确地与目标群体进行互动沟通。

合作广告一般适用于新产品入市、引入高科技产品、竞争压力较大、费用不足却想取得较大成果等几种情况。

▶ 9. 免费试用

免费试用是将产品（或其试用装）免费赠送给消费者试用或品尝的一种促销方法，其目的在于使消费者对产品或生产企业产生好感和信任，进而成为产品的潜在消费者。

免费使用的常用方式有直接邮寄、附在杂志和报纸中分发、专业分发人员上门分发、店内或零售场所分发等。

▶ 10. 有奖竞赛

有奖竞赛是利用人们的好胜心，吸引消费者参加竞赛并赢得丰厚奖励的一种促销方式。常见的形式有有奖征集广告语，有奖征集与企业或企业产品相关的对联，有奖知识竞赛和知识问答，企业商标、包装袋、瓶盖的有奖收集竞赛等。

通过有奖竞赛可以使消费者对企业的产品产生深度认识，有效提升企业品牌价值。在实际操作中也要克服有奖竞赛难度较大、参与者较少、目标锁定不集中的缺点。

三、营业推广策划

开展营业推广策划，主要包括确定活动目标、选择推广工具、制订营业推广方案等程序。

▶ 1. 确定活动目标

营业推广的目标取决于产品营销目标。针对不同的活动对象营销目标不同，营业推广的目标也有所不同。

（1）就消费者而言，营业推广的目标包括：鼓励更多的购买；争取非使用者的试用；吸引竞争品牌的使用者。

（2）就零售商而言，营业推广的目标包括：劝说零售商经营更多的商品，维持较高的存货水平；鼓励淡季购买；抵制竞争品牌的销售促销；培养品牌忠诚度；赢得进入新的零售网点的机会。

（3）就销售团队而言，营业推广的目标包括：鼓励销售团队支持新产品或新型号；鼓励寻找更多的潜在顾客；刺激淡季的销售。

▶ 2. 选择推广工具

企业面对的主要营销对象有消费者、中间商和销售员，在选择营业推广工具时要结合营销对象的接受习惯、产品特点、目标市场状况等来综合分析。

（1）针对消费者的推广工具。向消费者推广，是为了鼓励老顾客继续购买、试用本企业的产品，激发新顾客试用本企业产品。其方法主要有赠送样品、发优惠券、现场演示等。针对消费者的推广工具及试用说明见表9-8。

表 9-8　针对消费者的推广工具及使用说明

工　具	主要使用说明
样品	向消费者提供的一定数量的免费产品或服务
优惠券	持有人在购买指定产品时可以获得预先设定的优惠额度的一种凭证
现金返还(回扣)	产品购买活动结束之后给予顾客的价格优惠，即消费者在购买产品后将"购买凭证"交给生产商，生产商再将部分购买款返还给消费者
特价包装	以比正常价格优惠的价格销售的打包或标记商品
奖品(礼品)	在购买特定产品时以较低价格或者免费提供的用于刺激购买者的商品
购买次数计划	针对顾客购买公司产品或服务的次数和数量给予奖励
竞赛、抽奖和游戏	消费者在购买特定商品后有机会参与竞赛、抽奖和游戏竞赛并获得相应的现金、旅游或者商品
回馈奖励	以现金或者点数给予光顾特定卖主的顾客的奖励
免费试用	邀请目标顾客免费试用产品，希望他们在试用后会购买产品
产品担保	卖方作出的明确的或隐含的承诺，保证在一定时期内产品性能将满足特定的标准，否则卖方将负责免费维修或者退换
捆绑销售促销	两个或以上的品牌或企业合作发放优惠券、退款，开展竞赛来增加合力
交叉销售促销	利用一个品牌为另一个与其不存在竞争关系的品牌做广告

(2) 针对中间商的推广工具。对中间商开展营业推广的主要目的是促使中间商积极经销本企业产品，随着大型零售商的力量不断增大，生产商不得不牺牲消费者营业推广和广告支出而进行更多的贸易推广活动。针对中间商的推广工具及使用说明见表 9-9。

表 9-9　针对中间商的推广工具及使用说明

工　具	主要使用说明
价格折扣	在指定时期的每一次购买都可以得到的直接的价格优惠
补贴、资助	给予那些同意以某种方式销售促销产品的零售商的一种奖励。生产商为中间商提供陈列商品及部分广告费用或部分运输费用等
免费商品	给予那些购买了一定数量产品或者经营某个产品品种或型号的中间商的额外商品奖励。生产商可能会为宣传公司名称的零售商提供销售佣金或者免费的广告礼品
会议	生产者邀请中间商参加定期举办的交易会、业务会、培训会或博览会等
竞赛	根据中间商销售本产品的实际绩效，给予优胜者不同的奖励
奖励	对有突出成绩的中间商给予特别的现金、物品奖励

(3) 针对销售团队的推广工具。为了激励企业的销售团队成员更努力工作，提高销售业绩，企业每年往往需要投入大量资金用于销售团队的。针对销售团队的推广工具及使用说明见表 9-10。

表 9-10 针对销售团队的推广工具及使用说明

工 具	主要使用说明
参加展览会	活动参与者可以通过展览会招揽新主顾,与客户保持联系,介绍新产品,接触新客户,向现有客户推销更多的商品,以及通过印刷品、音像制品和其他视听材料增进顾客对公司和产品的了解
销售竞赛	企业以销售人员的销售业绩、客户数目、拜访数量、实现利润等指标对销售人员进行考核评估,并奖励优秀者
广告礼品	广告礼品是指销售人员送给潜在用户和顾客的一些有用的、低成本的商品,该商品上印有企业的名称和地址以及一些广告信息。常用的有圆珠笔、日历、钥匙链、手电筒、包和记事本
培训	企业对销售人员开展相关的业务培训,以提高销售人员的知识、技能和素质

▶ 3. 制定营业推广方案

在制定营业推广方案时,营销人员应确定以下几项工作。

(1) 营业推广工具的最佳使用规模。诱因规模太大,企业的促销成本就高;诱因规模太小,对消费者又缺少足够的吸引力。因此,营销人员必须认真考察销售和成本增加的相对比率,确定最合理的诱因规模。

(2) 营业推广参加者的条件、选择标准。企业需要对促销对象的条件做出明确规定,比如赠送礼品,是赠送给每一个购买者还是只赠送给购买量达到一定要求的顾客等。

(3) 营业推广时机。营业推广的市场时机选择很重要,如季节性产品、节日或礼仪产品,必须在季前节前做营业推广,否则会错过良好的销售推广时机。

(4) 推广期限。营业推广是短期的促销行为,因此控制好时间长短也是取得预期促销效果的重要一环。推广活动持续时间的长短要恰当,既不能过长,也不宜过短。这是因为,时间过长会使消费者感到习以为常,减弱刺激需求的作用,甚至会产生疑问或不信任感;时间过短会使部分顾客来不及接受营业推广的好处,收不到最佳的促销效果。根据西方营销专家的研究,比较理想的推广期限是 3 个星期左右。

本章小结

促销是企业通过人员和非人员的方式把产品和服务的有关信息传递给顾客,以激起顾客的购买欲望,影响和促成顾客购买行为的全部活动。促销的实质是信息的传播和沟通。广告、公关、人员推销和销售促进是促销的基本方式,确定目标受众、确定沟通目标、设计促销信息、选择信息沟通渠道、制定促销预算和确定促销组合是促销的基本步骤。

在当代社会,广告既是一种重要的促销手段,又是一种重要的文化现象。广告对企业、对消费者和社会都具有重要作用。确定广告目标、设计广告信息、选择广告媒体、制定广告预算和评估广告效果是企业的主要广告决策。

人员推销是一种非常有效的促销方式。企业进行人员推销,必须确定合理的推销目标,选择恰当的推销方式,建立有效的推销队伍并加强对推销队伍的管理。

营业推广是企业刺激消费者迅速购买商品而采取的各种促销措施。进行营业推广,企业必须确定明确的促销目标，塑造适宜的商业氛围和选择恰当的推广工具，制定科学的推广方案并保证方案的实施。

公共关系是企业利用各种传播手段沟通内外部关系，从而为企业的生存和发展创造良好环境的经营管理艺术。企业在公关活动中，必须明确公关目标，选择合适的公关对象和公关方式，有效地实施公关方案并重视对公关效果的评估。

课后练习

一、选择题

1. 促销工作的核心是（ ）。
   A. 出售商品　　　B. 沟通信息　　　C. 建立良好关系　　　D. 寻找顾客
2. 促销的目的是引发刺激消费者产生（ ）。
   A. 购买行为　　　B. 购买兴趣　　　C. 购买决定　　　D. 购买倾向
3. 下列各因素中，不属于人员推销基本要素的是（ ）。
   A. 推销员　　　B. 推销品　　　C. 推销条件　　　D. 推销对象
4. 对于单位价值高、性能复杂、需要做示范的产品，通常采用（ ）策略。
   A. 广告　　　B. 公共关系　　　C. 推式　　　D. 拉式
5. 公共关系是一项（ ）的促销方式。
   A. 一次性　　　B. 偶然　　　C. 短期　　　D. 长期
6. 营业推广是一种（ ）的促销方式。
   A. 常规性　　　B. 辅助性　　　C. 经常性　　　D. 连续性
7. 企业广告又称（ ）。
   A. 商品广告　　　B. 商誉广告　　　C. 广告主广告　　　D. 媒介广告
8. 在产品生命周期的投入期，消费品的促销目标主要是宣传介绍产品，刺激购买欲望的产生，因而主要应采用（ ）的促销方式。
   A. 广告　　　B. 人员推销　　　C. 价格折扣　　　D. 营业推广
9. 公共关系（ ）。
   A. 是一种短期促销战略　　　B. 直接推销产品
   C. 树立企业形象　　　D. 需要大量的费用
10. 开展公共关系工作的基础和起点是（ ）。
    A. 公共关系调查　　　B. 公共关系计划　　　C. 公共关系实施　　　D. 公共关系评估

二、思考题

1. 促销包含哪几方面的含义？
2. 促销有哪些作用？
3. 人员推销与非人员推销相比，其优点表现在哪些方面？
4. 如何认识广告效果的好坏？
5. 企业公共关系有哪些作用？

案例分享

宝丽来即拍相机成功公关

摘要： 本案例以宝丽来公司为背景，描写了该公司在推出新产品的时候，通过全球相机最大模型展览等一系列措施，取得了显著效果。这一方面可以启发人们在新产品营销过程中，通过系列公关活动宣传产品；另一方面也可以起到宣传品牌、提高品牌知名度的作用。

关键词： 宝丽来　公关　品牌

一、背景描述

美国宝丽来远东有限公司的"百彩"系统即将投放市场。为使这个公司花费大笔投资的新型即拍相机系统能引起公众的注意，并向公众介绍"百彩"的革命性创新之处，使产品一投入市场就能达到轰动效应，公司公关部经过反复斟酌、精心策划，为产品进行了适当的形象定位。

二、活动内容

1. 全球最大相机模型展览

在"百彩"系统推出前一年，公司就为这次盛大的宣传活动开始了有准备的事前筹备。宝丽来公司的海外公关人员齐集在波士顿，听取新产品进展报告会。在得到产品的详细资料后，总公司立即召开新产品推出筹备会。会议目的就是充分利用各公关人员在世界各地宣传的经验，集思广益，通过推出令人耳目一新的宣传活动，使产品在登场之时就达到轰动效应。这次会议收到了良好的效果，成果之一就是全球最大的相机模型展览。

这架出自纽约著名产品外形设计师之手的模型相机，外形优美流畅，体积硕大，约有二层高的房子般大小，是空前的相机模型。这个巨大而又新奇的东西一露面，就引起了新闻界的注意，各大报纸、电台、电视竞相报道，无形中就把新产品的名称和外观扩散到广大消费者中。

更绝的是模型内设有各种机械与电子装置，作为机内零件及技术的示范，而且模型内还有一个可容纳50～70人参观的展览室，并有专人讲解及示范产品的各种特点和技巧。模型的展出地点正好是全球新闻界产品发布会的举行地点——洛杉矶，这里空气清新、阳光灿烂，最适宜拍摄示范照片。

2. 全球新闻界产品发布会

公司为推出"百彩"系统，在洛杉矶举行的全美及全球新闻界产品发布会为期三天，耗资巨大。公司不惜血本进行推销，主要是为了向全世界表明公司对该产品的前途充满信心，以在国际上掀起使用该产品的高潮。

世界各地的新闻界代表聚集洛杉矶，盛况空前，宝丽来包下了当地大世纪酒店的全部设施，除了招待新闻界以外，还举行世界性市场推销人员会议，以及全美市场销售会议，参加活动有上千人之多。

第一天，正式开幕，举行欢迎活动及酒会，介绍新闻界与高层人员认识，派发会议资料和举行欢迎晚宴。晚宴在拍摄著名电视剧《豪门恩怨》的实景地，即豪华大宅内举行，并加入流行乐队即爵士乐队表演。

第二天，正式的产品发布日。早上宝丽来高级主管人员对"百彩"系统作了精彩的演说,到会人员接着欣赏为该产品拍摄的"百彩"电影和其他为产品推出而做出的特技试听片子。其后,新闻界参观巨型相机展览的开幕仪式,并获赠整套百彩系统相机。下午是产品使用及摄影示范游园会,让新闻界当时当地享受"百彩"系统的效果。晚上在洛杉矶最高的餐厅为新闻界举行晚宴,并观看烟花表演。

第三天,早上带领名人参观世界知名的环球片场,让他们在每个片场景色前照相。下午参观宝丽来即拍相机及胶卷制造厂,使新闻界对有趣的高科技生产过程留下了深刻的印象。晚上又举行盛大欢送会,感谢大家不远千里来参加这次活动。

名人私生活写真集。这是公司策划的另一个轰动性公关宣传活动,并加强了产品高档次的形象。它的主要内容是利用各种渠道将"百彩"系统送到社会各名流和娱乐界人士手中,鼓励他们利用这款相机为自己拍摄各种生活照片,直到令自己满意为止,并安排挑选些珍贵的照片在畅销的杂志上刊登。由于即拍即得,当场鉴赏效果,平时不喜欢被人拍照的名人也放心地把照片拿了出来。当许多杂志去刊登这些"写真集"时,还特意介绍了这种相机,肯定了产品的高级形象。

全美电影电视节目宣传。通过一些顾问公司与电影电视的制作人或其代理人接洽,将公司的产品写入剧本中,在拍摄时就可以自然而然地将产品在画面上"曝光",这一办法在无形之中也推销了产品,且不露痕迹。

新闻录影带宣传。将需要发表的资料拍成录影带,尽量做到与电视台新闻部的制作水准一般高,这就方便了电视台的制作。

三、活动效果展示

(1) 结合目标市场,针对高层次消费者,为这个新产品设计独特的高级形象,令人觉得这是少数贵族人士所拥有的宠儿,而不是一般大众所拥有的即拍相机。

(2) 结合产品的创新之处,为其设计新奇的形象。通过"百彩"系统揭开摄影新潮流,重新点燃大众对即拍摄影的兴趣。

四、案例分析

宝丽来为"百彩"系统做的系列促销活动是一个很成功的公关案例。公关的目的是为产品、服务的推出、宣传或延长其寿命服务的,通过传播媒介,为组织以及组织产品、服务建立良好的形象,扩大知名度,刺激消费者对产品、服务的需求。因此,公关实质上是为产品的促销而存在,公关也要围绕产品的特点而展开。

五、经验分享

在宝丽来大规模的促销活动中,公关部紧紧抓住产品新奇和高品位形象这两个特点,有针对性地安排活动的展开。产品的新奇就在于"百彩"是即拍即得的相机。围绕新奇之处,公关部策划了"世界最大的相机模型展"和"名人私生活写真集",并产生了轰动效应,而"名人私生活写真集"又与产品的高品位形象结合在一起,使人感觉此产品非同一般。

公司更善于在"潜移默化"中达到促销产品的效果,尽量减少商业气息,消除消费者的抵抗心理。如电影电视节目宣传、新闻录影带宣传、瞬间的创作、赞助艺术中心等既美化了公司的形象,又达到了促销产品的目的,真可谓"一箭双雕"。

六、问题延伸思考

除了通过全球最大相机模型展览、名人私生活写真集、全美电影电视节目宣传、新闻录影带宣传,是否还有其他的措施来提升宝丽来产品的品牌形象。当人们的购买欲望被迅速唤醒之后，人们就会追求更高的产品品质以及产品背后所赋予的情感属性。企业应该针对不同的群体，满足不同层次的需求。这是美国宝丽来公司下一步要考虑和解决的问题。

实训环节

一、实训目的

1. 帮助学生了解和掌握促销的含义、作用以及促销组合的基本内容。
2. 训练学生掌握公共关系和营业推广的主要活动方式。
3. 锻炼学生人员推销的基本能力和广告的设计能力。

二、实训内容

4~6人一组，模拟设立不同类型的企业，依据企业产品的特性，通过对宏观和微观环境、SWOT环境等方面的考虑，模拟训练对大宗商品的买卖前产品广告及促销的策划。

1. 各小组讨论并选定一种熟悉的企业或产品，并依据企业产品的特性，进行产品SWOT分析。
2. 通过SWOT分析，选定一种媒体对该产品进行广告设计等前期宣传。
3. 制定具体的产品促销方案。
4. 选定场所，依据促销方案进行产品的试销。

三、实训考核

为某企业（或某产品）撰写一份"促销方案"。"促销方案"常见的结构和格式包括以下四个部分：

(1) 封面。封面需进行较为规范地设计，须标明促销项目名称、报告人姓名及所属单位、报告日期。（如有指导教师也要具名）

(2) 目录。目录的作用是使方案的结构一目了然，同时也使阅读者能方便地查寻内容。因此，方案的目录最好不要省略。

列目录时应注意：目录中的所标页数不能和实际的页数有出入，否则会增加阅读者的麻烦，同时也有损方案的形象。因此，尽管目录位于方案的前列，但实际的操作往往是等策划书全部完成后，再根据策划书的内容与页数来编写目录。

(3) 正文。正文部分是设计书的核心所在，在这里应阐明产品促销设计的背景、目的和要求，运用具体的促销方式进行产品促销。

(4) 附件。定位设计报告中有些很具体的方案、较大的表格及需要附加说明的材料都可以作为该报告的附件，可以独立成为一个指导文件，阅读和操作起来较方便。

第十章 市场营销组织、执行与控制

学习目标

1. 掌握如何组建营销部门以及在不同的企业如何调整市场营销组织架构；
2. 掌握企业领导者的竞争策略，能够对市场营销活动进行有效管理；
3. 掌握市场营销组织的形式及设计，熟悉营销领导策略；
4. 掌握营销的控制、监督，以及营销过程与效果的评估。

导入案例

耐克公司的营销组织变革

全球著名的体育用品制造商——耐克公司总部位于美国俄勒冈州。该公司生产的体育用品包罗万象，包括服装、鞋类、运动器材等。耐克在体育营销方面的成绩是不容置疑的，但是在营销管理方面的质疑也从未停止过。一是随着品牌的扩张，耐克品牌已不再"酷"了；二是耐克在营销上也暴露了管理上的漏洞；三是耐克在新兴市场上，营销本土化不够，营销效果不理想。

2011年8月，耐克品牌总裁Charlie Denson宣布耐克将进行营销组织和管理变革，以强化耐克品牌与新兴市场、核心产品以及消费者细分市场的联系。实施这一变革，耐克从以品牌创新为支撑的产品驱动型商业模式，逐步转变为以消费者为中心的组织形式，通过对关键细分市场的全球品类管理，实现有效益的快速增长。耐克为此强化了四个地区运营中心，新设立了五个核心产品运营中心。四个地区运营中心是美国、欧洲、亚太、中东及非洲，五个核心产品运营中心是跑步、足球、篮球、男士训练、女士健康。这是一个矩阵式的管理，目标是把企业的资源向关键区域、核心产品集中，去抓住企业最大的市场机会。与传统矩阵管理不同，该矩阵管理关键是要实现跨地区、跨部门的协同。通过这种方式，耐克可以更好地服务于运动员，更好地加深与消费者的联系，有效地扩大了市场份额，实现了销售收入的增长，增强了全球竞争力。

资料来源：http://www.cs360.cn/.

第一节 市场营销组织

一、市场营销组织的概念

企业的市场营销组织是执行市场营销计划，服务市场购买者的职能部门。市场营销部门的组织形式，主要受宏观市场营销环境、企业市场营销管理哲学以及企业自身所处的发展阶段、经营范围、业务特点等因素的影响。

市场营销组织是为了完成企业的总体战略目标而设置的组织。市场营销组织应当以不断适应外部环境并对市场变化做出积极、快速反应和企业的总体战略为目标，应当以维护消费者利益和追求市场营销效益最大化为目标。为此，一个有效的市场营销组织应当具备灵活性、适应性、系统性和准确而迅速的信息传递能力。

二、市场营销组织的演变

企业的营销部门是实现企业目标、实施营销计划、面向市场和顾客的职能部门，是企业内部联结其他职能部门并使整个企业经营一体化的核心。但这样的组织形式并不是自然形成的，企业营销部门的组织形式受以下三方面因素的制约：宏观环境和国家经济体制；企业的营销管理哲学即企业经营的指导思想；企业自身所处的发展阶段、经营范围、业务特点等内在因素。

在上述诸因素的影响下，西方企业营销部门的组织结构大体上经历了以下五个阶段的发展。

▶ 1. 单纯的销售部门

20 世纪 30 年代以前，西方企业以生产观念为经营指导思想，当时大多数企业都是以生产为经营管理的重点。一般说来，所有企业都是从财务、生产、推销和会计这四个基本职能部门开始发展的。财务部门负责资金的筹措，生产部门负责产品制造，推销部门负责产品销售，会计部门则负责记账和计算产品成本。推销部门通常由一位副总裁负责，管理推销人员，并兼管若干市场调研和广告宣传工作。在这个阶段，推销部门的职能仅仅是推销生产部门生产出来的产品，生产什么、销售什么、生产多少、销售多少，产品生产、库存管理等完全由生产部门决定。

▶ 2. 具有辅助功能的销售部门

20 世纪 30 年代经济大萧条以后，市场竞争日趋激烈，企业大多数以推销观念作为指导思想，需要进行经常性的营销调研、广告宣传以及其他促销活动。这些工作逐渐演变成为专门的职能，当工作量达到一定程度时，便会设立一名营销主任负责这方面的工作。

▶ 3. 独立的市场营销部门

随着企业规模和业务范围的进一步扩大，原来作为辅助性工作的市场营销研究、新产品开发、广告促销、售后服务等市场营销职能日趋重要。于是，营销部门逐渐成为独立的职能部门，作为营销部门负责人的营销副总裁同推销副总裁一样直接受总裁的领导，推销和营销成为平行的职能部门。但在具体工作上，这两个部门是需要密切配合的。

▶ 4. 现代市场营销部门

销售部门通常着眼于短期目标及完成当前的工作任务，而营销部门则注重长期效果和满足消费者长期需要的产品，两者之间形成的关系是相互敌对与猜疑的矛盾现象，形成了现代市场营销部门的基础，即由市场营销副总裁全面负责，主管所有营销职能部门和推销部门。

▶ 5. 现代市场营销企业

一个企业具有现代市场营销部门，还不等于是现代市场营销企业。只有所有的管理人员都认识到企业一切部门的工作都是"为顾客服务"，市场营销不仅是一个部门的名称，而且上升为一个企业的经营哲学时，这个企业才能被称为现代市场营销企业。

三、市场营销组织的形式

现代企业的营销部门有若干不同的组织形式，常用的基本上可以划分为职能型、地区型、产品管理型和市场型四个类型。不论属于哪种组织形式，营销部门都要体现以顾客为中心的营销理念。

归纳起来，现代企业的市场营销组织有以下五种形式。

▶ 1. 职能式营销组织

这是最普遍的营销组织形式，按不同的营销功能建立各职能部门，各司其职。不同职能部门经理，一般由不同专业的营销专家担任，营销副总裁负责协调各营销职能专家之间的活动，如图10-1所示。

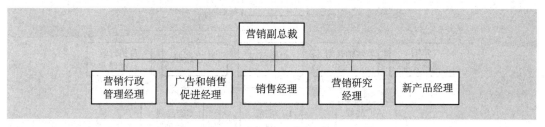

图 10-1　职能式营销组织

职能式营销组织的主要优点是营销职能专业分工负责和集中管理指挥，有利于提高工作效率。不过，随着产品和市场的扩大，其组织形式会失去有效性。因为没有一个部门或经理对每一个产品和市场负责。其缺点是各职能部门为争取较多经费和有利地位，往往会相互争执，因而增加内部协调的难度。

▶ 2. 地区式营销组织

在全国范围内营销的企业往往按地理区域组织其推销人员，如图10-2所示。地区式营销组织由专人负责某一地区，本部门内能较好地协调，有利于提高营销业绩。但同时由于重复设置各个职能部门，使人员数量增加，会造成费用开支的增加，从而提高企业的营销成本。地区式营销组织一般适用于经营多种类或多品牌的企业和营销区域广泛且复杂的企业。

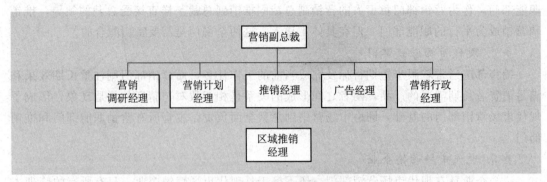

图 10-2 地区式营销组织

地区式营销组织的主要优点是根据当地情况高层管理者授权各地区的营销部门独立开展市场，有利于提升各地区营销部门的积极性，以期获得该地区最大的机会优势。其缺点是各地区的营销部门各自为政、自成体系，容易造成人力资源的浪费，各地区的销售经理只考虑本区的利益，造成地区间的协调不易。

▶ 3. 产品管理式营销组织

一家生产多种产品或品牌的企业，通常会建立产品或品牌管理的组织形式，如图 10-3 所示。产品管理式营销组织最早出现在 1927 年的宝洁公司。宝洁公司的一项新产品"佳美"牌香皂刚推出时，销售情况不是很好，于是公司派一位年轻的主管 Neil H. McElroy（后来成为该公司的 CEO）负责，Neil 对这项任务做得非常成功，于是公司很快地又增设了其他产品经理。

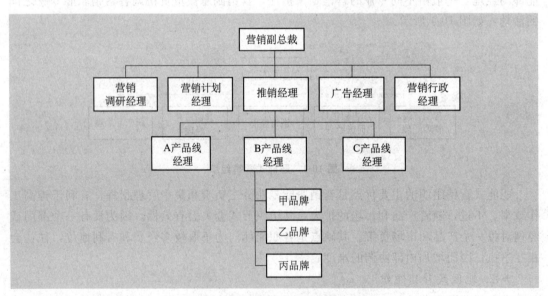

图 10-3 产品管理式营销组织

产品管理式营销组织具有相当多的优点：第一，产品经理能为产品发展设计出具有成本效益的营销组合；第二，产品经理可以更快地反映出产品在市场上的问题；第三，较小的品牌不会被忽略，因为它们都有其支持者；第四，对于年轻的主管而言，产品管理式营销组织可提供绝佳的训练机会，因为此种管理组织涉及公司作业的许多范围，如

图 10-4 所示。产品管理式营销组织的缺点：产品经理没有足够的职权来有效地行使职责，他们必须说服广告、销售、制造及其他部门，才能获得充分的支持与合作，并产生较高的费用。

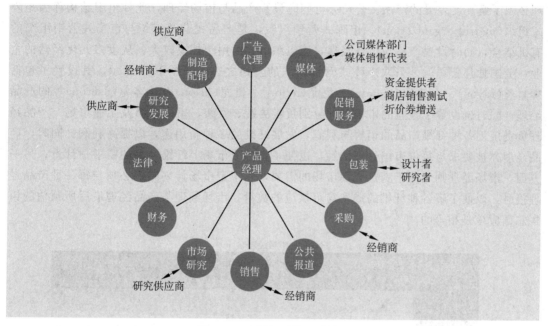

图 10-4　产品经理的互动关系

▶ 4. 市场式营销组织

许多公司销售产品于多角化的市场。例如 Conon 公司将其打传真机销售给消费者、公司及政府机构，美国钢铁公司（U.S. Steel）销售钢铁给铁路公司、建设公司及公用事业产业。当顾客可分成不同的使用群体，而且有不同的购买偏好与决策时，企业按照产品、市场的不同销售情况，设置营销组织机构。它同产品式组织相似，由一个总市场经理管辖若干个细分市场经理，市场经理必须为其市场拟定年度销售利润计划和长期销售目标计划。此制度也拥有产品管理制度的优点与缺点，其最大的优点在于其营销活动是配合不同顾客群体的需要，而非强调营销功能、区域或产品本身，适用于产品销售市场种类较多且差异较大的企业，如图 10-5 所示。

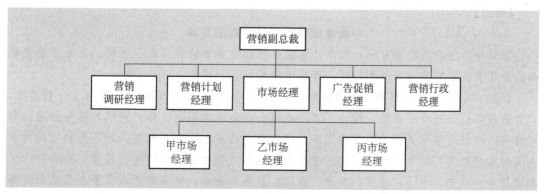

图 10-5　市场式营销组织

▶ 5. 矩阵式营销组织

如果公司生产多种产品且又供应多种市场，则即将面临此难题：公司若采用产品管理制度，则必须要求产品经理熟悉高度差异化的市场；公司若采用市场管理制度，则市场经理必须了解高度差异的产品。公司亦可同时设置产品与市场经理，此种组织结构称为矩阵式组织(matrix organization)。矩阵式营销组织，是产品式营销组织与市场式营销组织的有机结合，同时设置产品与市场经理，该组织形式适用于规模较大、从事多元化经营的企业，美国杜邦公司就是采取矩阵式营销组织的公司之一，如图10-6所示。其设置了包括螺萦丝(rayon)、人造丝(acetate)、尼龙(nylon)、奥龙(orlon)及达克龙(dacron)等的产品经理；同时也设置了独立的市场经理分别负责男装、女装、室内装潢及工业市场。产品经理负责规划各种纤维产品的销售与利润，发展纤维的多种新用途，以提高利润。同时，产品经理亦被要求与每位市场经理接触，以便了解各个市场上纤维产品的需求估计量；另一方面，市场经理则专注于满足个别市场的需要，当拟定市场计划时，必须与每一种产品经理接触，以便了解各种纤维的成本与可供应的数量。市场经理与产品经理最后所预估的销售总额应该是相等的。

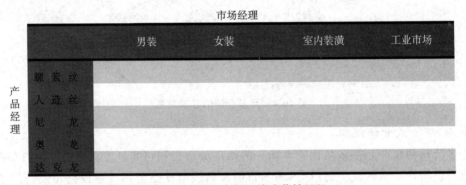

图10-6　产品—市场矩阵式营销组织

产品—市场矩阵式营销组织由于不同的市场销售不同的产品，有利于专人统筹兼顾的需求，全面协调，增强企业的抗风险、提高效率的优点。但也存在机构容易重复、部门间协调难、费用开支大等缺点。但大多数的经理皆认为，唯有较重要的产品与市场才需要设立个别的经理。此种制度所产生的冲突与成本并不是大问题，并且相信产品与市场专业化所获得的利益将远远超过这些成本。

【案例】

中国建设银行营销组织的变革

面对全球金融的快速变化与竞争，企业管理仅依靠营销部门是不够的。企业要改变策略。除了重视以市场为导向外，还必须在组织机构上加以配合。

1999年，中国建设银行为了改善其信用卡"龙卡"的服务，根据市场营销工作的需要，对营销组织机构进行了调整，增设了客户经理和商务经理职位。客户经理和商务经理分别对持卡人和特约商户提供个性化的服务。商务经理将建立持卡人档案，对不同特性的持卡人实行区别服务，对用卡记录好、信誉度高的持卡人提供高质量的银行服务，协助持卡人办理新卡、换卡、用卡、挂失、对账、查询、投诉等业务；商务经理的主要责任是制定商业客户发展规划和管理目标，进行市场调查；协助特约商户办理龙卡、转账结算等业务。

中国建设银行的客户经理和商务经理制度的建立,极大地提高了银行的服务质量和服务效率,受到了持卡人、特约商户的普遍欢迎。可见,营销组织不是一成不变、固定的模式和设计,创新和发展的重点应放在有效满足顾客的需要以及社会发展和企业本身目标发展的需要上。

四、营销组织设置的原则

▶ 1. 整体协调性原则

协调是管理的主要职能之一。设置市场营销机构,需要遵循整体协调和主导性原则,可从以下几方面加以认识:

(1) 设置的市场营销机构,能够对企业与外部环境,尤其是市场、顾客之间关系的协调发挥积极作用。企业的目的是创造市场、创造顾客。失去了市场、顾客,企业也就失去了存在的资格和生存的条件。满足市场的需要,创造满意的顾客,是企业最基本的宗旨和责任。比竞争者更好地完成这一任务,是组建市场营销部门的基本目的。

(2) 设置的市场营销机构,能够与企业内部的其他机构相互协调,并能协调各个部门之间的关系。市场职能的一般任务是负责设备或原材料的采购、供应,形成和发展生产能力,管理作业流程,控制质量水准,按照企业经营的要求完成生产任务;研究与开发职能则为企业提供经营"后劲",进行产品、工艺和技术的开发、改造、更新和设计;财务职能解决企业经营所需的资金来源,在各个职能部门、各个业务项目、各个流程环节之间进行资金分配,对资金的使用进行监督、管理,核算成本、收益;人力资源管理通过对"人"这一资源的开发、使用,帮助实现企业目标。没有了顾客,企业就会失去存在的价值。因此,无论是生产管理、研究与开发管理还是财务管理、人力资源管理,都应当服从于市场营销,成为市场营销的支持性职能;市场营销则是企业管理和经营中的主导性职能,所以不能简单地作为一般的职能部门看待。

(3) 市场营销部门内部的人员机构以及层次设置,也要相互协调,以充分发挥市场营销机构自身的整体效应。只有做到从自身内部到企业内部,再到企业外部的协调一致,市场营销机构的设置才能说是成功的。

总之,市场营销部门应当做到在面对市场、面对顾客时,能够代表企业;面对企业内部各个部门、全体员工时,又能代表市场、代表顾客。

▶ 2. 幅度与层次适当原则

管理跨度,又称管理宽度或管理幅度,指领导者能够有效地直接指挥的部门或员工的数量,这是一个"横向"的概念;管理层次又称管理梯度,是一个"纵向"的概念,指一个组织的不同的等级数目。管理职能、范围不变,一般来说,管理跨度与管理层次是互为反比关系的。管理的跨度越大,层次越少;反之,跨度越小,则管理层次越多。

应当指出的是,市场营销组织管理跨度以及管理层次的设置,不是一成不变的,机构本身应当具有一定的弹性。企业需要根据变化着的内部和外部情况,及时调整市场营销部门的组织结构,以适应发展的需要。应当记住,组织形式和管理机构只是手段,不是目的。

3. 有效性原则

"效率"是指一个企业在一段时间内可以完成的工作量。一个组织的效率高，说明它内部结构合理、完善，它就能够顺利地生存和发展。在企业内部，各个部门的效率表现在：能否在必要的时间里，完成规定的各项任务；能否以最少的工作量换取最大的成果；能否很好地吸取过去的经验教训，并且业务上不断有所创新；能否维持机构内部的协调，及时适应外部环境、条件的变化。

达到有效性，实现工作的高效率，必须具备一些基本条件：

（1）市场营销部门要有与完成自身任务相一致的权利，包括人权、物权、财权和发言权、处理事务权。

（2）市场营销组织要有畅通的内部沟通和外部信息渠道。

（3）善于用人，各司其职。

第二节 营销执行

营销执行是一个艰巨而复杂的过程。营销执行（marketing implementation）是指将营销计划转变成实际行动，进而实现营销计划既定目标的过程。

营销执行概念揭示了营销领导的本质，即影响力，这种影响力直接引导营销人员的行为过程，并且使营销人员获得精神与物质的满足和兴趣，激励营销人员发挥自动自发的精神与创意，来完成企业经营之目标。

营销策略说明了营销活动的内容（what）与原因（why），而执行则说明了何人（who）、何地（where）、何时（when）及如何（how）完成营销活动。因此，策略与执行之间的关系非常密切，而且一项策略层次可能隐含着好几项较低层次的战术执行。例如，高阶管理当局的策略决策是将处于生命周期衰退阶段的产品采取"收割"（harvest）策略，则此策略可转化为某些特定行动的执行，如给予其营销方案较少的预算，或要求销售人员改变销售重点等。

Bonoma 就有效的策略方案之执行进行研究，指出四个相关的技能：第一，辨认与诊断问题的技能；第二，评估问题发生在公司哪个层次的技能；第三，执行营销计划的技能；第四，评估执行营销成果的技能。

一、诊断问题的技能

当营销方案未能达到预期的结果时，策略与执行间的关系将极难以诊断。例如，公司销售量的下降是由于不佳的策略还是不良的执行所造成的？此外，下一步是该决定问题出在哪里（诊断）或者是决定该采取什么步骤（行动）。对于每一个问题，都有许多不同的管理工具以及不同的解决方法。

二、确定公司层次的技能

营销执行的问题可能发生在公司的三个层次上。第一个层次是成功地完成营销功能

(marketing functions),如公司如何从广告代理商处获得更富有创造力的广告;第二个层次是营销方案(marketing program),指将各种营销功能融合成一套综合性的行动,此问题经常发生在将新产品导入市场之际;第三个层次是营销政策(marketing policy)的执行,如公司可能要求每个员工都能做到"顾客至上"的地步。

三、营销执行的技能

为有效地执行营销活动,公司各个层次即功能、方案、政策三个层次必须能运用一套实际、可行的技能,包括配置、监视、组织及互动四项技能。

配置技能(allocating skill)用来指示营销经理将预算、资源(时间、金钱与人员)分配到功能、方案及政策等层次上。例如,决定要分配多少经费于商展(功能层次),或对于"边际(marginal)产品"该赋予多久的售后保证(政策层次)等,这些问题皆需由配置技能来解决。

监视技能(monitoring skill)用来发展或管理控制系统,以评估营销活动的成果。控制有四种形态:年度计划控制、获利力控制、效率控制及策略性控制。

组织技能(organizing skill)用来发展有效的工作组织。了解非正式与正式营销组织,对于有效地执行营销方案是非常重要的。

互动技能(interacting skill)是指经理人员能够去影响他人以完成任务的能力。营销人员不但要能激励组织内部的成员有效地执行既定的策略,同时还需能诱导外部人员的配合,如营销研究公司、广告代理商、经销商、批发商及经纪商等,因为他们的目标可能不完全符合组织的目标。

【案例】

某家化学公司判定顾客并没有自任何竞争者处获得良好的服务,因此公司决定为顾客提供良好的服务,然而这个策略最终失败了。在事后的检讨中发现,主要是由于一连串的不当执行所造成的,顾客服务部门仍一直为高阶管理当局所忽视,他总是以人手不足为借口,而且甚至还被视为表现差劲的被贬经理之"冷宫"。此外,公司继续将其奖酬制度的重点摆在成本控制与当期的获利力上,公司并未采取任何必要的改变措施,以执行其顾客服务策略。

四、评估执行营销成果的技能

优良的市场成果未必可证明公司就有良好的营销执行,也许是由于产品或策略较为特殊的缘故,而非由于执行;较佳的执行应可获得较佳的成果。很显然,公司应该尽最大的努力,促使策略与执行皆能达到尽善尽美的境界。

第三节 营销控制

营销部门的职责在于规划并控制营销活动。因为在执行营销计划时,意外事件总是会随时发生,所以营销部门必须不断地监督并控制营销活动。虽然有效的营销控制是必要的，但是很多公司的控制程序仍显得不理想。

一、营销控制的必要性

1. 根据环境变化调整营销策略的需要

环境总是在不断地变化，从制订营销目标到目标达成通常需要一段时间，在这段时间里企业内外部的环境都会发生一些变化。而这些变化也许会直接影响到企业既定的目标，也许无关紧要，但这时企业就需要重新修改计划以配合新情况。营销控制能够帮助营销管理者根据环境变化情况，及时对自己的目标和计划做出必要的修正。时间的跨度越长，控制就越重要。

2. 及时修正执行偏差的需要

在营销计划执行过程中，难免会出现一些偏差，而且随时间的推移，小问题可能逐渐成为严重的大问题。营销控制不仅是对企业营销过程结果进行的控制，还是对企业营销过程本身进行的控制。因此，营销管理者必须依靠控制系统及时发现并纠正小的偏差，以免给企业造成无法挽回的损失。必要时，还需要对原来的营销目标进行检查，判断是否合理，并及时修正战略计划，因而产生新计划。

二、营销控制的分类

根据营销控制的目的、重点和运用范围的不同，营销控制一般可分为四种类型：年度计划控制、获利性控制、效率控制和策略控制。

1. 年度计划控制

年度计划控制是指为确保企业达到年度计划规定的销售额、利润及其他指标而进行的控制。

年度控制的目的在于确保公司能达到年度计划中的销售、利润及其他目标。年度控制的核心是目标管理（management by objectives，MBO），它包含四个步骤，如图10-7所示。第一，管理当局必须在年度计划中设定每月或每季的目标，作为日后衡量绩效的标准；第二，管理当局必须监视其在市场上的绩效；第三，管理当局必须找出任何绩效不彰的重大原因；第四，管理当局必须采取矫正的行动，以消除目标与实际绩效间的差距，或许需要改变行动计划或是改变目标。

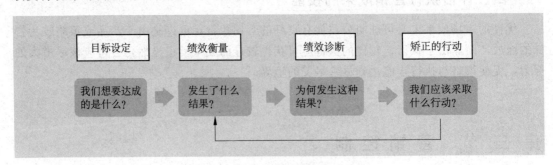

图10-7 控制程序

管理者一般可用五种工具来审核计划的绩效：销售分析、市场占有率分析、销售/费用比分析、财务分析以及顾客满意度跟踪。

（1）销售分析。销售分析（sales analysis）包括衡量与评估实际的销售与销售目标之间的差距，此项分析一般可使用销售变异分析、个体销售分析这两种特定的工具。

① 销售变异分析（sales-variance analysis）是衡量不同因素对销售绩效差异的相对贡献之百分比。假定年度计划预算第一季可销售 4 000 单位，单价为 $1.00，总销售额为 $4 000；而在该季结束时，只销售了 3 000 单位，且单价 $0.8 及总价 $2 400，此时销售绩效的差异即为 $1 600 或为预期销售额的 40%，这表示问题发生了，然而销售绩效不足是有多少由于价格的下跌，以及多少因为销售量的不足？透过下面的计算结果便可找出答案。

由于价格下跌所造成的差异 =（1.00－0.80）× 3 000 = 600，占 37.5%。

由于销售量降低所造成的差异 = 1.00 ×（4 000－3 000）= 1 000，占 62.5%。

由此可知，几乎有三分之二的销售差异是由于无法达到销售量目标所造成的，因此，公司必须详细调查以找出未能达到预期的销售量之原因。

② 个体销售分析（microsales analysis）可提供这方面的答案。个体销售分析是审核没有达到预期销售额的特定产品、区域等。假设公司有三个销售区域，预期的销售量分别为 1 500、500、2 000 单位，总共是 4 000 单位；而实际的销售量分别为 1 400、525、1 075 单位。因此，第一区比预期销售量少了 7%，第二区多出 5%，第三区亦少了 60%。由此可知，第三区乃是真正问题所在。此时销售副总裁必须调查为何第三区的销售状况不佳，如第三区的销售人员怠惰或有其他私人问题，或者主要竞争者已入侵此区域，或者是该地区的 GNP 在衰退中等。

（2）市场占有率分析。市场占有率分析是指衡量和评估实际市场占有率与计划市场占有率之间的差距。具体的方法有以下三种：

① 总体市场占有率分析（overall market share），是指本企业销售额占整个行业销售额的百分比。

② 有限地区市场占有率分析（limited market share），是指本企业在某一有限区域内的销售额占全行业在该地区市场销售额的百分比。

③ 相对市场占有率分析（relative market share），是指本企业销售额占行业内领先竞争对手销售额的百分比。如相对市场占有率大于 1，表示公司是行业的领先者；如等于 1，表示公司与竞争对手平分秋色；如小于 1，表示公司在行业内不处于领先地位。

（3）销售/费用比分析。销售/费用比分析就是分析年销售额与年销售费用的变化情况。年度计划控制要确保企业为达到销售额指标而不支付过多费用，关键就是要对销售额与市场营销费用比率进行分析。营销费用控制对象包括营销总费用、广告费用和人员推销费用等。

（4）财务分析。主要是通过一年来的销售利润率、资产收益率、资本报酬率和资产周转率等指标了解企业的财务情况。

（5）顾客满意度跟踪。顾客满意度跟踪就是跟踪调查和了解顾客对本企业或产品的满意程度。具体方法有三种：顾客投诉和建议制度、典型户调查、随机调查。

▶ 2. 获利性控制

获利能力的大小，对营销组合决策有重要和直接的影响。通过财务和数据的处理，把利润分摊到产品、地区、渠道、顾客等各个因素上面，衡量每个因素对企业最终盈利贡献的大小和水平,有助于企业决定哪些产品或市场应该扩充或缩减以致放弃。

▶ **3. 效率控制**

效率控制的任务是提高人员推销、广告、促销、分销等的效率,它是指企业使用一系列措施对营销各方面进行日常监督和检查,包括推销员工作效率控制、广告效率控制、促销效率控制。

▶ **4. 策略控制**

策略控制之任务在于确保企业的营销目标、策略、计划、政策与市场营销环境相匹配。因为市场环境复杂多变,企业策略和计划很可能赶不上形势的变化,所以应定期对整个市场营销活动进行全面检查和评价。主要可做两方面的工作,即营销效果等级评定和营销稽核,它是一种全面性、系统性、独立性及定期性的查核工作,可用来稽核组织的营销环境、目标、策略及行动,目的在于找出营销问题的所在,并建立长期、短期的矫正行动计划,以改善整体组织的营销效果。最后,企业的道德与社会责任之审核,则有助于公司评估其在道德与社会责任方面的绩效质量。

本章小结

营销组织的一般形态,与营销思想的发展和企业管理的需要有关。目前营销组织的设置有职能型、地区型、产品管理型、市场型和矩阵型等。营销组织的设置要考虑整体协调和主导性原则、精简和适当管理跨度与层次原则以及有效性原则。

营销执行是一个艰巨而复杂的过程,是指将营销计划转变成实际行动,进而实现营销计划既定目标的过程,使营销人员获得精神与物质的满足和兴趣,激励营销人员发挥自动自发的精神与创意,来完成企业经营之目标。

营销控制是指衡量营销计划的效果,并采取纠正措施以保证营销目标实现的活动。营销控制包括确定控制对象、设置控制目标、建立衡量尺度(标准)、分析偏差原因、采取改进措施这几个步骤。

课后练习

一、选择题

1. 市场营销管理必须依托于一定的( )进行。

　　A. 财务部门　　　　　　　　B. 人事部门

　　C. 主管部门　　　　　　　　D. 营销组织

2. 制定实施市场营销计划,评估和控制市场营销活动,是( )的重要任务。

　　A. 市场主管部门　　　　　　B. 市场营销组织

　　C. 广告部门　　　　　　　　D. 销售部门

3. 市场营销组织是为了实现（　　），制定和实施市场营销计划的职能部门。
   A. 企业计划　　　　　　　　B. 营销计划
   C. 企业目标　　　　　　　　D. 利润目标
4. 现代市场营销企业取决于企业所有的管理人员，甚至每位员工对待（　　）的态度。
   A. 市场营销活动　　　　　　B. 市场营销机构
   C. 市场营销组织　　　　　　D. 市场营销职能
5. （　　）是最常见的市场营销组织形式。
   A. 职能型组织　　B. 产品型组织　　C. 地区型组织　　D. 管理型组织
6. 满足市场的需要，创造满意的顾客，是企业最为基本的（　　）。
   A. 组织形式　　　B. 宗旨和责任　　C. 主要职能　　　D. 营销观念
7. 市场营销是企业管理和经营中的（　　）。
   A. 主导性职能　　B. 辅助性职能　　C. 被动性职能　　D. 社会分配职能
8. 市场营销组织管理跨度及管理层次的设置，不是一成不变的，机构本身应当具有一定的（　　）。
   A. 弹性　　　　　B. 灵活性　　　　C. 随机性　　　　D. 选择性
9. （　　）是指一个组织在一定时间内可以完成的工作量。
   A. 效果　　　　　B. 效率　　　　　C. 能力　　　　　D. 百分率
10. 年度计划控制要确保企业在达到（　　）指标时，市场营销费用没有超支。
    A. 分配计划　　　B. 长期计划　　　C. 生产计划　　　D. 销售计划

二、思考题

1. 说明营销组织部门的各种不同方式及优缺点。
2. 营销组织设计包括哪些内容？
3. 营销领导职能包括哪些内容？
4. 请选择一项产品或服务，分别列出策略阶段与运行时间的问题。
5. 营销控制有哪些步骤？

案例分享

沃尔玛的中国扩张

摘要：沃尔玛以每年20％的增长速度膨胀，业务迅速扩张。沃尔玛在全球拥有四千多家连锁店，员工人数约130万人，是全美最大的私营企业。沃尔玛店遍布美国、墨西哥、加拿大、波多黎各、巴西、阿根廷、南非、中国、印度尼西亚等国家或地区。"顾客第一"是沃尔玛经营的信条。在沃尔玛的商场内醒目地写着："第一条：顾客永远是对的；第二条：如有疑问，请参照第一条。"山姆·沃尔顿曾说："我们的老板只有一个，那就是我们的顾客。"

关键词：沃尔玛　经营策略　营销组织　营销控制

一、背景描述

沃尔玛（Wal-Mart）的创始人山姆·沃尔顿，于1945年在阿肯色州的小镇本顿威尔开了第一家杂货店；

1962年,沃尔顿家族拥有15家商店。山姆·沃尔顿与弟弟柏德·沃尔顿在阿肯色的罗杰斯市开设了第一家沃尔玛折扣商店;

1970年,沃尔玛公司的股票在纽约证券交易所上市;

1980年,沃尔玛遍及美国南部和中西部11州共276家,年销售额12亿美元;

1983年,沃尔玛在阿克拉荷马州开设了第一家会员制仓储商店——山姆会员店;

1992年,布什总统授予山姆·沃尔顿"总统自由勋章",这是美国公民的最高荣誉;

1995年,沃尔玛在全球的商店达2833个,其中沃尔玛商店2176个,超级购物中心154个,山姆会员店453个,配送中心30个;

1996年8月,沃尔玛登陆中国,在深圳开设沃尔玛购物广场和山姆会员店;

1997年,沃尔玛的全球销售额超过1000亿美元,位居世界零售业第一。

沃尔玛是全美投资回报率最高的企业之一,其投资回报率为46%,即使在1991年不景气时期也达32%。虽然其历史并没有美国零售业百年老店西尔斯(Sears)那么久远,但在短短的时间里,它就发展壮大成为全美乃至全世界最大的零售企业。1991年,沃尔玛年销售额突破400亿美元,成为全球大型零售企业之一。据1994年5月美国《财富》杂志公布的全美服务行业分类排行榜,沃尔玛1993年销售额高达673.4亿美元,超过了1992年排名第一位的西尔斯,雄踞全美零售业榜首。2001年,沃尔玛一跃而成为《财富》500强排名的第二名。沃尔玛的年销售额相当于全美所有百货公司的总和。

2002年沃尔玛公司实现利润803.9亿美元,比上年增长了20.5%,蝉联世界零售业500强企业之首。在美国,沃尔玛店共分为四类商业形态:超级购物中心(Wal-Mart Supercenter);折扣连锁店(Wal-Mart);山姆会员店(Sam's Club);社区店(Neighbourhood Market Store)。

二、活动内容

"顾客第一"是沃尔玛经营的信条。在沃尔玛的商场内醒目地写着:"第一条:顾客永远是对的;第二条:如有疑问,请参照第一条。"山姆·沃尔顿曾说:"我们的老板只有一个,那就是我们的顾客。是他付给我们每月的薪水,只有他有权解雇上至董事长的每一个人。道理很简单,只要他改变一下购物习惯,换到别家商店买东西就是了。"

为了在企业经营的全过程贯彻顾客第一的经营理念,沃尔玛制定了详尽的服务规范:

(1) 三米微笑:沃尔玛规定,员工要对三米以内的顾客微笑,这既是出于服务的目的,也能起到防损的作用。员工必须认真回答顾客的提问,永远不要说"不知道"。而且原则上即使再忙,都要放下手中的工作,亲自带领顾客来到他们要找的商品前面,而不是指个大致方向就了事。沃尔玛内部有条不成文的规定,唯一允许迟到的理由就是"服务顾客"。

(2) 日落原则:在太阳下山即下班前把当天的问题解决,不要拖到第二天。

(3) 200%满意:如果鲜食部门的自制食品出现任何质量问题,沃尔玛都保证退货并免费赠送一份。在沃尔玛,如果顾客发现前台扫描的价格比货架标签的价格高,原则上商店必须按较低价格售出商品。

(4) 收银七步曲:收银时要符合七个要求,包括说"您好""谢谢"等。

(5) 设立迎宾员:此为沃尔玛所独创。在沃尔玛,每时每刻都有员工站在入口处向顾客微笑致意。

(6)设立委屈奖:面对顾客,员工要打不还手骂不还口,否则可能立刻被辞退或者受到处分。为此,公司特设立了"委屈奖",奖励那些承受委屈的员工。

(7)顾客也有姓名:沃尔玛倡导对顾客直呼其名。

(8)顾客总是对的:顾客就是No.1,顾客就是老板。

沃尔玛在商店内力图营造顾客的主人感——"这是我们的商店",确保顾客的所有需要都能得到满足。沃尔玛还为顾客提供了除购物外的其他服务,如免费停车、免费咨询、商务中心、送货服务。

三、活动效果展示

(1)天天平价、让利顾客。沃尔玛特别重视价格竞争,长期奉行薄利多销的经营方针。沃尔玛提出:"销售的商品总是最低的价格。"为实现这一承诺,沃尔玛想尽一切办法从进货渠道、分销方式、营销费用、行政开支等一切办法节省资金,把利润让给顾客。这是沃尔玛与凯马特等竞争对手所不同的。竞争对手通常制作一周特价宣传页来吸引顾客,大部分顾客也来商店寻找特价商品。但沃尔玛始终在寻找较低的商品价格来满足顾客的需求,提供最合理的价格。

(2)争取低廉进价。在进货中,沃尔玛避开一切中间环节,直接从工厂进货,其雄厚的经济实力使之具有强大的议价能力。早在20世纪80年代,沃尔玛就采取了一项政策,要求从交易中排除制造商的销售代理,直接向制造商订货,同时将采购价降低2%~6%,大约相当于销售代理的佣金数额。更重要的是,沃尔玛并不因自身规模大、实力强而肆意损害供应商来增加自身利润,而是重视与供应商建立友好融洽的协作关系,保护供应商的利益。沃尔玛给予供应商的优惠远远超过同行。美国第三大零售商凯马特对供应的商品平均45天付款,而沃尔玛仅为平均29天付款,大大激发了供应商与沃尔玛建立业务的积极性,从而保证了沃尔玛商品的最优进价。

(3)迅速的运输系统。1996年,沃尔玛已拥有30个配送中心、2 000多辆运货卡车,保证进货从仓库到任何一家商店的时间不超过48小时。沃尔玛的机动运输车队是其供货系统畅通的优势保证。快速的送货使沃尔玛各分店即使只维持极少存货也能保持正常销售,大大节省了存储空间和费用。

(4)先进的卫星通信网络。沃尔玛投资4亿美元由美国休斯公司发射了一颗商用卫星,实现了全球联网,在全球的4 000多家商店通过全球网络可在1小时之内对每种商品的库存、上架、销售量全部盘点一遍,并通知货车司机最新的路况信息,调整车辆送货的最佳线路。沃尔玛的卫星通信网络系统使其供货系统更趋完美,配送中心、供应商及每一分店的每一销售点都能形成连线作业,大大提高了营业的高效性和准确性。

(5)盘点公司。在美国,有一家专门为沃尔玛做盘点的公司,每年365天不停地为分布在世界各地的四千多家沃尔玛连锁店进行盘点。盘点公司一般只派两三个人负责一家店的盘点工作,他们带来专用的盘点机,盘点机和沃尔玛的整个系统相连,自动进行信息传输和计算。对于一个营业面积上万平方米的大型超市来说,整个盘点过程一般只需要一个晚上左右的时间就可以完成,顶多影响半天的销售。沃尔玛希望在今后五年内能节约20%的采购成本,将全球直接采购的商品的毛利率提高9个百分点,这是一个惊人的数字。全球外包使沃尔玛具有了向法国的家乐福、荷兰的Royal Ahold、德国的Makro发动价格战的能力。

在沃尔玛，员工不是被称为"雇员"，而是被称为"合作者"或"同事"。山姆·沃尔顿提出"关心自己的同事，他们就会关心你"，培养职工"爱公司如爱家"的精神。公司对员工利益的关心并不只是停留在口头上或是几条标语式的企业文化理论，而是有一套详细而具体的实施方案。

　　（1）利润分享计划。公司保证每一个在公司工作了一年以上，以及每年至少工作1 000小时以上的员工都有资格分享利润。运用一个与利润增长相关的公式，沃尔玛把每个够格的员工的工资按百分比归入这个计划，员工们离开公司时可以现金或股票方式取走这个份额。

　　（2）雇员购股计划。员工可以通过工资扣除方式，以低于市值15%的价格购买股票。

　　（3）损耗奖励计划。如果某店将损耗控制在公司的目标之内，该店每个员工都可获得奖金，最多可达200美元。结果，沃尔玛的损耗只是行业平均水平的一半。

　　（4）例会制度。沃尔顿说，星期六晨会是沃尔玛文化的核心。它的基本目的是交流信息，减轻每个人的思想负担，团结队伍。公司经常在星期六晨会后举行联谊活动，喊口号、鼓劲、联欢，减轻每一个员工的负担，使员工身心得到愉悦，同时也增强了凝聚力、团结了队伍。在会议上可以提建议，表扬先进，发现问题并讨论解决办法。这样，发现的问题马上在周末就可以及时解决，而不必等到下星期。员工们很容易把星期六联欢所产生的欢娱气氛带到工作中去，这正是沃尔玛所追求的"让商店保持轻松愉快的气氛"。

　　（5）SWAS店中店管理。在部门管理方面，沃尔玛提倡每个人所负责的区域就是一个店，每个人就是自己店的总经理。这极大地调动起员工的积极性和创造性，提高了工作效率。

　　（6）草根会议和基层调查。每隔一段时间，店里都会举行"草根会议"，随意抽取各部门员工了解情况。每年，沃尔玛总部都会在全球范围内开展"基层调查"，以无记名形式了解整个店的经营管理情况，密封后寄至美国，由专门的调查公司进行统计分析。

　　四、案例分析

　　根据麦肯锡的研究，从1995年到1999年，沃尔玛的劳动生产率增长占到了整个美国经济劳动生产率增长的25%。沃尔玛商店运营负责人汤姆·考夫林表示："当企业发展为业界领先者并具有我们这样的规模时，如果不努力保持简单，企业就有复杂化的倾向。""仅仅在保持合适的商品库存方面，凯马特就遇到了巨大的困难，此外还有点货付账等问题。"考夫林说："我们把重点放在收钱上。"如果付费过程缓慢，价格优势对消费者的意义就大大降低了。沃尔玛的运营格言是"一次一家商店"，这意味着没人能同时管理几千家商店，必须实现本地化。沃尔玛很早就努力把责任和信息下放到最低层，各部门（如体育用品、女装等）经理仍然能得到该地区详细的销售和利润报告，他们在保持何种商品的库存方面有发言权。商店经理也能在本地进行采购，要求总部调整一些库存。考夫林表示沃尔玛不会在"本地最了解"模式方面走得太远。虽然流经总部的信息和商品越来越多，但是管理层把注意力放在了表现最好的20%商店和表现最糟的20%商店，对其他商店则让他们自己管理，这主要是通过销售收入和利润率来衡量。总部需要了解谁不听话、谁表现好，还要知道原因。

山姆·沃顿以前经常乘坐一架螺旋桨飞机访问商店。现在，沃尔玛有20架飞机，专门供管理人员与商店保持接触。在公司总部，沃尔玛有上万员工，还专门聘用了一群艺术家，他们的唯一任务就是设计图标和商标，完成图形方面的任务。沃尔玛对于降低成本的追求近乎可笑，员工要喝咖啡都需要在旁边的储钱罐里放上10美分。

伊拉·卡利什表示，沃尔玛的超级中心在价格上能比竞争对手便宜15%，这部分是因为其效率更高，部分是因为他们雇用非工会员工。沃尔玛在工会会员上达到了工会的工资标准。

五、经验分享

为了进入中国市场，沃尔玛做了长达6年的准备。早在1992年7月，沃尔玛就获得中国国务院的批准，并在香港设立办事处，专门从事中国市场的调查工作，包括中国的经济政策、官方支持、城市经济、国民收入、零售市场、消费水平、消费习惯等。这些都为沃尔玛在中国的发展奠定了坚实的基础。

2001年，沃尔玛在中国开了4家店，分布在福州、昆明、大连、沈阳。

在布局上，沃尔玛形成了华南以深圳为中心、西南以昆明为中心、华北以北京为中心、东北以大连为中心的区域发展格局。随着各区域中心店的开业，沃尔玛在中国的发展战略已经铺开。在商业业态上，以购物广场和山姆会员店为主。山姆会员店是仓储式会员制商店，大包装、低价位是其经营特色，服务对象以团体、大家庭、小店铺为主。

六、问题延伸思考

1. 本土化营销

沃尔玛中国公司经营的商品有95%以上是由中国生产的。近来，沃尔玛新开设的分店和最初进入中国开设的店铺已经有较大的变化，调整的范围不仅包括产品结构，还涉及经营方式，沃尔玛在深圳华侨城和大连新开设的店铺都出现了专柜（国外沃尔玛店没有专柜）。而且，沃尔玛也和中国的零售企业一样，对供应商的付款也延长了账期——给供应商的货款结算周期从以前的3~7天一举延长到2个月，这大大改变了沃尔玛的商业风格。沃尔玛在中国的本土化战略已初见成效。《华尔街日报》写道：在中国登陆5年后，沃尔玛已不再像初来乍到时那样手足无措了。

2. 本土化人才

沃尔玛明白，要真正实现其全球扩张的战略，在中国扎下根，就必须坚决实行本土化战略。沃尔玛公司一直以其良好的团队建设及对员工的有效培训著称。1996年在中国开设第一家商店之前，沃尔玛曾花了整整8个月的时间对其主管级以上的管理层进行系统的培训。尽管目前沃尔玛的决策层仍然是美国人，但希望在今后几年，创建基本上能够自治的、由本地人员管理的团队，这些本地管理人员将负责当地的人力资源、财务及营运。管理人员将被授权灵活地处理沃尔玛的章程，以便更好地为当地市场服务。中国员工入职前的培训量一般都不少于3个月，以使员工培训后对本岗位的知识能全面掌握。

在沃尔玛看来，中国人是最好的。在深圳的商店里，本地的经理人员举行乒乓球比赛、时装表演，销售人员叫卖产品，他们甚至有自己的歌。麦肯锡研究指出，在中国的三大城市，随着人们日益富裕，能支持250家超级中心，每家的年销售收入在2 400万美元到3 600万美元之间。

此外,沃尔玛坚持遵纪守法经营,进行公益活动,建立了与政府的良好关系。2001年初,家乐福由于涉嫌非正当途径进入中国市场,在向中国政府道歉之后不得不放慢开店的速度。而在家乐福被"叫停"后不到一个月,沃尔玛就拿到了中国政府在国内一些城市的开店许可。

资料来源:朱立.市场营销经典案例[M].北京:高等教育出版社,2012;卢泰宏,邱斌.零售之王沃尔玛[J].中国经营报,2002-02-19.

参考文献

[1] 菲利普·科特勒. 营销管理(精要版,第6版)[M]. 北京:清华大学出版社,2017.
[2] 杨剑英,张亮明,等. 市场营销学(第二版)[M]. 南京:南京大学出版社,2013.
[3] 刘传江. 市场营销学(第二版)[M]. 北京:中国人民大学出版社,2008.
[4] 焦利军. 市场营销学[M]. 北京:高等教育出版社,2008.
[5] 王永贵. 服务营销[M]. 北京:北京师范大学出版社,2007.
[6] 张梦霞. 市场营销学[M]. 北京:北京邮电大学出版社,2007.
[7] 胡德华. 市场营销理论与实务[M]. 北京:电子工业出版社,2007.
[8] 吕一林. 市场营销学(第二版)[M]. 北京:中国人民大学出版社,2005.
[9] 吴勇. 市场营销[M]. 北京:高等教育出版社,2005.
[10] 昭礼. 新编市场营销[M]. 大连:大连理工大学出版社,2004.
[11] 李先国. 营销师[M]. 北京:中国环境科学出版社,2003.
[12] 王方华. 市场营销学[M]. 上海:复旦大学出版社,2001.
[13] 叶万春. 服务营销学[M]. 北京:高等教育出版社,2001.
[14] 庄立民. 企业概论[M]. 台北:全华图书股份有限公司,2012.
[15] 林正修,张彦辉. 门市营运管理[M]. 台北:沧海图书,2014.
[16] 郭振鹤. 营销管理(观念介绍与个案探讨)[M]. 台北:沧海书局,2014.
[17] 栾港,马青梅,李畅宇. 市场营销学[M]. 北京:清华大学出版社,2014.
[18] Philip Kotler. 营销管理[M]. 方世容,译. 台北:东华书局,2000.
[19] 荣立. 市场营销经典案例[M]. 北京:高等教育出版社,2012.